KB041275

몸 · 언어 · 철학

몸 · 언어 · 철학

노양진 지음

서광사

몸 · 언어 · 철학

노양진 지음

펴낸이―김신혁, 이숙
펴낸곳―도서출판 서광사
출판등록일―1977. 6. 30.
출판등록번호―제406-2006-000010호

(413-756) 경기도 파주시 교하읍 문발리 534-1
대표전화 · (031) 955-4331 / 팩시밀리 · (031) 955-4336
E-mail · phil6161@chol.com
http://www.seokwangsa.co.kr
http://www.seokwangsa.kr

지은이와의 합의하에 인지는 생략합니다.

제1판 제1쇄 펴낸날 · 2009년 12월 30일

ISBN 978-89-306-2037-6   93160

지은이의 말

　몸은 우리 자신이다. 그래서 몸은 우리에게 너무나 가깝고 친숙하지만, 바로 그 이유 때문에 철학적 담론에서 오랫동안 잊혀진 주제였다. 서구의 지배적인 지적 전통 안에서 몸의 담론은 낯선 것이며, 때로는 거북한 도전이었다. 그래서 몸은 오랫동안 '철학의 타자'로 남아 있었다. 이러한 의미에서 오늘날 전개되는 몸의 철학적 담론은 새로운 몸의 발견이 아니라 잊혀진 몸의 복권을 의미한다. 이 책은 몸의 복권을 향한 철학적 시도의 한 표현이다.

　인간을 마음의 존재로 규정하는 '정신주의'는 서구의 철학적 전통을 주도해 왔던 지배적 시각이다. 철학적 사유가 고도로 추상화된 정신활동의 산물이라는 점을 감안하면 마음에 배타적 우선성을 두는 태도는 일견 매우 자연스러운 것이다. 그러나 이러한 자연스러움은 철학적 이론화 과정에서 지나치게 강조되거나 확장됨으로써 결과적으로 우리 자신의 본래적 조건을 왜곡하거나 억압하는 결과를 낳았다. 이러한 정신주의적 태도에 대한 급진적 도전을 드물게 찾아볼 수는 있지만, 그것이 지배적인 지적 물길을 바꿀 정도의 힘을 얻지는 못했다.

마음의 우선성에 대한 이러한 믿음은 진리, 선, 옳음 등의 탐구에 단일한 기준이 존재한다는 '객관주의'(objectivism)를 지탱하는 데 중심적 역할을 한다. 객관주의자든 비객관주의자든 이러한 단일한 기준이 몸의 세계, 즉 경험적 영역에서 발견될 수 없다는 것을 자명한 사실로 받아들이기 때문이다. 여기에서 객관주의자는 단일한 원리의 발견을 위해 초월이나 선험으로의 도약을 선택한다. 그리고 단일한 원리가 없이는 허무주의적 분기에 직면할 것이라는 이분법적 우려가 그러한 도약을 정당화한다.

이 책을 통해 필자가 주로 의존하고 있는 '체험주의'(experientialism)는 이러한 전통적인 객관주의에 대한 전면적 도전으로 특징지어질 수 있다. 언어학자인 레이코프(G. Lakoff)와 언어철학자인 존슨(M. Johnson)이 주도하고 있는 체험주의는 아직 우리에게 낯선 시각이다. 체험주의는 최근 급속히 성장하는 경험적 탐구, 특히 인지과학의 탐구 성과에 적극적으로 의존함으로써 새로운 철학적 시각을 열어 간다. 그것은 마음의 철학으로부터 '몸의 철학'으로의 전환이다.

객관주의에 대한 급진적 도전은 20세기 후반의 지적 지형도를 특징짓는 기호가 되었다. 이러한 흐름 속에서 오늘날 전통적인 객관주의를 그대로 유지하는 철학자는 더 이상 찾아보기 힘들게 되었다. 그러나 객관주의를 떠나려는 철학자들의 앞날이 순탄한 것만은 아니다. 객관주의라는 집을 나서는 순간 '상대주의'라는 망령에 직면하기 때문이다. "무엇이든 된다"라는 형태의 상대주의는 그 자체로 자가당착적인 입장이며, 그래서 많은 사람들은 객관주의에 의구심을 품으면서도 폐허가 된 집 주변을 쉽게 떠나지 못하고 배회한다. 지적 노숙자가 될 수도 있다는 불안감이 이들을 사로잡고 있기 때문이다.

이러한 이분법적 딜레마를 극복하기 위해 객관주의와 상대주의 사이의 중간지대에 대한 탐색의 필요성이 제기된다. 그러나 그것은 "나는 중간적 시각을 지향한다"라는 이론적 '선언'만으로 충분한 것은 아니다. 그러한 시각이 어떻게 가능한지에 대한 '해명'이 필요하기 때문이다. 체험주의는 이 물음이 신체화된 경험의 본성과 구조에 대한 구체적 해명을 통해 가능하다고 보며, 그것이 경험적 탐구를 통해 이루어져야 한다고 본다.

체험주의는 경험적 탐구 성과에 의존함으로써 우리 경험의 본성과 구조가 왜 전통적인 객관주의에 의해서도 허무주의적 상대주의에 의해서도 적절히 해명될 수 없는지를 보여 준다. 우리의 실제 경험은 사실상 이 양극단의 중간 지대에서 이루어지고 있으며, 따라서 이러한 구조를 적절히 해명하기 위한 제3의 시각을 제안하고 있다. 필자는 『상대주의의 두 얼굴』(2007)에서 이러한 지적 딜레마가 가상적인 이분법에서 비롯되었다는 점을 지적하고 체험주의적 해명을 통해 객관주의도 상대주의도 아닌 제3의 시각이 어떻게 열려 있는지를 보이려고 시도했으며, 그것을 '완화된 상대주의'(modified relativism)로 규정했다. 이 책에서 제시하고 있는 것은 바로 그 중간지대에서 구성되는 새로운 철학적 논의들의 가능성들이다.

체험주의에 따르면 우리의 경험에는 두 층위가 존재한다. 자연적 층위(신체적·물리적 층위)와 기호적 층위(정신적·추상적 층위)가 그것이다. 기호적 층위의 경험은 자연적 층위의 경험에 근거하고 있으며, 동시에 자연적 층위의 경험에 의해 강력하게 제약되어 있다. 이러한 의미에서 우리의 모든 경험은 몸으로부터 출발하며, 처음부터 끝까지 '신체화되어'(embodied) 있다. 이것이 '몸의 철학'이다. 이처럼 신체화된 경험의 구조는 결코 전통적인 객관주의에 의해서도 허무주의적 상대주의에 의해서도 적절하게 해명될 수 없다. 체험주의는 이 두 층위를 중층적으로 해명할 수 있는 포괄적 시각으로서 제시된 것이다.

마음의 철학에서 몸의 철학에로의 전환은 많은 것을 요구한다. 그것은 특정한 주제나 이론의 변화에 그치지 않고, 우리 사유의 본성 자체에 대한 시각의 전환을 요구하기 때문이다. 필자는 이 책에서 몸 중심의 체험주의적 시각을 통해 이성, 진리, 의미, 언어, 철학 등의 철학적 주제들을 새롭게 조망해 보았다. 필자는 이 과정에서 몸의 철학이 어떻게 가능하며, 또 왜 필요한지를 실질적인 철학적 논의의 시험대에 올리려고 했다. 필자가 애당초 예기치 않았던 많은 것들이 거부되고, 또 많은 것이 새롭게 나타났다.

아마도 많은 사람들에게는 이 책이 담고 있는 몇몇 주장들이 지나치게 급진적이거나 거친 것으로 보일 수도 있을 것이다. 필자 스스로 논의 과정을 통해 또 다른 이론적 과도성에 빠져드는 것은 아닌가라는 의구심에 부딪히기도 했다. 그러나 결국 필자는 이러한 의구심 자체가 정신주의적 전통의 후유증일 뿐이라는 나름대로의 확신에 이르게 되었다. 그렇지만 그렇게 해서 제시된 필자의 주장들이 특정한 문제에 대한 최종적인 해결책으로서가 아니라 오히려 새로운 논의를 향한 고무적 자극으로 받아들여지기를 기대한다.

사변적 전통에 익숙한 사람들에게 몸의 철학은 경험적 지식에 지나치게 의존한다는 점에서 비철학적인 것으로 여겨질 수 있다. 이들에게는 '사변'이야말로 철학적 사유의 고유한 징표이기 때문이다. 대신에 체험주의는 '경험적으로 책임 있는'(empirically responsible) 철학을 제안한다. 경험적 지식이 그 자체로 철학 이론이 되는 것은 물론 아니다. 철학적 사유는 항상 경험을 넘어서서 나아간다. 그렇지만 현재까지 주어진 경험적 사실과 충돌하는 도약은 더 이상 '철학적'일 수 없다. 만약 그러한 도약이 여전히 '철학적'이기를 고집한다면 그것은 어디인가에서 우리의 경험을 왜곡하거나 억압해야만 하기 때문이다.

우리 경험에 완결이 없듯이 경험적 지식에도 완결은 없다. 경험적 지식에 의존하는 철학에도 완결은 없다. 만약 완결이 가능하다면 그것은 오직

'철학적 열망'에 의한 것이다. 이러한 관점에서 필자는 체험주의를 '열린 철학'의 한 갈래로 특징지으려고 한다. 초월적이든 사변적이든 닫힌 철학은 모든 것이 수렴되는 꼭짓점을 설정한다. 체험주의에는 그러한 꼭짓점이 없다. 닫힌 철학의 전통에 익숙한 사람들에게 열려 있다는 것은 답이 없다는 것을 의미하며, 역설적이게도 이들은 이처럼 답이 없는 열린 철학을 '답답하게' 생각한다. 필자는 오히려 그 '답답함'이 닫힌 철학에 되돌려져야 한다고 본다.

이 책은 크게 2부로 나누어져 있다. 1부에서는 주로 언어와 의미 문제를 다루고 있다. 20세기 초반의 언어적 전환이 가정했던 언어관은 비교적 단시간 내에 무너졌지만 언어는 여전히 철학적 탐구의 핵심적 주제로 남아 있다. 그것은 '언어를 통한 철학적 탐구'에서 '언어에 대한 철학적 탐구'로의 전환이라는 특성을 갖는다. 이러한 전환을 이끌었던 것은 언어가 그 자체로 독립적인 체계가 아니라 우리 경험의 중요한 한 부분이라는 생각이다.

이러한 관점에서 체험주의는 언어와 의미 문제를 경험의 본성과 구조에 대한 해명의 일부로 비추어 볼 수 있게 해 준다. 앞의 네 편의 글에서는 몇몇 중요한 언어철학적 이론들을 몸의 철학의 시각에서 비판적으로 검토함으로써 언어와 의미에 대한 탐구의 새로운 방향을 제시하려고 했으며, 후반부 네 편의 글에서는 언어와 의미 문제에서 몸의 철학의 확장적 논의 가능성을 제시했다.

이어서 2부에서는 주로 철학적 탐구의 본성과 관련된 주제들을 다루었다. 마음의 철학에서 몸의 철학으로의 전환은 특정한 주제들에 관한 이론적 변화가 아니라 철학적 탐구의 본성과 방향에 대한 시각의 전환을 요구한다. 이러한 관점에서 2부의 글들은 몸의 철학의 시각에서 서구의 이성주의에 대한 비판적 검토와 함께 실재론과 반실재론 문제, 상대주의 문제, 철학의 본성과 방향, 그리고 철학적 탐구에서 경험적 지식의 역할 등을 다루었다.

여기에 실린 글들은 대부분 지난 10여 년 동안 논문 형태로 발표된 것이며, 거기에 한 편(2장)의 새로운 글을 추가했다. 부분적인 수정을 가했지만 그것은 대부분 책으로서의 편제와 관련된 것들이다. 인용된 문헌 중 그동안 우리말로 번역된 것들은 대부분 번역서의 전거로 바꾸어 제시했다. 체험주의의 기본적 시각이나 논제에 대한 기술이 몇몇 글에서 부분적으로 중복되어 나타나지만 독립적인 글로서의 논의 구조를 감안하여 그대로 두었다. 발표되었던 글의 출처는 다음과 같다.

제1장: 「지칭에서 의미로」. 『철학』, 제56집 (1998 가을): 193~214.

제3장: 「설의 지향주의적 의미 이론」. 한국철학회 편. 『현대철학과 언어』. 서울: 철학과 현실사, 2002.

제4장: 「들뢰즈와 시뮬라크르의 의미론」. 『철학연구』, 제110집 (2009 여름): 23~42.

제5장: 「체험주의의 은유 이론」. 분석철학회 편. 『언어·표상·세계』. 서울: 철학과 현실사, 1999.

제6장: 「의미와 의미 지반」. 『범한철학』, 제45집 (2007 여름): 163~85.

제7장: 「기호적 경험의 체험주의적 해명」. 『담화와 인지』, 제15권 1호 (2008 봄): 25~42.

제8장: 「가르기와 경험의 구조」. 『범한철학』, 제24집 (2001 가을): 89~106.

제9장: 「몸의 철학적 담론: 몸과 마음의 이원론을 넘어서」. 『철학연구』, 제27집 (고려대학교 철학연구소, 2004): 31~57.

제10장: 「이성의 이름」. 『철학적 분석』, 제3호 (2001 여름): 61~83.

제11장: 「실재론과 반실재론을 넘어서」. 『철학적 분석』, 창간호 (2000 봄): 78~97.

제12장: 「개념체계의 신체적 기반」. 『철학』, 제68집 (2001 가을): 307~328.

제13장: 「비트겐슈타인의 상대주의」.『철학』, 제75집 (2003 여름): 103~126.

제14장: 「비트겐슈타인과 철학의 미래」. 한국철학회 편.『철학사와 철학: 한국철
학의 패러다임 형성을 위하여』. 서울: 철학과 현실사, 1999.

이 책이 쓰이기까지 많은 분들의 도움이 있었다. 필자의 학문적 성장 과정에서 가장 큰 가르침을 주신 분은 오리건대학교(University of Oregon at Eugene)의 존슨(Mark Johnson) 교수다. 존슨 교수는 서던일리노이대학교(Southern Illinois University at Carbondale)에서 필자의 박사학위 논문 지도교수였으며, 필자의 철학적 시각을 이끌어 주신 학문적 스승이다. 이 책의 전반적인 시각은 존슨 교수의 체험주의적 시각에 크게 빚지고 있지만, 논의의 주제와 내용은 필자의 관심사를 따라 더 구체적으로 확장시키려고 시도했다.

또한 이 책이 모습을 갖추기까지 필자에게 많은 가르침을 주신 이화여자대학교 정대현 교수님, 계명대학교 안세권 교수님, 육군사관학교 김동식 교수님께 특별한 감사를 드리고 싶다. 다양한 대화를 통해 언어철학적 문제들에 관한 생각의 계기들을 제공해 주신 많은 교수님들과 학생들에게도 감사의 마음을 전하고 싶다. 우리 철학계의 어려운 출판 사정에도 불구하고 쾌히 출판을 떠맡아 주신 서광사의 김신혁 사장님에게도 감사드린다. 교열에 애써 주신 편집부 신미진 님과 전남대학교 대학원 철학과의 전경진 님에게도 감사를 표하고 싶다.

2009년 머리에
지은이

【 차 례 】

14

제 1 부
몸과 언어

제1장
지칭에서 의미로[*]

1__ 머리말

'언어적 전환' (Linguistic Turn)으로 특징지어지는 지난 세기 초의 언어 철학적 탐구는 언어라는 창을 통해 전통적으로 제기되었던 철학적 문제들을 해소하거나 해결하려는 새로운 철학적 흐름이다. 이러한 흐름에 속하는 철학자들은 이론의 상이성에도 불구하고 우리의 언어를 적절하게 재구성하거나 재해석함으로써 전통적인 철학적 문제들에 보다 더 적절하게 대처할 수 있다는 생각을 공유한다. 그리고 이러한 철학적 구도 안에서 '언어적 의미' 는 자연스럽게 일차적인 논의 주제로 등장한다.

전통적인 견해에 따르면 한 단어의 의미는 그것이 가리키는 대상, 즉

---

* 이 글의 초고는 1998년 한국분석철학회 겨울세미나에서 처음 발표되었다. 여기에서 논평을 통해 논점을 보완해 주신 오종환 교수님과 맥락의 부적절성 등을 지적해 주신 엄정식, 안세권, 민찬홍, 이승종 교수님께 감사드린다.

'지칭체'(reference, Bedeutung)다. 여기에서 '가리킴', 즉 지칭은 의미 문제에 접근하는 출발점을 이룬다. 즉 의미 문제는 "어떤 말이 무엇을 가리키는가?"라는 물음으로 구체화된 것이다.[1] 이러한 전통은 프레게(G. Frege)가 '의의'(sense; Sinn)와 '지칭체'를 명확히 구분함으로써 새로운 국면을 맞게 되었지만,[2] '의의'의 발견과 함께 '지칭'이라는 개념이 전적으로 폐기된 것은 아니다. 여전히 의미에 관한 논의는 지칭이라는 개념을 중요한 축으로 해서 이루어지며, 20세기 전반(前半)의 언어철학을 특징짓는 복합적인 논의 주제가 되었다.

이러한 논의의 바탕에는 다음과 같은 두 가지 가정이 자리 잡고 있다.

(1) 지칭은 언어와 세계(또는 실재) 사이에 언어 사용자인 우리와 독립적으로 존재하는 관계다.

(2) 이러한 관계에 의해 언어의 의미가 '객관적으로 고정'되어 있다.

이러한 가정은 언어를 '명제'로, 의미를 '진리 조건'(truth-condition)으로 간주하는 철학자들에게는 매우 자연스러운 것으로 받아들여졌을 것이다. 필자는 이 글을 통해 (1)이 부적절하게 설정된 공허한 가정이며, 따

---

1) 데비트 등은 이러한 경험주의적 견해에 대한 밀(J. S. Mill)의 서술을 들고, 이것을 '밀적 견해'(Millian View)라고 부른다. Michael Devitt and Kim Sterelny, *Language and Reality : An Introduction to the Philosophy of Language* (Cambridge, Mass.: MIT Press, 1987), p. 25.

2) '의의'(意義, sense)는 부자연스러운 역어이지만 '의미'(meaning)와의 구별을 위해 편의상 이 말을 사용할 것이다. 프레게의 의의/지칭체 구분에 관한 체계적 서술은 Gottlob Frege, "On Sense and Meaning," in Peter Geach and Max Black, eds., *Translations from the Philosophical Writings of Gottlob Frege*, 3rd ed. (Oxford : Blackwell, 1980) 참조.

라서 이 때문에 (2) 또한 성립하지 않는다는 점을 보이려고 한다.

　지칭에 관한 견해는 크게 프레게, 러셀(B. Russell) 등이 지지하는 '기술 이론'(description theory)과 크립키(S. Kripke)와 퍼트남(H. Putnam)이 제시한 '인과 이론'(causal theory)으로 나누어진다. 이 두 이론의 상세한 논점들을 다루는 것이 이 글의 목적은 물론 아니며, 그러한 방대한 작업이 이 글에서 가능하지도 않다. 대신에 필자는 이들이 논의 대상으로 삼고 있는 지칭, 즉 '언어와 세계의 대응'이라는 관계가 근원적으로 공허한 가정이라는 점을 드러냄으로써, 의미 탐구를 위해서 지칭에 관한 새로운 이론이 아니라 이 문제에 대한 시각의 전환이 필요하다는 점을 제안할 것이다.

　필자는 지칭이라는 구도를 넘어서는 새로운 의미 탐구의 방향성이 '언어 사용자의 복합적 요소'에 대한 관심에 의해 특징지어질 수 있으며, 이러한 관심의 전환은 언어를 우리와 독립적인 추상적 실재가 아니라 삶의 과정의 일부로 간주하는 '실용주의적' 언어관을 따라 적절하게 이루어질 수 있다고 본다. 이러한 관점에서 지칭 개념은 전적으로 소멸되지는 않는다 하더라도 지칭 이론이 가정하는 구도를 갖지 않으며, 따라서 의미 문제를 해명하는 데 더 이상 중심적 역할을 하지 못한다. 필자는 '의미'가 객관적 세계의 사실 또는 언어라는 실체의 속성이 아니라 우리의 다양한 경험과 이해 방식의 산물일 뿐이며, 동시에 그것은 인간의 복합적 조건과 상황에 의해 지속적으로 영향 받는 과정의 일부라고 본다. 이러한 구도에서 지칭은 더 이상 독립적인 문제 영역이 아니라 우리의 '경험과 이해에 대한 포괄적 해명'의 일부로 흡수될 수 있을 것이다.

2__ 기술 이론

　의미에 관한 프레게의 견해는 오랫동안 무비판적으로 수용되어 온 의미 이론에 새로운 전환점을 제공한다. 전통적인 견해에 따르면 의미 문제는 어떤 단어가 "무엇을 가리키는가?"라는 물음으로 요약된다. 즉 그 단어의 지칭체를 아는 것이 바로 그 단어의 의미를 아는 것이 된다. 그러나 이러한 상식적인 견해는 지칭체가 분명치 않은 단어의 경우에 난점을 안게 된다. 프레게의 '의의'(sense)의 발견은 이 문제에 대한 하나의 중요한 대안이 된다.

　먼저 프레게는 다음과 같은 논의를 통해 고유명(proper name)의 의의와 지칭체가 동일하지 않다는 것을 보여 준다.[3] 우리는 금성을 지역에 따라 '저녁 별' 또는 '샛별'이라고 부른다. 이 경우 저녁 별과 샛별은 사실상 금성이라는 동일한 지칭체를 갖는다. 만약 지칭체와 의미가 동일하다면 '저녁 별'은 '샛별'과 동일한 의미를 갖게 될 것이다. 그러나 다음 두 문장을 보라.

　① 샛별은 샛별이다.
　② 샛별은 저녁 별이다.

　만약 '저녁 별'과 '샛별'이 동일한 의미를 갖는다면 문장 ①과 ②는 동일한 의미를 가져야 한다. 그 경우 문장 ①의 술어인 '샛별'은 '저녁 별'

---

3) Frege, "Function and Concept," in Peter Geach and Max Black (1980), p. 29, 그리고 "On Sense and Meaning," 같은 책, pp. 56~57 참조. 프레게의 의미 이론은 대단히 복잡하며, 고유명을 포함하는 '문장'의 의의나 지칭 문제는 별도의 논의가 필요하다. 여기에서는 고유명에 관한 프레게의 견해로 논의를 제한할 것이다.

과 아무런 조건 없이 교체될 수 있다. 그러나 문장 ①은 그 자체로 참인 동어반복이고, 따라서 분석적 명제인 반면, 문장 ②는 참이라는 것을 알기 위해서 모종의 경험적 지식, 이를테면 천문학적 지식이 요구되는 경험적 명제다. 결과적으로 문장 ①과 ②는 그 의미 내용이 동일하지 않다. 즉 '샛별'과 '저녁 별'은 지칭체는 동일하지만 다른 '의의'를 갖는다. 그래서 프레게에 따르면 동일한 지칭체에 대해 다수의 의의가 있을 수 있으며, 반면에 지칭체 없이 의의만을 갖는 단어도 있을 수 있다. 그리고 한 단어의 '의의를 파악하는 것'이 그 단어를 이해하는 것이다.

그래서 의미 문제와 관련해서 이제 프레게에게는 '지칭 이론'과 '의의 이론'이라는 명확히 구별되는 두 개의 이론이 있다. 프레게는 "고유명(단어, 기호, 기호 결합, 표현)은 그 의의를 표현하며, 그 지칭체를 …… **지칭한다**"고 말한다.[4] 일견 프레게에게서 지칭은 의미 문제의 전면에서 물러서는 것처럼 보이지만, 그것은 고유명을 포함하는 문장의 '진리치'(truth value) — 프레게에 따르면 이것이 그 문장의 지칭체다 — 를 결정하는 최종적 요소로서 여전히 중요한 역할을 한다.[5]

한편 자신이 체계적이고 명시적으로 주장하고 있는 것은 아니지만 프레게는 이름이 그것과 결합된 특정한 기술구와 동일한 의의를 갖는다고 생각한 것으로 보인다.[6] 이러한 해석에 따르면 이름은 '축약된 기술'과 동일하다. 다시 말해서 이름과 확정 기술구는 동일한 의의를 가지며, 따라

---

4) Frege, "On Sense and Meaning," p. 61. (고딕은 원문의 강조.)

5) 같은 논문, pp. 62~63 참조.

6) 프레게의 견해에 대한 이러한 해석은 크립키에 따른 것이다. 그러나 더미트는 프레게가 '확정 기술구'(definite description)가 지칭체의 의의를 담고 있다는 사례를 들기는 하지만, 결코 모든 고유명의 의의가 그렇게 표현된다고 주장하지 않는다는 점을 지적함으로써 크립키의 해석에 반대한다. Michael Dummett, *The Interpretation of Frege's Philosophy* (Cambridge, Mass.: Harvard University Press, 1981), p. 186 참조.

서 동일한 지칭체를 갖는다. 이것을 흔히 '기술 이론'이라고 부르는데, 이것은 러셀에 의해 체계적인 형태로 논의의 전면에 드러난다.[7]

러셀은 프레게의 의미론적 구도를 대부분 수용하지만 프레게의 '의의'에 대해서는 매우 회의적이다. 러셀은 의미의 궁극적 지반이 지칭체라는 강력한 실재론적 믿음을 유지한다. 그래서 러셀은 프레게의 이론이 아무 것도 가리키지 않는 '무지칭명'(empty name)의 경우에 난점을 갖는다고 지적한다. 러셀은 이 문제에 대한 마이농(A. Meinong)의 대처 방식 — 현존(exist)하지는 않지만 여전히 잠재(潛在, subsist)[8]하는 대상의 도입 — 이 모순을 초래한다는 점 때문에 거부한다. 예를 들면 '둥근 사각형'과 같은 인위적 존재의 도입은 "둥근 사각형은 둥글며 동시에 둥글지 않다"는 논리적 모순을 초래한다는 것이다.[9] 한편 프레게의 대처 방식은 '둥근 사각형'이라는 말에 '공집합'과 같은 순수하게 규약적인 지칭체를 제공하는 방법이지만, 러셀은 그것이 명백히 인위적이며, 따라서 사태의 정확한 분석을 제공하지 못한다고 지적한다.[10]

이 문제에 대한 러셀의 대안이 바로 '기술구 분석'이다.[11] 러셀의 분석은 무엇인가를 가리키는 것처럼 보이는 대부분의 기술구들이 사실상 아무

---

7) Bertrand Russell, *The Problems of Philosophy* (New York: Oxford University Press, 1959), p. 54 참조.

8) '잠재'(潛在)는 엄정식 교수의 번역이다. 이 용어는 '경험적으로 실재'하는 것과 구분되는 것으로서 다양한 존재 방식을 포괄할 수 있다는 점에서 유용하게 사용될 수 있을 것이다.

9) Russell, "On Denoting," reprinted in A. P. Martinich, ed., *The Philosophy of Language*, 2nd ed. (Oxford: Oxford University Press, 1990), p. 205.

10) 같은 논문, p. 206. 그러나 프레게가 실제로 러셀의 지적처럼 이 문제와 관련해 '공집합'이라는 대안을 제시하는지는 다소 불분명하다.

11) Russell, *Introduction to Mathematical Philosophy* (London: Allen & Unwin, 1919), 특히 16장 참조.

것도 가리키지 않는다는 것을 보여 준다. 그리고 이 무지칭명을 포함하는 문장이 무의미한 것이 아니라 '거짓'임을 보여 준다. 다음 예를 보자.

　① 프랑스의 현재 왕은 대머리다.

러셀에 따르면 이 문장은 다음과 같이 분석될 수 있다.

　② 현재 프랑스를 통치하는 적어도 한 사람이 존재한다.
　③ 현재 프랑스를 통치하는 사람은 기껏해야 한 사람이다.
　④ 프랑스를 통치하는 사람이 누구든 그는 대머리다.

　따라서 '프랑스의 현재 왕'은 위 문장 ①에서 마치 무엇인가를 가리키는 이름의 위치를 차지하고 있지만 실제로는 논리적 분석을 통해 제거될 수 있는 '위장된 기술'일 뿐이다. 더욱 중요하게 러셀은 이 분석을 통해 이 문장이 거짓임을 보여 준다. 즉 "프랑스의 현재 왕은 대머리다"라는 문장은 앞서 위의 세 문장이 연언으로 결합되어 있으며, 따라서 연언지 중 적어도 하나가 거짓인 이 문장은 전체적으로 거짓임이 드러난다. 즉 이 문장은 거짓이라는 진리치를 갖기 때문에 '의미 있는' 문장이다.
　러셀의 분석은 프레게의 이론이 지칭체가 없는 말의 '의의'를 허용한다는 사실에 대한 강력한 반론이다. 러셀은 지칭체가 없이도 의미를 갖는 것으로 보이는 기술구들이 사실상 아무것도 가리키지 않는다는 점을 보임으로써 의미의 궁극적 소재를 지칭체에서 찾으려고 한다. 한편 러셀의 분석은 문법적 구조가 논리적 구조와 동일하지 않다는 점을 보여 준다는 점에서 중요한 제안이다. 러셀은 이러한 분석을 통해 대상 자체를 직접 가리킬 수 있는 것은 '순수한 논리적 고유명'뿐이며, 동일한 역할을 하는 것처럼 보이는 기술구들이 사실상 그러한 역할을 할 수 없다고 주장한다.

　　그러나 러셀의 이러한 주장은 우리의 모든 기술이 파편적(破片的)이라는 관점에서 볼 때 옳지만, 순수한 고유명이 대상 자체를 가리킬 수 있다고 가정한다는 점에서는 옳지 않다. 대상 자체를 가리키는 '순수한 고유명'은 논리적 요청일 뿐이다. 지칭 관계의 역할을 축소시키는 프레게에게서나, 지칭을 의미의 유일한 근거로 삼으려는 러셀에게서나 공통적으로 우리는 이러한 태도를 볼 수 있다. 그들은 단일한 대상을 가리키는 단일한 이름이 있으며, 그것들 사이에 모종의 '대응'이 존재한다고 가정한다. 그들은 이것을 지칭 관계라고 본다. 이 때문에 우리는 그들의 논의에서 지칭이라는 관계 자체에 대한 구체적 해명을 찾을 수는 없다. 이들은 지칭을 우리의 언어가 갖는 원초적 관계로 간주하고 있는 것이다.

3__ 인과 이론

　　프레게와 러셀의 견해는 중요한 차이에도 불구하고 이름과 확정 기술구가 동일한 의의 또는 지칭체를 갖는 것으로 간주한다는 점에서 '기술 이론'의 범주에 든다. 그러나 기술 이론의 결정적인 약점은 어떤 기술구가 이름의 최종적 의미를 결정해 주는지에 대해 명확한 제약을 제시하지 못한다는 데 있다. 이러한 문제점을 지적하고 나선 것이 크립키와 퍼트남의 '인과 이론'이다.[12] 인과 이론은 (1) 지칭 관계가 인과적으로 고정되며, 나아가 (2) 사용자들 사이에 이 지칭 관계의 사용과 전달 또한 인과적

---

12) 크립키의 지칭 이론은 S. 크립키, 『이름과 필연』, 정대현 · 김영주 역 (서울: 서광사, 1986); "Identity and Necessity," in Stephen P. Schwartz, ed., *Naming, Necessity,*

으로 이루어진다는 것이다. 크립키는 이렇게 말한다.

> 어떤 사람, 말하자면 한 아이가 태어났다고 하자. 아이의 부모는 아이를 특정한 이름으로 부른다. 그리고 그들은 친구들에게 그 아이에 관해 이야기하며, 어떤 사람들은 아이를 만나기도 한다. 여러 종류의 이야기를 통해 그 이름은 마치 사슬(chain)에 의한 것처럼 고리에서 고리로 이어져 확산된다.[13]

따라서 어떤 고유명의 사용자는 그 대상을 식별할 수 있는 지식 — 기술구를 사용하는 능력 등 — 이 없이도 그 대상을 고정적으로 지칭할 수 있다는 것이다. 따라서 크립키는 이러한 고유명을 '고정 지시어'(rigid designator)라고 부른다. 즉 고정 지시어는 "모든 가능 세계에서 동일한 대상을 지칭한다."[14]

이러한 인과 이론의 일차적 장점은 기술 이론의 난점을 통해 적절하게 드러난다. 크립키는 프레게의 기술 이론의 가장 큰 난점으로 '이름'과 '기술'이 동일시됨으로써 이름의 의미가 일정하게 고정되지 않는다는 점을 든다. 프레게에 따르면 동일한 지칭체에 다양한 '의의'가 있을 수 있다. 크립키의 해석에 따르면 프레게는 '의의'를 '기술'과 동일시하고 있으며, 다시 기술은 '축약된 이름'이다. 따라서 동일한 지칭체에 대한 다양한 기술이 가능하며, 그것들은 각각 다양한 의의를 담고 있다.

---

and Natural Kinds (Ithaca, N.Y.: Cornell University Press, 1977) 참조. 한편 지칭에 관한 퍼트남의 주요 논의는 Hilary Putnam, "The Meaning of Meaning," in *Mind, Language and Reality* (Cambridge: Cambridge University Press, 1975)와 "Reference and Truth," in *Realism and Reason* (Cambridge: Cambridge University Press, 1983)에서 볼 수 있다.

13) 크립키, 『이름과 필연』, p. 106 참조.

14) Kripke, "Identity and Necessity," p. 78.

그러나 크립키는 이름이 기술과는 다르다고 주장한다. 다음 예를 보자.

① 아리스토텔레스는 알렉산더 대왕을 가르쳤다.
② 플라톤의 제자이자 알렉산더 대왕의 스승은 알렉산더 대왕을 가르쳤다.

러셀의 기술구 분석에 따르면 ①의 '아리스토텔레스'는 ②의 '플라톤의 제자이자 알렉산더 대왕의 스승'의 축약된 형태다. 즉 이름은 기술이 축약된 형태일 뿐이다. 그러나 크립키의 분석은 이름과 기술이 동일하지 않다는 것을 보여 준다. 먼저 ①은 단지 하나의 역사적 사실을 말하고 있어서 그 진리치가 역사적인 사실의 진위에 따라 결정된다. 따라서 이러한 문장은 '종합적'(synthetic)이다. 그러나 ②의 경우는 동어반복이며, 따라서 그 진리치가 그 자체로 항상 참이 되는 '분석적'(analytic) 문장이다. 이것은 ①의 '아리스토텔레스'가 ②의 '플라톤의 제자이자 알렉산더 대왕의 스승'과 동일하지 않다는 것, 다시 말하면 ②는 '아리스토텔레스'라는 이름의 부분, 즉 의의일 수 없다는 것을 말해 준다.[15]

대신에 크립키는 '아리스토텔레스'가 '고정 지시어'라고 제안한다. 따라서 '아리스토텔레스'는 모든 가능 세계에서 항상 아리스토텔레스라는 고유한 사람만을 지칭한다는 것이다. 반면에 '플라톤의 제자', '알렉산더 대왕의 스승' 등은 우연적 사실을 기술하고 있으며, 따라서 이런저런 역사적 사실에 따라 참일 수도 거짓일 수도 있다.

한편 퍼트남은 고유명에 관한 크립키의 견해를 대부분 수용할 뿐만 아니라, 그것이 '자연 종'(natural kind) 명사에도 적용될 수 있다고 본다.[16]

---

15) 크립키, 『이름과 필연』, p. 42 참조.
16) 그러나 최근에 들어서 퍼트남은 비트겐슈타인의 견해를 수용하는 과정에서 자신의 인

크립키와 마찬가지로 퍼트남도 기술 이론의 가장 큰 문제점을 의미의 비고정성에 두고 있다. 의미의 비고정성이 불러오는 일차적 문제는 의미의 객관성을 잃게 된다는 점이다. 크립키가 '이름'을 고정 지시어라고 생각하는 한편, 퍼트남은 이름뿐만 아니라 자연 종 명사들도 '지시성'(indexicality)을 갖는다는 점에서 크립키가 말하는 이름과 동일한 성격을 갖는다고 본다.

　퍼트남은 의미에 관한 전통적 이론이 다음과 같은 두 가지 가정에 근거하고 있다고 본다.[17]

① 한 단어의 의미를 안다는 것은 특정한 심리 상태에 있다는 것을 말한다.
② 한 단어의 '내포'(intension)가 '외연'(extension)을 결정한다.

　퍼트남은 이러한 두 가지 가정을 거부하기 위해 '쌍둥이 지구'(Twin Earth)라는 사고실험을 제안한다.[18] 지구와 유사한 또 하나의 혹성에 지구에서의 물과 모든 성질이 동일한 액체가 존재한다고 가정해 보자. 그러나 그 액체의 구조는 H_2O가 아니라 XYZ이다. 지구에서도 쌍둥이 지구에서도 그것을 '물'이라고 부른다. 나와 동일한 구조를 갖는 쌍둥이 지구의 티

과적 지칭 이론을 사실상 포기한 것으로 보인다. 그는 지칭에 대한 인과적 설명의 부적절성을 지적하면서 주로 포더(J. Fodor)의 이론을 비판의 표적으로 삼고 있지만 그 비판은 퍼트남 자신의 인과적 지칭 이론에도 적용될 것이다. 힐러리 퍼트남, 『과학주의 철학을 넘어서』, 원만희 역 (서울: 철학과 현실사, 1998), 3장 참조. 특히 퍼트남은 인과적 지칭 이론의 비판에 이어 비트겐슈타인의 생각을 수용함으로써 "지칭의 본질은 없다"는 결론에 이른다. 대신에 다양한 언어게임이 존재하듯이 다양한 방식의 지칭이 존재한다는 것이다. 같은 책, 8장 참조.
17) Putnam, "The Meaning of Meaning," p. 219 참조.
18) 같은 논문, p. 223 이하 참조.

티는 물에 대해서 나와 동일한 심리 상태를 갖겠지만, 나와 티티가 '물' 이
라는 말을 통해 가리키는 것은 각각 H_2O와 XYZ이다. 따라서 누군가가 나
와 동일한 심리 상태에 있다고 해서 그가 나와 동일한 의미를 갖는다고 말
할 수 없다. 즉 퍼트남이 궁극적으로 주장하는 것은 "의미가 단순히 머릿
속에 있지 않다"[19]는 것이다.

　퍼트남의 이 사고실험은 그 자체로 결함을 갖고 있지만,[20] 퍼트남의 의
도를 드러내기에는 충분해 보인다. 퍼트남이 반박하려고 하는 것은 한 단
어의 '외연' 이 단지 화자들의 머릿속에 떠오르는 생각에 의해 결정된다는
프레게적 의미 이론이다. 이것은 단순히 의미의 구조뿐만 아니라 진리 개
념에도 중요한 귀결을 불러온다. 퍼트남은 이것이 '의미론적 허무주의' 를
불러올 뿐만 아니라 안정적인 진리 개념 또한 위협한다고 생각한다. 퍼트
남은 이 모든 것이 상호 관련되어 있다고 보며, 그의 논의가 복합성을 띠
는 이유도 이 때문이다. 그럼에도 불구하고 퍼트남의 길고 복합적인 논의
는 다음과 같은 그의 말을 통해 요약된다.

---

19) 같은 논문, p. 227. (고딕은 원문의 강조.)

20) 퍼트남의 쌍둥이 지구 사고실험은 제3의 '신적 관점' 을 요구한다. 말하자면 그 가상적
　　논변 안에서 우리는 지구 아니면 쌍둥이 지구에 속하며, 그 외의 어디에도 속할 수 없
　　다. 따라서 우리는 이 지구의 언어 사용자 아니면 쌍둥이 지구의 언어 사용자다. 적어
　　도 이 사고실험의 구도 안에서 우리는 영영 쌍둥이 지구의 물의 실제 분자 구조를 알
　　수 없도록 되어 있다. 그리고 이러한 조건 안에서만 퍼트남의 사고실험은 가능하다. 이
　　러한 조건 안에서 의미의 한계는 분명하다. 우리에게 주어질 수 있는 의미는 지구의 의
　　미 아니면 쌍둥이 지구의 의미뿐이다. 그러나 만약 우리가 그 둘을 동시에 알 수 있다
　　면, 즉 물의 분자식이 각각 다르다는 것을 알 수 있다면 — 아마도 퍼트남은 이 경우를
　　가정하는 듯하다 — 이 사고실험은 더 이상 의미가 없다. 그 경우 우리의 문제는 다시
　　그가 제시했던 무지 또는 오류 논변으로 되돌아간다. 말하자면 내가 광어와 도다리를
　　구별하지 못하는 것은 '언어 분업' (division of linguistic labor)이라는 구조 안에서 내
　　가 전문가적 의미를 알지 못하기 때문인 것처럼 물의 분자식을 알지 못하는 것은 다만
　　분자식이라는 전문가적 의미를 알지 못하기 때문이다.

한 단어의 외연이 개별적 화자가 머릿속에 갖는 개념에 의해 고정되지 않으며, 이것은 외연이 일반적으로 사회적으로 결정된다는 점에서 …… 또한 외연이 부분적으로는 지표적으로(indexically) 결정된다는 점에서 사실이다. 단어들의 외연은 전형(paradigms)*으로 간주되는 개별적 사물들의 실제적 본성에 달려 있으며, 이 본성은 일반적으로 화자에게 충분히 알려지지 않는다. 전통적 의미 이론은 다만 외연의 결정 과정에서 두 가지 기여 — 사회의 기여와 실제 세계의 기여 — 를 간과하고 있다.[21]

퍼트남이 우려하는 것은 의미가 전적으로 심리적 상태일 뿐이며, 따라서 의미가 화자들의 생각에 따라 결정될 경우, 의미의 공공성의 지반이 사라질 것이라는 점이다. 퍼트남은 이것을 '방법론적 유아론'이라고 부른다. 그리고 그는 이러한 방법론적인 유아론을 거부함으로써 의미의 공공성의 지반을 유지하려고 하는 것이다.

여기에서 퍼트남이 대안적으로 제시하는 것이 인과적 지칭 이론이다. 그는 '이름'이 모든 가능 세계에서 동일한 지칭체를 가지며, 이러한 지칭 관계는 '최초의 명명식'(initial baptism) 이래로 인과적 고리를 통해 고정된 지칭체를 지칭한다는 크립키의 견해를 '자연 종' 명사에까지 확장시키고 있다.[22] 인과 이론은 기술 이론이 안고 있는 지칭의 고정 문제뿐만 아니라, 현재는 존재하지 않는 역사적 존재들 — 나폴레옹이나 이순신 같은 — 의 지칭 문제에 대한 해결책이 되는 것으로 보인다. 그러나 이러한 장

---

21) 같은 논문, p. 245. (*의 원문의 각주 생략.)
22) 퍼트남은 자연 종 명사에 관한 그의 이론이 다른 대부분의 명사들 — 예를 들면 '연필' '책상' '지우개' 등과 같은 인공품 — 은 물론 대부분의 품사들에도 적용될 것이라고 매우 낙관적인 제안을 한다. 그러나 위의 인용문에서 말하는 '실제적 본성'이 자연 종 명사들이 아닌 여타의 명사들에서도 쉽사리 발견될 것이라는 생각은 너무나 소박한

점에도 불구하고 인과 이론은 우리가 의미에 관해서 갖는 중요한 의문을 해명해 주지 못한다. 우리가 알고 싶은 것은 지칭이 인과적으로 결정되는 지의 여부가 아니라, 우리가 '지칭'이라고 부르는 그 관계 자체, 말하자면 지칭 이론가들이 가정하고 있는 언어-세계의 구체적 관계다.

따라서 크립키와 퍼트남은 지칭이라는 관계가 인과적으로 연결되어 있다고 말하지만, 그것은 언어와 세계의 관계를 해명하는 이론이 아니라 언어의 주어진 의미가 어떤 방식으로 전달되는지, 즉 어떤 방식으로 학습되는지를 역사적으로 해명하는 이론에 불과하다. 즉 그것은 지칭의 실제적 의미에 관한 이론이 아니다. 말하자면 우리가 퍼트남을 따라 "단어 W는 이러저러한 것들의 집합을 인과적으로 지칭한다"는 사실에 대해 확신한다고 하더라도 우리는 여전히 그 단어와 대상의 관계에 대해서는 '지칭'이라는 이름만을 갖게 된다. 지칭 이론의 구도에서 말하자면 '지칭'이라는 단어는 그 지칭체가 불분명하다. 그래서 20세기의 복합적인 논의에도 불구하고 '지칭'이라는 말의 의미는 여전히 베일에 가려져 있다.

4__ 지칭을 넘어서

1) 지칭과 사용

지칭 이론들은 언어와 세계가 지칭이라는 주어진 관계 속에 놓여 있다고 가정한다. 그러나 그 관계의 본성에 대한 구체적인 해명은 어디에서도

'물리주의적' 철학자의 희망으로 보인다. 사실상 추상적 어휘들은 퍼트남의 제안보다도 훨씬 복합적인 방식으로 의미를 획득한다. 퍼트남은 이러한 측면을 지나치게 과소평가하고 있으며, 이 때문에 퍼트남의 이론은 의미에 대한 매우 제한적인 해명이 될 수밖에 없다. 같은 논문, p. 242 참조.

찾아 볼 수 없다. 이러한 어려움은 "그림은 현실과 그렇게 연결된다"[23]는 비트겐슈타인(L. Wittgenstein)의 말을 통해 암시적으로 표현되고 있다. 그리고 비트겐슈타인 자신은 후기에 와서 이것이 하나의 사실이 아니라, 자신의 '그림 이론'이 요청했던 선험적 가정에 불과했다는 것을 인정하게 된다. 지칭 이론가들이 공유하고 있는 것은 논리적 형식 언어의 건설이라는 프레게적 계획이며, 그 배후에 공통적으로 자리 잡고 있는 것은 단어와 그 단어가 가리키는 대상 사이에 고정된 관계가 존립하며, 그것이 의미의 객관성을 보증해 주는 근거라는 생각이다. 그러나 이러한 생각은 언어, 나아가 의미를 사용자와 독립적으로 존재하는 하나의 '실체'(substance)로 간주함으로써만 가능하다. 이러한 관점에서 이제 의미 문제의 해명에 필요한 것은 좀 더 새롭고 세련된 지칭 이론이 아니라, 지칭의 구도에 대한 전적으로 새로운 시각이다.

지칭에 관한 새로운 접근은 언어의 본성에 관한 실용주의적 해명을 통해서 가능하다. 실용주의적 관점에서 언어는 인간이 세계 안에서 성공적으로 활동하기 위한 하나의 방식이다. 따라서 의미도 언어 사용자인 인간의 전반적인 언어적 상황 ― 비트겐슈타인이 '언어게임'(language game)이라고 부르는 ― 에 의해 결정된다. 즉 의미는 인간의 목적과 의도를 포괄하는 지속적인 게임 활동을 통해 변화되고 조정되고 확장되어 가는 과정의 산물이다. 여기에서 지칭이라는 관계는 언어와 세계의 관계가 아니라 언어라는 기호를 통한 인간의 의도와 행위의 합의된 표현을 가리키는 말일 뿐이다. 그리고 이러한 합의의 결과는 '언어게임'으로 나타날 것이다. 지칭은 마치 우리가 손을 사용해서 무엇을 쥐거나, 가리키거나, 만지

---

23) 루트비히 비트겐슈타인, 『논리-철학 논고』, 이영철 역 (서울: 책세상, 2006), 2.1511. (고딕은 원문의 강조.)

는 것처럼 언어를 사용하는 다양한 방식 중의 하나일 뿐이다. 이러한 구도에서 언어적 의미는 인간의 총체적 삶의 의미의 일부로 유입된다. 이러한 관점에서 의미는 언어–실재의 관계를 넘어서서 인간의 총체적 경험과 이해의 방식에 대한 탐구를 통해 적절하게 해명될 수 있을 것이다.

이러한 언어관에 따르면 구체적인 언어 사용을 넘어선 독립적인 지칭 관계는 공허한 가정일 뿐이다. 그러나 그렇다고 해서 지칭 개념이 전적으로 소멸되는 것은 아니다. 왜냐하면 어떤 특정한 언어게임 안에서 실제적으로 관찰되는 '지칭적 사용'을 설명하는 문제가 여전히 남아 있기 때문이다. 예를 들면 비트겐슈타인이 『철학적 탐구』[24]에서 예시한 것처럼 목수와 조수가 "석판!" "들보!"라는 말을 사용할 때는 지칭이라는 관계가 성공적으로 유지되는 것처럼 보이기 때문이다. 그러나 중요한 것은 지칭이 우리와 독립적으로 존립하는 것이 아니라 우리의 언어 사용 방식의 하나라는 점이다.[25] 따라서 '지칭'은 원초적 개념이 아니라, 우리의 언어 사용 방식에 대한 관찰을 통해 드러나는 부가적 관념이다. 지칭이 의미 문제 해명에 근원적 역할을 할 수 없는 이유는 바로 이 때문이다. 이처럼 부가적으로 관념화된 관계를 어떤 말의 본질적 의미로 받아들이게 된 것은 언어에 대한 그릇된 견해에서 비롯되는 혼동의 결과일 뿐이다.

언어와 세계의 대응이라는 가정을 받아들이면 의미 탐구의 주된 목표는 우리에 앞서 존재하는 고정된 의미의 구조를 밝히는 일이 된다. 그리고 이러한 태도가 20세기 초반의 의미 이론을 이끌어 왔다. 그러나 이 가정

---

24) 비트겐슈타인, 『철학적 탐구』, 이영철 역 (서울: 책세상, 2006), 2절 참조.

25) 이것은 비트겐슈타인의 '언어게임'과 '의미의 사용 이론'의 자연스러운 함축일 것이다. 존슨은 이와 유사한 주장을 설(J. Searle)의 '지향성'(Intentionality) 개념과의 관련 속에서 좀 더 상세하게 논의하고 있다. 마크 존슨, 『마음 속의 몸: 의미, 상상력, 이성의 신체적 근거』, 노양진 역 (서울: 철학과 현실사, 2000), 특히 pp. 319~20 참조.

을 벗어나게 되면 우리의 탐구는 매우 다른 방향과 내용을 갖게 된다. 의미의 사용자이며, 의미의 산출자인 우리 자신의 경험과 이해에 대한 해명이 그것이다. 그리고 이것이 지칭이라는 구도를 넘어선 의미 탐구의 새로운 이정표가 되어야 하며, 우리의 언어를 '철학적으로' 분석하고 해명하려는 진정한 목적이 되어야 한다.

예를 들어 "'고양이'라는 단어는 고양이를 가리킨다"고 말하는 것은 '가리킨다'라는 말에 대해 이미 특정한 방식의 이해를 갖지 않은 사람에게는 아무것도 설명하지 못한다. 의미를 해명하려는 우리에게 실제로 중요한 문제는 '고양이'와 고양이가 지칭 관계 안에 놓여 있는지의 문제가 아니라, 그러한 지칭 방식을 선택하는 언어 집단의 사고와 이해를 해명하는 문제다. 따라서 이제 "우리는 '고양이'라는 기호를 고양이를 가리키는 방식으로 사용한다"라고 말할 수 있을 것이다. 그리고 이러한 사용 방식 자체에 더 이상 심오한 철학적 문제는 존재하지 않는 것으로 보인다. 나는 마치 손가락을 사용하는 것처럼 '고양이'라는 단어를 사용해서 고양이를 가리키는 것뿐이다. 우리가 '의미'라는 주제와 함께 진정으로 추구하는 것은 언어의 사용을 통해서 우리가 무엇을 이해하고 경험하는지를 밝히는 문제다. 이러한 구도에서 이제 의미 문제의 핵심은 특정한 언어 집단의 '가리키는 방식'을 해명하는 문제이며, 그것은 한 단어가 갖는 신비적 기능을 밝히려는 시도가 아니라, 그 단어 사용자의 경험과 이해의 방식을 해명하는 문제다.

2) 의사소통과 의미의 공공성

의미 이론이 해명해야 할 핵심적 과제의 하나는 '의사소통'의 문제다. 적어도 적절한 의미 이론은 의사소통을 가능하게 하는 '의미의 공유'라는 실제적 현상을 설명해야 하기 때문이다. 지칭 문제를 다루었던 대부분의 철학자들은 의미의 객관성이 이 문제에 대한 해결책이 된다고 생각했다. 프레게는 '의의'가 물리적 대상으로 현전하지 않는다 하더라도 여전히 존재한다는 것을 확고하게 받아들인다. 그리고 프레게에게 의의는 수학적 대상만큼이나 객관적으로 존재한다. 실제로 지칭 문제를 다루었던 철학자들을 사로잡았던 문제는 의사소통 가능성 문제였으며, 그들은 그 가능성을 의미의 객관성에서 찾고 있다.

> 만약 어떤 이름의 의의가 주관적이라면, 그 이름을 포함하는 명제의 의의, 따라서 그 사고(thought)도 마찬가지로 주관적이 될 것이다. 또한 한 사람이 그 명제와 결합하는 사고도 다른 사람이 그것과 결합시키는 사고와 다를 것이다. 즉 공통적 사고의 축적, 공통적 과학은 불가능할 것이다.[26]

프레게 자신은 우리의 일상언어가 자신이 추구했던 의미의 객관성을 보증해 주지 않는다는 사실을 잘 알고 있었다. 프레게는 이것이 일상언어의 결함일 뿐이라고 간주했다.[27] 그러나 그것은 일상언어의 결함을 드러내기보다는 오히려 프레게가 추구했던 의미 이론의 제한성을 드러내고 있다.

우리는 의미의 객관성과 관련해서 언어에 대응하는 '대상'이 과연 우리에게 일의적인 방식으로 주어질 수 있는가에 대해 근원적인 의문을 제기할 수 있다. 이 문제와 관련해서 매우 중요한 것은 우리의 기술(記述)이 본성적으로 '파편적'이라는 사실이다. 그것은 우리 언어의 특성이며 동시에 인식의 특성이다. 그래서 대상에 대한 하나의 완전한 기술은 원천적으

---

26) Frege, "Letter to Jourdain," in A. W. Moore, ed., *Meaning and Reference* (Oxford: Oxford University Press, 1993), pp. 44~45.

27) Frege, "On Sense and Meaning," p. 58.

로 불가능하다. 레이코프와 존슨(G. Lakoff and M. Johnson)은 우리의 모든 일상적 기술에는 근원적으로 '부각과 은폐'(highlighting and hiding)라는 작용이 수반된다는 것을 지적한다.[28] 즉 동일한 인물에 대한 무수히 많은 기술이 가능하지만, 그중 하나를 선택하게 되면 기술된 측면은 부각되는 동시에 다른 모든 측면은 자연스럽게 은폐된다. 이것은 우리의 모든 기술이 맥락에 따라 선택적일 수밖에 없다는 것을 말해 준다. 따라서 기술되는 대상과 일대일로 대응하는 객관적이고 단일한 기술은 존재하지 않는다.

기술의 파편성과 상대성은 우리의 의사소통이 단순히 주어진 기술의 '의의'나 '지칭'의 분석에 의해 해명될 수 없음을 말해 준다. 성공적인 의사소통을 위해서는 과거와 현재, 그리고 때로는 미래의 관련된 사실들로 구성된, 공유된 통합적 구조가 필요하기 때문이다. 비트겐슈타인은 그러한 구조를 '삶의 형식'(forms of life)이라고 부른다. "사자가 말할 수 있다 하더라도 우리는 그를 이해할 수 없을 것"[29]이라는 비트겐슈타인의 말은 '삶의 형식'을 공유하지 않은 우리와 사자가 적절한 방식으로 의미 교환을 할 수 없다는 것을 말해 준다. 여기에서 문제시되는 것은 화자와 청자 사이에 문자적 의미나 문자의 지칭 관계가 아니라 그 언어 사용자들의 자연적·문화적 조건과 상황, 그리고 그에 따른 총체적 경험과 이해다.[30]

---

28) G. 레이코프 · M. 존슨, 『삶으로서의 은유』, 수정판, 노양진 · 나익주 역 (서울: 박이정, 2006), 3장 및 pp. 274~75 참조.

29) 비트겐슈타인, 『철학적 탐구』, p. 395.

30) 이승종 교수는 비트겐슈타인의 '삶의 형식'이 원초적·자연적 조건으로 구성되어 있다고 봄으로써 '삶의 형식'에 문화적·정신적 차원이 포괄되어 있다는 필자의 이러한 이해 방식이 비트겐슈타인의 의도와 괴리를 갖는다고 지적한다. 그러나 이승종 교수의 해석을 받아들이게 되면 우리는 비트겐슈타인의 후기 사상이 드러내는 상대주의적 요소들을 부정하거나, 아니면 그 요소들을 적절하게 해소시켜야 하는 새로운 과제를 안게 될 것이다.

　한편 오늘날 인지과학적 탐구는 우리의 기본적 차원의 사고와 이해가 자연적·문화적·사회적 조건들에 지속적으로 영향 받는다는 점을 설득력 있게 보여 준다. 즉 그것은 우리가 수용하는 '의미' ─ 언어적이든 비언어적이든 ─ 가 객관적이고 고정적일 수 없다는 것을 말해 준다. 이러한 주장은 인간이 단순히 의미의 발견자가 아니라 의미의 적극적 산출자이기도 하다는 것을 말해 준다.

　이러한 주장은 '범주화'(categorization)에 관한 다양한 연구들을 통해서 적절하게 뒷받침되고 있다.[31] 이 연구들은 대부분의 범주가 전통적인 범주 이론이 가정하는 것처럼 사물의 속성에 의해 '객관적으로' 결정되지 않는다는 것을 보여 준다. 말하자면 범주들은 범주 사용자인 인간의 다양한 요소들 ─ 신체적·물리적 조건과 정신적·추상적 조건을 포함한 ─ 에 지속적으로 영향을 받는다. 이것은 우리의 개념화, 나아가 인식 일반이 고정적이지 않다는 것을 말해 주며, 그것은 다시 의미의 유동성을 뜻한다. 우리의 '개념들'은 프레게가 가정했던 것처럼 결코 명확한 경계를 갖는 기하학적 도형이 아니다. '의미'는 결코 명료한 개념이 아니다. 스트로슨(P. Strawson)은 일상언어에 아리스토텔레스적이거나 러셀적 분석이 추구하는 논리가 없다고 지적하지만,[32] 오히려 일상언어가 그 이상을 담고 있다고 말하는 것이 더 적절할 것이다.

　다음과 같은 예는 우리의 언어 현상에 전통적인 지칭 이론이 해명할 수 없는 중요한 문제가 개입되어 있음을 보여 준다. 예를 들어 내가 '무등산'이 바라다 보이는 이층 찻집에 앉은 아름다운 여인의 '코'를 무등산과 함

---

31) 범주화에 관한 최근의 연구 성과들은 George Lakoff, *Women, Fire, and Dangerous Things: What Categories Reveal about the Mind* (Chicago: University of Chicago Press, 1987), 특히 1부에 잘 요약되어 있다.

32) P. F. Strawson, "On Referring," in Martinich, ed. (1990), p. 234.

께 묶어 '무등코' 라고 부르기로 결정했다고 가정하자.[33] 이 단어는 다소
생소하지만 전통적인 지칭 이론에 따르면 분명히 '가리키는' 대상이 존재
하며, 따라서 '일각수' 나 '황금 산' '둥근 사각형' 등이 갖는 존재론적인
문제를 불러일으키지 않는다. 그렇다면 우리는 이러한 방식으로 무수히
많은 새로운(때로는 괴상한) 이름들을 만들어 낼 수 있을 것이다.

전통적 지칭 이론의 구도 안에서 이렇게 주어진 단어의 의미 분석은 어
떻게 가능할까? 일단 지칭에 의존하는 의미 이론은 이러한 임의적 이름-
대상 관계를 제약할 아무런 이론적 근거를 갖지 못하는 것으로 보인다. 지
칭 이론은 이러한 이름이 '자의적' 이라는 이유를 들어 무의미한 것으로
배제하거나, 아니면 이러한 새 이름의 의미 결정 과정을 성공적으로 설명
해야 한다. 첫 번째 선택은 불가능한 것으로 보인다. 왜냐하면 그 새로운
이름은 우선 명백한 지칭체를 갖기 때문이다. 그렇다고 두 번째 선택이 용
이한 것도 아니다. 왜냐하면 그 경우에는 지칭 관계의 임의성을 인정함으
로써 스스로의 '지칭의 고정성' 이라는 가정을 거부해야만 하기 때문이다.

한편 이 문제에 대해 실용주의자는 '무등코' 의 의미가 그 언어 사용자
집단의 필요나 목적에 따라 결정된다고 말할 것이다. 실용주의자의 해명
에 따른다면 '무등코' 라는 말이 실제 한국에서 사용되지 않는 이유는 그
러한 대상화 — 무등산과 그 곁에 앉은 여인의 코를 묶는 — 가 우리 언어권
의 의사소통에 별 '쓸모' 가 없기 때문이다. 그래서 우리는 "현재의 한국어
에서 '무등코' 라는 말은 별 의미가 없다" 라는 말을 의미 있게 할 수 있다.

물론 여기에서 말하는 '쓸모' 라는 말은 다소 광범위한 뜻을 갖기는 하
지만 우선적으로 언어의 측면에서 볼 때 일차적으로 부각되는 쓸모는 '의

---

33) Putnam, *Realism with a Human Face*, ed. James Conant (Cambridge, Mass.:
 Harvard University Press, 1990), pp. 98~99 참조.

사소통'이다. 그리고 이 의사소통 가능성은 다시 특정한 언어 사용자들의 목적과 필요에 따라 결정된다. 역설적으로 말하면 '무등코'가 지금 필자의 논의에서 아주 유용한 말로 사용되고, 또 이 글을 읽는 사람들이 '무등코'의 쓸모를 인정하는 한, 그것은 적어도 그 범위 내에서 '의미 있다'고 말할 수 있다. '무등코'는 필자가 만들어 낸 임의적 '기호'에 불과하며, 이 기호가 어떤 의미를 갖는지는 그것을 사용하는 사용자들의 '합의'에 의해 결정될 것이다. 이러한 합의는 우리의 자연사적 공공성은 물론 그것과 결합된 추상적이고 문화적인 변이들을 포함한 합의다. 의미는 그러한 합의의 과정을 통해서 지속적인 변화 가능성을 안고 있으며, 이러한 관점에서 의미는 항상 '~에게 있어서의 의미'다.[34]

'의미의 상대성'을 허용하는 이러한 주장은 객관주의적 의미 이론가들이 그랬던 것처럼 의미의 회의주의에 대한 우려를 불러올지도 모른다. 그러나 의사소통의 가능성을 설명하기 위해 프레게류의 플라톤적 믿음이 반드시 요구되는 것은 아니다. 우리의 의미 탐구의 목적은 의사소통을 가능하게 해 주는 이론을 건설하려는 것이 아니라 현실적인 의사소통을 적절하게 해명하는 데 있기 때문이다. 이러한 관점에서 우리는 '체험주의'(experientialism)를 따라 의사소통의 문제를 '신체적·물리적 조건의 공공성'이라는 측면에서 해명할 수 있을 것이다.[35] 말하자면 우리는 유사한 신체적 조건을 공유하고 있기 때문에 사회적·문화적 조건의 차이 속에서도 최소한의 의사소통 가능성을 갖는다.

---

34) 레이코프·존슨, 『삶으로서의 은유』, p. 302.
35) 노양진, 『상대주의의 두 얼굴』(파주: 서광사, 2007), 7장 「체험주의적 접근」 참조. 체험주의는 우리의 경험을 신체적·물리적 차원과 정신적·추상적 차원으로 구별한다. 그러나 이러한 구별은 결코 이분법적인 것은 아니며, 이 두 측면은 지속적으로 상호작용하는 것으로서 듀이적 '연속성'(continuity)의 관점에서 이해되어야 할 것이다.

그러나 이러한 공공성이 토대주의적 인식론이 추구해 왔던 것과 같은 절대적 객관성을 의미하는 것은 아니다. 동일한 신체적 조건을 갖는 종(種) 사이에서도 정신적·추상적 차원의 경험 영역으로 갈수록 상대적 변이는 증가될 가능성이 높다. 그리고 필자는 이러한 변이가 콰인(W. V. O. Quine)이 설명하려고 했던 '번역의 비결정성'의 소재라고 본다.[36] 따라서 상이한 종들 사이에는 신체적·물리적 구조의 차이 때문에 의사소통 가능성이 전적으로 사라지지는 않는다 하더라도 현저하게 감소하거나 제한될 것이다. 따라서 인간인 우리가 공유하는 의사소통의 공공성 또한 정도의 문제일 뿐이다.

5__ 맺는 말

지칭에 관한 지난 세기의 논의의 배후에는 의미 문제가 어떤 방식으로든 언어와 외적 세계의 관계를 통해 해명되어야 한다는 실재론적 믿음이 자리 잡고 있다. 그러나 중요한 것은 이러한 믿음이 언어와 세계 사이에 모종의 직접적 관계를 암암리에 가정하고 있다는 점이다. 이러한 가정은 '언어의 실체화'라는 근거 없는 철학적 요청에 의해서만 가능하다. 이러한 구도를 무비판적으로 받아들이는 것은 의미 문제의 핵심적인 물음을 해결한 것이 아니라 피해 간 것이다. 그 결과 지칭 이론들은 의미의 본성에 대한 설명이라기보다는 이미 결정된 의미가 우리에게 어떻게 전달되는지의 문제에 초점을 맞추게 된다. 그리고 앞에서 지적한 것처럼 그러한 지칭 이론들은 '의미의 객관성'이라는 요청에 사로잡혀 있다.

---

36) 같은 책, 9장 「번역은 비결정적인가?」 참조.

오늘날 우리가 '실용주의적 언어관'이라고 부르는 입장은 언어가 단순히 순수한 사고의 문제가 아니라 우리가 세계 안에서 성공적으로 활동하는 데 필요한 삶의 일부라는 것을 말해 준다. 물론 이러한 주장은 좀 더 상세한 논의를 필요로 하는 것이지만 필자가 이 글을 통해서 보이려고 했던 것은 의미 이론가들이 오랫동안 가정해 왔던 것처럼 지칭이 언어와 세계 사이에 존재하는 신비적 관계가 아니라 일찍이 비트겐슈타인이 제안했던 것처럼 언어 사용의 한 방식이라는 것이다. 즉 지칭은 그 자체로 존재함으로써 우리가 그것을 발견하고 사용하는 어떤 것이 아니라 우리가 언어라는 도구를 통해 달성하려는 도구적 사용 방식의 하나일 뿐이다. 그리고 이러한 사용 방식은 우리의 삶의 복합적 조건에 의해 끊임없이 영향을 받는다.

'고정된 지칭' 개념의 폐기는 '단일하고 객관적인 의미' 개념의 포기를 함축한다. 우리의 언어 체계 안에서 실제적인 현상으로 드러나는 지칭 기능은 언어가 갖는 독립적 기능이 아니라 언어 집단의 구성원들 사이에 합의된 언어 사용 방식의 하나다. 따라서 그것은 지속적으로 변화해 가는 언어 현상의 일부다. 이러한 관점에서는 지칭이라는 언어의 실제적 사용 방식을 인정한다고 하더라도 그것이 더 이상 의미 탐구에 중심적 역할을 할수 없다. 오히려 우리는 언어 집단이 어떤 방식으로 합의하고, 또 그것이 어떤 방식으로 변화해 가는지에 대해 관심을 기울임으로써 의미의 구조를 좀 더 적절하게 해명할 수 있을 것이다. 이제 지칭은 우리의 이해와 사고에 관한 포괄적 탐구에 의해 포섭되거나 대치되어야 할 지극히 제한되고 소박한 과거의 문제일 뿐이다. 이제 '언어와 세계의 대응'으로서 지칭은 지난 세기의 과도한 철학적 열망이 낳은 '철학적 미아(迷兒)'로 남게 될 것이다.

제 2 장
로티와 언어의 우연성

1__ 머리말

'우연성'(contingency)은 로티(R. Rorty)의 철학을 특징지을 수 있는 또 하나의 핵심적 논제다. 우연의 반대편에는 물론 '필연'이나 '절대'와 같은 완고한 개념들이 있다. 로티는 언어뿐만 아니라 세계, 자아의 본성 또한 우연성으로 규정함으로써 전통적 이론들이 추구해 왔던 필연이나 절대와 같은 철학적 열망을 무너뜨리려고 한다. 로티가 말하는 '언어'는 금세기의 분석철학적 전통이 분석의 핵심적 대상으로 삼았던 명제적 언어라는 폭을 넘어서서 전 문화와 세계를 의미한다. 로티는 이처럼 확장된 '언어' 개념을 사용하는 동시에 언어의 본성을 우연성으로 특징지음으로써 그것을 다양한 철학적 논의의 교두보로 삼고 있다.

우연성 논제는 객관주의적 언어 이론의 난점과 한계를 드러내고 극복하는 데 성공적일 수 있지만 그 급진성은 언어와 의미의 본성에 관한 중요한 사실을 가리게 된다. 언어는 로티가 생각하는 것보다 훨씬 더 안정적인 뿌리를 갖기 때문이다. '의사소통'(communication)에서 드러나는 실제적 공공성은 단순히 무제약적인 우연적 합의의 산물은 아니다. 언어적 합의 가 '우연'이라는 로티의 주장은 특정한 합의에 도달하는 예측 가능한 법 칙적 방식이 존재하지 않는다는 의미에서 옳은 것이지만, 이를 근거로 모 든 언어 현상을 전적으로 '우연성'으로 특징짓는 것은 지나치게 성급한 것이며, 그것은 언어적 허무주의라는 위험한 시각으로 빠져들 수 있다.

언어 현상에 대한 경험적 탐구는 언어가 층위에 따라 매우 긴밀한 방식 으로 제약되어 있으며, 그것은 언어의 본성에 관해 로티가 간과하고 있는 중요한 차이들을 드러낸다. 우리는 로티에게 왜 실제 언어 안에서 어떤 합 의는 다른 합의들과 다르게 현저한 공공성을 드러내는지를 물을 수 있다. 로티의 언어 해명에는 이러한 물음에 대한 답이 적절하게 제시되지 않는 다. 언어는 객관주의자가 주장하는 것처럼 크고 무거운 것도 아니지만 로 티가 주장하는 것처럼 사소하고 가벼운 것도 아니기 때문이다.

우리의 언어는 외형적인 다원성에도 불구하고 '종(種)으로서의 인간' 이 공유하는 비교적 안정된 조건을 바탕으로 이루어지며, 따라서 그만큼 '공공성'을 드러낸다. 그러한 공공성은 과거의 이론들이 추구했던 절대적 지반이나 토대는 아니지만 그렇다고 해도 그것은 여전히 우리의 언어활동 을 제약하는 결정적 역할을 한다. 의도적이든 아니든 로티는 언어의 우연 성이라는 주제에 지나치게 집착함으로써 언어의 이러한 측면을 전적으로 간과하고 있다. 이 글에서는 언어를 우연성으로 특징지으려는 이러한 로 티의 시도가 언어의 본성에 대한 편향적 해명에 이르게 되며, 역설적이게 도 그것은 로티 스스로 자신의 철학적 기조라고 공언하는 '실용주의' (pragmatism)의 언어관과도 충돌을 불러온다는 점을 지적할 것이다. 필자 는 실용주의적 언어관의 한 형태로 이해될 수 있는 '체험주의'(experien-tialism)의 시각을 따라 언어의 본성에 대한 로티의 편향성을 넘어설 수 있는 대안적 해명의 가능성을 제안할 것이다.

2__ 언어의 우연성

언어와 의미에 관한 분석철학적 탐구가 위기에 처한 것은 20세기 후반에 들어 급속히 확산된 반이론적 경향 때문이다. 이러한 지적 흐름을 주도했던 것은 '포스트모던'(postmodern)으로 불리는 일단의 급진적 철학자들이다. '포스트모더니즘'이라는 말은 지나칠 만큼 넓고 느슨하게 사용됨으로써 그 성격에 관해 선명한 합의가 이루어진 것은 물론 아니다. 그렇지만 포스트모더니즘이 1975년을 전후해서 출발했던 급진적인 '반토대주의적 문화 비판'이라는 맥고원(J. McGowan)의 제안은 충분히 유용해 보인다.[1] 그러나 우리에게 더 자극적인 것은 포스트모더니즘이 이론들에 대한 급진적 비판에 그치지 않고 대안적 이론화 자체를 거부한다는 점일 것이다.

로티의 '언어의 우연성' 논제 또한 유사한 극단을 향하고 있다. 주목해야 할 것은 로티가 우연성이라는 개념을 통해 또 하나의 대안적 의미 이론을 제시하는 것이 아니라, 의미 이론 자체에 대한 해체로 나아가고 있다는 점이다. 로티는 실용주의적 전통을 따라 언어의 본성을 의사소통의 관점에서 바라보며, 실제적으로 드러나는 의사소통의 성공을 전적인 우연의

---

1) 맥고원은 포스트모더니즘을 크게 네 갈래 경향으로 구분한다. 푸코(M. Foucault)나 데리다(J. Derrida)가 주도하는 탈구조주의, 로티나 리오타르(J.-F. Lyotard)가 주도하는 신실용주의, 제임슨(F. Jameson)이나 이글턴(T. Eagleton), 사이드(E. Said) 등이 주도하는 포스트마르크스주의, 그리고 페미니즘이 그것이다. John McGowan, *Postmodernism and Its Critics* (Ithaca : Cornell University Press, 1991), pp. ix~x 참조.

문제로 본다. 말하자면 특정한 언어를 사용하는 언어공동체의 구성원들 사이에 생겨나는 의사소통적 합의는 전적으로 시간과 우연의 산물이며, 여기에는 어떤 확정된 논리나 규범도 존재하지 않는다는 것이다.

로티는 언어를 일종의 '삶의 형식'(forms of life)으로 간주한다는 점에서는 비트겐슈타인적이지만, 동시에 언어를 사회적 활동으로서 환경에 대처하는 수단으로 간주한다는 점에서 다분히 듀이적이다. 적어도 로티 자신의 명시적 언급만을 고려한다면 그의 언어관은 '실용주의적'이라는 말로 쉽게 묶을 수 있다. 그러나 이러한 성격 규정은 다소 성급한 것이다. 로티는 스스로의 입장을 '실용주의'라고 천명하고 있지만 그의 언어관을 좀 더 내밀하게 살펴보면 '실용주의적'이라고 단정하기 곤란한 함정이 숨겨져 있기 때문이다. 우연성으로 특징지어지는 로티의 언어관에는 제임스나 듀이와 같은 미국의 실용주의자들은 물론 후기 비트겐슈타인의 언어관과 화해되기 어려운 괴리가 있다.

로티는 언어가 어떤 더 높은 목적을 달성하기 위해서가 아니라 맹목적으로(blindly) 진화해 가는 삶의 양식이라는 데이빗슨(D. Davidson)의 주장을 적극적으로 내세운다.[2] 물론 여기에서 '맹목적'이라는 말은 언어의 변화 과정에 예측 가능한 방향성이 존재하지 않는다는 것을 의미한다. 이러한 언어관을 받아들이면 언어를 어떤 특정한 객관적 모형에 근거해서 평가하는 것은 근원적으로 불가능하다. 적어도 데이빗슨에 따르면 특정한 언어의 구체적 변화에 관한 한 우리의 탐구는 이제 다만 역사적·인류학적 탐구를 통해 그것들이 어떻게 변화하는지를 관찰하고 기술할 수밖에

---

2) 리처드 로티, 『우연성, 아이러니, 연대성』, 김동식·이유선 역 (서울: 민음사, 1996), p. 57 참조. 이 책의 인용은 이 번역판을 원칙적인 전거로 삼았으며, 문맥상의 필요에 따라 부분적으로 수정을 가했다.

없다.

로티는 우리가 현실적으로 유지하고 있는 '의사소통'의 체계 또한 다만 우연적 합의를 통해 도달한 '일과적 이론'(passing theory)일 뿐이라고 본다. 의사소통은 언어 사용자들의 공유된 '합리성'의 산물이 아니라, 다만 환경에 대처해 가는 과정에서 도달한 '우연적' 성취라는 것이다. 이러한 주장을 뒷받침하기 위해 로티는 우리에게 전혀 알려지지 않은 낯선 땅에 고립되어 그 토착민과 의사소통을 시도하는 가상적 상황을 소개한다.

> 만약 그 사람과 내가 쉽고도 행복하게 의사소통에 성공한다면, 그것은 한편으로는 다음에 내가 무슨 소리를 할 것인가를 포함한 내 행동에 대한 그 사람의 추측과 다른 한편으로는 내가 무엇을 하며 특정한 상황에서 어떤 말을 할 것인가에 대한 나의 기대가 상당히 서로 겹치게 되었기 때문이며, 그 반대의 경우도 마찬가지로 벌어졌기 때문이다. …… 우리가 동일한 언어로 말하기에 이르렀다고 일컫는 것은 …… 데이빗슨의 말마따나 "[일과적] 이론들에서 우리가 수렴해 가고 있다"는 뜻이다.[3]

이러한 로티의 주장은 20세기 전반을 사로잡았던 언어적 의미에 대한 정형화된 탐구, 즉 '언어적 전환'(Linguistic Turn)을 통해 추구되었던 객관주의적 언어 모형에 대한 전면적 거부를 의미한다. 프레게(G. Frege)처럼 의미를 '추상적 실재'로 간주하는 객관주의적 시각에서 본다면 의사소통은 화자와 청자 사이에 이루어지는 확정적인 의미 전달의 문제다. 레디(M. Reddy)는 이러한 의사소통의 구조를 「도관」(Conduit) 은유로 설명한다. 즉 확정적 의미는 마치 물질처럼 화자와 청자 사이에 도관을 통해 전

---

3) 같은 책, p. 48.

달된다.[4] 대신에 로티는 의사소통을 지속적인 시행착오를 통해 도달하게
되는 우연의 문제로 특징지으려고 한다. 그렇지만 현실적으로 존재하는
의미와 이해의 불확정성, 나아가 의사소통의 불확정성을 감안할 때 로티
의 제안은 객관주의적 의미 이론보다 훨씬 더 성공적으로 언어 현상을 설
명할 수 있는 실마리를 제공하는 것처럼 보인다. 그러나 과연 그런가?

　의사소통에는 물론 로티가 말하는 우연성이 존재한다. 적어도 우리가
예측할 수 없는 방식으로 의사소통의 구조가 형성되며, 의미의 확장 또한
예측할 수 없는 변이를 드러낸다. 이것은 의사소통에서 실제적인 어려움
으로 나타난다. 콰인(W. V. O. Quine)은 '번역의 비결정성' 이론을 통해
경험적 요소만으로는 설명할 수 없는 의미 확장의 변이가 존재한다는 사
실을 부각시키는 데 성공했지만 정작 자신의 비판자들을 충분히 설득하지
는 못했던 것으로 보인다. 필자는 콰인이 그 변이의 존재에 관해서 확신하
고 있으면서도 정작 그 변이의 원천에 관해 확고한 경험적 증거를 제시하
지 못했다는 데 그 이유가 있다고 보았다.[5]

　이러한 상황에서 로티는 특정한 언어적 합의에 이르는 과정을 다양한
문화적 · 역사적 · 사회적 요인들이 개입된, 전적인 우연의 문제라고 말한
다. 현실적으로 드러나는 언어적 변이가 확정적으로 번역되거나 해석될
수 없다는 명백한 사실을 감안한다면 로티의 주장은 설득력이 있다. 그러
나 의미 확장이 예측할 수 없는 방식으로 이루어진다고 해서 모든 언어 현
상을 '우연' 이라고 말하는 것은 '필연' 이라는 표적을 향해서는 강력한 주

---

4) Michael Reddy, "Conduit Metaphor: A Case of Frame Conflict in Our Language
　　about Language," in Andrew Ortony, ed., *Metaphor and Thought*, 2nd ed. (Cam-
　　bridge: Cambridge University Press, 1993), pp. 166~71 참조.
5) 이 문제에 관한 좀 더 상세한 논의는 노양진, 『상대주의의 두 얼굴』 (파주: 서광사,
　　2007), 9장 「번역은 비결정적인가?」, pp. 260~61 참조.

장일 수 있지만 그 자체로 언어 현상을 적절하게 설명해 주는 것은 아니
다. "왜 그런가?"라는 물음에 적절하게 답하기 위해서는 언어의 본성과
구조에 대한 더 구체적인 '해명'이 필요하다. 로티는 이 부분에 관해서 답
을 피하고 있다. 로티는 언어에 관해서는 물론 다른 무엇에 관해서든 적극
적인 의미에서의 이론적 해명이 철학자들의 소임이 아니라고 주장한다.
이러한 탈이론적이고 해체론적인 입장 때문에 로티는 '포스트모던'이라
는 이름을 얻게 된다.

　로티의 이러한 입장은 다분히 전략적인 측면이 있다. 과거의 몇몇 이론
이 부적절하다고 해서 '모든 이론'이 근원적으로 불가능한 것은 아니기
때문이다. 우리는 여전히 과거의 이론들이 왜 부적절하며, 인간의 경험에
관한 더 나은 해명이 어떻게 가능한지에 대해 여전히 또 다른 체계적 해명
을 시도할 수 있기 때문이다. 다시 말해서 비록 부분적이라 하더라도 우리
는 모든 가정을 완전히 제거한 채로 살아갈 수는 없다. 그래서 하나의 정
확한 이론을 추구하는 객관주의에 대한 로티의 급진적 비판에 동의한다
하더라도 대안적인 철학적 탐구의 가능성 문제에서는 매우 다른 길이 여
전히 열려 있다.

　언어를 포함한 모든 경험 ― 신체적이든 정신적이든 ― 은 인간이라는
종(種)으로서 공유하는 신체적 조건에 의해 강력하게 제약되고 있다. 이
때문에 실제로 드러나는 합의의 형태는 신체적 차원으로 갈수록 훨씬 더
큰 공공성을 드러낸다. 적어도 모든 합의가 항상 동등한 우연성을 갖는 것
은 아니다. 그럼에도 불구하고 로티는 모든 것을 '우연적 합의'의 산물이
라고 말함으로써 이러한 차이를 간과하고 있는 것이다. 로티에 따르면 의
미는 아무런 제약도 없이 떠도는 시간과 기회의 산물일 뿐이다. 김동식은
이러한 로티의 언어관이 '근거 없는 수사학'(ungrounded rhetoric)으로 전
락할 것이라고 우려한다.[6]

3__ 은유와 진리

언어의 우연성 논제가 불러오는 귀결은 단지 언어 자체의 본성에 국한되지 않는다. 그것은 언어와 관련된 많은 문제들에 관해 새로운 논의를 예고한다. 진리 문제 또한 그 하나다. 로티는 자신이 데카르트-로크-칸트 전통이라고 부르는 근세의 인식론을 '표상주의'(representationalism)로 특징짓는다. 표상주의의 구도 안에서 인식이란 세계의 관찰자인 인간이 마음의 능력을 통해 세계를 '표상' 하는 문제다.[7] 여기에서 진리란 우리의 표상 내용과 세계 사실의 '대응' 으로 간주된다. 이것이 바로 진리 대응설이다. 그러나 로티는 이러한 대응 구도를 가능하게 하는 언어와 세계가 모두 우연적이라는 사실을 들어 대응이라는 구도가 허구적이라고 주장한다. 즉 그러한 진리 개념은 근세의 인식론이 만들어 낸 허상이라는 것이다.

그렇다면 근세적인 '하나의 진리' 를 거부하는 로티에게 진리란 무엇인가? 로티는 진리가 다만 일상적으로 사용하는 문장들의 속성일 뿐이라고 말한다. 말하자면 로티는 진리에 관해서 "어제 비가 왔다" "저 책상은 갈색이다"와 같은 문장들에 대해서 일상적으로 참 또는 거짓이라고 말하는 이상의 철학적 문제는 없다고 본다. 이러한 언어는 우리의 산물이며, 따라서 '진리들'(truths)도 우리의 산물이다.

진리가 저 바깥에 있지 않다라고 말하는 것은, 문장들이 없는 곳에는 진리가 없다고 말하며, 문장들은 인간 언어의 구성 요소들이고, 인간의 언어는 인간의 창안이라고 말하는 것에 불과하다.

---

6) 김동식, 『로티의 신실용주의』(서울: 철학과 현실사, 1994), 특히 p. 477 참조.
7) 로티, 『철학 그리고 자연의 거울』, 박지수 역 (서울: 까치, 1998), p. 11 참조.

진리는 저 바깥에 존재할 수 없다. 즉 인간의 정신과 독립적으로 존재할 수 없다. 왜냐하면 문장들이 저 바깥에 [인간의 정신과는 독립적으로] 존재할 수 없기 때문이다. 세계는 저 바깥에 존재하나, 세계에 대한 서술은 그렇지 않다. 세계에 대한 서술들만이 참이나 거짓이다. 세계 그 자체, 인간의 서술 활동의 도움을 받지 않는 세계 그 자체는 참이나 거짓일 수가 없다.[8)]

로티가 말하는 언어의 우연성은 삶의 모든 측면을 포괄하는 하나의 유일한 어휘, 즉 신적 관점을 통해 주어지는 어휘의 가능성을 부인하려는 것이다. 그래서 로티는 언어의 우연성이 "우리가 채용해 왔던 다양한 어휘들의 바깥으로 나가서, '가능한 모든' 어휘들 혹은 가능한 모든 판단과 느낌의 방식들을 설명할 수 있는 하나의 메타 어휘를 발견할 수 없다는 사실, 바로 그것에 대한 인식"[9)]이라고 말한다.

우리는 로티를 따라 그러한 유일한 메타 어휘의 존재를 쉽사리 거부할 수 있다. 그렇지만 그러한 단일한 어휘에 대한 거부가 우리의 언어관에 불러오는 귀결은 그처럼 간단치만은 않다. 로티는 그러한 단일한 어휘 선택 가능성이 플라톤 이래로 '이성'(nous)이라는 인간의 독특한 능력에 의해 수행되는 것으로 간주되었다고 지적한다.[10)] 대신에 로티는 그러한 선택이 이성이라는 배타적 능력에 의해서가 아니라 우리의 의지나 느낌으로 대체되어야 한다고 말한다. 그는 특정한 어휘가 철학사를 통해 누려 왔던 특권

---

8) 로티, 『우연성, 아이러니, 연대성』, p. 32.
9) 같은 책, p. 25.
10) 오늘날 우리가 이야기하는 '이성'은 그리스인들의 철학적 구성물의 연장선상에 있다. 호머 이래로 이성이라는 말은 매우 포괄적으로 사용되어 왔으며, 그리스 철학자들에 의해 점차 안정적인 철학적 개념으로 확정된 것이다. Michael Frede, "Introduction," in Michael Frede and Gisela Striker, eds., *Rationality in Greek Thought* (Oxford: Clarendon Press, 1996), p. 3 참조.

을 거부하는 것이다.

여기에서 로티는 분명히 언어가 배타적 이성의 산물이라는 고전적인 믿음을 거부한다. 이러한 관점에서 로티는 언어, 예술, 과학, 그리고 도덕 이론 등 인류사를 통해 제시되었던 진지한 탐구 분야들을 모두 시간과 우연의 산물로서의 은유들(metaphors)의 체계로 간주한다.

> 언어의 역사, 그리고 예술과 과학과 도덕적 센스의 역사를 [은유]의 역사로 본다는 것은 인간의 정신이나 인간의 언어가 가령 의미를 점점 잘 표현하거나 사실은 점점 잘 표상할 수 있게 되어 신이나 자연이 계획한 바의 목적에 점점 잘 부합되어 가는 것으로 보는 그림을 포기한다는 뜻이다. 일단 언어가 어떤 목적을 갖고 있다는 발상이 사라지면, 언어가 매개물이라는 발상도 사라진다. 이 두 발상을 폐기한 문화는 2백 년 전에 시작된 근대 사조의 경향들, 즉 독일 관념론과 낭만주의 시학과 유토피아 정치학에 공통된 경향들이 승리를 쟁취한 문화가 될 것이다.[11]

여기에서 로티의 은유 개념은 기본적으로 데이빗슨의 은유 이론에 크게 의존하고 있다. 데이빗슨에게 은유적 의미란 존재하지 않는다. 대신에 은유적 표현은 문자적 의미를 갖고 있을 뿐이며, 그 표현은 일반적인 문장과는 달리 독특한 은유적 '기능' 또는 '쓰임'을 갖는다는 것이다.[12] 예를 들어 "김 과장은 물이다"라고 말하는 것은 문자적으로 김 과장이 H_2O라는 것을 의미하고 있을 뿐이며, 따라서 그 문장은 단순히 거짓인 문장이

---

11) 로티, 『우연성, 아이러니, 연대성』, p. 51.

12) Donald Davidson, "What Metaphors Mean," in his *Inquiries into Truth and Interpretation* (Oxford: Clarendon Press, 1984), p. 261 참조.

다. 데이빗슨은 이것을 '인증된 거짓'(patent falsehood)이라고 부른다. 즉 어떤 문장이 거짓으로 주어질 때 우리는 비로소 그것을 은유로 받아들일 수 있으며, 그것의 숨은 함축을 찾게 된다는 것이다.[13] 그러나 이 문장은 우리로 하여금 특정한 방식으로 생각하거나 행동하게 하는 기능을 갖는다. 그래서 그것은 마치 '막대기'처럼 우리를 이리저리 몰아가는 역할을 한다. 그래서 사람들은 흔히 데이빗슨의 은유 이론을 '막대기 이론'(stick theory)이라고 부른다.[14] 로티는 이러한 데이빗슨의 은유 이론이 "'아무것'도 준-신적인 것이라고 취급하지 않으며, 우리의 언어, 우리의 양심, 우리의 공동체 등 '모든 것'을 시간과 [우연]의 산물로 여기는 그러한 지점"[15]을 향해서 나아가는 것으로 해석한다.

로티는 특정한 '은유들'이 단지 우연적으로 시대적 상상력을 사로잡게 되었을 뿐이라고 말하고 있다. 로티는 "세계는 대안적인 [은유들] 가운데 어느 것을 선택할 아무런 규준도 제공하지 않으며, 우리는 단지 언어나 [은유들]을 비교할 수 있을 뿐이지 언어를 넘어선 '사실'이라 불리는 것과 언어를 비교하는 것이 아니다"[16]라고 말한다. 세계가 은유들을 제약하지 않는다는 것은 다양한 은유들이 시간과 우연의 산물이라는 것을 함축한다. 그러나 이러한 로티의 급진적 주장은 극단적인 상대주의에의 우려를 불러온다. 은유들은 '사실'과 비교될 수 없을 뿐만 아니라 은유들 간에도 비교의 척도가 존재하지 않기 때문이다.[17]

---

13) 같은 논문, p. 258 참조.
14) 그러나 로티의 결론적 주장과는 달리 데이빗슨이 여전히 '진리 조건적 의미 이론' — 전혀 실용주의적 언어관이라고 보기 어려운 — 과 함께 변형된 것이기는 하지만 진리 대응설을 유지하고 있다는 사실은 매우 역설적이다.
15) 로티, 『우연성, 아이러니, 연대성』, p. 61.
16) 같은 책, p. 58.
17) 기농과 힐리(C. Guignon and D. Hiley)는 로티가 언어나 어휘들 사이의 객관적 선택

한 문화가 특정한 기호 체계를 수립하고, 그것에 특정한 의미를 부여하는 방식은 문화들 사이에 상이하게 나타날 수 있다. 상이한 언어 체계들 사이의 번역에서 드러나는 실제적 난점은 이러한 사실을 충분히 보여 준다. 그러나 그것이 언어에 관한 전부는 아니다. 우리는 동시에 수많은 언어 체계들 사이에 현실적으로 드러나는 놀라울 정도의 '공공성' 또한 적절히 설명해야 하기 때문이다. 로티는 그러한 실제적 일치 또한 필연적 근거를 갖지 않는다는 점에서 여전히 '우연적'이라고 말한다. 로티는 우리에게 '필연성 아니면 우연성'이라는 새로운 이분법적 선택을 제시하고 있으며, 그렇게 해서 제안된 우연성은 우리의 실제적인 의사소통의 구조에 대한 해명이라는 측면에서 지나치게 거칠고 위태로운 논제다.[18]

로티의 급진적 전략이 간과하고 있는 중요한 사실은 우리가 다양한 언어적 변이를 가능하게 해 주는 신체적 지반을 공유하고 있다는 사실이다. 로티는 언어가 갖는 이러한 신체적 지반을 철저히 무시함으로써 모든 언어 현상을 단순히 우연의 문제로 규정하려고 한다. 적어도 로티의 이러한 언어관은 그가 스스로 자칭하는 '실용주의'라는 이름에 걸맞지 않다. 로티가 자신을 실용주의자라고 믿는다면 그는 우리가 몸을 가진 유기체이며, 따라서 몸의 활동을 통해 이 세계와 직접적으로 상호작용하는 존재라는 핵심적인 사실 또한 받아들여야 한다. 그것은 신체적 층위에서 우리 경험이 확인 가능한 정도의 공공성을 갖는다는 사실을 받아들인다는 것을

의 규준 자체를 부정한다는 점을 들어 상이한 패러다임 사이에 '공약 불가능성'을 설정하는 쿤(T. Kuhn)의 영향을 가장 극명하게 드러내고 있다고 지적한다. Charles Guignon and David Hiley, eds., *Richard Rorty* (Cambridge: Cambridge University Press, 2003), "Introduction," pp. 14~15 참조.

18) 국순아, 「로티의 역사주의적 실용주의」, 전남대학교 대학원 철학과 박사학위논문 (2005), pp. 99~100 참조.

의미한다. 그러한 공공성은 로티가 의존하는 전적인 '우연성'의 문제가 아니다. 동시에 그러한 공공성은 정신적이고 추상적인 활동 영역에 대한 강력한 제약으로 작용한다.[19] 그러한 제약은 객관주의자들이 가정했던 것처럼 산술적이지는 않지만, 그렇다고 해서 로티의 주장이 함축하는 것처럼 자의적이지도 않다.

로티는 전통적인 언어 이론들을 거부하기 위해 지나치게 대립적인 극점들을 배회하고 있다. 그것은 새로운 탈주이며, 객관주의적 의미 이론을 거부하는 데 성공적인 전략일 수 있지만, 언어의 본성에 대한 해명이라는 차원에서는 그다지 '쓸모 있는' 주장은 아니다. 나아가 그것은 언어의 뿌리를 총체적으로 거부함으로써 언어를 허공에 떠도는 부유물로 만든다. 로티의 이러한 과도성을 감안한다면 언어에 관한 탐색에서 우리에게 더 중요한 지점은 고전적인 이론들과 로티의 우연성 사이의 어떤 중간 지대에서 드러날 것이다.

4__ 의사소통의 신체적 지반

언어의 우연성 논제는 언어의 본성을 밝히려는 것이라기보다는 언어에 대한 새로운 논의를 통해 철학의 본성을 서술하려는 노력의 한 방식으로 보아야 한다. 로티가 진리를 언어의 속성으로 간주함으로써 객관주의의 이론적 무게를 덜어 내는 데 결정적인 기여를 했다는 것은 부인할 수 없는

---

19) 이러한 주장은 존슨의 '몸의 중심성' 논제의 핵심을 이루고 있다. 이 문제에 관한 상세한 논의는 마크 존슨, 『마음 속의 몸: 의미, 상상력, 이성의 신체적 근거』, 노양진 역 (서울: 철학과 현실사, 2000) 참조.

사실이다. 그러나 그렇게 제시되는 로티의 견해는 언어의 본성을 적절히 해명하기에는 너무나 거칠고 성급한 것이다. 언어의 본성을 의사소통이라 는 측면에서 살펴보면 로티의 언어관은 되돌아올 항구를 잃은 위태로운 항해와 다르지 않다.

로티에 따르면 의사소통은 전적으로 거듭되는 시행착오 속에서 마주치 는 운의 문제다. 의사소통에 어떤 확정적인 알고리즘도 존재하지 않는다 는 로티의 주장에 동의한다고 하더라도 모든 의사소통의 가능성을 '우연' 으로 특징짓는 것은 실제적으로 경험되는 의사소통의 공공성을 설명하기 에는 지나치게 거친 주장이다. 나아가 그러한 주장은 로티 자신의 의도와 는 달리 의사소통에 관해 허무주의라는 원치 않는 귀결로 나아갈 수 있다. 즉 로티를 따라 언어가 단지 시간과 우연의 산물이며, 따라서 거기에 아무 런 제약도 존재하지 않는다면, 최악의 경우 언어는 공유 불가능한 방식으 로 언어 사용자들 각자의 것이 될 수도 있기 때문이다.

우리는 실제적으로 다양한 언어 체계들 사이에 쉽사리 해소되지 않는 상대적 변이들을 경험한다. 적어도 언어적 확장 과정에서 나타나는 상대 적 변이들을 예측할 수 없다는 점에서 그것은 우연적이다. 그러나 여기에 서 우리가 주목해야 할 것은 그러한 변이들이 아무런 제약도 없이 자의적 으로 이루어지는 것은 아니라는 점이다. 산술적인 것은 아니라 하더라도 우리 경험의 확장은 항상 신체적 · 물리적 층위의 경험에 의해 강하게 제 약되기 때문이다.[20]

1) 의미의 **중층성**과 **의사소통**의 **공공성**

의사소통은 유기체의 전반적 생존을 특징짓는 가장 기본적인 활동이

---

20) 이러한 제약의 구조에 관해서는 존슨, 『마음 속의 몸』, 특히 3~5장 참조.

다. 그것은 '순수한' 언어활동에 국한되지 않으며, 유기체의 모든 활동, 즉 외부 세계와의 지속적인 상호작용을 통해 드러난다. 물론 언어는 가장 정교한 형태의 의사소통 체계라고 할 수 있으며, 동시에 인간의 언어는 그 정교성에서 다른 동물의 의사소통 체계와 선명하게 구별될 수 있다.

그러나 '정신주의'로 특징지어지는 지적 전통은 이러한 의사소통 구조를 '마음'이라는 인간의 배타적 능력을 통해 설명하려고 했다. 즉 인간의 정신 능력은 그 자체로 고유한 것이며, 그것이 인간의 독자적인 의사소통 구조를 가능하게 한다는 것이다. 이때 인간의 마음은 단순히 기능적으로 특수하거나 우월한 몇몇 능력을 가리키는 것이 아니라 존재론적인 고유성을 뒷받침해 주는 근거가 된다.

그러나 이러한 정신주의적 시각을 벗어나 인간을 몸을 가진 유기체로 이해하게 되면 마음, 그리고 마음이 수행하는 모든 작용 또한 다른 시각에서 설명된다. 즉 우리가 마음이라고 부르는 것은 몸으로부터 분리된 독립적 영역이 아니라 몸의 활동 방식의 특수한 한 갈래라는 것이다. 여기에서 마음의 독립적인 존재론적 지위는 사라지겠지만 대신에 마음의 작용에 관해 훨씬 더 정교하고 설득력 있는 해명의 가능성이 열린다.

오히려 의사소통의 가능성은 순수한 마음의 작용 방식이 아니라 몸의 작용 방식을 통해 훨씬 더 적절하게 탐색될 수 있다. 즉 인간의 언어는 인간이라는 종적 특성에 의해 발현되는 의사소통 방식이며, 다른 종과의 의사소통의 제한성은 마음의 차이 때문이 아니라 더 근원적으로 몸의 차이에서 비롯된다는 것이다. 이 때문에 인간과 지렁이와의 의사소통은 지극히 제한된 형태로 국한될 것이다. 그러나 때로 더 고등한 구조를 지닌 동물들과의 의사소통은 더 정교한 형태로 나타난다. 돌고래나 고릴라와의 의사소통이 그것이다. 종에 따라 의사소통의 가능성을 이처럼 다양하게 가늠해 주는 요소는 무엇일까? 이 물음에 답하기 위해서 좀 더 진지하게 고려해야 할 것은 인간으로서 우리가 공유하는 종적(種的) 공공성이다. 바꾸어 말하면 우리의 언어는 현재 우리의 생물학적 조건에 의해 그 가능성이 주어지며, 동시에 그것에 의해 그 한계가 제약된다.

비트겐슈타인은 이러한 물음과 관련해서 중요한 점을 암시하고 있다.

> 당신에게 전혀 낯선 어떤 언어를 가진 어떤 미지의 나라에 당신이 조사자로 왔다고 생각해 보라. 어떤 상황들 속에서 당신은 그 사람들이 거기에서 명령을 하며, 명령을 이해하며, 따르며, 명령에 반항하는 따위를 하고 있다고 말할 것인가?
>
> 인간의 공통적인 행동 방식은 우리가 우리에게 낯선 어떤 하나의 언어를 해석할 때 의거하는 준거 틀이다.[21]

여기에서 비트겐슈타인이 공통적인 행동 방식을 상대방의 언어를 해석하는 출발점으로 삼고 있음을 알 수 있다. 그렇다고 해서 공통적인 행동 방식을 통해 모든 의사소통이 가능하다는 것을 의미하는 것은 아니다. 다만 그것이 상대방의 언어적 의도를 추정하는 핵심적인 실마리가 된다는 것이다. 물론 우리의 의사소통이 전적으로 신체적 층위의 경험을 통해서 이루어지는 것은 아니지만 신체적 층위의 경험에 근거하지 않은 추상적 경험 또한 존재하지 않는다. 그러나 신체적 층위의 경험의 공공성에도 불구하고 우리의 번역은 결코 일대일 대응이라는 방식으로 이루어지지 않는다. 그것은 경험의 확장 과정이 환원주의적으로 해명될 수 있는 산술적 과정이 아니기 때문이다. 경험의 확장은 '은유적으로' 이루어지기 때문이다.

이러한 생각은 의미에 관한 두 갈래의 주된 견해를 거부한다. 먼저 의미에 관한 객관주의적 견해가 거부된다. 객관주의는 의사소통의 가능성이

---

21) 루트비히 비트겐슈타인, 『철학적 탐구』, 이영철 역 (서울: 책세상, 2006), 206절.

의미의 객관성에 의해 보장될 수 있다고 생각한다. 객관주의는 서구 지성 사를 통해 오랜 역사를 갖는 지배적 견해라고 할 수 있는데, 금세기 초의 분석철학자들은 대부분 이러한 생각을 공유하고 있으며, 그것은 프레게 (G. Frege)를 통해 특징적으로 드러난다. 프레게는 의미가 '추상적 실재' 라고 주장하는데, 그러한 객관성만이 의사소통의 가능성을 보장해 준다고 믿었기 때문이다.

한편 로티의 언어관은 이러한 객관주의에 대한 전면적 도전으로 나타 난다. 그는 의미의 객관성을 추구하는 철학적 구도 자체를 거부하며, 그만 큼 급진적이다. 그는 자신이 대안적인 이론을 구성하려고 생각하지는 않 지만 적어도 언어의 본성을 '우연성'으로 특징지음으로써 전통적인 객관 주의적 해명이 공허한 시도라는 것을 드러내려고 한다. 로티의 주장은 인 간의 다양한 특성들에 영향 받지 않고 독립적으로 존립하는 합리적 체계 로서의 정형화된 언어 개념에 대한 전면적 거부다.

그러나 일단 객관주의의 거부라는 긍정적 측면을 넘어서면 로티의 언 어관은 지나치게 급진적이며 성급한 것이다. 그러한 언어관은 의미의 뿌 리가 무엇인지에 관해 아무런 진지한 해명도 제공하지 않는다. 결과적으 로 로티의 설명 안에서 의미는 기호들의 뿌리 없는 이합집산 속에서 우연 히 드러나게 된 부산물로 간주된다. 로티의 주장은 토대주의적 인식론자 들이 추구했던 것과 같은 유형의 토대나 뿌리가 언어에 존재하지 않는다 는 사실을 고발하는 데에는 그 급진성만큼 효과적일 수 있지만, 언어의 본 성에 대한 해명이라는 차원에서는 편향적 이해를 불러온다. 의도적이든 아니든 로티는 언어의 본성적 중층성을 외면하고 있다.

2) 체험주의와 몸의 중심성
'경험적으로 책임 있는 철학'(empirically responsible philosophy)을 제

안하는 체험주의(experientialism)가 주목하는 것은 인지과학과 같은 경험
적 탐구의 최근 성과들이다. 1970년대 이래로 '제2세대 인지과학'으로 불
리는 지속적인 경험적 탐구 성과는 경험의 두 층위가 창발적인 방식으로
확장되어 간다는 사실을 설득력 있게 뒷받침해 준다.[22] 즉 정신적 · 추상
적 층위의 경험은 모두 신체적 · 물리적 층위의 경험을 근거로 확장되며,
동시에 신체적 · 물리적 층위의 경험에 의해 강하게 제약되어 있다는 것이
다. 언어와 의미 또한 다르지 않다.

예를 들면 인지언어학자들은 지속적인 탐구를 통해 우리가 사용하는
범주들 중에 '기본층위'(basic level)의 범주가 존재한다는 사실을 발견했
다.[23] 즉 원리적으로 무한하게 다양한 범주들 중에 우리가 일상적으로 최
적의 상태에서 받아들이고 사용하는 층위의 범주들이 존재한다는 것이다.
그것은 단지 우연적 결과라고 말하기에는 너무나 많은 것을 함축한다. 특
정한 층위의 범주가 존재한다는 사실은 우리의 범주 선택이 매우 안정적
인 어떤 요소에 의해 제약되고 있다는 것을 의미한다.

존슨(M. Johnson)은 그러한 제약의 소재를 우리의 '몸'에서 찾는다. 즉
우리는 현재와 같은 몸을 가진 유기체로서 활동하며, 그것을 벗어날 수 없
는 존재다. 추상적 개념들은 바로 이러한 몸의 활동을 근거로 발생하며,
이 때문에 우리의 몸의 조건에 의해 강력하게 제약된다. 고도의 추상적 개
념들 또한 이러한 구도를 벗어나지 않는다. 이러한 의미에서 우리의 전 경
험은 '신체화되어'(embodied) 있다.

이러한 맥락에서 중요하게 도입되는 것이 '영상도식'(image schema)이

---

22) G. 레이코프 · M. 존슨, 『몸의 철학: 신체화된 마음의 서구 사상에 대한 도전』, 임지룡
외 역 (서울: 박이정, 2002), 특히 pp. 128~30 참조.
23) 같은 책, 특히 pp. 60~65 참조.

다. 영상도식은 우리의 신체적 활동을 통해서 직접 발생하는 비교적 소수의 '식별 패턴'(identifying patterns)이라고 할 수 있다. 이것이 복합적인 지각, 경험, 이해 등의 근거가 되는 기본적 패턴들이다. 이러한 도식들은 소수의 요소들로 구성되어 있어서 단순한 구조를 가지며, 이 구조에 의해 수많은 개별적 지각이나 경험을 구조화하는 역할을 한다.

존슨은 우리의 경험이 이러한 영상도식들에 근거해서 점차 다양한 방식으로 확장된다고 주장한다. 그러한 확장 방식으로 존슨이 주목하는 것이 '은유'(metaphor), '환유'(metonymy), 심적 영상(mental imagery), 원형 효과(prototype effect) 등이다. 이처럼 경험은 은유적으로 확장되며, 이 때문에 환원주의적 분석이 불가능하다. 그렇다 하더라도 그 확장이 무제한적으로 자의적이지 않은 이유는 그 확장이 비교적 소수의 패턴들, 즉 영상도식들에 근거하고 있기 때문이다. 은유들은 무제약적으로 산출되는 것이 아니라, 신체적 활동을 통해 직접 발생하는 영상도식들에 근거해서 확장되며, 동시에 그것들에 의해 강력하게 제약된다.[24] 따라서 신체적 층위의 경험은 은유 해석의 보편적 근거인 동시에 제약의 소재가 된다. 그것이 초월이나 선험에 의존하지 않고 경험할 수 있는 실제적 보편성의 소재다.

신체화된 경험의 구조에 대한 존슨의 해명에 따르면 신체적 · 물리적 층위에서 발견되는 이러한 공공성이 현재와 같은 몸을 가진 유기체로서 인간이 공유하는 종적 조건에서 비롯된다고 볼 수 있다. 의미의 이러한 공공성은 필연적인 것은 아니라 하더라도 단지 '우연'이라고 말하기에 부적절한, 훨씬 더 안정적인 의사소통의 지반이다. 우리가 실제로 현재와 같은 방식으로 의사소통을 하는 것은 단순히 우연적인 사건이 아니라, 중요한 정도로 우리가 유기체적 구조를 공유한다는 사실에 근거한다. 아마도 로

---

24) 존슨, 『마음 속의 몸』, 특히 3~5장 참조.

티가 가정하는 것 같은 낯선 원시인과의 조우에서도 우리는 의사소통 시
도에 앞서서 그들과 이미 많은 공통 지반을 공유하고 있다는 사실을 전제
하게 될 것이다. 말하자면 관찰자는 그 원시인이 난초와 같은 식물이나 도
마뱀과 같은 파충류가 아니라 우리와 같은 인간이라는 종에 속한다는 믿
음으로부터 출발한다. 그러한 믿음에는 그 원시인과 우리가 최소한의 신
체적 공공성을 공유한다는 사실이 전제되어 있으며, 그것이 우리가 애당
초 의사소통 문제 자체에 관심을 갖게 되는 이유이기도 하다. 말하자면 이
경우에 '종으로서의 인간'이라는 사실이 의사소통을 위한 지반으로 작용
하게 된다.[25]

　이것은 로티가 말하는 것처럼 단순한 우연의 문제가 아니라 인간이 공
유하는 매우 안정적인 사실의 하나다. 이러한 원초적 조건이 우리의 의사
소통 시도에 적절한 제약과 특성을 부여한다. 다시 말해서 우리는 딱정벌
레와 지속적인 시행착오를 통해서 우리가 인간들 사이에 수행하는 의사소
통 방식에 이르거나 우리와 유사한 의미 체계에 합의할 수 있을 것이라고
가정하지 않는다. 우리의 유기체적 조건은 의사소통의 기본적 조건을 제
공할 뿐만 아니라 그 폭을 제약하고 있는 것이다. 이러한 자연적 조건은
매우 자연스럽고 동시에 매우 익숙하다는 점 때문에 철학적 논의에서 흔
히 간과되고 있지만, 그렇다고 해서 의미 산출에서 그 핵심적 역할이 사라
진 것은 아니다.

　이러한 체험주의적 구도에서 본다면 로티의 우연성 논제는 기호적 경
험 영역에 관해서 훨씬 더 큰 설득력을 가질 것이다. 즉 기호적 경험은 자

---

25) 여기에서 말하는 '지반'이란 인지적 차원에서 의미가 형성되고 확장되는 지반을 의미
　　하지만 그것이 근세의 인식론자들이 가정했던 것과 같은 확실성의 '토대'(founda-
　　tion)는 물론 아니다.

연적 경험을 토대로 확장되지만 기호적 경험 영역에서 드러나는 다양한 확장은 결코 특정한 법칙을 따라 자연적 경험으로 환원되지 않기 때문이다. 그러나 중요한 것은 '우연성'이 언어의 중요한 부분적 특성을 설명할 수는 있겠지만, 언어의 전모를 설명하기에는 매우 부적절한 논제라는 점이다. 법칙적 해명이 불가능하다는 점을 들어 '우연적'이라고 부르는 것은 가능하지만 그것이 아무런 해명도 가능하지 않다는 것을 의미하지는 않는다. 로티의 우연성 논제는 법칙적 해명을 거부하는 데 멈추지 않고 모든 해명을 거부하는 길로 나아가고 있다. 이러한 관점에서 로티의 우연성 논제는 지나치게 성급하고 거친 것이다. 로티를 따라 의사소통이 어떤 필연적 법칙에 따라 이루어지지 않는다고 인정한다고 하더라도 우리는 여전히 왜 어떤 합의는 훨씬 더 광범위하게 나타나며, 어떤 합의는 훨씬 더 국지적으로 이루어지는지를 중요한 방식으로 구분하고 해명할 수 있기 때문이다.

　로티는 언어가 "발견되는 것이 아니라 만들어지는 것"[26]이라고 말한다. 로티의 이러한 주장은 옳은 것이지만, 언어가 '만들어지는 것'이며, 따라서 단지 우연적일 뿐이라는 주장이 언어의 모든 본성을 드러내 주는 것은 아니다. 말하자면 언어는 로티의 주장만큼 우연적이지 않으며, 동시에 객관주의자의 믿음만큼 객관적이지도 않다. 이들은 모두 언어에 관해 극단적인 한계 지점들을 제시하고 있다. 우리의 언어는 이 두 극단들 사이에 넓게 펼쳐진 풍경화와 같다. 여기에서 몸은 의미 발생을 위한 지반으로 작용하는 동시에 의미의 확장을 제약하는 역할을 한다. 우리의 언어는 이러한 중층적 연속성 속에 있다.

---

26) 로티, 『우연성, 아이러니, 연대성』, p. 36 참조.

5__ 맺는 말

로티의 언어의 우연성 논제는 금세기 초에 '언어적 전환'을 통해 정형화되었던 객관주의적 언어관을 극복하려는 중요한 제안이다. 언어는 추상적이고 평면적인 명제들의 집합이 아니라 우리의 삶의 중층적 표현 양식의 일부다. 그것은 명제적으로 국한되지 않으며, 우리의 신체적·정신적 활동을 포괄하는 포괄적인 활동의 체계다. 그러나 로티가 대안적으로 제시하는 언어관에 따르면 언어는 아무런 뿌리나 근거를 갖지 못하는 우연적 행위들에 불과하다. 로티는 우리가 언어를 사용하고 의사소통에 성공하는 것을 마치 룰렛 게임처럼 생각하는 것이다. 로티는 언어와 의미에 관한 체계적 해명이 불필요할 뿐만 아니라 동시에 불가능하다고 믿는다. 이러한 부정적 주장은 언어의 본성에 관한 과거 이론들의 공허한 이론적 가정을 고발하는 데 성공적일 수 있지만, 그 자체로 우리를 언어에 대한 새로운 이해로 이끌어 가지는 않는다.

로티가 이러한 성급한 주장과 함께 간과하고 있는 것은 인간이 공유하는 경험의 공공성이다. 그러한 공공성은 그저 인간의 맹목적인 활동을 통해 우연히 드러난 것이 아니라 현재와 같은 몸을 가진 인간이 드러내는 종적 특성으로 확인될 수 있을 만큼 매우 안정적으로 드러난다. 우리의 의사소통은 신체적·물리적 영역에서 훨씬 더 큰 공공성을 드러내며, 이러한 공공성은 '인간이라는 종(種)'이 공유하는 종적 특성들로부터 비롯된다. 이러한 공공성은 로티가 '우연'이라는 말로 특징지으려는 영역을 의미 있게 구획할 수 있을 만큼 현저한 것이다.

로티는 '필연 아니면 우연'이라는 이분법적 구도 안에서 우연을 선택한 자신의 입장을 여전히 이론적으로 방어할 수는 있겠지만 그것이 경험의 자연적 층위가 드러내는 안정성에 관해서 그다지 쓸모 있는 해명을 하고 있는 것은 아니다. 그것은 언어의 본성에 대한 또 다른 편향을 불러올 우려가 있다. 로티와 함께 객관주의적 언어 이론을 넘어선 우리에게는 여전히 실제적인 의사소통 구조에 대한 경험적 해명이라는 과제가 남겨져 있다. 그것은 로티의 제안과는 매우 다른 방식으로 이루어지며, 동시에 매우 다른 시각으로 이어질 것이다. 언어는 프레게가 생각했던 것보다 훨씬 더 우연적이지만, 로티가 생각하는 것보다는 훨씬 더 안정적이기 때문이다.

제3장
설의 지향주의적 의미 이론[*]

1__ 머리말

설(J. Searle)은 의미의 소재를 언어와 실재의 대응 관계에서 찾으려는
20세기 초의 언어철학적 가정을 거부하고, 그것을 '지향성'(Intentional-
ity)에서 찾으려고 시도함으로써 의미 탐구의 장을 새로운 곳으로 옮겨 왔
다. 의미의 소재를 언어와 실재 사이의 고정된 관계가 아니라, 언어와 언
어 사용자 사이의 유동적 관계 속에서 찾으려는 이러한 화용론적 전환은
비트겐슈타인(L. Wittgenstein)의 후기 철학을 통해서 이미 선명하게 그
윤곽을 드러냈다. 설은 지향성 개념을 통해 이러한 전환에서 한 걸음 더
나아가 의미의 형성과 구조에 관해 좀 더 구체적이고 체계적인 해명을 시
도하고 있다.

[*] 이 글의 초고는 한국철학회 춘계학술발표회(2001 봄)에서 처음 발표되었다. 논평을
통해 논의를 보완해 주신 심철호 교수님에게 감사드린다.

설의 핵심적인 언어철학적 관심사는 소리나 문자와 같은 물리적 기호가 어떻게 의미를 갖게 되는지, 나아가 물리적 기호가 어떤 방식으로 세계와 관계를 맺게 되는지를 밝히려는 것이다. 이 문제에 접근하기 위해 설은 의사소통의 기본 단위인 '화행'(speech act)을 일차적 탐구 과제로 설정한다. 설이 지적하는 것처럼 화행은 일종의 행위다. 따라서 화행에 대한 탐구는 단순히 명제적 기호들의 체계에 관한 분석을 통해 이루어질 수 없으며, 이에 수반되는 마음의 작용에 대한 탐구를 요청한다. 그래서 설은 기본적으로 언어철학이 심리철학의 한 분과여야 한다고 생각하며, 지향성에 관한 그의 논의는 이러한 맥락에서 다루어져야 한다. 나아가 설의 이러한 주장은 언어철학적 탐구의 새로운 방향을 암시하고 있다. 즉 그것은 명제적 기호들의 결합으로서 언어에 대한 탐구가 우리의 사고와 경험의 모든 것을 밝혀 줄 것이라는 초기 분석철학의 낙관적인 가정으로부터의 대폭적 후퇴를 의미한다.

의미에 관한 설의 해명의 중요한 계기를 이루고 있는 것은 문장 의미가 실제적인 소통 의미를 결정하지 못한다는 사실이다. 이것은 우리가 현실적으로 의사소통에서 사용하는 의미의 선택에는 문장 의미 이외의 중요한 요소들이 개입된다는 것을 말한다. 이 문제에 대한 설의 답변이 바로 지향성 이론의 핵심적 골격을 이루고 있는 '네트워크'(Network)와 '배경'(Background)이다. 네트워크는 하나의 지향적 상태에 의미를 부여하는 일련의 지향적 상태들의 집합이다. 특정한 지향적 상태는 바로 이 네트워크와의 상관성 속에서 적절한 의미를 형성한다. 한편 설은 그 자체로 지향적 상태는 아니지만 지향적 상태를 가능하게 하는 일련의 능력들 또는 전제들이 있다고 보는데, 그것을 한데 묶어 '배경'이라고 부른다. 배경이란 나의 지향성을 가능하게 하는 궁극적 지반이 되는 '능력들'이라고 할 수 있다. 하나의 지향적 상태의 의미는 네트워크와 배경의 복합적인 관련성 속에서

구성된다. 이러한 설의 이론은 단일한 기호가 세계와의 직접적인 관계 속에서 고유한 '문자적 의미'를 얻는다는 고전적인 의미 이론과의 결별을 의미한다.

설의 '네트워크'와 '배경' 개념이 의미 구조에 대한 탐구의 새로운 방향 전환에 중요한 계기를 제공하는 것은 사실이지만 몇몇 핵심적 문제들은 여전히 미해결의 숙제로 남아 있다. 먼저 설의 해명에서 배경과 네트워크의 관계, 즉 그것들이 의미 산출에 개입하는 방식에 관한 논의가 구체적 진전을 보이지 않고 있으며, 이 때문에 배경은 다만 의미 이전의 어떤 불투명한 조건들의 덩어리로 남게 된다.

한편 배경 개념의 이러한 불투명성은 의미의 제약이라는 또 다른 핵심적인 문제를 미해결로 남겨 두게 된다. 즉 설이 인정하는 것처럼 하나의 문장에 대해 원리적으로 무한한 해석 가능성이 열려 있다면 현재의 해석 또는 의사소통 가능한 해석을 선택하게 하는 제약은 과연 무엇일까? 배경과 네트워크에 관한 설의 논의는 이 문제에 대한 적절한 대처의 실마리를 제시하지 못하고 있는 것으로 보인다. 이러한 시각에서 필자는 존슨(M. Johnson)이 제시하는 '영상도식'(image schema) 개념을 도입함으로써 설의 배경 개념에 관한 보완적 논의의 가능성을 개략적으로 제시할 것이다.

2__ 지향성과 충족 조건

언어적 전환 이래로 의미 문제는 주로 진리 문제를 중심으로 다루어졌다. 즉 한 문장이 기술하는 것은 세계의 사태이며, 따라서 이 문장은 그것이 기술하는 세계의 사태와의 합치 여부에 따라 참 또는 거짓으로 결정된다. 이러한 구도에서 카르납(R. Carnap)은 "어떤 문장의 의미를 안다는 것은 어떤 가능한 경우에 그 문장이 참이 되고 어떤 경우에 그렇지 않은지를 아는 것"[1])이라고 규정한다. 즉 한 문장의 의미를 안다는 것은 그 문장의 '진리 조건'을 안다는 것이다. 이러한 의미론의 배경에는 언어와 세계가 '대응' 관계를 갖는다는 가정이 자리 잡고 있다. 이러한 구도는 전기 비트겐슈타인의 언어관을 통해 정형화된 형태로 표현되고 있다. 비트겐슈타인은 『논리-철학 논고』[2])에서 언어를 '세계의 논리적 그림'이라고 보는데, 여기에서 언어는 바로 세계의 논리적 구조를 반영하고 있는 것으로 가정된다. 즉 언어와 세계는 동일한 논리적 형식을 공유하고 있다는 것이다.

새로운 언어철학적 반성의 결정적인 계기를 제공했던 것은 비트겐슈타인의 후기 철학으로의 전환이다. 비트겐슈타인은 자신이 전기에 유지했던 '그림 이론' ― 언어가 세계의 논리적 그림이라는 ― 이 바로 언어와 세계의 대응이라는 선험적 가정에 근거하고 있었다는 것을 깨닫고, 후기에 들어서서 의미의 구조를 언어와 언어 사용자의 관계 속에서 밝히려고 한다. 이제 의미는 세계에 의해 고정된 것이 아니라 언어 사용자, 즉 인간의 구체적인 조건과 상황에 의해 결정되는 것으로 이해된다. 의미의 원천이 세계에서 인간으로 옮겨온 것이다. 이러한 변화에 주도적 역할을 한 철학자들은 크게 '일상언어학파'라는 이름으로 불리며, 비트겐슈타인을 비롯해서 오스틴(J. L. Austin), 스트로슨(P. Strawson) 등이 여기에 속한다. 설의 의미 이론은 바로 이러한 언어철학적 흐름의 끝 부분을 이루고 있는데, 여기에서 더 나아가 설은 의미의 원천을 마음의 지향성으로 설정하고, 그 지향성의 작용에 대한 확장된 해명을 시도한다.

---

1) Rudolf Carnap, *Meaning and Necessity* (Chicago: University of Chicago Press, 1947), p. 10.
2) 루트비히 비트겐슈타인, 『논리-철학 논고』, 이영철 역 (서울: 책세상, 2006).

이러한 맥락에서 설의 언어 이론에서 주목해야 할 것은 '화행'이라는 개념이다. 설에 따르면 어떤 언어로 말한다는 것은 '규칙 지배적 형태의 행동'을 한다는 것이다. 설은 언어적 의사소통의 기본 단위는 단어나 문장이라는 상징이 아니라 화행을 수행함으로써 그 상징, 단어, 또는 문장을 산출하는 것이라고 말한다.[3) 따라서 규칙 지배적 행동으로서의 화행의 분석이 언어철학적 탐구의 중심 과제로 등장한다. 설은 화행을 다음과 같은 방식으로 정의한다. 즉 p는 명제적 내용을 가리키며, F는 평가, 질문, 명령, 표현 등 발화수반 행위(illocutionary act)의 종류를 가리킨다. 여기에서 설의 화행 이론은 바로 발화수반 행위의 분석을 겨냥한 것이다.

F (p)

여기에서 명제 p의 참/거짓을 결정하는 것은 행위에 대한 매우 제한적이고 부분적인 해명이 될 수밖에 없다. 이러한 행위를 분석하는 데 중요한 것은 오히려 그 행위가 어떤 경우에 성공적으로 수행되고, 어떤 경우에 그렇지 않은지를 결정하는 문제다. 그것이 바로 화행의 '충족 조건'(condition of satisfaction)을 밝히는 문제다. 설의 화행적 구도에 따라 말하자면 내가 비가 오기를 원하고 있다(F)면 그러한 희망은 '비가 온다'(p)라는 사실을 충족 조건으로 갖는다. 우리는 여기에서 이러한 충족 조건을 결정해 주는 것이 세계의 사실도 아니며, 또한 문장 자체도 아니라는 것을 알 수 있다. 즉 그 문장의 충족 조건을 결정하는 것은 그 문장의 발화에 수반되는 심리적 상태들, 즉 믿음, 희망, 공포, 욕구 등이다. 설은 이러한 심리

---

3) John Searle, *Speech Acts: An Essay in the Philosophy of Language* (Cambridge: Cambridge University Press, 1969), p. 16.

적 상태들의 특징을 '지향성'으로 묶는다. 다시 말해서 설에 따르면 지향성이 우리의 화행의 의미, 즉 충족 조건을 결정해 주는 뿌리라고 할 수 있다.

설에 따르면 '지향성'이란 "수많은 정신적 상태나 사건을 세계 안의 대상과 사태에 지향시키거나 관련시키거나 속하게 하는 [정신적 상태나 사건의] 속성이다."[4] 우리의 모든 정신적 상태는 이 지향성이라는 속성에 의해 세계의 사실에 지향되며, 이 때문에 지향적 상태로 간주된다. 즉 설은 우리의 정신적 상태가 세계와 관계를 맺는 방식을 '지향성'이라는 포괄적 개념을 통해 해명하려고 한다. 설이 말하는 지향성은 개별적 '의도' (intention)나 '의도함'(intending)과 동일하지 않다. 오히려 일상적인 의미에서의 의도나 의도함은 믿음, 희망, 공포, 욕구처럼 지향성의 특수한 형태의 하나일 뿐이다.

설은 이러한 지향성을 포괄적으로 '지향됨'(directedness)이라는 말로 특징짓는다. 말하자면 믿음, 희망, 공포, 욕구 등은 세계 안에 지향하는 대상을 갖는다는 점에서 지향성을 갖는다고 말할 수 있다. 물론 모든 정신적 상태나 사건들이 지향성을 갖는 것은 아니다. 이유 없는 신경 불안, 초조함 등은 그 대상이 불분명한 정신적 상태들이며, 따라서 그것들은 지향적 상태가 아니다. 그러므로 정신적 상태는 지향성이 주어질 때 비로소 지향적 상태가 되며, 바로 그 지향성에 의해서 세계의 사실에 지향되거나 관계를 맺을 수 있다. 이러한 생각은 언어철학의 두 가지 핵심적 물음에 대한 해명의 방향을 결정해 준다. 즉 중립적인 기호들은 마음의 지향성에 의해 의미가 주어지며, 동시에 이 기호들은 이렇게 주어진 지향성에 의해 세계와 관계를 맺게 된다. 이러한 구도에서 의미 형성은 지향성의 본성과 그 작용이라는 두 갈래 측면에서 탐구될 수 있다.

---

4) Searle, *Intentionality* (Cambridge: Cambridge University Press, 1983), p. 1.

　　설은 우리의 지향적 상태들과 화행을 구별하는데, 우선 지향적 상태들
이 상태들인데 반해, 화행은 일종의 '행위' 다. 그러나 이 둘 사이에는 매
우 중요하고도 긴밀한 관계가 있다. 믿음, 희망, 공포, 욕구 등의 지향적
상태가 '본래적으로' 지향적인데 반해, 화행은 본래적인 지향성을 갖지
않는다. 따라서 화행에 사용되는 일련의 기호들이 지향성을 갖게 되는 것
은 본래는 지향적이 아닌 기호들에 우리의 마음이 의도적으로 '충족 조
건' 을 부과하기 때문이다. 이러한 의미에서 언어적 기호가 갖게 되는 지
향성은 본래적 지향성이 아니라 '파생적' 지향성이다. 즉 지향성은 특정
한 정신적 상태가 지향하는 세계의 대상들을 구체적으로 명시해 주며, 이
것이 그 지향적 상태들의 충족 조건이 되는 것이다. 다시 말해서 자의적인
기호나 부호가 갖는 의미는 기호 자체의 속성이 아니라 그 기호를 사용하
는 인간의 지향성을 부과한 결과라는 것이다. 설은 다음과 같이 말한다.

　　표현된 지향적 상태의 충족 조건과 화행의 충족 조건이 동일하다는 사실은 의
　미 이론의 핵심이 다음과 같은 사실을 이해하는 데 있다는 것을 암시한다. 화행
　을 수행하면서 마음은 표현된 정신적 상태가 스스로 갖는 것과 동일한 충족 조건
　을 정신적 상태의 물리적 표현에 의도적으로 부과한다. 마음은 정신적 상태의 충
　족 조건을 물리적 현상의 산물에 부과함으로써 소리, 표시 등의 산물에 지향성을
　부과한다.[5]

　　설이 말하는 '충족 조건' 은 이러한 관점에서 새롭게 설명된다. 그는 충
족 조건을 '과정-산물' 의 이중성으로 특징짓는다. 즉 충족 조건은 어떤
믿음을 참이라고 판정하는 데 필요한 '요구 조건' (requirement)인 동시에

---

5)　같은 책, p. 164.

'요구되는 것'(thing required)을 말한다. 즉 "지금 비가 내린다"라는 나의 믿음의 충족 조건은 비가 내린다는 것이 사실이어야 한다는 것을 요구한다. 즉 충족 조건이란 나의 믿음이 참이기 위한 요구 조건이다. 다른 한편으로 그 진술이 참이 되기 위해서는 그 믿음을 충족시키는 세계의 조건, 즉 지금 비가 내린다는 세계의 특정한 조건을 요구한다.

이러한 설의 해명은 많은 것을 담고 있다. 우선 그는 우리가 흔히 '언어적 의미'라고 부르는 부분에 관해 새로운 해명을 하고 있다. 즉 언어적 의미는 우리가 일반적으로 의미로 간주하는 것들의 한 유형일 뿐이며, 따라서 의미에 관한 일반적 해명은 그것을 포함하는, 더 확장된 형태의 해명이 될 것이다. 지향성에 관한 설의 논의는 바로 이러한 해명의 한 시도이며, 이러한 시각에서 매우 중요한 철학적 진전을 이루고 있다. 설은 단순히 언어적 의미가 아닌, 모든 의미의 원천을 마음의 특성, 즉 지향성에서 찾고 있으며, 이러한 탐구는 사실상 언어적인 것에 국한되지 않고 우리의 경험 전반에 관한 탐구에 중요한 계기를 제공한다. 말하자면 설은 지향성을 우리의 마음을 특징짓는 일반적인 특성으로 간주하며, 따라서 그에 따르면 지향성은 단순히 언어철학적 문제들뿐만 아니라 인간의 인식과 가치 문제에 관한 모든 탐구를 위한 기본적인 탐구 주제가 된다.[6] 설이 언어철학이 심리철학의 한 분과여야 한다고 말하는 것은 바로 이러한 맥락에서이다.

---

6) 이러한 맥락에서 사회적·문화적 실재의 구조에 관한 설의 논의의 확장은 매우 자연스럽고도 중요한 진전이다. 지향성에 관한 설의 논의는 설 자신의 지적처럼 사회적 실재의 본성을 해명하는 핵심적 '도구'의 역할을 할 수 있기 때문이다. Searle, *The Construction of Social Reality* (New York: Free Press, 1995), p. xii 참조.

3__ 네트워크와 배경

우리의 정신적 활동의 특성으로서 지향성이 의미의 원천이라는 생각은
의미 형성의 구조에 대한 해명과 관련해서 매우 복합적인 논의를 예고한
다. 왜냐하면 의미에 관한 우리의 물음은 결코 의미의 뿌리가 무엇인지를
밝히는 데 그치지 않고, 의미 산출 구조에 대한 새로운 해명을 요구하기
때문이다. 언어의 의미가 언어와 세계의 대응 관계에 있다는 고전적인 의
미 이론은 프레게와 비트겐슈타인이 정형화했던 것처럼 진리함수적 의미
확장의 구조를 갖는 것으로 가정된다. 이러한 의미 해명에 따르면 의미는
언어 사용자와 상관없이 독립적인 구조를 갖는다. 그래서 의미는 '객관
적'일 수 있다. 그러나 의미의 소재가 언어/세계 관계에서 화자의 '지향
성'으로 옮겨 오게 되면 의미의 객관성이나 의미 확장 문제에 대한 전적
으로 새로운 해명이 필요하게 된다.

의미 구조에 대한 새로운 해명을 위해 설은 '네트워크'(Network)와 '배
경'(Background)이라는 독특한 개념을 소개한다.[7] 설에 따르면 지향적 상
태들은 각각의 '내용'과 '충족 조건'을 갖지만 그것은 독립적이고 원자적
인 방식으로 작용하지는 않는다. 왜냐하면 그 상태들은 오직 다른 지향적
상태들과의 상관성 속에서만 내용을 가지며, 또 그 충족 조건이 결정되기
때문이다.[8] 예를 들면 '대통령 선거에 출마하려는 의도'가 수행되기 위해
서는 다른 몇몇 믿음과 희망을 필요로 한다. 예를 들면 "나는 대통령이 되
고 싶다"는 희망은 물론 "한국은 대통령제를 실시한다" "선거에 나서려면

---

7) 설은 네트워크(Network), 배경(Background), 지향성(Intentionality) 등이 자신만의
　　전문적 의미를 갖는다는 점을 드러내기 위해 첫 글자를 대문자로 표기하고 있다.

8) Searle, *Intentionality*, p. 141 참조.

후보 등록을 해야 한다" "사전 선거운동은 불법이다" "5년마다 대통령 선거를 실시한다" 등 수많은 믿음들이 그것이다. 설은 이처럼 하나의 지향적 상태가 기능하기 위한 조건이 되는 일련의 지향적 상태들을 한데 묶어 '네트워크'라고 부른다. "나는 대통령이 되고 싶다"라는 말은 쉽게 이해할 수 있지만 "나는 커피 잔이 되고 싶다"라는 말이 쉽게 이해되지 않는 이유는 그러한 의도가 어떤 네트워크와 합치하는지를 잘 알 수 없기 때문이다. 말하자면 합치해야 할 네트워크의 명료성이 어떤 문장의 의미의 명료성에 직접적으로 기여한다.[9]

그러나 이러한 네트워크는 몇몇 명료한 명제들의 집합은 아니다. 따라서 그것들을 하나하나 열거하는 것은 사실상 불가능하다. 설은 네트워크의 이러한 특성을 다음과 같이 세 가지로 나누어 기술한다.[10] 첫째, 네트워크의 대부분은 무의식의 영역에 존재하기 때문에 그것을 드러낼 수 없다. 둘째, 네트워크 안의 믿음들은 개별화되기 어렵다. 셋째, 네트워크의 일부를 실제로 명제화하려고 시도할 경우, 비록 무의식적인 믿음이라는 점을 감안하더라도 그것들이 믿음으로 간주되기에는 너무나 기본적이기 때문에 그것들은 여전히 불분명한 것이 된다. 그러나 네트워크를 구성하

---

9) 의미의 명료성에 관한 설의 이러한 해명은 이 문제에 관해 비트겐슈타인이 제기했던 물음을 상기하게 한다. 예를 들어 "신생아는 이가 없다" "거위는 이가 없다" "장미는 이가 없다"라는 문장은 모두 참이다. 마지막 문장은 사실상 앞의 어느 것보다도 더 명백한 참일 수 있지만 그 의미가 앞의 문장들보다 '명료'하지 않다. 이 모든 문장들은 문법적으로나 경험적으로나 가능하지만 이 문장들이 의미 있게 사용될 수 있는 구체적 상황이 어떤 것일지가 우리에게 분명하지 않다. 적어도 우리의 경험적 삶의 조건 안에서는 장미는 이가 없으며, '이가 있는 장미'를 상상한다는 것이 익숙하지 않기 때문이다. 루트비히 비트겐슈타인, 『철학적 탐구』, 이영철 역 (서울: 책세상, 2006), p. 392.

10) Searle, *Intentionality*, p. 142.

는 것들이 비록 구체적인 의미 형성에서 무의식적인 것이라 하더라도 그것들이 '원리적으로' 무의식적인 것은 아니다. 그것들은 특정한 조건에 따라 항상 우리의 의식에 환기될 수 있는 것들이기 때문이다.

사실상 의미의 구조가 '맥락 의존적'(context-dependent)이라는 생각에 익숙한 우리에게 네트워크라는 개념은 그다지 새로운 것은 아니다. 그러나 배경에 관한 논의는 그렇게 간단하지가 않다. 설의 논의는 배경 개념에 이르러서 매우 불투명하고 난해하게 전개된다. 설은 네트워크의 뿌리를 계속해서 추적했을 때 우리가 이르게 되는 비지향적인 어떤 상태들이 존재할 것이라고 가정하는데, 그것을 포괄적으로 '배경'이라고 부른다. 설은 이 배경을 지향적 상태를 가능하게 하는 어떤 포괄적 조건의 집합으로 생각하고 있는 것으로 보인다. 설 자신이 시인하는 것처럼 배경의 존재를 직접적으로 증명하는 것은 불가능하다. 그것은 구체적인 의미로 드러나지 않으며, 의식의 영역에도 있지 않지만 지향적 상태들을 가능하게 하는 전제들 또는 능력들이기 때문이다. 즉 배경은 우리가 관련된 네트워크를 역추적해 감으로써 도달하게 되는 지반 같은 것이다.

설은 그러한 지반이 우리의 일상적인 표현과 표상들을 산출하는 토대로서 생물학적이고 문화적인 원초적 능력들의 다발로 생각하는 것으로 보인다.[11] 따라서 이러한 능력들이 없이는 어떤 지향성도 산출될 수 없다. 즉 배경은 선지향적(preintentional)이고 비표상적(nonrepresentational)이라는 점에서 그 자체로 지향적 상태는 아니지만 지향적 상태를 가능하게 하는 조건으로 작용한다.[12] 나아가 설은 배경이 없이는 지향적 상태들의 충족 조건을 결정할 수 없다는 점을 들어 배경이 네트워크의 주변에 존재

---

11) 같은 책, p. 144 참조.
12) 같은 책, p. 143 참조.

하는 것이 아니라 네트워크 전반에 걸쳐 침투해 있다고 주장한다.[13] 설은
이렇게 말한다.

> 따라서 배경은 사물들의 집합도 아니고 우리와 사물들 간의 신비적 관계들의
> 집합도 아니다. 오히려 그것은 단순히 기술들, 선지향적인 가정들과 전제들, 실
> 천들, 습관들의 집합이다. 이 모든 것들은 우리가 아는 한 인간의 두뇌와 몸들을
> 통해서 이루어진다.[14]

그러나 설의 배경 개념이 항상 명료하게 제시되고 있는 것은 아니다.
그것은 때로는 그 자체가 지향적 상태를 가능하게 하는 조건들로, 때로는
그 조건들을 제공하는 어떤 것으로 기술되고 있기 때문이다.[15] 보다 최근
의 저작인 『마음의 재발견』에서 설은 좀 더 다듬어진 형태로 배경을 설명
한다.

> 배경 논제는 단적으로 이렇다. 의미, 이해, 해석, 믿음, 욕구, 경험 등 지향적
> 현상들은 그 자체로 지향적이 아닌 배경 능력들의 집합 안에서만 작용할 수 있
> 다. 이 논제를 다른 말로 진술하면 언어든 사고든 경험이든 모든 표상은 비표상
> 적인 능력들이 주어져야만 표상할 수 있다.[16]

적어도 여기에서 분명한 것은 배경이 지향적 상태들은 아니며, 그것들
을 가능하게 하는, 다시 말해서 "세계에 대처할 수 있게 해 주는 일련의

---

13) 같은 책, p. 151.
14) 같은 책, p. 154.
15) 같은 책, p. 157 참조.
16) Searle, *The Rediscovery of the Mind* (Cambridge, Mass.: MIT Press, 1992), p. 175.

능력 또는 전제들"[17]이다. 그것은 우리의 사고와 행위에서 의식의 전면에 드러나지는 않지만 사고와 행위에서 불가결한 조건이다. 말하자면 우리에게 의식되는 행위, 사고, 경험, 믿음 등이 모두 의식의 배후에 특정한 구조에서 비롯되는 능력들을 통해 가능하다는 것을 의미한다. 설은 배경에 대해 직접적인 설명 대신에 배경의 작용이 드러나는, 다음과 같은 방식들을 소개한다.[18]

첫째, 배경은 언어적 해석을 가능하게 한다.

둘째, 배경은 지각적 해석을 가능하게 한다.

셋째, 배경은 의식을 구조화한다.

넷째, 배경은 사건들의 연쇄를 통해 확장되어 있으면서 그것들을 서사적 형태로 구조화해 주는 극적인 범주들(dramatic categories)에서 드러난다.

다섯째, 우리는 모두 동기적 성향들을 가지고 있는데, 이것들이 우리의 경험의 구조를 조건화한다.

여섯째, 배경은 특정한 종류의 준비성을 제공한다.

일곱째, 배경은 우리에게 특정한 종류의 행동을 하는 경향을 갖게 한다.

우리의 일상적인 신체적 능력이 항상 특정한 목적에 의해 특정한 의도를 따라 의식적으로 수행되는 것은 아니다. 신체적 능력은 우리의 대부분의 활동에서 무의식적이며 자동적으로 작용한다. 예를 들면 대통령 선거에 출마하려는 나의 지향적 상태에는 네트워크를 구성하는 다른 지향적

---

17) Searle, *Mind, Language and Society : Philosophy in the Real World* (New York : Basic Books, 1998), p. 107.

18) Searle, *The Construction of Social Reality*, pp. 132~37.

상태들 이외에도 그것들을 수행할 수 있게 해 주는 배경적 능력이나 전제들이 필요하다. 다시 말해서 "지구는 여전히 돈다" "나는 말을 할 수 있다" "나의 몸은 현재와 같은 유기체적 통합성을 유지하고 있다" 등이 그것이다. 이러한 배경은 특정한 지향적 상태들의 충족 조건을 결정하며, 따라서 동일한 문자적 의미도 상이한 배경적 전제들에 의해 상이한 충족 조건을 갖게 되며, 때로는 적절한 배경이 주어지지 않을 경우에 아무런 충족 조건도 결정할 수 없다.

> 동일한 문자적 의미는 상이한 배경적 전제들에 상대적으로 상이한 충족 조건 (예를 들어 상이한 진리 조건과 같은)을 결정할 것이며, 어떤 문자적 의미는 적절한 배경적 전제들이 부재하기 때문에 아무런 충족 조건도 결정하지 못할 것이다.[19]

사실상 이러한 발견은 매우 중요한 것이기는 하지만 우리에게 전적으로 낯선 것은 아니다. 설은 자신의 배경 개념의 뿌리를 니체에게서 찾아볼 수 있으며, 그것은 『확실성에 관하여』(On Certainty)에서 드러나는 비트겐슈타인의 생각이나 부르디외(P. Bourdieu)의 '아비투스'(habitus) 개념과도 흡사하다고 말한다.[20] 비트겐슈타인은 『철학적 탐구』에서 '언어게임' (language game)과 함께 '삶의 형식'(forms of life)이라는 개념을 소개한

---

19) Searle, *The Rediscovery of the Mind*, p. 178.
20) 같은 책, p. 177 참조. 한편 설은 최근에 김기현 교수와의 대담에서 다음과 같은 말로 이 점을 스스로 분명히 밝히고 있다. "[비트겐슈타인이] 말하는 [삶의] 형식의 원초적 측면이 '배경' 개념을 이루게 되지요. 이론을 극복함으로써 그를 극복하려는 것이 나의 의도라고 말할 수 있을 것입니다." 김기현, 「분석철학의 현주소: 존 설과의 대담」, 『철학과 현실』, 제48호 (2001 봄), p. 160.

다. 우리는 비트겐슈타인을 통해서 언어게임이 한 단어의 의미를 결정해 주는 언어적 상황의 총체를 말하고 있다는 것을 알고 있다. 말하자면 한 단어 또는 문장의 의미는 언어 사용자의 상황, 목적, 또는 특성과 상관없이 독립적으로 존재하지 않는다. 그러한 언어게임들은 구체적 의미를 결정할 수 있을 정도로 안정된 체계이기는 하지만 여전히 유동적이다. 비트겐슈타인은 이러한 언어게임 작동의 근원적 조건으로 삶의 형식을 소개하고 있다.[21] 동시에 비트겐슈타인은 삶의 형식을 '받아들여져야 하는 것, 주어진 것'[22]이라고 말함으로써 그것을 우리의 경험과 인식의 궁극적 지반으로 간주하고 있다는 것을 알 수 있다. 설의 배경 개념은 비트겐슈타인의 삶의 형식의 바로 이러한 측면들을 좀 더 구체적인 형태로 담으려는 시도일 것이다.

설의 해명을 통해서 우리는 의미 탐구에서 '언어(기호)와 세계의 대응'이라는 관계를 넘어서서 네트워크와 배경이라는 중요한 두 가지 요소가 존재한다는 것을 알게 된다. 그렇다고 하더라도 설의 해명이 의미에 관해 우리가 알고 싶어 하는 모든 것을 알려 주는 것은 아니다. 설 또한 배경과 네트워크의 관계를 여전히 모호하게 제시하고 있기 때문이다.[23] 그러나 이러한 모호성은 단순히 설만의 문제는 아니다. 말하자면 언어의 사용에서 자연적 조건의 작용 방식에 관해 좀 더 분명한 해명을 위해서 우리는 두뇌의 전반적인 작용 방식을 알고 있어야만 하기 때문이다. 설은 우리가 아직 그러한 지식을 갖고 있지 않다고 말한다. 설의 이러한 주장은 부분적

---

21) 비트겐슈타인, 『철학적 탐구』, 23절. 비트겐슈타인은 "'언어놀이'라는 낱말은 여기서, 언어를 말한다는 것은 어떤 활동의 일부, 또는 삶의 형[식]의 일부임을 부각시키고자 의도된 것"이라고 말한다.

22) 같은 책, p. 399.

23) Searle, *The Rediscovery of the Mind*, p. 187 참조.

으로만 옳다. 왜냐하면 우리가 완전한 해명에 이를 정도의 충분한 지식을 갖고 있는 것은 아니지만, 그렇다고 해서 우리가 설이 멈추는 지점에서 멈추어야 하는 것은 아니기 때문이다. 다음 절에서 지적하려는 것처럼 제한적이기는 하지만 오늘날 경험과학, 특히 인지과학이 제시하는 증거들은 설이 멈추는 지점에서 좀 더 나아갈 수 있는 실제적인 가능성을 보여 준다.

몇몇 미해결의 난제들과 서술의 모호성에도 불구하고 우리는 설의 기본적 의도를 대체로 분명하게 이해할 수 있다. 그는 적어도 우리에게 문자적으로 주어진 문장 의미가 우리의 실제적 통용 의미를 결정하지 못한다는 생각을 바탕으로, 그러한 통용 의미를 실제적으로 결정해 주는 것들로서 '네트워크'와 '배경'의 역할을 강조하고 있는 것이다. 설의 논의에 대한 검토를 통해 우리는 네트워크와 배경의 상호작용 방식에 대한 훨씬 더 많은 추가적 탐색이 필요하다는 것을 알 수 있다. 그렇다 하더라도 네트워크와 배경에 관한 설의 논의는 적어도 표면적 문장 의미의 배후에 어떤 핵심적 구조들이 존재한다는 사실을 확신시키기에는 충분한 것으로 보인다.

4__ 의미의 산출과 제약

설은 '의미함'(meaning)을 더 원초적인 형태의 지향성이 특수하게 확장된 경우로 간주한다.[24] 그는 기호가 자체적으로 세계의 사실과의 독립적인 관계를 형성한다는 고전적인 의미 구도를 버리고, 기호 사용자인 인간의 지향성에 의해 의미가 주어진다고 믿는다. 물론 설의 관점에서 지향성은 정신적 상태의 속성이며, 이 때문에 그의 의미 이론은 마음의 근원적

---

24) Searle, *Intentionality*, p. 160.

특성인 지향성에 관한 좀 더 포괄적인 탐구를 요청한다. 이러한 설의 생각
은 오늘날 언어철학적 탐구에서 분명히 중요한 메시지다. 언어가 우리와
독립된 자율적 체계라는 생각을 포기하게 되면 언어는 분명히 우리의 경
험 영역 안에서 해명되어야 하며, 따라서 언어에 대한 해명은 다시 우리의
경험에 대한 포괄적인 해명의 일부를 구성한다. 다시 말해서 우리의 전반
적인 경험과 인식의 탐구에서 언어의 탐구는 매우 중요한 부분이기는 하
지만 결코 전부는 아니다.

　그러나 네트워크와 배경에 관한 설의 해명을 통해 드러나는 하나의 물
음은 '의미의 제약'이라는 문제다. 설의 언어철학적 논의의 중요한 하나
의 출발점은 문장 의미가 실제적인 통용 의미를 근원적으로 결정하지 못
한다는 사실이다. 설의 예를 살펴보자.[25]

　샐리는 존에게 열쇠를 주었으며, 존은 문을 열었다.

　우리는 일상적인 삶에서 이 문장을 대체로 문제없이 이해한다고 생각
한다. 그러나 문장 자체에는 "존은 열쇠로 문을 두들겨 부숴 열었다. 열쇠
는 길이가 20피트이고, 쇠로 만들어져서 무게가 200파운드이다"라는 해
석을 막을 아무런 문자적 장치도 없다. 그러한 해석 이외에도 수많은 기이
한 해석들이 가능하다. 그렇지만 우리는 대체로 일정한 해석을 선택하며,
이 때문에 현실적인 의사소통이 가능하다. 이러한 사실은 한 문장이 갖고
있는 문장 의미 이외에 무엇이 실제적으로 소통 가능한 의미를 적절하게
고정시켜 주는지에 대한 물음으로 이어진다. 네트워크와 배경은 바로 이
물음에 대한 설의 답변인 셈이다.

---

25) Searle, *The Rediscovery of the Mind*, p. 182 참조.

그러나 앞서 지적했던 것처럼 설의 논의에는 다만 한 문장을 이해하는 데 그 문장 이외에 네트워크와 배경이라는 것들이 필수적으로 개입되어 있다는 사실을 넘어서서 이것들의 작용 방식에 관해서는 아무것도 선명하게 제시된 것이 없다. 필자는 이 지점이 설의 탁월한 논의가 멈추는 지점이며, 그것은 동시에 오늘날 전반적인 언어철학적 논의의 장에 제기되는 핵심적 물음이라고 본다.

같은 이유 때문이겠지만 배경과 네트워크가 어떤 관계 속에서 작동하는지의 문제에 관해 설 자신의 해명 또한 분명하지 않아 보인다. 그는 배경이 지향적 상태의 일부가 아니라는 점을 여러 차례 강조하고 있지만, 그것들이 지향적 상태들과 전적으로 분리되어 있지 않다는 사실 또한 분명하다. 설은 대신에 배경이 네트워크에 '침투해 있으며', 네트워크는 배경으로 '흡수되어 간다'(shading into)라는 비유적 표현을 사용하고 있다. 이 경계가 불투명하다는 것은 충족 조건이 명시됨으로써 의미가 주어지는 지향적 상태와, 충족 조건이 명시되지 않음으로써 의미가 주어지지 않는 상태들 사이의 구분이 불투명하다는 것을 말해 준다.

의미와 비의미의 구분의 이러한 불투명성에도 불구하고 설은 배경이 비표상적이고 선의도적이라는 점에서 의미의 일부가 아니라는 점을 명백히 하고 있다.[26] 이러한 구분은 그 자체로 무해한 것으로 보일 수도 있지만 적어도 그것을 토대로 설 자신이 이끌어 내는 귀결은 간단한 것만은 아니다. 즉 설이 배경을 전적으로 의미 이전의 영역으로 간주하게 될 때 배경은 마치 탐구 불가능한 미지의 영역처럼 보이게 된다. 그 경우 이러한 비의미의 영역이 어떤 방식으로 의미의 영역과 상관관계를 맺는지가 미해결의 수수께끼로 남게 되기 때문이다. 앞서 살펴보았던 것처럼 설의 논의

---

26) Searle, *Intentionality*, p. 28.

구도 안에서 이 문제는 네트워크와 배경의 상호작용 문제로 집약되며, 이 부분에 관한 설의 해명은 불투명한 상태다.

이러한 맥락에서 '영상도식'(image schema)을 중심으로 한 존슨(M. Johnson)의 상상력 이론은 설이 미해결로 남겨 두었던 배경 개념에서 한 걸음 더 진전된 구체적 논의의 가능성을 보여 준다. 존슨은 의미의 원천이 인간의 지향성에 있으며, 나아가 구체적인 의미 현상에서 우리의 의식에 직접적으로 주어지지 않는 배경적 요인들이 작용한다는 설의 지향주의적 의미 해명이 탁월한 것이라는 점을 인정한다. 그러나 존슨은 배경이 과연 의미 이전의 영역에 속하는지의 문제에서 설과 견해를 달리 한다. 즉 존슨은 영상도식이 비명제적이고 선개념적이라는 점에서 설이 말하는 배경의 영역에 속하는 것이지만, 그것이 의미 형성의 과정에 구체적으로 개입된다는 점에서 의미의 영역에 속한다고 보기 때문이다. 존슨은 다음과 같이 말한다.

나는 이른바 배경이 단순히 하나의 주어진 의도적 행위 안에서 초점이 맞추어지지 않은 의미의 부분이라고 주장한다. 배경은 전제된 어떤 것이며, 우리가 의미하는 것을 파악하고 표현하는 맥락의 부분으로서 의심의 여지가 없는 어떤 것이다. 배경은 우리가 지금 초점을 맞추고 있는 전경에 대비되는 것으로서 배경이다. 그러나 그것은 여전히 의미를 구성하는 연결 망의 부분이다.[27]

사실상 배경을 의미의 영역에 포함시켜야 할 것인지의 문제는 존슨 자신의 지적처럼 그 자체로는 사소한 말다툼일 뿐이다.[28] 오히려 더욱 중요

---

27) 마크 존슨, 『마음 속의 몸: 의미, 상상력, 이성의 신체적 근거』, 노양진 역 (서울: 철학과 현실사, 2000), p. 337. (고딕은 원문의 강조.)

한 것은 적어도 배경 안에는 설이 아마도 가정하고 있는 것보다는 더 복잡한 내적 구조가 존재하며, 그것에 관한 적절한 수준의 해명도 가능하다는 사실이다.

존슨의 이러한 주장은 영상도식과 그것의 '은유적 투사'(metaphorical projection)에 관한 그의 논의를 통해 적절하게 뒷받침되고 있다. 영상도식이란 우리의 신체적 활동에서 직접적으로 발생하는 비교적 소수의 패턴들로서 구체적인 개념이나 대상을 경험하고 이해하는 근거로 작용한다. 이러한 도식들은 대부분 무의식의 차원에서 작용하지만 우리의 구체적 인식과 이해에 매우 적극적인 방식으로 작용한다. 존슨은 「안-밖」 「중심-주변」 「위-아래」 「멈-가까움」 「그릇」 「경로」 등의 도식을 들고 있다.[29] 예를 들면 우리는 「그릇」 도식을 사용함으로써 물리적 대상들은 물론 추상적 대상들을 '안'과 '경계선'과 '밖'이 있는 대상으로 이해할 수 있다. 이때 그 대상이 갖는 '안' '경계선' '밖'은 그 대상에 고유한 것이 아니라, 우리가 그것들에 「그릇」 도식을 은유적으로 투사함으로써 주어진 것이다. 즉 우리는 특정한 영상도식을 개별적 대상들 — 물리적이든 추상적이든 — 에 은유적으로 투사함으로써 그것을 이해하는 것이다.

존슨의 이러한 해명은 우리의 논의와 관련해서 중요한 사실을 함축한다. 먼저 그것은 우리의 경험에 신체적·물리적 차원과 정신적·추상적 차원이 존재하며, 후자의 영역이 전자의 영역에 그 뿌리를 두고 있다는 점이다. 다시 말해서 우리의 모든 추상적 개념과 사고는 우리의 신체적 활동에 그 뿌리를 두고 있다는 것이다. 즉 그것들은 모두 신체화되어 있다. 여기에서 우리는 우리의 몸, 그리고 신체적 활동이 모든 추상적 활동의 근거일

---

28) 같은 책, p. 338.
29) 같은 책, 특히 3~5장 참조.

뿐만 아니라 동시에 핵심적인 제약의 소재라는 생각을 이끌어 낼 수 있다.

존슨이 다루고 있는 영상도식들은 설이 생각하는 배경이라는 영역에 속한다는 것은 분명하다. 물론 그것이 배경에 관한 모든 설명을 제공하는 것은 아니지만 영상도식에 관한 존슨의 논의는 오늘날 인지과학이 제공하는 경험적 증거들을 통해 훨씬 더 구체적으로 그 작용을 설명하고 있다. 이것은 의미 구조에 관한 설의 논의의 불투명성을 감안할 때 명백한 진전일 뿐만 아니라 의미의 일반적 본성에 관해서도 새로운 귀결을 가능하게 한다. 그리고 그 귀결들은 설이 암암리에 전제하고 있는 객관주의적인 언어철학적 태도에 대해 결코 우호적인 것만은 아니다. 그것은 설이 자신의 철학적 논의의 지반으로 받아들이고 있는 실재론, 그리고 그것에 근거한 진리 대응설, 나아가 의미 문제에 관한 그의 전반적인 객관주의적 성향에 대한 재검토를 요청하기 때문이다.

5__ 맺는 말

설은 의미의 원천을 기호 자체의 속성에서가 아니라, 기호 사용자의 지향성에서 찾으려고 한다는 점에서 비트겐슈타인적 화용론적 노선의 끝 부분에 서 있다. 이러한 시도는 옳은 것이며 동시에 유용한 것이기는 하지만, 그 후속적인 논의는 간단하지 않다. 의미의 소재가 바뀐다는 것은 의미의 형성과 구조에 관해 많은 새로운 해명이 필요하다는 것을 의미하기 때문이다. 지향성에 관한 설의 집약된 논의는 이러한 일련의 물음에 대한 새로운 해명을 제공한다. 그는 모든 의미의 원천을 지향성에서 찾음으로써 그것을 언어적 기호가 어떻게 세계와 관계를 맺게 되는지의 문제를 해명하는 핵심적 고리로 사용한다. 의미는 바로 특정한 기호에 지향성이 부과됨으로써 구체적인 의미를 갖게 되며, 나아가 세계와의 관계 또한 설정된다는 것이다.

설의 네트워크와 배경은 우리의 의미 구조를 해명하는 데 매우 유용하고도 중요한 계기를 마련해 준다. 네트워크와 배경은 기호의 의미 산출 과정에서 기호 자체를 넘어서는 중요한 두 차원이다. 그러나 그가 더욱 중요하게 보여 주는 것은 네트워크가 의식적인 인식의 영역에서 작용하는 것이라면, 그 배후에 기저를 이루는 무의식적 영역인 '배경'이 존재한다는 사실이다. 네트워크가 수평적으로 작용하는 의미망을 구성한다면 배경은 수직적으로 작용하는 바탕인 셈이다. 이러한 해명은 개별적 의미가 의식적인 차원과 함께 무의식적인 차원의 융합을 통해 산출된다는 것을 말해 준다.

그러나 설의 이러한 탁월한 철학적 통찰에도 불구하고 그의 해명이 여전히 미해결의 숙제로 남겨 둔 문제가 있다. 그것은 어떤 구체적 의미 형성에서 맥락의 '크기'가 어떻게 결정되는지의 문제다. 즉 의미 형성에 직접적으로 개입하는 네트워크와 그 바탕을 이루는 배경의 폭이 어떤 방식으로 결정되는지에 대한 구체적인 해명이 주어지지 않고 있는 것이다. 다시 말해서 하나의 지향적 상태의 충족 조건이 의미라면, 그것을 구성하기 위해 개입되는 네트워크와 배경이 무제한적이지는 않을 것이기 때문이다. 따라서 우리가 특정한 지향적 상태의 충족 조건을 결정한다는 것은 바로 네트워크와 배경의 폭을 결정할 수 있다는 것을 말한다.

설은 이 문제에 관해 오히려 배경을 주어진 것으로 인정함으로써 그것을 의미의 궁극적인 객관적 지반으로 받아들이려고 시도할지도 모른다. 그러나 앞서 보았던 것처럼 배경에 대한 좀 더 진전된 논의를 열어 주는 몇몇 경험적 요소들은 그러한 설의 의도에 적절하게 합치하는 것만은 아니다. 오히려 설은 자신의 모든 철학적 논의의 출발점으로 삼고 있는 실재론과 진리 대응설이라는 객관주의적 시각을 유보하고, 배경이라고 부르는 영역에 대한 경험적 탐구의 구체적 발견들에 좀 더 직접적인 관심을 기울임으로써 의미의 구조에 관해 더 유용한 해명의 길을 열어 갈 수 있을 것이다.

제4장
들뢰즈와 시뮬라크르의 의미론

1__ 머리말

불안하게 동요하던 20세기 후반의 지적 세계에 들뢰즈(G. Deleuze)는 서양철학사가 경험하지 못했던 매우 정교하고도 새로운 사유의 길을 제시한다.[1] 들뢰즈는 '분석'의 흐름 속에서 사멸한 것으로 잊혀졌던 형이상학을 독특한 방식으로 재구성하려고 한다. 들뢰즈의 의미 이론은 바로 새로운 형이상학의 복원과 밀접한 연관성 속에서 전개된다. 여기에서 들뢰즈는 '언어적 전환'(Linguistic Turn) 이후 의미 문제를 주도해 왔던 영어권의 논의들과 매우 다른 또 하나의 길을 걷게 된다.

---

[1] 푸코(M. Foucault)는 들뢰즈 철학의 독창성을 가리켜, "아마도 이 세기는 언젠가는 들뢰즈의 세기로 알려지게 될 것"이라고 말한다. Michel Foucault, "Theatrum Philosophicum," in *Language, Counter-Memory, Practice*, trans. Donald F. Bouchard and Sherry Simon (Ithaca, N.Y.: Cornell University Press, 1980), p. 165.

들뢰즈의 의미 이론은 '사건의 형이상학'이라는 이름으로 전개된다. 그에게 사건이란 물리적 세계의 표면에서 떠오르는 의미를 말하며, 따라서 사건의 형이상학은 바로 의미의 형이상학이 된다. 들뢰즈에게 의미는 세계의 물리적 현상이 아니라 그 표면에서 비롯되는 '효과들'을 말한다. 따라서 의미는 존재와 비존재의 경계선에 있으며, 그것은 동시에 사물과 언어의 경계선상에 있다. 그는 그것을 '시뮬라크르'(simulacre)라고 부르며, 그것은 플라톤적 지도 안에서 존재성의 근거를 잃은, 최변방을 떠도는 '판타스마'(phantasma)에 해당한다.

플라톤 이래로 항구적인 것, 불변하는 것을 주된 관심사로 삼았던 지적 전통에 비추어 볼 때 덧없이 생성·소멸하는 사건을 철학적 사유의 출발점으로 삼은 들뢰즈의 작업은 '탈형이상학'으로 특징지어지는 현대의 지적 전통에 도전하는 새로운 담론의 가능성을 열고 있다. 그래서 들뢰즈는 베르그송(H. Bergson)으로부터 열리기 시작했던 20세기 형이상학의 완성자이며, 사건의 형이상학을 통해 구조주의를 극복한 철학자로 평가된다.[2] 그러나 이러한 평가는 부분적으로만 옳은 것이다. 이 글을 통해 드러나게 될 것처럼 들뢰즈의 의미 이론은 여전히 구조주의의 철학적 가정으로부터 완전히 자유롭지 않으며, 그것은 다시 '불필요한 형이상학'으로 이어진다. '선험적 경험론'이라고 불리는 들뢰즈의 형이상학은 의미 이론의 토대가 아니라 의미 이론의 부적절한 가정이 불러온 이론적 불청객일 뿐이다.

필자는 이 글에서 의미에 대한 들뢰즈의 존재론적 가정이 불필요한 형이상학을 불러올 뿐만 아니라 의미의 원천에 대한 해명 또한 가로막게 된다는 점을 드러내려고 한다. 이러한 핵심적 난점은 들뢰즈가 의미를 '사

---

2) 이정우, 「들뢰즈의 사건의 존재론」, 질 들뢰즈, 『의미의 논리』, 이정우 역 (서울: 한길사, 1999), p. 24.

건'이라는 존재론적 시각에서 접근함으로써 의미의 산출자이자 사용자인 인간의 고유한 자리를 원천적으로 제거하는 데에서 비롯된다. 이 때문에 들뢰즈의 의미 이론은 무제약적인 시뮬라크르들의 놀이로 귀결되며, 그것은 의미에 관한 허무주의적 우려를 낳는다. 대신에 의미의 본성과 구조는 세계의 사건이 아니라 '몸'을 가진 유기체적 존재인 인간의 경험 구조에 대한 경험적 접근을 통해 훨씬 더 적절하게 해명될 수 있을 것이다.

2__ 시뮬라크르의 존재론

들뢰즈의 사유가 출발하는 지점은 '사건', 즉 '시뮬라크르'다. 자신만의 독특한 사건 개념을 제시하기 위해서 들뢰즈는 플라톤에 의해 가장 하찮은 것으로 배척되었던 '판타스마'로 되돌아간다. 잘 알려진 것처럼 플라톤은 이데아의 세계와 현상계(eidôlon)라는 두 세계 이야기의 작가다. 플라톤에게는 감각에 주어지는 현상계를 넘어선 이데아의 세계가 존재한다. 이데아는 그림자와 다름없는 현상계의 존재 근거이며, 참된 인식의 대상인 동시에 우리 자신을 포함한 현상계의 모든 것이 추구해야 할 이상이다.

들뢰즈는 여기에서 더 나아가 플라톤이 제시하고 있는 또 하나의 구분에 주목한다. 즉 플라톤은 현상계를 '에이코네스'(eikônes)와 '판타스마'로 다시 나누고 있다.[3] 『국가』에서의 '동굴의 비유'를 통해 극적으로 전해진 것처럼 플라톤에 따르면 에이코네스는 불변하고 항구적인 존재인 이데아의 세계를 모방한 그림자 같은 것이다. 그러나 판타스마는 아무것도 모방하지 않는다. 그것은 플라톤 철학에서 의지할 곳도 되돌아갈 곳도 없는

---

3) 들뢰즈, 『의미의 논리』, p. 49, 역주 참조.

부랑아다. 그래서 판타스마의 세계는 이데아의 동질성으로부터 자유로운 세계다. 여기가 들뢰즈의 의미의 형이상학이 출발하는 지점이다. 들뢰즈는 '그림자의 그림자'인 이 세계를 '시뮬라크르'라고 부른다. 들뢰즈가 시뮬라크르에 주목하는 이유는 바로 그것이 의미가 발생하는 지점이라고 보기 때문이다.

> 이 이원론의 참모습은 가지적인[이성적인] 것과 가시적인[감각적인] 것, 질료와 형상, 가시적 사물들과 형상들의 이분법에 있지 않다. 플라톤 철학의 참모습은 보다 심층적이고 보다 비밀스러운 이분법, 가시적이고 물질적인 사물들 자체 내에 깃들여 있는 이분법이다. 이는 곧 형상의 작용을 받아들이는 것과 비켜 가는 것 사이의 이분법이다. 그것은 원본과 복사본의 구분이 아니라 복사본들과 시뮬라크르들의 구분이다.[4]

아마도 플라톤주의자들에게 들뢰즈의 이러한 시도는 '기이한 반역'일 것이다. 반플라톤주의자에게 그것은 반역은 아니더라도 기이하기는 마찬가지다. 플라톤주의자에게는 의미의 소재를 항구불변하는 참된 세계에서 찾지 않고 존재의 변방인 가상의 세계에서 찾고 있다는 사실이 기이하며, 반플라톤주의자에게는 스스로 반플라톤주의를 표방하는 들뢰즈가 의미의 소재를 여전히 존재론적 지도 위에서 찾으려고 한다는 점에서 기이하다. 아무튼 이러한 시도는 이데아를 정점으로 존재와 인식과 가치를 수렴시키려는 플라톤의 기본적인 철학적 구도를 정면에서 반박하는 것이다. 특이하게도 들뢰즈는 시뮬라크르의 복권을 시도하면서 그 핵심적 실마리를 현대의 이론이 아니라 고대의 스토아학파에서 찾고 있다.

---

4) 같은 책, pp. 44~45.

모든 물체는 원인이다. 그러나 무엇의 원인인가? 그들은 자신들과 전혀 다른 본성을 가진 어떤 것[=효과들]의 원인이다. 이 효과들은 물체들이 아니다. 적절하게 말한다면 '비물체적인 것들'이다. 이들은 물리적 성질들이나 속성들이 아니라 논리학적인 또는 변증법적인[언어를 통해서만 실존하는] 빈위들(attributs)이다. 이들은 사물들이나 사태들이 아니라 사건들이다. 우리는 이들이 실존한다고(existent)는 말할 수 없으며, 차라리 존속한다/내속한다고(subsistent ou insistent) 말해야 한다. 이들은 사물이라기보다는 실존하지 않는 어떤 것이며, 따라서 존재함의 최소치만을 보유하고 있기 때문이다.[5]

들뢰즈는 스토아학파의 이러한 해석을 통해서 자신이 해명하려고 하는 의미가 물체를 원인으로 해서 물체의 표면으로부터 발생하는 '효과들'이라는 생각에 이른 것으로 보인다. 이것은 오래된 것이지만 매력적인 생각이다. 이것은 지금은 우리가 '의미'라고 부르는 추상적인 어떤 것에 대한 그리스적 사유의 후유증이 맴도는 발상이다. 의미가 우리의 경험의 방식일 수 있다는 생각에 이르지 못했던 그리스인들에게 의미 있는 것은 어떻게든 '존재하는 것'이었기 때문이다. 그리스적 유산을 물려받은 플라톤은 소크라테스의 입을 빌어 이렇게 말한다.

"그 뭔가는 '있는'(존재하는: on) 것인가, 아니면 '있지 않은'(존재하지 않는: mē on) 것인가?"

"있는 것입니다. 있지 않은 것이 도대체 어떻게 알려질 수 있겠습니까?"

"그런데 우리는 다음 사실을, 비록 여러 관점에서 검토해 볼지라도 족히 알 수 있겠지? 즉 '완벽하게 있는 것'(to pantelōs on)은 완벽하게 인식될 수 있지만, '어

---

5) 같은 책, p. 50.

떤 식으로도 있지 않은 것'은 무슨 방법으로도 인식될 수 없는 것이란 사실을 말일세.”[6]

들뢰즈는 물체의 표면 효과들은 현실화됨으로써 우리에게 하나의 '사건'으로 주어진다고 주장한다. 예를 들면, 나폴레옹의 대관식에서 모든 물체들은 매우 평이한 방식으로 시간과 공간 안에서 이동할 뿐이다. 그러나 우리는 대관식을 통해 “나폴레옹이 황제가 되었다” “유럽의 정치적 판도가 변했다” 등과 같은 커다란 '사건들'을 경험한다. 즉 들뢰즈는 물리적 세계로부터 발현하는 이러한 추상적 사건들을 존재론적인 방식으로 해명하려고 시도하고 있는 것이다.

들뢰즈는 스토아학파의 해석을 통해 “가장 깊숙이 은폐되었던 것이 가장 밝은 곳으로 올라오고, 생성의 모든 오래된 역설들이 새로운 청춘 속에서 모양새를 갖춘다”[7]고 말한다. 그것은 플라톤적인 존재론적 미련을 드러내면서도 정작 플라톤주의의 전복을 의미한다.

플라톤주의 전체는 '사물 자체'와 허상들 사이에 어떤 구별이 이루어져야 한다는 생각에 의해 지배되고 있다. 플라톤주의는 차이를 그 자체로 사유하지 않는다. 그 대신 차이를 이미 어떤 근거에 관련짓고 같음의 사태에 종속시키며, 또 신화적 형식을 통해 매개를 도입한다. 플라톤주의를 전복한다는 것, 그것은 모사에 대한 원본의 우위를 부인한다는 것을 말한다. 그것은 이미지에 대한 원형의 우위를 부인한다는 것이며 허상[시뮬라크르]과 반영들의 지배를 찬양한다는 것이다.[8]

---

6) 플라톤, 『국가 · 政體』, 박종현 역주 (서울: 서광사, 1997), 476e~477a.

7) 들뢰즈, 『의미의 논리』, p. 36.

8) 들뢰즈, 『차이와 반복』, 김상환 역 (서울: 민음사, 2004), p. 162.

들뢰즈와 함께 의미는 이제 새로운 지형도를 그린다. 과거의 많은 것이 흔적도 없이 사라지며, 많은 것이 새로운 모습으로 드러난다. 의미의 새로운 존재론적 자리가 생겨난 것이다. 그러나 정작 사건 존재론이라는 새로운 형이상학은 여전히 낡은 형이상학의 문제를 벗어나지 못하며, 의미에 관한 핵심적인 물음에 답하기보다는 오히려 그것을 가리고 있다.

들뢰즈의 시뮬라크르는 설(J. Searle)이 말하는 제도적 사실(institutional facts)과 같은 것이다. 설은 원초적 사실과 제도적 사실을 구분하는데, 제도적 사실은 사람들의 '합의'에 의해 존재한다는 점에서 원초적 사실과 구별된다.[9] 결혼, 화폐제도, 야구 등 우리를 에워싼 수많은 것들이 제도적 사실들이다. 화폐제도가 없어진다면 돈은 단지 하찮은 종잇조각에 불과할 것이다. 야구라는 규칙 체계로서의 경기가 없다면 우리는 '홈런' 대신에 방망이에 맞고 창공을 가르는 공의 움직임만을 경험하게 될 것이다. 주식 거래가 이루어지고 빈털터리와 재벌이 생겨나며, 누군가 올림픽에서 스포츠 스타로 떠오르는 것 등이 모두 제도적 사실이다. 설은 제도적 사실의 원천을 우리 마음의 '지향성'(Intentionality)에서 찾는다. 야구장, 공, 방망이라는 물리적 대상들에 규칙 체계적 의미를 부여하는 것은 그 대상들 자체가 아니라 지향성을 갖는 인간들이다. 그래서 제도적 사실은 인간의 지향성이 '합의'라는 과정을 거치면서 생겨난다.

대신에 들뢰즈의 사건론에는 인간의 지향성이 어떤 방식으로 작용하는지에 대한 해명이 없다. 의미의 주인인 인간이 '사건'의 일부로 흡수되어 사라져 버렸기 때문이다. 대신에 들뢰즈는 사건들로 가득 찬 요술 상자를 제시하며, 사건들은 그 안에 빼곡히 접혀 있다가 알 수 없는 방식으로 우

---

9) John Searle, *The Construction of Social Reality* (New York: Free Press, 1995), p. 191 참조.

리 앞에 펼쳐진다. 들뢰즈의 의미 이론은 근세적 주체 개념을 철저히 해체하려고 했던 구조주의의 연장선상에 있다. 들뢰즈는 근세적 주체가 없이도 의미의 모든 것을 설명할 수 있다고 믿고 있는 것으로 보인다. 그러나 근세적 주체가 사라진다 하더라도 의미의 산출자이자 사용자인 인간은 여전히 사라지지 않는다. 이 때문에 인간이 제거된 의미 이론은 의미의 본성과 구조의 핵심적 요소를 간과하게 된다.

3__ 존재와 의미의 잘못된 만남

들뢰즈의 새로운 의미 이론은 물론 과거의 이론들의 난점들을 극복하기 위해 제시된 것이다. 들뢰즈의 의도는 지시 작용에 초점을 맞추는 실증주의적 의미론, 현시 작용에 초점을 맞추는 현상학적 의미론, 그리고 기호 작용에 초점을 맞추는 구조주의적 의미론의 제한성을 동시에 극복하려는 의도를 갖고 있다. 따라서 들뢰즈는 이 세 가지 차원의 바탕을 이루고 있는 보다 원초적인 차원을 제시하려고 시도한다.[10] 그는 과거 이론들이 명제와 관련해서 다루었던 세 가지 차원, 즉 지시 작용과 현시 작용, 기호 작용의 차원을 넘어서서 명제의 네 번째 차원으로서 '사건으로서의 의미 이론'을 제시하고 있다.[11] 들뢰즈의 의미 이론에는 주체와 기호와 세계가 모두 함께 참여하는데, 바로 들뢰즈가 제시하는 '사건'이라는 지점에서 이 세 가지 요소가 함께 만나는 것이다. 들뢰즈는 이렇게 설명한다.

---

10) 이에 관한 간명하고 친절한 설명은 이정우, 『시뮬라크르의 시대: 들뢰즈와 사건의 철학』(서울: 거름, 1999), 3장, 특히 pp. 117~18 참조.

11) 들뢰즈, 『의미의 논리』, pp. 62~70 참조.

의미는 명제로 표현된 것 또는 표현 가능한 것이며, 동시에 사태의 부대물이다. 그것의 한쪽 얼굴은 사물들로 향하며, 다른 쪽 얼굴은 명제들로 향한다. 그러나 의미를 그것을 표현하는 명제들과 혼동하지 말아야 할 뿐만 아니라 명제가 지시하는 사태나 성질과도 혼동해서는 안 된다. 의미는 정확히 명제들과 사물들의 경계선이다. 그것은 이 무엇(aliquid)이며, 열외 존재이자 내속이며, 내속들에 부합하는 이 최소 존재이다. ······ 사건은 곧 의미 자체이다. 사건은 본질적으로 언어에 속한다. 그것은 언어와 본질적인 관계를 맺는다. 그러나 언어는 사물들에 관련해 언표되는 것이다.[12]

여기에서 들뢰즈는 의미가 '명제들과 사물들의 경계선'이라는 사실을 강조하고 있다. 적어도 의미가 사물의 일부도 아니며, 명제의 성질도 아니라는 것은 분명하다. 그래서 의미는 사물과 명제의 경계선상에 존재도 비존재도 아닌 방식으로 우리에게 주어진다. 그러나 우리가 주목해야 할 것은 들뢰즈가 이러한 의미를 규정하면서 처음부터 플라톤적인 '존재 지도' 위에 그 자리를 그리고 있다는 점이다.

이러한 사실은 사건들의 발생에 관한 들뢰즈의 해명을 통해 더욱 구체적으로 드러난다. 우리 경험에 주어지는 사건들은 그 구현에 앞서 순수 사건들로서 잠재적으로 존재한다. 순수 사건은 다양한 현실적 조건 속에서 계열화됨으로써 구체적 사건 또는 '인칭적 사건'으로 구현되는 것이다. '사랑하다' 또는 '증오하다'라는 부정법적인 순수 사건은 물리적 세계, 즉 특정한 사람이나 상황에 구현됨으로써 비로소 인칭적 사건이 된다. 그래서 순이는 철수를 사랑하며, 영희는 철수를 증오한다. 이러한 순수 사건은 다양하게 구현되는 사건들을 통해 일의적으로 존속한다.

---

12) 같은 책, p. 78. (고딕은 필자의 강조.)

우리가 경험하는 수많은 사랑 사건들이 '사랑하다' 라는 순수 사건의 다양한 구현이라고 말하는 것은 다분히 플라톤적이다. 단일한 이데아가 다양한 사물들을 통해 현상계에 구현되는 대신에 단일한 순수 사건이 다양한 사물들에 반복적으로 구현되고 있는 것이다. '반플라톤' 을 내세운 또 다른 플라톤적 사고실험이 플라톤적 지도의 반대편에서 이루어지고 있는 것이다. 이러한 관점에서 바디우(A. Badiou)는 들뢰즈주의를 "일종의 재교정-강조된(ré-accentué) 플라톤주의"[13]라고 부른다.

이러한 구도 안에서 들뢰즈는 순수 사건을 위해 '선험' 이라는 장을 설정한다. 그것은 플라톤적인 초월일 수도, 물리적인 현상계일 수도 없기 때문이다. 이정우는 들뢰즈의 이러한 세계를 '객관적 선험' 으로 특징짓는다. 들뢰즈의 선험을 객관적 선험이라고 부르는 것은 칸트와의 대비를 보여 준다는 점에서 적절한 이름으로 보인다. 칸트는 우리의 인식 구조를 선험으로 규정했으며, 그것은 주관적 선험이라고 할 수 있기 때문이다. 들뢰즈는 의미를 위해 우리에게 알려지지 않은 새로운 장을 열고 있으며, 이 때문에 그의 의미론은 '형이상학' 이라는 이름을 얻게 된다.

순수 사건을 출발점으로 삼으려는 들뢰즈는 반플라톤적 이론을 구성하면서 또다시 플라톤적인 초월 대신에 선험이라는 새로운 세계로 되돌아가고 있으며, 여기가 들뢰즈의 정교하고도 세련된 의미 이야기가 멈추는 지점이다. 탈형이상학의 세기를 거쳐 온 우리에게 정작 새로운 형이상학은 더더욱 당혹스러운 것일 수밖에 없다. 많은 연구자들이 이 지점에 이르면 초점을 잃고 머뭇거리는 것은 결코 놀라운 일이 아니다. 이정우는 이 문제를 구조주의 사유의 '매력' 이라는 말로 덧씌우고 있다.

---

13) 알랭 바디우, 『들뢰즈: 존재의 함성』, 박정태 역 (서울: 이학사, 2001), p. 78.

후기 구조주의의 매력이란 결국 문화와 자연 사이에 존재하는 제3의 층, 즉 자연에 **뿌리**를 두고 있지만, 그러나 자연으로 완전히 환원되지 않는 그런 차원을 드러낸 점에 있죠. 물질의 층위와 문화의 층위 중간에 또 하나의 층위, 장, 차원이 있다는 거죠. 들뢰즈가 즐겨 사용하는 표현에 의하면 하나의 표면, '형이상학적 표면'이 있다는 것입니다. 이 표면을 상정해서 문화를 설명함으로써, 자연과 인간의 **절속**(articulation)을, 즉 그 연속성과 동시에 그 엄연한 차이도 설명해 주는 것이죠. 이것이 후기 구조주의 사유의 매력이라고 할 수 있습니다.[14]

그러나 필자의 시각에서 그것은 이론적 진전의 징후가 아니라 형이상학적인 것에 대한 미련을 떨치지 못한 프랑스의 지적 전통의 후유증일 뿐이다. 그러한 형이상학은 매력적인 것일 수 있지만, 지적 겨울을 나는 데 도움이 되지 않는 장식품에 불과하다. 사실상 의미의 본성을 설명하는 데 결정적으로 중요한 것은 물리 세계와 문화 세계의 접속 방식이며, 그것은 오랫동안 철학적 숙제로 남아 있었다. 들뢰즈는 그 물음을 경험적으로 해명하는 대신에 또 하나의 형이상학적 장치로 채워 넣고 있는 것이다.

이 문제에 관한 김상환의 말은 더더욱 알 수 없다.

이는 단순한 지적 과시도, 산발적인 우연한 연상도 아니다. 형이상학은 세계의 밑그림을 그린다는 점에서, 또 세계를 해석하는 가장 초보적인 도식이나 코드를 창조한다는 점에서 과학이나 예술과 다르지 않다. 다만 형이상학자는 합리적 언어에 기대어 세계의 총체적 그림을 그리는 종합자일 뿐이고, 그가 합리적 언어를 초월하는 차원으로 발을 들여놓을 때도 사정은 마찬가지다.[15]

---

14) 이정우, 『시뮬라크르의 시대』, pp. 210~11. (고딕은 원문의 강조.)
15) 김상환, 「옮긴이 해제」, 질 들뢰즈, 『차이와 반복』, p. 660.

서동욱은 아예 칸트에게로 말문을 돌리고 있다.

> 또한 능력들의 초재적 실행 같은, 초월적 경험론의 핵심 논제들은 칸트의 숭고
> 분석을 배경으로 하지 않고는 도저히 그 말뜻조차 이해될 수 없는 것이다. 이러
> 한 의미에서 초월적 경험론은 칸트 철학과의 끊임없는 대화의 산물이다.[16]

서동욱의 이러한 언급은 한편으로는 들뢰즈와 칸트 사이에 나타나는
유사성을 찾고 있다는 점에서 분명히 일리 있는 지적이기는 하지만, 그것
이 정작 칸트와 들뢰즈에게 이론적 성취가 아니라 피할 수 없는 곤경이라
는 사실을 가리고 있다. 들뢰즈의 초월적 경험론과 칸트의 초월론에 유사
성이 있다면 그릇된 가정에 근거한 과도한 이론화 때문에 '선험'이라는
벽에 부딪히게 되었다는 점이기 때문이다.

앞서 지적했던 것처럼 들뢰즈가 의미 이론의 출발점으로 삼고 있는 곳,
즉 물체의 표면은 체험주의적 시각에서 기호적 경험 영역의 표층일 뿐이
며, 그 심층은 '객관적 선험'이라는 말로 가려져 있다. 그 선험의 영역은
무한한 사건들이 접혀 있는 하나의 보물창고와 같은 것이며, 누가 그 열쇠
를 갖고 있는지 아무도 알 수 없다. 들뢰즈는 의미에 대한 새로운 해명이
라는 기치를 내세워 우리를 또다시 알 수 없는 세계로 이끌어 간다. 들뢰
즈는 이러한 자신의 입장을 '초월적 경험론'이라고 부른다. 그것은 20세
기의 위대한 사유가 도달한 참으로 불운한 귀결이다. 들뢰즈의 형이상학
은 그의 의미 이론의 토대가 아니라 그릇된 가정에서 출발한 의미 이론이
도달하게 된 이론적 늪이다. 의미의 원천은 '초월'이나 '선험'이 아니라
경험이기 때문이다.

---

16) 서동욱, 『들뢰즈의 철학: 사상과 그 원천』 (서울: 민음사, 2002), p. 56.

4__ 신체화된 의미

들뢰즈는 의미의 본성을 '사건' 개념으로 재구성함으로써 전통적인 의미 이론들을 총체적으로 수렴하는 지반을 제시하려고 한다. 이 과정에서 의미의 다양한 변이 구조에 대한 들뢰즈의 해명은 영어권을 중심으로 이루어졌던 화용론적 탐구와 많은 유사성을 드러낸다. 특히 들뢰즈가 직접적으로 주목하는 것은 오스틴(J. L. Austin)이나 설(J. Searle)이 전개했던 화행 이론이다.[17] 그래서 보그(R. Bogue)는 들뢰즈가 언어학을 화행론에 귀속시키는 데 무엇보다도 큰 관심을 갖고 있으며, 어떤 의미에서 들뢰즈의 의미 이론은 화행론의 단순한 반복이라고 지적한다.[18]

그러나 들뢰즈와 화용론적 전통과의 관련성에 관한 이러한 관찰은 피상적인 동시에 성급한 것이다. 영어권의 화용론과 들뢰즈 사이에는 처음부터 화해될 수 없는 간극이 존재한다. 그 좁혀지지 않는 간극은 의미의 원천에 관한 논의를 통해 선명하게 드러난다. 즉 들뢰즈의 의미 이론에는 의미의 산출자이며 사용자인 인간의 자리가 없기 때문이다. 후기 비트겐슈타인(L. Wittgenstein)을 통해 극적으로 이루어진 의미 탐구의 전환은 의미의 산출자이면서 사용자인 인간의 조건과 상황을 그 중심적인 탐구 대상으로 옮겨왔다.[19] 즉 의미의 원천을 언어와 세계 사이에서 찾으려는 시도를 포기하고 그 언어를 사용하는 인간으로부터 찾으려고 하는 것이다.

들뢰즈의 의미 이론에도 인간의 모습이 등장하지만 그것은 근세의 주체도 아니며, 화용론이 보여 주는 의미의 주인도 아니다. 들뢰즈의 인간은

---

17) 이 점에 관해서는 질 들뢰즈·펠릭스 가타리, 『천 개의 고원: 자본주의와 분열증 2』, 김재인 역 (서울: 새물결, 2001), 특히 4~5장 참조.

18) Ronald Bogue, *Deleuze and Guattari* (London: Routledge, 1989), pp. 136~37 참조.

19) 루트비히 비트겐슈타인, 『철학적 탐구』, 이영철 역 (서울: 책세상, 2006) 참조.

사건들에 참여하는, 또 다른 사건들의 묶음이다. 즉 들뢰즈의 인간은 인식의 주체도 아니며 의미의 주인도 아닌, 사건 존재론을 구성하는 소도구일 뿐이다. 이정우는 이렇게 설명한다.

> 사건들이 개체에 복속되는 것이 아니라 무한에 가까운 사건들이 먼저 존재하고 이들 중 특정한 사건들이 모여서, 더 정확히 말해 계열화됨으로써 하나의 개체가 성립하는 것입니다. 그래서 사건들의 잠재적인 장이 바로 객관적 선험이고 이 객관적 선험으로부터 개체가 성립하는 것이죠.[20]

그래서 들뢰즈의 사건 의미론은 주인공이 없는 한편의 드라마다. 무수한 사건들의 교차가 이루어지지만 거기에 등장하는 모든 사람들은 영혼이 없는 목각인형들이다. 그래서 주인이 없는 들뢰즈의 의미들은 그 자체로 이합집산을 거듭하는 무제약적 우연으로 남아 있다. 그것은 마치 비탈길에서 놓쳐 버린 손수레처럼 혼자서 굴러간다. 그것이 어디로 어떻게 가게 될 것인지를 결정해 주는 것은 우리에게조차 알려지지 않은 비탈길뿐이다. 그 수수께끼도, 답도 모두 들뢰즈가 '객관점 선험'이라고 부르는 마법의 상자 속에 들어 있다.

이것은 들뢰즈가 구조주의가 물려준 짐을 완전히 벗어 버리지 못했다는 것을 말해 준다. 들뢰즈는 근세 이래로 서구 지성사를 지배해 온 주체 개념을 해체하는 데 집중했던 구조주의가 주체를 해체하는 데 성공적이었지만 의미의 유동성을 해명하는 데 부적절하다고 생각한다. 그래서 들뢰즈는 다시 구조조의를 넘어서려고 시도하지만 그 과정에서 이미 해체되어 버린 인간은 다시 되살아나지 않고 있다. 들뢰즈는 여전히 의미 문제를

---

20) 이정우, 『시뮬라크르의 시대』, pp. 220~21.

'존재'의 문제로 생각하고 있으며, 이러한 점에서 여전히 구조주의의 큰 그늘을 완전히 벗어나지 못하고 있다.

대신에 오늘날 의미의 원천으로서의 인간에 대한 관심은 영어권의 언어철학을 통해 매우 다른 방식으로 제시된다. 이때의 인간은 의미의 원천인 동시에 의미의 주인으로서의 인간이다. 이러한 생각은 비트겐슈타인의 후기 철학을 통해 폭넓게 암시되고 있다. 비트겐슈타인은 의미의 소재를 언어와 세계의 관계 속에서 찾으려고 했던 전기의 생각을 스스로 포기하고 후기에 들어와 언어의 사용자인 인간으로 눈을 돌린다. 이러한 비트겐슈타인의 생각들은 설의 '지향성'(Intentionality) 개념을 통해 훨씬 더 직접적이고 적극적인 방식으로 그려지고 있다. 설은 의미의 원천을 마음의 본성인 지향성에서 찾으려고 하며, 이 때문에 언어철학이 심리철학의 한 분과가 되어야 한다고 주장한다.[21]

'체험주의'(experientialism)는 최근 급속히 성장하고 있는 인지과학의 경험적 탐구 성과들을 적극적으로 수용함으로써 의미의 발생에 관해 비트겐슈타인이나 설이 제시했던 것보다 훨씬 더 구체적인 해명을 제시한다. 경험적 증거들은 본성적으로 제한되어 있지만 의미의 원천에 관해 들뢰즈가 생각했던 것보다 훨씬 더 구체적인 해명을 가능하게 해 준다. 그 출발점은 바로 우리의 몸이다. 의미는 몸의 지속적인 활동으로부터 창발하며 (emerge), 이러한 신체적 요소들은 은유적 확장을 통해 추상적 층위의 영역으로 확장된다. 즉 추상적 층위의 경험은 신체적·물리적 층위의 경험에 근거하고 있으며, 동시에 신체적 층위의 경험에 의해 강력하게 제약된다. 이러한 의미에서 모든 의미는 '신체화되어'(embodied) 있다.[22] 체험

---

21) Searle, *Intentionality: An Essay in the Philosophy of Language* (Cambridge: Cambridge University Press, 1983), p. vii.

주의적 시각에서 본다면 들뢰즈가 간과하고 있는 것은 의미 형성에서 몸의 중심적 역할이다.

이러한 의미 해명에 선험은 없다. 들뢰즈가 제안하는 순수 사건이란 우리가 경험하는 수많은 사건들을 포괄하는 일반 명사일 뿐이며, 그것이 생성되고 거주하는 공간은 선험이 아니라 우리의 '경험'이다. 바꾸어 말하면 순수 사건이란 정신적 · 추상적 층위의 경험, 즉 기호적 경험의 산물이며, 그것은 자연적 층위의 경험을 근거로 확장된 것이다. 이 확장의 방식은 은유적이며, 그 확장은 다양한 자연적, 사회적, 문화적 변이에 영향 받는다. 들뢰즈가 강조하는 모든 우연은 이러한 확장 과정에서 생겨나지만, 그것은 자연적 경험의 제약을 완전히 벗어난 우연은 아니다.

신체화된 경험의 구조에 대한 체험주의의 해명은 의미가 세계의 문제가 아니라 경험의 문제라는 시각을 가능하게 해 준다. 존슨(M. Johnson)에 따르면 몸과 그 직접적 활동은 의미 발생의 뿌리이며, 또한 의미의 확장을 결정적으로 제약하는 근거이기도 하다. 존슨은 몸의 활동으로부터 직접 발생하는 비교적 소수의 '영상도식들'(image schema)이 존재하며, 이 도식들의 은유적 확장을 통해 정신적 · 추상적 층위의 경험을 구성한다고 주장한다.[23] 이러한 해명에서 주목해야 할 것은 정신적 · 추상적 층위의 경험이 신체적 · 물리적 층위의 경험에 근거하고 있으며, 동시에 신체적 · 물리적 층위의 경험에 의해 강력하게 제약되어 있다는 사실이다.

필자는 체험주의적 시각을 토대로 전자를 자연적 경험, 그리고 후자를 기호적 경험으로 구분하고 기호적 경험의 구성을 '은유적 사상'(meta-

---

22) 의미 형성에서 몸의 중심성에 관해서는 마크 존슨, 『마음 속의 몸: 의미, 상상력, 이성의 신체적 근거』, 노양진 역 (서울: 철학과 현실사, 2000), 특히 pp. 28~32 참조.

23) 영상도식과 그 은유적 사상에 관해서는 같은 책, 특히 4장 참조.

phorical mapping)의 과정으로 해명했다.[24] 여기에서 주목해야 할 것은 기호적 경험이 자연적 경험과 존재론적으로 분리되어 있지 않으며, 자연적 경험의 창발적 확장으로 설명되고 있다는 점이다. 이러한 구도에서 본다면 들뢰즈의 '의미들'은 기호적 경험 영역에 속한다. 필자가 말하는 자연적 경험은 들뢰즈에게 물리 세계의 일부로 간주될 것이기 때문에 그가 자연과 문화의 경계면에서 발생한다고 말하는 사건들은 기호적 경험 영역에 속한다.

들뢰즈의 사건들은 물체의 표면 효과들이며, 따라서 그것은 모종의 인과관계로 설명된다. 즉 물체가 원인이며 사건은 결과다. 그 사건들은 다시 시간과 공간에 의해 오염되면서 구체적 사건들로 구현된다. 이때 순수 사건과 현실화된 사건들 사이에는 알 수 없는 존재론적 강이 놓여 있으며, 여기가 들뢰즈의 의미 이론이 멈추는 지점이다. 이것은 플라톤이 현상계와 이데아의 세계를 구분함으로써 '관여'(methexis)라는 수수께끼에 빠져들었던 것이나 칸트(I. Kant)가 주관과 객관을 분리함으로써 '물자체'(Ding an sich)라는 수수께끼에 빠져들었던 것과 다르지 않다. 들뢰즈의 잘못은 순수 사건과 사건들을 처음부터 분리시킨 데 있다. 그래서 들뢰즈의 의미 이론은 심오한 형이상학의 완성을 알리는 것이 아니라 또 다른 수수께끼의 탄생을 알린다. 그것은 낡은 철학사를 통해 반복되었던, 이론의 실패를 알리는 수수께끼다.

순수 사건이라는 개념이 선험의 영역에 설정되는 한 플라톤이 그랬던 것처럼 '관여'의 문제를 안게 된다. 즉 순수 사건이 어떻게 현실화된 사건

---

24) 우리의 경험은 비기호적 경험(또는 자연적 경험)과 기호적 경험으로 구분될 수 있다. 이러한 구분은 우리의 몸의 활동과 추상적 정신활동을 가르는 핵심적인 기준이 된다. 이 문제에 관한 좀 더 상세한 논의는 이 책 7장 「기호적 경험의 체험주의적 해명」 참조.

들과 관계를 맺는지에 관한 해명은 근원적으로 모호한 것일 수밖에 없다. 선험적인 것은 경험적인 것과 구분되지만 여전히 경험적인 것과의 연관성 속에서만 의미화될 수 있다. 이 때문에 선험적인 것과 경험적인 것의 관계는 미궁에 빠지게 된다. 이러한 난점은 플라톤이 이데아와 현상계를 다루면서 겪었던 고전적인 난문이다. 현상계를 초월해 있으면서도 현상계와 여전히 어떤 관계 속에 있어야만 하는 딜레마가 바로 그것이다. 나는 이것을 '초월의 역설'이라고 부른다. 새로운 어휘로 단장한 들뢰즈의 선험 또한 예외가 아니다.

이러한 관점에서 본다면 들뢰즈의 시도는 처음부터 이중적인 난점을 안고 있다. 들뢰즈는 사건 개념을 자연 세계와 문화 세계의 접속면으로 제시한다. 그것이 자연과 문화 사이의 괴리를 메우려는 포괄적 시도라는 것은 분명하다. 그러나 이러한 시도는 처음부터 실패를 예고하고 있다. 두 영역 사이에 초월이든 선험이든 또 다른 영역을 도입하는 것은 하나의 접속면을 해소하는 것이 아니라 두 개의 접속면을 만드는 일이기 때문이다.

이러한 이론의 귀결은 단지 그것이 실패했다는 데 그치지 않는다. 들뢰즈의 의미 이론의 더 큰 문제는 그것이 의미의 제약을 설명할 수 없다는 데 있다. 라이프니츠의 모나드들은 신의 의지를 따라 움직이지만 신이 사라진 들뢰즈의 사건들의 세계에는 '우연'만이 있다. 그래서 우리는 의미의 주인이 아니라 부질없이 떠도는 시뮬라크르들의 구경꾼이며, 동시에 또 다른 시뮬라크르들의 다발일 뿐이다. 그래서 순수 사건들은 선험의 장으로부터 그저 '솟아오르며', 때로는 '펼쳐진다'. 이 모든 사건들은 '나'에게 잠재성으로 점지되어 있지만 그 누구도 그 존재와 발현의 방식을 알 수 없으며, 또 알아야 할 이유도 없다. 들뢰즈의 세계 안에서 의미는 그렇게 우리를 떠난다.

이러한 외재적 시각을 접어 두고서라도 '선험적 장'은 들뢰즈의 의미 이론 안에서조차도 무용한 이론적 장치다. 사건들의 구현이 우연적이라고 말하는 한 순수 사건이 선재해야 할 아무런 이유가 없기 때문이다. 순수 사건들이 그 구현을 제약하는 것이 아니라면, 즉 그 구현의 과정에 개입하는 방식이 알려지지 않는다면, 순수 사건은 그 자체로 의미화될 수도, 의미화되어야 할 이유도 없는 이론적 가상이다. 들뢰즈는 플라톤을 거부하면서도 플라톤적인 사고실험을 사용하고 있으며, 구조주의를 거부하면서도 구조주의의 지반을 떠나지 않으려고 한다. 그렇게 해서 제시되는 들뢰즈의 선험은 '새로운' 형이상학의 부활이 아니라 그의 낭만적인 지적 모험이 드러내는 한계일 뿐이다.

체험주의적 해명에 따르면 기호적 의미, 즉 물리적 기표에 부가되는 의미는 기호적 경험의 문제로 설명된다. 여기에서 물리적 대상인 기표들에 의미를 부여하는 것은 기호의 산출자이며 사용자인 인간이다. 우리는 다양한 기표들에 우리에게 이미 주어져 있는 경험 내용을 사상(mapping)한다. 특정한 기표에 언제 무엇이 사상될 것인지는 기호의 주인인 우리의 문제다. 따라서 기호적 의미의 원천은 기표들의 놀이가 아니라 기호 사용자인 인간의 의도와 욕구에서 찾아져야 한다. 우리는 특정한 기표에 우리에게 이미 주어져 있는 어떤 경험 내용을 사상하며, 이때 그 기호에 사상되는 내용이 바로 우리가 특정한 기표를 통해 경험하게 되는 '기호 내용'이다.[25] 이것이 바로 기호적 의미다. 이러한 의미 구조 안에서 신체적 활동을 통해 주어지는 자연적 경험 내용은 모든 기호적 경험의 근거이며 출발점이 된다.

기표의 의미가 다른 기표들에 의해 결정된다고 주장하는 구조주의자들에게도 이 지적은 매우 중요한 것이다. 다시 말해서 의미가 기표들의 차이

---

25) 이 책 7장 「기호적 경험의 체험주의적 해명」, 특히 pp. 164~65 참조.

에서 비롯된다고 주장하는 구조주의자들이 말하는 '다른' 기표들 또한 이러한 기호적 경험의 구조에 지배되고 있기 때문이다. 우리의 모든 의미는 자연적 경험 영역에서 출발하며, 그것을 근거로 기호적으로 확장된다. 여기에서 중요한 사실은 자연적 경험에 근거하지 않은 기호적 경험은 불가능하다는 점이다.

들뢰즈가 간과하고 있는 것은 의미의 구조를 작동시키는 근원적인 뿌리가 우리 자신, 즉 인간이라는 사실이다. 모든 의미는 '의미화'라는 인간적 경험의 일부이며 산물이기 때문이다. 이 때문에 의미의 탐구는 경험의 본성에 대한 탐구를 통해 이루어져야 한다. 현재와 같은 몸을 가진 인간에게 모든 의미는 시간과 공간에 의해 오염되어 있으며, 순수 의미, 즉 순수 사건 같은 것은 존재한다 하더라도 알려지지 않는다. 의미는 우리 밖의 현상이 아니라 의도와 욕구를 가진 우리 자신의 활동의 산물이다. 대신에 들뢰즈는 무한한 의미들의 잠재성을 선험의 영역으로 끌어들임으로써 불필요한 형이상학을 택하고 있는 것이다.

체험주의적 시각에서 의미란 '우리 경험에 주어지는 모든 것'에 대한 이름이다. 이 때문에 의미 구조에 대한 해명은 경험 구조에 대한 해명과 다르지 않다. 대신에 들뢰즈가 다루고 있는 의미에는 경험의 주인, 즉 의미의 주인인 인간의 자리가 없다. 대신에 들뢰즈는 주체의 해체를 일차적 과제로 삼는 구조주의의 가정을 따라 의미의 문제를 사건들에 관한 존재론적 문제로 전환시키고 있다. 그래서 들뢰즈의 작업은 구조주의의 완고한 구조 개념을 해체하는 데 성공적일 수 있지만 그것은 인간이 사라진 사건들의 장이라는 구조주의의 큰 틀을 벗어나지 못하고 있다.

들뢰즈는 잊혀진 형이상학에 대한 낡은 철학적 열망을 충족시켰을지도 모른다. 그렇지만 들뢰즈의 선험적 경험론은 유휴지에 임시로 세운 가건물 같은 것이다. 그것은 플라톤적 존재 지도의 변방에서 시도된 또 다른 플라톤적 사고실험이다. 이것은 들뢰즈의 제안처럼 의미의 본성과 구조에 대한 새로운 해명의 길을 열어 주기보다는 오히려 그것을 가로막는 장애물로 드러난다. 이것은 의미에 대한 잘못된 존재론적 가정이 불러오는 필연적인 귀결이기도 하다. 들뢰즈의 사건의 형이상학은 전통적인 객관주의적 이론들을 무너뜨리려는 우리에게 강력한 동지처럼 보일지도 모른다. 그러나 전투가 끝난 후에도 그가 여전히 '인간의 의미'를 탐색하려는 우리의 동지로 남아 있을 것이라는 기약은 없다.

5__ 맺는 말

들뢰즈는 의미의 원천을 존재의 세계로 되돌림으로써 사건의 의미론을 통해 의미 구조를 재구성하려고 한다. 그것은 완고한 구조주의적 해명과 초기 분석철학적 가정을 동시에 극복하려는 의도를 담고 있다. 그러나 들뢰즈가 사건 개념을 통해 의미 이론을 재구성하는 과정에서 너무나 쉽사리 지나친 것은 의미의 뿌리인 몸이다. 인간은 의미의 산출자이면서 사용자라는 점에서 의미의 주인이며, 여기에서 몸은 핵심적인 역할을 한다. 이때문에 들뢰즈의 의미 이론은 화용론에 대한 표면적 관심에도 불구하고 화용론적 탐구와는 매우 다른 귀결에 이르게 된다.

의미는 이 세계 안에서 발생하지만 세계의 산물이 아니라 그것과 상호 작용하는 인간의 산물이다. 사건의 존재론으로 대체된 의미 이론에는 인간이 없다. 사건의 발생 지점인 물체의 표면에는 접면만이 있으며, 그러나 그것은 매우 특별한 은유적 사고를 통한 사고실험일 뿐이다. 의미의 산출자이며 사용자인 우리는 그 안에 하나의 탈색되고 건조한 점(點)들로만 자리 잡고 있다. 들뢰즈는 우리의 의미가 아니라 의미 구조 안에 있는 우리를 선택하고 있으며, 그것은 그가 '구조'에 대한 미련을 충분히 떨치지 못했음을 보여 준다. 의미 이론의 핵심적 부분이 '선험'의 영역에 갇히게 되는 것은 바로 이 때문이다.

들뢰즈의 이러한 그릇된 존재론적 시도는 의미의 본성에 대한 새로운 해명이라기보다는 오히려 그것을 가로막는 낭만적인 사고실험으로 남게 된다. 들뢰즈의 사건들은 선험의 장으로부터 그저 우연히 솟아오르며, 따라서 의미는 아무런 제약도 없는 사건들의 놀이가 된다. 들뢰즈가 논의의 출발점으로 삼았던 물체의 표면은 체험주의적 시각에서 본다면 기호적 경험의 출발점일 뿐이다. 기호적 경험은 선험으로부터 오는 것이 아니라 신체적 층위의 경험의 확장이라는 길을 통해 발생한다. 그것은 세계의 문제가 아니라 우리 경험의 문제이며, 거기에는 들뢰즈가 생각하는 선험이라는 수수께끼는 없다. 들뢰즈의 사건 존재론을 형이상학의 부활이라고 칭송하는 데에는 서구의 지적 전통이 오랫동안 잃어버렸던 것에 대한 위안이 담겨 있지만, 의미의 구조를 밝히려는 우리에게 그 칭송은 부적절한 것이다. 들뢰즈의 시도가 의미의 본성과 구조에 대한 해명을 위한 것이라면 들뢰즈의 형이상학은 그릇된 출발로부터 예고된, 달갑지 않은 불청객이며, 의미에 관한 경험적 탐구를 통해 근원적으로 해소되어야 할 이론적 가상이다.

제5장
체험주의의 은유 이론[*]

1__ 머리말

    '은유'(metaphor)는 서구 지성사를 통해 정상적인 언어활동에 부가적으로 발생하는 우연적 언어 현상으로 간주되어 왔다. 전통적으로 이해되어 온 정상적인 언어활동이란 대화자 사이에 공통된 방식으로 수행할 수 있는 고정된 방식의 의미 전달 체계를 말한다. 이러한 언어관 안에서 은유는 비정상적이고 예외적인 파생물이어서 일상적인 의미 체계가 적절하게 수용할 수 없는 언어 현상을 뜻하게 된다. 물론 이러한 언어관에서도 은유의 어떤 긍정적인 역할 — 예를 들면 창조적 또는 심미적 기능 — 을 인정할 수는 있겠지만, 그것은 규칙적이고 안정된 방식으로 해명할 수 없는 예외적 현상일 뿐이다.

    이러한 전통적인 언어관, 그리고 이에 근거한 은유 이론을 뒷받침하는

---

[*]   이 글의 초고는 계명대학교 '목요철학 세미나'(1998년 5월)에서 처음 발표되었다.

것은 우리가 오늘날 '객관주의'(objectivism)라고 부르는 시각이다. 번스타인(R. Bernstein)은 객관주의를 "합리성이나 인식, 진리, 실재, 선, 옳음 등의 본성을 결정하는 데 궁극적으로 호소할 수 있는 영원하고 초역사적인 어떤 기반이나 구조틀이 존재하며 존재해야 한다는 기본적인 확신"[1]이라고 규정하는데, 그것은 다양한 변형을 통해 철학자나 비철학자들에게 기본적인 사고의 틀로서 오랫동안 서구 세계를 지배해 왔다.

의미 이론에서 객관주의는 우리의 인식에 상관없이 독립적으로 존재하는 언어외적 대상에 대한 '기술'(記述) 또는 '지칭 관계'를 주된 논의 주제로 삼는다. 이러한 구도 안에서 외적 대상은 고정된 것으로 설정되며, 그것에 대응하는 '의미'도 고정된 것으로 이해된다. 이러한 관점에서 의미는 객관적이다. 이러한 언어관은 지난 세기의 언어철학적 논의를 통해 '명제적 의미'(propositional meaning)에 대한 탐구로 정형화되었는데, 이것은 언어가 언어외적 실재에 대한 인지적 내용을 담고 있다는 것을 뜻한다.

오늘날 은유에 대한 증가하는 관심 속에서 레이코프와 존슨(G. Lakoff and M. Johnson)은 은유가 단순히 부가적이거나 파생적인 언어 현상이 아니라 우리의 사고와 행위의 중심적 원리라고 주장한다.[2] 레이코프와 존슨의 이러한 제안은 은유에 대한 새로운 철학적 관심을 불러일으키는 데 주도적 역할을 하고 있다. 나아가 이들은 지속적인 공동 작업을 통해 주로 인지과학적 증거를 바탕으로 경험의 본성과 구조에 대한 포괄적인 해명을 시도하고 있으며, 이들의 작업은 '체험주의'(experientialism)라고 불리는 철학적 흐름을 형성해 가고 있다.

---

1) 리처드 번스타인, 『객관주의와 상대주의를 넘어서』, 정창호 외 역 (서울: 보광재, 1996), p. 25.
2) G. 레이코프 · M. 존슨, 『삶으로서의 은유』, 수정판, 노양진 · 나익주 역 (서울: 박이정, 2006) 참조.

이 글에서는 체험주의의 은유 이론을 두 갈래의 상호 연관된 측면에서 검토하려고 한다. 먼저 은유가 '의미 이론'에서 차지하는 위치를 밝히고, 나아가 이러한 은유 이론의 확장된 체계를 이루는 존슨의 '상상력 이론'을 검토함으로써 그것들이 우리의 사고와 이해에서 갖는 중요성을 드러낼 것이다.[3] 이러한 논의를 위해서 우선 전통적으로 유지되어 온 은유에 관한 이론들을 개략적으로 살펴보고, 그것과 대비되는 것으로서 새로운 은유 이론의 특성을 드러낼 것이다. 나아가 은유에 관한 이러한 새로운 이론이 불러오는 몇몇 철학적 함의들을 간략하게 제시할 것이다.

2__ 은유와 사고

은유는 오랫동안 비정상적인 언어 현상으로 이해됨으로써 진지한 철학적 탐구 영역에서 무시되거나 간과되어 왔다. 은유에 관한 최초의 체계적 해명은 아리스토텔레스에게서 찾아볼 수 있는데, 아리스토텔레스는 은유를 "유에서 종으로, 종에서 유로, 종에서 종으로, 또는 유추에 의해 어떤 사물에 다른 사물의 이름을 전용(epiphora)하는 것"[4]이라고 정의했다. 이

---

3) 존슨은 우리의 기본적 층위의 경험과 이해가 '상상적 구조'(imaginative structure)를 갖고 있으며, 이러한 구조의 바탕을 이루는 것이 우리의 '몸'이라고 주장한다. 그는 이러한 주장과 함께 전통적으로 간과되어온 몸의 중심성을 탐색함으로써 우리의 이해와 사고에 관해 포괄적인 현상학적 해명을 시도한다. 이러한 주장은 이성을 인식의 중심적 기제로 간주함으로써 상상력을 주변적·부수적 작용으로 배척하려는 전통적인 인식론에 대한 강력한 도전이다. 마크 존슨,『마음 속의 몸: 의미, 상상력, 이성의 신체적 근거』, 노양진 역 (서울: 철학과 현실사, 2000) 참조. 그래서 존슨은 이 책의 중심적 기치를 '몸을 마음 안으로 되돌려 놓는 것'(putting the body back into the mind)이라고 말한다(같은 책, p. 60).

러한 전용이 가능한 것은 상이한 대상들 사이에 어떤 특별한 유사성이 존재하기 때문이며, 은유의 사용은 이 유사성을 직관적으로 지각하는 특수한 능력에 의해 가능하다. 그래서 아리스토텔레스는 이러한 은유의 사용이 타인에게서 배울 수 없는 천재적 재능의 징표라고 말한다.[5] 여기에서 은유는 일상적인 언어 형태가 아니라 특수한 재능을 요구하는 수사학적 기술로 간주된다. 아리스토텔레스가 은유를 비일상적인 언어 방식으로 간주하는 이유는 은유에 의해 표현된 유사성이 일상언어가 갖는 명료성을 결여함으로써 일종의 수수께끼를 구성한다고 보기 때문이다.[6]

존슨은 아리스토텔레스의 은유 이론이 1) 문장이 아닌, 단어 차원의 은유 현상에 초점을 맞추고 있으며, 2) 은유를 언어의 문자적 사용으로부터의 일탈로 간주하며, 3) 은유는 사물들 사이의 유사성에 근거한다는 생각을 담고 있다고 특징짓는다.[7] 이러한 은유 이론은 매우 포괄적이면서도 일상적 상식에 부합하는 것처럼 보였으며, 이 때문에 서구 지성사를 통해 오랫동안 무비판적으로 수용되어 왔다. 레이코프는 전통적 은유 이론을 이렇게 기술한다.

고전적 이론은 수세기 동안 너무나 당연한 것으로 간주되었기 때문에 많은 사람들은 그것이 단지 하나의 이론이라는 것을 깨닫지 못했다. 그 이론은 단지 옳은 것으로 간주되었을 뿐만 아니라 은유에 대한 정의로 간주되기에 이르렀다.

---

4) Aristotle, *Poetics: The Works of Aristotle*, Vol. 11, trans. Ingram Bywater (Oxford: Clarendon Press, 1946), 1457b 6~9.

5) 같은 책, 1459a 5~8.

6) 같은 책, 1458a 참조.

7) Mark Johnson, ed., *Philosophical Perspectives on Metaphor* (Minneapolis: University of Minnesota Press, 1981), "Introduction," pp. 5~6 참조.

'은유'라는 말은 어떤 개념에 대한 여러 단어들이 '유사한' 개념을 표현하기 위해 그것의 정상적인 관습적 의미를 벗어나 사용되는 하나의 새롭고 시적인 언어 표현으로 정의되었다.[8]

이러한 전통적인 언어관, 그리고 이에 근거한 은유 이론을 뒷받침하는 것은 오랫동안 서구 지성사를 지배해 왔던 '객관주의'다. 객관주의는 우리의 모든 지적 탐구에 단일한 기준 또는 모형이 있다는 믿음인데, 의미 이론에서 객관주의는 언어 사용자의 인식 방식에 상관없이 독립적으로 존재하는 객관적이고 고정된 의미의 존재를 가정한다. 그러나 최근에 이러한 객관주의적 의미 이론에 대한 회의와 함께 중요하게 부각되기 시작한 것이 은유에 대한 새로운 관심이다.[9] 오늘날 많은 철학자들과 언어학자들은 언어와 사고에서 은유의 편재성(遍在性)과 중심성을 인식하기 시작했는데, 레이코프와 존슨은 이러한 움직임에 핵심적인 역할을 하고 있다.

존슨은 은유의 작용을 '투사'(projection)라는 말로 설명한다. 우리는 어떤 경험 또는 개념을 다른 경험 또는 개념의 관점에서(in terms of) 이해하는데, 존슨은 이러한 작용 방식을 '투사'라고 부른다. 유사한 관점에서 레이코프는 은유를 "개념체계 안의 영역 간 사상(cross-domain mapping)"[10]이라고 정의한다. 이러한 투사의 구조를 설명하기 위해 '원천 영

---

8) George Lakoff, "The Contemporary Theory of Metaphor," in Andrew Ortony, ed., *Metaphor and Thought*, 2nd ed. (Cambridge: Cambridge University Press, 1993), p. 202.

9) 존슨은 이러한 관심을 가리켜 "오늘날 우리는 은유광증(metaphormania)의 한가운데 서 있다"고 표현한다. '은유광증'은 다소 과장된 표현이기는 하지만 존슨이 지적하는 것처럼 적어도 30년 전의 "시인들이 은유를 만들어 내고, 모두들 그것을 사용하고, 철학자, 언어학자, 심리학자들은 그것을 무시하던" 상황은 전도된 것으로 보인다. Johnson, ed., *Philosophical Perspectives on Metaphor*, "Preface," p. ix.

역'(source domain)과 '표적 영역'(target domain)의 구분이 도입된다. 즉 우리는 은유를 통해 원천 영역의 경험을 표적 영역에 투사함으로써 원천 영역의 경험의 관점에서 표적 영역을 새롭게 이해하고 경험하는 것이다.

「논쟁은 전쟁」(Argument Is War) 은유를 예로 들어 보자. 우리는 일상적인 사고에서 논쟁이 마치 전쟁인 것처럼, 즉 전쟁의 '관점에서' 이해하고 말한다. 다음 실례들을 보라.[11]

> 너의 주장은 방어될 수 없다.
>
> 그는 내 논증의 모든 약점을 공격했다.
>
> 나는 그의 주장을 분쇄했다.
>
> 나는 그와의 논쟁에서 한 번도 이긴 적이 없다.
>
> 그는 나의 모든 논증을 격파했다.

우리는 '전쟁' 경험을 '논쟁' 경험에 투사하는 방식으로 이러한 표현들을 받아들인다. 여기에서 '전쟁' 경험이 원천 영역, '논쟁' 경험이 표적 영역이 된다. 그리고 우리는 이 투사라는 방식을 사용해서 원천 영역의 '관점에서' 표적 영역을 경험하고 이해한다. 즉 이 은유를 통해 우리는 전쟁 경험의 관점에서 논쟁을 경험하고 이해하는 것이다.

여기에서 체험주의자들은 경험과 이해를 물리적·신체적 층위와 추상적·정신적 층위로 구분한다.[12] 존슨은 이 은유적 투사가 신체적 층위의

---

10) Lakoff, "The Contemporary Theory of Metaphor," p. 203.

11) 레이코프·존슨, 『삶으로서의 은유』, pp. 22~23 참조.

12) 그러나 이러한 두 차원은 이분법적으로 구분되는 것이 아니라 연속적 상호작용 관계에 놓여 있는 구분이다. 듀이는 이것을 '연속성의 원리'(principle of continuity)라는 말로 설명했다.

경험 ─ 신체적 경험을 통해서 직접적으로 형성되는 ─ 을 추상적 층위의
경험으로 확장해 가는 중심적 방식이라는 점에 주목한다. 이러한 사고의
확장 방식은 전통적인 객관주의적 가정에 정면으로 배치되는 것이다.

　한편 은유와 함께 인식의 확장 방식으로 체험주의가 주목하는 것은 '환
유'(metonymy)다. '손'이라는 말의 다양한 의미들을 보자.[13]

　A)

　손을 흔들다: 신체적 손

　손꼽아 기다리다: 손가락

　손에 땀을 쥐고: 손바닥

　B)

　손보다: 수리. 혼내 줌

　손대다: 때림. 관여

　손쓰다: 처리

　손이 크다: 아량, 배짱

　손을 끊다: 교제, 관계

　손을 씻다: 개입, 관련

　손을 들다: 항복

　손이 모자라다: 일할 사람

　남의 손에 넘어가다: 소유, 권력의 범위

　통일은 우리 손으로: 힘, 역량

　그의 손에 녹아나다: 수완, 잔꾀

---

13) 『민중 엣센스 국어사전』, 제4판 (서울: 민중서림, 1994), '손' 참조.

체험주의의 해석에 따르면 이러한 '손'의 다양한 의미들은 '중심적 개념'(원형적 개념 또는 대표적 개념)인 몸의 부분으로서 '손'이 중심이 되어 그 의미가 다양하게 확장된 경우들이다. 이러한 의미 확장에는 일정한 규칙을 찾아 볼 수 없다. 따라서 이러한 의미 확장 방식, 즉 사고의 확장 방식은 전통적인 의미 이론이 가정하는 것처럼 산술적 조작에 의해 설명되지 않는다. 의미 확장이 '건축 벽돌' 방식으로 이루어지지 않기 때문이다.

이러한 방식의 확장은 산술적인 의미 분석을 정면으로 거부하며, 따라서 전통적인 의미 이론의 근원적인 수정을 요구한다. 물론 새로운 의미 이론을 수용하는 것이 전통적 명제 개념 자체를 전적으로 부정하는 것은 아니다. 체험주의자들이 주장하는 것은 다만 명제적 의미 이론이 우리가 갖는 '의미'의 의미를 충분히 설명하지 못하는, 지극히 제한된 '특수한' 의미 이론이라는 것이다. 나아가 이러한 주장은 좀 더 포괄적인 인식 이론의 구성이라는 과제를 제시한다. 즉 우리의 인식의 발생 근거는 물론 그 작용 방식의 일반적 특성을 포괄적으로 설명해야 할 필요가 있다. 다음 절에서 살펴보려는 존슨의 상상력 이론은 이러한 과제를 수행하려는 시도의 하나다.

3__ 상상력의 구조

1) 영상도식과 은유적 투사

존슨의 새로운 상상력 이론은 '영상도식'(image schema)과 '은유적 투사'(metaphorical projection)라는 두 축을 따라 이루어진다. 존슨에 따르면 영상도식은 우리의 신체적 활동을 통해 직접적으로 발생하는 비명제적·선개념적(nonpropositional and preconceptual) 구조인데, 그것은 비교적 소수의 안정된 패턴으로 우리의 인식의 근거로 작용하는 동시에 우리의 인식을 제약한다. 존슨에 따르면 영상도식은 "관련된 방식으로 유사하게 구조화되는 대상 또는 사건들에 대한 무수히 많은 경험, 지각, 영상 형성에서 식별의 패턴"[14]으로 작용한다.

존슨은 이 영상도식이 비교적 안정된 구조를 갖지만 본유적으로 고정되어 있는 것이 아니고, 우리가 세계와 끊임없이 상호작용하는 과정에서 지속적으로 형성되어 가는 '유연한'(malleable) 패턴이라고 말한다.[15] 이러한 주장은 크게 두 가지 생각을 함축한다. 첫째, 인식의 근거는 선천적인 어떤 것이 아니라 이 세계 안에서 이루어지는 우리의 신체적·물리적 활동이다. 둘째, 인식의 구조와 내용은 특정한 방식으로 고정되어 주어지지 않는다.

이제 존슨의 예를 따라 영상도식을 설명해 보자. 「그릇」(Container) 도식은 우리에게 '안-밖'(In-Out)의 이해 방식을 주는 하나의 패턴이다. 우리가 어떤 대상의 '안'과 '밖'을 생각할 수 있는 것은 그 대상에 내부, 경계, 외부라는 구조를 설정할 수 있기 때문이다. 존슨은 이러한 구조를 설정하는 하나의 모형으로 도식이 존재한다는 것이며, 「그릇」 도식이 그 하나다. 존슨은 이 도식이 우리의 일상적인 신체적 활동을 통해 직접적으로 발생한다고 주장한다.

처음부터 우리는 환경, 즉 우리를 둘러싸고 있는 사물들 안에서 지속적으로 물리적 포함을 경험한다. 우리는 방, 의복, 차량, 그리고 무수한 종류의 경계지어진 공간의 안(in) 또는 밖(out)으로 움직인다. 우리는 물건들을 다루면서 그것들을 그릇(컵, 상자, 깡통, 자루 등) 안에 집어넣는다. 이 각각의 경우에 반복적인 공간

---

14) 존슨, 『마음 속의 몸』, p. 103.
15) 같은 책, pp. 105~106.

적·시간적 구조화가 있다. 다시 말해서 물리적 포함에 대한 전형적인 도식들이 존재한다.[16]

「그릇」 도식은 '내부-경계-외부'의 구조를 갖는데, 예를 들면 전통적인 범주 이론이 가정하는 'p 또는 ~p' 구조는 이러한 「그릇」 도식이 이상화되어 적용된 사례다. 이러한 영상도식은 비교적 소수이며, 매우 일반적이고 포괄적인 수준에서 존재하면서 그것을 바탕으로 확장되어 가는 더 복잡한 지각이나 개념의 인식 근거로 작용한다. 말하자면 우리는 우리의 일상적인 이해를 구조화하는 데 항상 특정한 도식들을 사용하고 있다는 것이다. 존슨은 「그릇」 도식 외에도 「힘」(Force), 「균형」(Balance), 「경로」(Path), 「주기」(Cycle), 「부분-전체」(Part-Whole), 「중심-주변」(Center-Periphery) 등의 도식을 예로 제시한다.[17]

그런데 더 중요한 것은 이 영상도식을 토대로 지각이나 개념이 확장되어 가는 방식이 '은유적'이라는 존슨의 주장이다. 그는 이것을 '은유적 투사'라고 부른다. 따라서 은유적 투사는 영상도식이라는 독특한 개념과 함께 존슨의 상상력 이론의 두 축을 이룬다. 은유적 투사는 이미 앞서 설명한 것이지만 이제 그것을 영상도식과의 관련 속에서 좀 더 구체적으로 살펴보기로 하자.

감옥에서 나온다.

가방 안에 넣는다.

다방 안으로 들어간다.

---

16) 같은 책, p. 93.
17) 같은 책, 3~5장, 특히 p. 246 참조.

　소설 속의 주인공

　신화 속의 영웅들

　상상 속의 너

　허공 속에 묻힐 그날들

　꿈에서 깨어난다.

　역사 속으로 ……

　마음속에 있는 생각

　이야기의 줄거리를 벗어났다

　앞의 세 경우는 전형적인 물리적 대상의 경우다. 이 경우에는 '안-밖'
의 패턴이 자연스럽게 사물들의 본래적 속성들의 유사성 또는 공통성에
의해 설명될 수 있을 것처럼 보인다. 그러나 나머지 경우들은 이러한 가정
을 근원적으로 거부한다. 추상적인 대상에는 본유적인 안-밖이 존재하지
않기 때문이다. 여기에서 우리는 추상적 대상의 '안과 밖'이 어떻게 결정
되는지에 대해 의문을 제기할 수 있다. 그리고 존슨의 '은유적 투사'는 이
의문에 대한 설득력 있는 설명이 된다. 즉 우리는 신체적 활동을 통해 직
접적으로 발생한 영상도식을 다양한 대상에 은유적으로 투사함으로써
'안'과 '밖'이라는 지향성을 부과한다는 것이다. (그럼에도 여전히 물리
적 대상과 추상적 대상 사이의 '유사성'을 이야기하려고 한다면 그 유사
성은 그 대상들에 본유적인 속성에 근거한 것이 아니라 은유에 의해 창조
된 것이라고 말할 수 있다.)

　이 모든 경우에 「그릇」도식은 원천 영역으로 작용한다. 바꾸어 말하면
이 투사를 통해 우리는 「그릇」의 '관점에서' 앞의 여러 대상들을 이해하
는 것이다. 그리고 이러한 해명이 적절하다면 우리는 신체적 활동에서 직

접 발생한 영상도식이 그것을 넘어선 다양한 은유적 확장의 근거인 동시에 제약으로 작용한다는 주장의 근거를 갖게 된다. 이러한 관점에서 우리의 의미들은 신체적 근거를 갖는다.

2) 은유의 체계성

한편 은유가 우리의 개념체계를 구조화하고 있다는 사실은 '개념적 은유'(conceptual metaphors)라고 불리는 것들을 통해 좀 더 구체적으로 예시될 수 있다. 이러한 은유들은 특별히 은유라고 생각하기에는 우리의 일상적 사고에 너무나 익숙한 것이지만 우리가 일상적으로 세계를 경험하고 이해하는 데 중심적인 역할을 한다. 「사랑은 여행」 은유에 근거한 다음과 같은 표현들을 보라.[18]

우리는 갈 길이 달라.

우리는 제자리걸음을 하고 있어.

우리 관계는 더 이상 진전이 없어.

사랑의 미로

사랑의 기로에 서서 슬픔을 주지 말아요.

그들은 이제 돌이킬 수 없는 관계가 되었다.

우리 관계는 어디쯤 와 있지?

이러한 표현들을 통해서 우리는 사랑을 여행의 '관점에서' 이해한다. 이 실례들은 상호 연관성이 없는 고립적인 은유적 표현들일까? 전통적 이론은 아마 그렇다고 대답할 것이다. 그러나 레이코프는 이 다양한 표현들

---

18) 레이코프 · 존슨, 『삶으로서의 은유』, pp. 92~93 참조.

을 지배하는 하나의 원리를 제시하는데, 그것은 바로 '여행' 영역의 경험이 '사랑' 영역의 경험에 '투사' 되고 있다는 것이다. 이 두 영역 사이에는 은유적 대응이라고 부를 수 있는 관계가 성립한다. 즉 '사랑하는 사람' 은 '여행자' 에, '관계' 는 '여행 수단' 에, '사랑의 목표' 는 '여행의 목적지' 에 각각 대응한다. 그리고 "그것은 우리 개념체계의 고정된 부분, 사랑이라는 관계를 개념화하는 우리의 관습적 방식 중의 하나다."[19] 이러한 의미에서 이 대응은 단순히 언어의 문제가 아니라 우리의 사고와 이해의 문제다.[20] 즉 개념적 은유는 우리의 개념체계의 일부를 이루고 있어서 우리가 '사랑' 을 이해하는 체계적 방식을 제공한다.

이러한 투사는 그 자체가 직접적 방식으로 간주되기 때문에 더 이상의 구체적인 설명을 제시할 수 없다. 그것은 비트겐슈타인이 말하는 '가족 유사성' (family resemblance)처럼 겹치고 교차되는 방식들 중의 하나라고 말해야 할 것이다.[21] 이러한 작용은 우리의 자연적 · 사회적 · 문화적 조건에 따라 다양한 변이를 드러낼 것이다. 이러한 확장 방식은 우리가 산술적으로 확정할 수 있는 규칙적인 방식은 물론 아니다. 그러나 그렇다고 해서 그것이 그 근거를 전혀 확인할 수 없을 정도로 자의적인 것도 아니다. 왜냐하면 그것들은 몇몇 기본적 차원의 영상도식들에 근거하고 있으며, 동시에 그것들에 의해 제약되어 있을 것이기 때문이다. 따라서 우리는 특정한 문화의 은유적 투사를 예측할 수는 없겠지만 그것을 추후적으로 해석할 수 있는 가능성을 갖는다.

---

19) Lakoff, "The Contemporary Theory of Metaphor," p. 208.
20) 같은 곳.
21) 루트비히 비트겐슈타인, 『철학적 탐구』, 이영철 역 (서울: 책세상, 2006), 66~67절 참조.

4__ 철학적 함의

아마도 존슨의 상상력 이론은 우리의 일상적 경험과 사고를 모두 섬세하게 해명해 주지는 못하겠지만, 전통적으로 간과되어 왔던 사고의 확장 방식이 우리의 인식에서 결코 '사소한 것'이 아니라는 점을 드러내기에는 충분해 보인다. 그리고 그 간과된 부분의 작용에 대한 해명은 인식 전반에 관해 새로운 해명을 요구한다. 그리고 그것은 단순히 특정한 전통적 이론의 부분적 수정을 요구하는 것이 아니라 전반적인 철학적 시각의 변화를 요구할 만큼 중요한 것이기도 하다. 새로운 은유 이론은 다음과 같은 몇몇 언어철학적 주제들에 대해 근원적으로 새로운 이해를 요구한다.

1) 환원주의적 의미 이론의 거부

체험주의의 새로운 은유 이론은 지난 세기를 지배했던 환원주의적 의미 이론을 정면으로 거부한다. 환원주의는 모든 의미 있는 명제는 경험적 검증이 가능해야 하며, 따라서 경험적 명제로 환원될 수 있어야 한다고 주장한다. 그리고 이것은 논리실증주의의 기본적 신념이기도 하다. 그러나 은유적 투사라는 방식을 통한 의미 확장은 이러한 산술적 환원이 원천적으로 불가능하다는 것을 보여 준다. 말하자면 추상적 차원의 의미가 물리적 차원을 근거로 발생한다고 하더라도 그것이 다시 산술적 방식으로 물리적 차원으로 환원되지 않기 때문이다. 동시에 그것은 원자론적 의미 이론도 거부한다. 왜냐하면 새로운 은유 이론은 의미의 확장이 '건축 벽돌'처럼 쌓았다가 다시 분해할 수 있는 방식으로 이루어지지 않는다는 것을 분명히 드러내고 있기 때문이다.

나아가 의미를 전적으로 언어와 세계의 독립적 관계 속에서 파악하려는 고전적 시도는 더 이상 유지될 수 없다. 의미의 근거가 인간의 몸이라면 이제 의미는 그 사용자인 인간을 중심으로 탐구되어야 하며, 여기에는 인간이 처한 복합적인 자연적 · 문화적 상황과 맥락이 고려되어야 한다. 즉 언어 사용자의 의도와 실제의 사용 방식이 언어의 본성을 해명하는 데 중요한 요소가 된다. 이처럼 존슨의 상상력 이론은 의미에 대한 탐구의 새로운 가능성을 열어 주고 있다는 점에서 주목할 만한 시도라고 할 수 있다. 언어에 대한 이러한 이해 방식은 듀이(J. Dewey)나 비트겐슈타인에게서 드러나는 실용주의적 언어관에 접근하는 어떤 유형이 될 것이다.

2) 객관주의/상대주의 이분법의 극복

존슨이 의도하는 것처럼 자신의 상상력 이론이 성공적으로 전개된다면 이 이론의 가장 중요한 공헌은 전통적인 이론들이 설정하는 수많은 이분법적 구분들 ─ 이성/감성, 마음/몸, 규칙적인 것/무규칙적인 것 등 ─ 을 근원적으로 와해시킬 수 있다는 점일 것이다. 이러한 이분법적 구분들을 극복하는 것이 오늘날 우리가 마주한 가장 시급한 철학적 과제라는 퍼트남의 지적을 상기한다면 이 이론의 중요성은 적절히 가늠될 수 있다.[22]

체험주의의 해명에 따르면 우리의 경험은 객관주의적 요소와 상대주의적 요소가 공존하는 방식으로 구성된다. 즉 신체적 · 물리적 층위에서는 현저한 공공성이 드러나며, 정신적 · 추상적 층위에서는 상대주의 변이가 증가할 것이다. 따라서 체험주의의 궁극적인 주장은 인종적 · 문화적 · 사회적 차이에 상관없이 인간이 신체적 층위에서 공유된 인지 구조를 갖지만, 그 구조의 실제 작용은 다양한 사회적 · 문화적 층위에서 상대적인 변이를 드러낸다는 것이다. 그러나 그 변이는 무제한적으로 임의적이지는 않으며, 적어도 해석이나 기술 가능한 범위에서 외적 조건에 반응한다고

---

22) 힐러리 퍼트남, 『이성, 진리, 역사』, 김효명 역 (서울: 민음사, 2002), p. 7.

본다.[23]

그러나 이 두 측면은 이분법적으로 구분되는 것이 아니라, 전체론적인 관점에서 정도의 차이로 보아야 할 것이다. 정형화된 '객관주의'나 '상대주의' 이론들은 이러한 구조의 한 측면에 대한 극단적 이상화의 산물일 뿐이다. 따라서 우리의 경험을 적절하게 이해하는 시각으로서 '완화된 상대주의'(modified relativism)가 필요한 동시에 가능하다. 따라서 객관주의 아니면 상대주의라는 이분법적 이해는 우리의 경험에 대한 적절한 설명 방식이 될 수 없다.

3) 번역의 비결정성

콰인(W. V. O. Quine)이 제시한 이래로 오늘날까지도 가열된 논란의 대상으로 남아 있는 '번역의 비결정성'(indeterminacy of translation) 이론은 체험주의의 입장에서 적절하게 옹호될 수 있다.[24] 체험주의의 해명에 따르면 상이한 언어들 간에 발생하는 번역의 비결정성은 개념체계의 차이에서 비롯된 것이다. 그렇지만 이 개념체계의 차이가 반드시 쿤(T. S. Kuhn)이 패러다임 이론을 통해 제시하는 전적인 '공약 불가능성'(incommensurability)을 함축하는 것은 아니다. 왜냐하면 개념체계는 신체적 층위와 추상적 층위의 경험을 동시에 포괄하는 복합체이기 때문이다. 이러한 구도에서 상이한 개념체계들 사이에 나타나는 비결정성은 신체적 · 물리적 층위에서보다도 정신적 · 추상적 층위로 갈수록 점점 더 커질 것이다. 즉 번역의 비결정성은 경험 층위에 따라 정도가 다르게 나타날 것이다.[25]

---

23) 이러한 맥락에서 체험주의의 철학적 특성에 관한 좀 더 상세한 논의는 노양진, 『상대주의의 두 얼굴』(파주: 서광사, 2007), 7장 「체험주의적 접근」 참조.

24) W. V. O. Quine, *Word and Object* (Cambridge, Mass.: MIT Press, 1960), 2장 참조.

이러한 비결정성에도 불구하고 개념체계들 사이의 '해석' 가능성은 여전히 존재한다. 그것은 상이한 개념체계들 사이의 상대적 변이가 신체적·물리적 층위의 공공성에 의해 제약되어 있다는 사실에 근거한다. 말하자면 비결정성을 초래하는 변이는 전적으로 자의적이고 무제약적이지 않다. 이 때문에 상이한 개념체계들 사이에 직접적인 일대일 번역이 불가능하다는 것을 인정한다고 하더라도 해석의 가능성은 여전히 존재한다. 그러나 이러한 해석은 여전히 해석자의 개념체계에 근거한 해석이 될 것이기 때문에 단일한 올바른 해석의 가능성은 원천적으로 부정된다. 해석에서 우리가 기대할 수 있는 실제적인 보편성의 안정적 근거는 신체적·물리적 층위의 경험 영역에서 찾을 수 있을 것이다. 그것이 체험주의가 기대할 수 있는 최대한의 보편성이다.

4) 유사성의 창조

전통적으로 은유의 주된 기능은 유사성을 발견하고 드러내는 것이라고 이해되어 왔다. 이에 반해서 체험주의는 은유가 유사성을 '창조' 한다고 말한다. 말하자면 은유적 투사는 유사성의 발견을 통해 이루어지는 것이 아니라 새로운 유사성을 창조하는 작용이다. 사실상 맥락이 전혀 제한되지 않는다면 존재하는 모든 것은 다른 모든 것과 어떤 의미로든 유사성을 갖는다.[26] 따라서 중요한 것은 우리의 의미 체계 안에서 이해되고 수용되

---

25) 이 문제에 관한 더 상세한 논의는 노양진, 『상대주의의 두 얼굴』, 9장 「번역은 비결정적인가?」 참조.

26) 더 상세한 별도의 논의가 필요하겠지만 '맥락들' 은 어떤 복잡한 중층성을 갖는 것으로 보인다. 예를 들면 일상적으로 참나무와 소나무는 다른 것으로 인지될 수 있지만 '나무' 라는 층위에 이르면 그것들은 유사하다. 나무와 고양이는 분명히 다른 것으로 인지될 수 있지만 '생물' 이라는 층위에 이르면 유사한 것으로 인지된다. 나아가 맥락이 충

는 특정한 유사성이 무엇에 의해 어떤 방식으로 제약되고 결정되는지의 문제다. 말하자면 유사성은 특정한 맥락 안에서만 의미 있게 제시되며, 은유는 그 맥락을 적절하게 결정함으로써 새로운 유사성을 드러내 주는 기능을 한다.

위에서 제시했던 실례들에서 보이는 것처럼 추상적 대상을 물리적 경험의 관점에서 이해한다고 할 때 우리가 경험하는 유사성은 그 대상들이 본유적으로 갖는 속성들의 유사성이 아니다. 오히려 은유적 투사를 통해 우리가 두 대상들 사이에 새로운 유사성을 부과한 것이라고 말할 수 있다. 이러한 관점에서 우리는 투사의 방식에 따라 새로운 유사성이 창조된다고 말할 수 있다.

5) 은유와 해체

새로운 은유 이론은 우리가 일상적으로 수용하는 대부분의 개념들이 은유적 사고의 산물이라는 것을 보여 준다. 따라서 새로운 은유 이론은 전통적 개념들에 대한 급진적인 '해체'(deconstruction)의 도구가 될 수 있다. 이러한 전략이 극명하게 드러나는 것이 데리다(J. Derrida)의 철학이다. 데리다는 고유성을 가장한 서구의 핵심적인 철학적 개념들 — 존재, 이성, 진리 등 — 이 은유적 사고의 산물이라는 점을 고발함으로써 그것들의 진리 주장의 근거를 근원적으로 해체하려고 한다.[27] 데리다의 통찰은 물론 고착된 철학적 개념들의 출생과 배경을 드러냄으로써 그것에 의해 가려졌던 사유의 지평을 열어 준다.

분히 넓어져서 '존재'라는 층위에 이르면 나무와 고양이뿐만 아니라 존재하는 모든 것들은 모두 유사해진다.

27) 해체의 전략으로서 데리다의 은유론에 관한 탁월한 해명은 김상환, 『해체론 시대의 철학』(서울: 문학과 지성사, 1996), 특히 2부 4장 참조.

그러나 데리다를 따라 우리의 철학적 개념들이 은유에 의해 구성된 것이라는 사실을 받아들인다고 해서 반드시 데리다와 같은 철학적 태도를 공유해야 할 이유는 없다. 데리다는 해체라는 작업을 넘어서서 아무것도 적극적으로 제안하지 않으며, 이 때문에 '철학적 무책임'이라는 비판에 직면한다.[28] 우리는 데리다와 함께 머무르지 않고 체험주의를 따라 오히려 은유적 사고를 거부할 수 없는 우리의 근원적 조건으로 받아들이고, 그것에 대한 경험적 탐구로 관심을 전환할 수 있을 것이다. 동시에 그 은유적 개념들이 우리의 일상적인 개념이라는 점을 받아들임으로써 여전히 그것들에 대한 건설적 탐구의 가능성을 열어 갈 수 있을 것이다.

---

28) 퍼트남, 『과학주의 철학을 넘어서』, 원만희 역 (서울: 철학과 현실사, 1998), p. 182 참조.

제6장
의미와 의미 지반*

1— 머리말

'의미'(meaning)에 관한 20세기 전반의 철학적 논의가 의미에 관한 철학적 탐구에 기여한 것이 있다면 그것은 주로 방법론적인 동시에 부정적인 것이다. 반성적으로 되돌아볼 때 그것은 의미에 대한 적극적 해명보다는 오히려 의미 탐구가 극복해야 할 핵심적 난점들을 드러냄으로써 새로운 탐구 방향을 열어 주는 데 더 큰 기여를 한 것으로 보인다. 데이빗슨(D. Davidson)의 어법을 빌면, 만약 '의미'가 20세기 초의 '언어적 전환'에 속하는 언어철학자들이 가정했던 그런 것이라면, '의미'는 존재하지 않는다.[1] 즉 언어적 전환에 속하는 언어철학자들은 의미가 우리와 독립적인

* 이 논문은 2004년도 한국학술진흥재단의 선도연구자지원 연구비에 의해 지원되었음.
(KRF-2004-A00102)
1) 데이빗슨은 "언어 같은 것은 존재하지 않는다"고 말한다. Donald Davidson, "A Nice

추상적 실재로 존재한다는 가정을 공유하고 있었다. 물론 이러한 가정의 배후에는 객관적이고 체계적인 탐구의 대상이 되기 위해서는 의미가 정형화된 어떤 것이어야 한다는 요구가 자리 잡고 있었을 것이다.

이 글은 의미가 이 세계의 자연적 또는 객관적 사실이 아니라 우리의 경험과 이해의 다양한 방식들을 가리키는 이름이라는 생각에서 출발한다. 많은 언어철학자들이 고심했던 문제는 그러한 이해 방식이 개별적인 심적 상태에 불과한 것이라면 우리는 의미에 관해 극단적인 '유아론'(solipsism)을 피할 수 없으며, 그 때문에 의사소통의 가능성 또한 부정될 것이라는 점이었다. 이 때문에 프레게(G. Frege)는 의미(또는 개념)를 추상적 실재라고 가정함으로써 플라톤적 방식으로 의미의 객관성을 유지하려고 했다. 그러나 프레게를 따라 우리의 '심적 상태의 개별성'을 제거하려는 태도는 의미 문제 해명에 긍정적으로 기여하기보다는 오히려 의미의 본모습을 은폐하는 결과를 낳게 되었다. 최근의 탐구에 따르면 그 개별성에 대한 더 진지한 관심과 탐구가 의미 문제를 새롭게 해명하는 열쇠를 제시하고 있기 때문이다.

이러한 흐름 속에서 차이가 의미의 원천이라는 생각은 오늘날 언어철학적 논의에서 일종의 상식처럼 널리 유포된 것이지만 여기에는 중요한 문제가 가려져 있다. 즉 의미 산출이 단순히 차이들의 무제약적인 이합집산의 문제라면 의미 또한 무제약적이 될 것이며, 그것은 의미에 관한 허무

Derangement of Epitaphs," in Ernest LePore, ed., *Truth and Interpretation : Perspectives on the Philosophy of Donald Davidson* (Oxford: Basil Blackwell, 1986), p. 446. 그의 말은 계속해서 다음과 같이 이어진다. "그것이 많은 철학자들과 언어학자들이 생각하는 그러한 것이라면, 그러므로 배우고 숙달해야 할, 또는 생래적인 어떤 것은 존재하지 않는다. …… 우리는 언어의 사용자들이 숙달하고, 나아가 그것을 여러 경우들에 적용할 수 있는 그러한 명료한, 공유된 구조가 있다는 생각을 포기해야 한다."

주의적 상대주의를 불러올 것이기 때문이다. 이것은 의미 산출 문제를 단순히 차이들의 놀이로 규정하는 대신에 의미 산출 과정에서 드러나는 실제적인 제약의 구조에 대한 탐색이 필요하다는 것을 말해 준다.

이 글에서 필자는 의미의 핵심적 원천인 차이들이 우리의 '의미화'라는 경험의 방식의 산물이라는 점에 주목하고, 그것들이 의미화되는 데 필수적으로 전제되는 '의미 지반'(meaning base)의 본성을 밝히려고 한다. 여기에서 핵심적인 것은 의미 지반의 구성이 비교되는 대상들의 유사성을 포괄하는 일종의 '범주화'(categorization) 과정이라는 점이다. 범주화에 관한 최근 연구에 따르면 범주들은 원리적으로는 무한하게 열려 있지만 실제적으로는 현재와 같은 우리의 신체적 조건과 활동 방식에 의해 강력하게 제약된다. 그렇다면 우리는 일종의 범주로서의 의미 지반에 관해 동일한 말을 할 수 있다. 그것은 의미 산출이 차이들의 무제약적인 놀이의 문제가 아니라 현재와 같은 몸을 가진 우리의 유기체적 조건에 의해 적절히 제약되는 경험의 문제라는 것을 말해 준다. 이를 토대로 필자는 의미 산출에서 작용하는 실제적인 제약의 구조와 본성에 대한 구체적인 탐색이 의미 문제와 관련된 핵심적 탐구 과제라는 점을 제안할 것이다.

2__ 의미의 객관성

언어적 의미의 객관성에 대한 요구는 '의사소통'(communication)이라는 언어의 근원적 기능과 관련해서 비롯된다. 객관주의적 견해에 따르면 나와 타자 사이에 지속되는 의사소통에는 적어도 화자인 나와 청자인 타자 사이에 동일한 어떤 것이 전달되거나 교환되고 있을 것이라는 가정을 바탕으로 이루어진다. 그래서 프레게는 다음과 같이 말한다.

만약 어떤 이름의 의의가 주관적이라면, 그 이름을 포함하는 명제의 의의, 따라서 그 사고도 마찬가지로 주관적이 될 것이다. 또한 한 사람이 그 명제와 결합하는 사고도 다른 사람이 그것과 결합시키는 사고와 다를 것이다. 즉 공통적 사고의 축적, 공통적 과학은 불가능할 것이다.[2]

이러한 구도 안에서 음성이나 문자는 객관적 의미의 운반자로 이해된다. 그리고 그 운반자를 통해 우리가 교환하는 의미는 개개의 주관적 심적 상태가 아닌, 일종의 추상적 실재로 간주된다. 의사소통은 오랫동안 이러한 의미의 상호 전달로 이해되어 왔다.[3] 그러나 오늘날 언어에 대한 우리의 반성적 탐구는 의사소통에 대한 그러한 이해가 프레게 자신이 인정하는 것처럼 수학적 언어를 건설하려는 프레게적 요청일 뿐, 결코 우리의 일상적 언어 현상을 설명하는 데 적절한 모형이 아니라는 것을 보여 준다. 언어철학적 탐구가 단순히 특정한 언어의 구조에 국한된 것이 아니라면 그러한 탐구는 궁극적으로 우리의 경험과 이해 방식에 대한 해명을 이끌어 낼 수 있어야 하며, 이러한 관점에서 프레게적 언어 모형은 성공적인 것일 수 없다.

우리가 주목해야 할 것은 '객관성'의 추구가 인간의 자연스러운 욕구라는 것은 분명하지만, 그것이 실제적 현상을 적절하게 설명해 주는 것은 아니라는 점이다. 이러한 난점은 오늘날 급속히 증가하는 상대주의적 증거

---

2) Gottlob Frege, "Letter to Jourdain," in A. W. Moore, ed., *Meaning and Reference* (Oxford: Oxford University Press, 1993), pp. 44~45.

3) 레디는 의사소통에 대한 이러한 전통적 이해 방식을 '도관 은유'(conduit metaphor) 라고 부른다. Michael Reddy, "Conduit Metaphor: A Case of Frame Conflict in Our Language about Language," in Andrew Ortony, ed., *Metaphor and Thought*, 2nd ed. (Cambridge: Cambridge University Press, 1993), pp. 166~71 참조.

들에 의해 너무나 명백하게 드러난다. 말하자면 우리는 사실상 삶을 통해 너무나 다양하고 풍부한 실제적인 '상대성'을 경험한다.[4] 따라서 이러한 현실적 상대성을 적절하게 해명할 수 있는 이론의 필요성이 제기된다. 그 이론이 다시 또 다른 객관주의적 결론을 불러오든 아니면 상대주의적 결론을 불러오든 우리에게 우선적으로 필요한 것은 이러한 현실적 경험의 구조와 그 인지적 역할에 대한 경험적으로 적절한 탐구다. 그리고 이것은 언어철학의 영역에서도 예외가 아니다.

객관주의적 의미 이론을 유지해 주는 핵심적 축은 20세기 언어철학적 논의의 중심적 주제였던 '지칭'(reference) 개념이다. '언어와 세계의 대응'이라는 구도에서의 '지칭'은 우리와 독립적으로 존재하는 객관적인 관계로 간주되었다. 그러나 이 문제에 관한 복합적인 논의에도 불구하고 사실상 이 개념은 여전히 불분명한 어떤 것으로 남아 있다. 지칭 이론의 구도에서 말한다면 "'지칭'이라는 단어는 그 지칭체가 불분명하다."[5] 따라서 이러한 가정은 실제적인 언어 현상에 근거하고 있다기보다는 객관성의 지반을 확보하려는 언어 탐구의 요청에 근거한 것이라고 할 수 있다.

이러한 객관주의적 탐구 전통은 비트겐슈타인(L. Wittgenstein)의 자기비판을 통해 새로운 국면을 맞게 된다. 비트겐슈타인은 후기에 접어들어 전기의 가정이 공허한 것이었음을 스스로 인정하고 전적으로 새로운 탐구의 방향을 제시한다. 그는 '일상언어'(ordinary language)에 대한 관심으로

---

4) 반즈와 블루어는 적어도 경험적 탐구의 영역에서는 상대주의에 반하는 증거보다 상대주의를 지지하는 증거가 훨씬 더 많이 제시되고 있음을 지적하고, 상대주의에 대해 확정적인 반론이 제기되는 것은 주로 정강적(programmatic) 측면에서라고 주장한다. Barry Barnes and David Bloor, "Relativism, Rationalism and the Sociology of Knowledge," in Martin Hollis and Steven Lukes, eds., *Rationality and Relativism* (Cambridge, Mass.: MIT Press, 1982), pp. 23~25 참조.

5) 이 책 1장 「지칭에서 의미로」, p. 32.

복귀함으로써 우리를 사로잡고 있었던 언어적 혼동을 극복할 수 있다고 제안한다. 비트겐슈타인의 전환을 통해 가장 주목할 만한 하나의 경향은 의미 문제가 언어 사용자, 즉 인간의 복합적 요소를 포함하고 있다는 사실에 대한 증대되는 관심이며, 그의 제안은 오늘날 언어적 탐구에서 우리의 일상언어를 관찰하고 기술하는 현상학적 접근 방식으로 수용되고 있다.

한편 이러한 탐구 경향 속에서 중요하게 부각된 것은 '상대주의적 의미 이론'의 가능성에 대한 적극적 관심이다. 실제적으로 관찰되는 언어적 상대성은 객관주의적 전통 안에서 오랫동안 파생적이거나 부가적 현상으로 배제되거나 무시되어 왔다. 물론 객관주의와 상대주의의 이러한 이분법적 대립은 단순히 의미 문제에 국한되는 것이 아니라 철학적 탐구 전반을 규정하는 매우 포괄적인 문제다. 이러한 대립적 양상은 의미 문제에서도 매우 긴박한 문제로 제기된다. 필자는 의미와 의미 지반의 구조를 통해 이러한 대립적 갈등이 의미 구조를 해명하는 데 불필요할 뿐만 아니라 오히려 핵심적 장애가 되고 있다는 점을 드러내려고 한다.

3__ 심층 문법과 맥락

프레게는 의미 파악이라는 정신적 작용이 "가장 신비한 과정"[6]이라고 말한다. 프레게는 '신비'라는 말로 의미 파악의 어려움을 강조하고 있지만, 그것이 우리의 해명을 전적으로 거부한다는 것을 의미하지는 않는다. 그렇다 하더라도 의미의 발생과 작용에 관한 해명에는 여전히 적지 않은

---

6) Frege, "Logik," in *Posthumous Writings*, trans. P. Long and R. White (Chicago: University of Chicago Press, 1979), p. 145.

정도의 불투명성이 존재할 것으로 예상해야만 한다. 필자는 이 글에서 의미 산출에 개입되는 중요한 기본 작용의 한 측면을 제한적으로 다루려고 하는데, 먼저 그것을 '의미'와 '의미 지반'(meaning base)의 관계로 구조화할 것이다.

의미 지반의 존재는 의미의 '명료성'(clarity)에 관한 비트겐슈타인의 논의를 통해 강하게 암시되고 있다. 비트겐슈타인은 "X는 무엇인가?"라는 고전적인 철학적 물음 자체를 부적절한 것으로 제거하려고 했다. 비트겐슈타인은 그 물음이 X라는 대상의 '본질'을 묻고 있으며, 그 물음에 올바른 하나의 답이 존재하지 않는다는 점을 들어 그 물음을 근원적으로 해소하려고 했다.[7] 비트겐슈타인의 반본질주의적 시각에 따르면 이 물음은 맥락 초월적 관점을 가정하고 있으며, 따라서 이 물음에 대한 정확한 하나의 답은 존재하지 않는다. 맥락 초월적 의미의 추구는 철학적 열망의 산물일 뿐이라는 것이다.

대신에 비트겐슈타인은 의미 산출에서 개별 의미를 산출하는 맥락의 중요성을 극적으로 드러내고 있다. 즉 유사한 표현 구조에도 불구하고 어떤 의미는 다른 의미에 비해 훨씬 더 명료하게 주어진다는 것이다.[8]

① 장미는 이가 없다.
② 신생아는 이가 없다.

문장 ①은 문장 ②만큼, 또는 어떤 의미에서는 문장 ②보다 더 확실한

---

7) 후기 비트겐슈타인의 반본질주의적 태도에 관한 좀 더 상세한 설명은 조지 핏처, 『비트겐슈타인의 철학: 『논고』와 『탐구』에 대한 이해와 해설』, 박영식 역 (서울: 서광사, 1987), 특히 9장 참조.

8) 루트비히 비트겐슈타인, 『철학적 탐구』, 이영철 역 (서울: 책세상, 2006), p. 392 참조.

것일 수 있지만 그 의미는 명료하지 않다. 주어진 문장만으로는 그 이유를 설명하기가 쉽지 않다. 이러한 사례는 물론 비트겐슈타인이 표층 문법과 심층 문법의 차이를 설명하기 위해 제시한 것이다.

> 낱말의 사용에서 우리에게 직접 각인되는 것은 문장 구성에서 그 낱말의 사용 방식, 그 낱말의 사용 중 …… 귀로 파악될 수 있는 부분이다. 그리고 이제 심층 문법, 가령 '뜻하다' 라는 낱말의 심층 문법을 그것의 표층 문법이 우리에게 추측하게 할 터인 것과 비교하라. 우리들이 훤히 알기가 어렵다는 것을 발견한다 해도 하등 놀라운 일이 아니다.[9]

그렇지만 이 경우 심층 문법의 구체적 작용 방식에 대한 비트겐슈타인의 설명을 찾아 볼 수는 없다. 다만 비트겐슈타인은 문장 ①의 의미가 더 불투명한 이유는 우리가 그 반대의 경우를 상상하기가 어렵기 때문이라고 말하고 있다.[10] 바꾸어 말하면 이 문장의 의미가 명료한 것이 되기 위해서는 그와 대립되는 사실이 우리에게 익숙해야 한다는 것이다. 이것은 이 두 문장의 의미를 적절하게 이해하기 위해서는 이 문장 자체만으로는 결정할 수 없는 문장 외적 요소가 필요하며, 정상적인 언어 사용자는 이러한 문장 외적 요소들에 대한 적절한 이해를 공유하고 있다는 것을 말해 준다. 이 문장을 적절히 이해하고 사용하기 위해서 우리는 심층 문법을 공유해야 한다는 것이다.

아마도 심층 문법이라는 후기 비트겐슈타인의 언어철학적 통찰을 가장 설득력 있게 진전시키고 있는 철학자는 설(J. Searle)일 것이다. 설은 '네

---

9) 같은 책, 664절.
10) 같은 책, p. 392 참조.

트워크'(Network)와 '배경'(Background)이라는 개념을 통해 표층적인 문장 의미를 넘어선 의미 구조를 해명하려고 한다. 한 문장의 실제적 의미는 능력들의 집합인 배경과 의도적 상태들의 집합인 네트워크와의 상관성 속에서 결정된다는 것이다.[11] 물론 이것은 우리가 흔히 '맥락'이라고 부르는 것의 구조를 해명하려는 매우 정교하고도 진전된 시도의 하나다. 설은 이 과정에서 '통용 의미'(current meaning)에 관한 논의를 통해 맥락의 구조 문제를 좀 더 구체적인 방식으로 제기하고 있다.[12] 다음 문장을 보자.

③ 순이는 철수에게 열쇠를 건네주었으며, 철수는 그 열쇠로 문을 열었다.

보통 사람들은 일상적으로 이 문장을 이해하는 데 큰 어려움을 겪지 않는다. 그러나 설은 여기에서 이 문장의 의미론적 내용에만 의존한다면 "순이가 철수에게 1톤짜리 철제 열쇠를 건네주었으며, 철수는 기중기를 이용해서 그 열쇠로 건물 크기의 문을 부수고 열었다"라는 해석 또한 가능하다고 지적한다. 적어도 주어진 문장 의미만으로는 이러한 해석, 또는 더 기이한, 수많은 해석들이 가능하다. 그렇지만 우리는 이 문장과 함께 일상적으로 손바닥 크기의 열쇠와 사람이 드나드는 정도 크기의 현관을 떠올린다. 설은 그것을 '통용 의미'라고 부른다.

통용 의미의 존재는 우리가 실제적으로 사용하는 의미는 어떤 요소에 의해서 적절하게 제약되고 있다는 사실을 말해 준다. 그 제약이 단순히 맥락에 의해서 주어진다고 말하는 것은 그다지 많은 것을 알려 주지 않는다.

---

11) John Searle, *The Rediscovery of the Mind* (Cambridge, Mass.: MIT Press, 1992), 특히 pp. 178~91 참조.
12) 같은 책, p. 182 참조.

왜냐하면 텍스트를 제외한 모든 것이 맥락을 구성한다면, 맥락은 너무나 많은 것을 담고 있기 때문이다. 그래서 맥락에 관한 수많은 이론들은 한 문장의 문자적 의미라는 낡은 건물을 가려 줄 수는 있지만, 맥락 자체는 모습을 그릴 수 없는 안개 같은 것으로 남아 있다. 대신에 우리는 어떤 의미가 특정한 맥락 안에서 어떻게 제약되는지에 관해 좀 더 섬세한 물음을 물을 수 있다. '의미 지반'이라는 개념은 바로 이 새로운 물음에 대한 부분적인 답을 제공할 수 있을 것이다.

4__ 의미 지반의 의미

1) 차이의 의미화와 의미 지반

의미 발생의 근원적 소재를 '차이'로 보려는 시각은 오늘날 지적 담론에서 익숙한 것이 되었으며, 이러한 흐름 속에서 '동일성 이론'이라고 불리는 고전적인 의미 이론은 더 이상 유지되기 힘든 과거의 이론이 되었다. 실질적으로 드러나는 의미의 다원화 현상을 감안할 때 동일성 이론이 드러내는 한계는 거의 분명해 보이며, 차이의 의미론은 또다시 정당화되는 것처럼 보인다.

그러나 여기에서 주목해야 할 또 하나의 사실은 차이를 중심으로 의미 구조를 해명하려는 시도들이 모종의 철학적 열망에 사로잡힘으로써 의미 구조에 대한 경험적 해명을 가로막고 있다는 점이다. 이것은 듀이가 지적했던 '선택적 강조'(selective emphasis)라는 '철학적 오류'의 한 형태이며, 그것은 또 다른 편향을 낳게 된다.[13] 바꾸어 말하면 이러한 이론적 태도는 의미 구조에 대한 실제적 해명을 겨냥하기보다는 그것이 이끌어 주는 철학적 결론을 겨냥한 것이다. 이러한 시도는 전통적인 이론들의 한계를 드

러내는 데 기여하지만 정작 의미 구조의 해명이라는 차원에서 또 다른 소
외된 시각을 불러온다.

들뢰즈(G. Deleuze)의 의미 이론은 이러한 문제를 선명하게 보여 준다.
들뢰즈는 『차이와 반복』(*Différence et Répétition*)에서 전통적인 동일성 이
론에 의해 가려져 왔던 차이를 복권시키는 데 집중한다. 의미의 원천을 차
이에서 찾으려는 들뢰즈의 시도는 과거의 동일성 이론의 허상을 고발함으
로써 그것을 근원적으로 거부하는 급진적인 전략을 취한다. 들뢰즈는 경
험에 의해 매개되지 않은 순수한 차이를 설정하고, 그것을 '개념 없는 차
이' 또는 '차이 자체'라고 부르며, 이것을 의미의 출발점으로 삼는다. 그
래서 들뢰즈는 "모든 사물들의 배후에는 차이가 있다. 그러나 차이의 배
후에는 아무것도 없다"[14]고 말한다. 그는 차이의 우선성에 관해 이렇게 말
한다.

> 오로지 서로 유사한 것만이 차이를 지닐 수 있다. 이것이 첫 번째 명제이다. 하
> 지만 두 번째 명제는 이렇게 말한다. 오로지 차이들만이 서로 유사할 수 있다.
> …… 반면 두 번째 정식에 따르면 유사성 그리고 또한 동일성, 유비, 대립 등은
> 어떤 효과들로 간주될 수밖에 없다. 이것들은 모두 어떤 일차적 차이에서 비롯되
> 는 산물, 혹은 차이들의 일차적 체계가 낳는 산물들에 불과하다. 이 새로운 정식
> 에 따르면, 차이는 차이 나는 항들을 서로 직접적으로 관계지어야 한다. 하이데
> 거의 존재론적 직관과도 부합하는 것이지만, 차이는 그 자체로 분절화이고 묶기
> 여야 한다. 차이는 차이 나는 것을 차이 나는 것에 관계짓되 동일한 것, 유사한

---

13) John Dewey, *Experience and Nature: The Later Works, 1925-1953*, Vol. 1, ed. Jo
   Ann Boydston (Carbondale: Southern Illinois University Press, 1988), p. 34 참조.
14) 질 들뢰즈, 『차이와 반복』, 김상환 역 (서울: 민음사, 2004), p. 145.

것, 유비적이거나 대립적인 것에 의한 어떠한 매개도 없이 관계지어야 한다. 차
이의 분화가 있어야 하며, 분화소로서의 즉자적 차이, 스스로 나뉘는 차이가 있어야
한다.[15)]

들뢰즈는 여기에서 차이들의 놀이를 설명하기 위해 '분화소' 라는 또 다
른 차이를 도입하고 있다. 차이들의 놀이를 설명하기 위해 또 다른 차이를
도입하고 있는 것이다. 들뢰즈는 근세의 표상주의적 전통이 차이들을 동
일성으로 환원시킴으로써 차이의 의미에 대한 우리의 눈을 가리게 되었다
고 주장하지만 들뢰즈 자신은 표상주의적 전통을 극복하려는 급진적 시도
를 통해 차이의 의미에 대해 또 다른 방식으로 우리의 눈을 가리고 있는
셈이다.

모든 동일성은 흉내 낸 것에 불과하다. 그것은 차이와 반복이라는 보다 심층적
인 유희에 의한 광학적 '효과' 에 지나지 않는다. 우리는 차이 자체를, 즉자적 차
이를 사유하고자 하며 차이들의 상호 관계를 사유하고자 한다. 이는 차이 나는
것들을 같음으로 환원하고 부정적인 것들로 만들어 버리는 재현의 형식들에서
벗어나야 가능한 일이다.[16)]

특이하게도 들뢰즈는 차이 문제를 존재론적 시각에서 접근하고 있으
며, 그래서 차이들은 그 자체로 존재하며, 그 자체로 나누어지고, 관계를
맺는다. 그래서 그는 차이들의 놀이를 설명하기 위해 '분화소' 라는 또 다
른 차이를 도입하고 있다. 김상환은 '분화소' (le différenciant)에 관해 "분

---

15) 같은 책, p. 263. (고딕은 원문의 강조이며, 원문의 각주와 역주는 생략.)
16) 같은 책, p. 18.

절화하고 회집하는 기능, 새로운 것을 종합하고 선사하는 기능을 지니며, 이런 기능은 선별과 배제의 기능, 새로운 위계화의 기능과 구별되지 않는다"[17]고 설명한다. 그러나 분화소의 기능과 역할에 대한 이러한 섬세한 설명에도 불구하고 정작 그 분화소는 무엇인지, 그 원천은 무엇인지 여전히 미지의 것으로 남아 있다.

이러한 난점과 관련해서 우리는 '차이 자체'에 대한 들뢰즈의 논의가 중요한 사실을 간과하고 있음을 지적할 수 있다. 즉 들뢰즈는 차이가 그 자체로 존재하는 것이라는 생각에 묶여 있는 것으로 보인다. 그는 동일성에 의해 규정되지 않는, 또는 동일성으로 환원되지 않는 차이 자체를 옹호하기 위해 이렇게 말한다.

> 어떤 조건에서 차이는 어떤 평면적 공간으로 인도되고 그 평면에 투사되는가? 정확히 그것은 차이가 미리 설정된 어떤 동일성 안에, 동일자의 경사면 위에 강제로 놓일 때이다. 이 경사면에 의해 차이는 필연적으로 동일성이 원하는 곳으로 끌려가게 되고, 동일성이 원하는 곳 안에, 다시 말해서 부정적인 것 안에 반영된다.[18]

이러한 난점은 들뢰즈의 의미 이론이 의지하는 기본적 가정에서 비롯된다. 그의 가정은 처음부터 차이에 관한 매우 중요한 사실을 놓치고 있다. 그것은 차이가 존재하는 어떤 것의 이름이 아니라 우리의 경험의 방식을 가리키는 이름이라는 점이다. 차이는 그 자체로 존재하는 것이 아니며, 차이의 인식에는 반드시 '의미화'라는 과정이 전제된다. 바꾸어 말하

---

17) 같은 책, p. 263, 역주 58.
18) 같은 책, pp. 134~35.

면 차이들의 놀이는 분화소에 의해 설명되어야 할 것이 아니라 우리 경험의 일부로서 의미화 과정을 통해서 해명되어야 한다. 이러한 문제는 구조주의뿐만 아니라 탈구조주의에 속하는 철학자들의 기본적 가정에 의미의 산출자이며 사용자인 인간의 자리가 적절하게 주어지지 않기 때문에 생겨난다.

이러한 관점에서 들뢰즈가 간과하고 있는 중요한 사실은 차이가 대상들 사이의 모종의 '공통성'을 지반으로 해서만 우리에게 의미화될 수 있다는 사실이다. 하나의 차이는 차이 자체로 의미화되는 것이 아니라 항상 적정한 폭의 공통 지반 위에서만 의미화될 수 있다. 차이는 특정한 사물의 이름이 아니라 적어도 두 개의 대상 사이에서 우리가 지각하는 어떤 것이다. 따라서 하나의 차이를 지각하는 데 두 개의 대상이 요구된다는 것은 어떤 방식으로든 그 두 대상 사이에 어떤 관계가 존재한다는 것을 전제한다. 즉 두 개의 대상을 비교할 수 있는 지반이 전제되어야 하며, 그 지반은 두 대상의 공통성을 전제한다. 필자는 모든 차이들의 바탕을 구성하면서 그 차이들을 의미화하는 데 필수적으로 요구되는 이러한 공통 지반을 '의미 지반'(meaning base)이라고 부를 것이다.

흰 칠판에 그려진 검은 색 원을 식별할 수 있게 해 주는 것은 분명히 차이다. 그러한 차이가 없다면, 다시 말해서 하얀 바탕에 하얀 원이 그려져 있다면 우리는 거기에서 무엇을 지각할 수 있는가? 내가 오른쪽 사각형 안에 왼쪽 사각형 안에 있는 것과 똑같은 원을 그렸다고 주장하는 것은 어떻게 이해될 수 있을까? 그 하얀 바탕이 무한한 것 — 그러한 무한은 우리의 물리적 경험 영역 안에는 없다 — 이 아니라면, 그것 또한 다른 어떤 것과의 차이에 의해 우리에게 흰색으로 지각된다.

　여기에서 우리가 주목해야 할 것은 검은 원과 흰색 바탕을 하나의 차이로 인식하는 데에는 어떤 공통 지반이 전제되어 있다는 사실이다. 우리는 현재 검은 원과 무등산을 대비시키고 있는 것이 아니며, 검은 원과 모차르트의 교향곡을 대비시키고 있는 것도 아니다. 우리는 여기에서 어떤 '색깔들'을 비교하고 있다. 여기에서 이 '색깔들'이 바로 그 차이를 의미 있게 만들어 주는 공통 지반이 된다. 이러한 공통성은 단순히 현상적인 대상들이 공유하는 다양한 속성의 하나라기보다는 오히려 그러한 대상들의 차이를 인식하기 위한 근원적인 조건으로 작용한다. 만약 이러한 제약이 전혀 주어지지 않는다면 차이들은 무한하게 열리게 되어 의미화의 가능성을 잃게 된다.

　오늘날 차이를 의미의 원천으로 받아들이는 대부분의 이론들은 이 의미 지반의 존재와 역할을 무시하거나 간과하고 있다. 이 때문에 차이들은 아무런 제약도 없이 자의적으로 주어질 수 있거나 또는 그 자체로 존립하는 어떤 것처럼 가정되기도 한다. 이러한 생각을 바탕으로 구성되는 의미 이론은 의미 산출에서 드러나는 실제적 제약의 근거를 해명하는 데 어려움을 겪게 된다. 그러나 여기에서 중요한 것은 공통 지반이 차이의 근거가 된다고 해서 그 차이들이 그 공통 지반으로 환원될 수 있다는 것을 의미하지는 않는다는 점이다.

2) 의미 지반과 의미 산출

대상화는 물리적이든 추상적이든 우리의 모든 경험에 기본적이다. 아무런 조건도 없는 무제약적 대상이란 존재하지 않으며, 또 존재한다고 하더라도 의미화될 수 없다. 비록 일상적으로 단일한 개체로 간주되는 '나의 몸의 일부라 할지라도 맥락을 달리해서 손과 발을 '서로 다른 어떤 것'으로 경험하기 위해서 대상화는 필수적이다. 그러나 이러한 대상화는 경험 측면에서 볼 때 근원적으로 '차이'를 드러내는 작용이다. 차이가 의미 산출에 핵심적이라는 생각은 오늘날 거의 상식화된 것이지만, 필자가 여기에서 주목하는 것은 차이의 인식을 가능하게 하기 위한 더 근원적인 조건이 존재한다는 점이다.

예를 들면 수평선밖에 보이지 않는 바다 한가운데서 바다의 특정한 부분을 가리키며 "이것이 바다이다"라고 말하는 것은 물론 가능하지만 그것이 어떤 의미를 갖게 될 것인지는 불분명하다. 이때 의미가 명료하게 드러나지 않는 이유는 그 말 또는 행위의 '무제약성' 때문이다. 그리고 이때 '제약'은 다른 의미들과의 차이에 의해 결정될 것이다. 즉 그 바다는 '바다가 아닌 것'과의 대비 속에서만 적절한 의미 구조를 얻게 된다. 차이가 없는 인식은 마치 빨간 종이에 빨간색으로 그림을 그리는 것과 다르지 않다. 나아가 비록 미미하게라도 그렇게 산출된 의미 또는 지각 내용이 어떻게 타인에게 전달될 수 있는지는 더더욱 불분명하다. 이 경우 특정한 부분과 다른 부분의 차이를 드러낼 수가 없으며, 따라서 그 부분을 의미화하는 것이 용이하지 않기 때문이다.

그렇다면 차이는 어떤 방식으로 의미화되는 것일까? 우선 우리가 고려해야 할 것은 모든 차이가 특정한 층위를 전제한다는 사실이다. 다음 문장을 보라.

④ 퇴계는 율곡과 다르다.

이 문장이 참이기 위해서는 특정한 층위가 필요하다. 그러나 "이 두 사람 모두 조선의 성리학자다"라는 경험 층위로 옮겨가면 이 문장은 더 이상 참이 아니다. 차이는 특정한 층위에서만 차이로 '의미화된다'는 것이다. 층위가 바뀌면 차이는 더 이상 경험되지 않는다. 즉 우리는 이 두 사람의 유사성을 경험할 수도 있으며, 차이를 경험할 수도 있다. 그것은 이 두 사람의 문제가 아니라 우리 경험의 방식 문제다. 이러한 의미에서 차이는 존재하는 어떤 것의 이름도 아니며, 특정한 객관적 사태를 가리키는 말도 아니다. 오히려 차이는 우리가 사물을 인식하는 하나의 방식이라고 말해야 할 것이다.[19]

여기에서 우리가 자연스럽게 제기할 수 있는 의문은 특정한 차이를 의미화하기 위해 그 층위들이 어떻게 결정되는지의 문제다. 다음 두 문장으로 보라.[20]

⑤ 이순신은 민들레와는 다르다.

---

19) 이 문제는 '범주화'와 밀접한 관련이 있어 보인다. 유기체든 자연 대상이든 시간과 공간의 세계 안에 엄밀한 의미에서 동일한 대상은 존재하지 않는 것으로 보인다. 대상화 자체가 우리의 경험의 방식이라는 점에서도 그렇지만 동일성 문제는 처음부터 존재의 문제가 아니다. 조류독감 때문에 일시에 매몰되는 수만 마리의 닭들은 우리에게 대등한 '마리' 단위로만 경험되지만 사실상 그것들이 동일하다는 증명은 처음부터 가능하지 않다. 즉 우리는 특정한 특성들을 따라서 이것들을 '닭'이라는 범주에 포함시키지만 그것은 세계의 문제도 닭의 문제도 아닌, 우리의 경험의 문제다.

20) '의미 지반' 개념은 노양진, 「다원성과 다원주의」, 『철학연구』, 제89집 (2004 봄): 153~74에서 처음 다루어졌지만 그 논문에서 의미 지반에 관한 논의는 다만 차이와 유사성의 관계 문제에 국한되어 있다.

⑥ 이순신은 원균과는 다르다.

⑦ 노랑은 휘파람과 다르다.

우선 이 세 문장을 모두 참이라고 가정해 보자. 문장 ⑤의 의미는 문장 ⑥의 의미보다 훨씬 더 불투명해 보인다. 그 차이는 어디에 있는 것일까? 이 문장들 또는 거기에 사용된 단어들을 통해서 그것을 결정할 수는 없을 것으로 보인다. 대신에 그 차이는 이 두 문장의 의미들을 산출하는 각각의 의미 지반에서 찾아져야 한다. 바꾸어 말하면 문장 ⑤의 의미 지반은 문장 ⑥의 의미 지반에 비해 우리에게 훨씬 더 낯선 것이다. 나아가 문장 ⑦의 의미 지반은 더더욱 낯선 것일 수밖에 없다.

여기에서 의미 지반은 최소한 비교되어야 할 두 대상의 유사성을 드러내는 범주화를 포함하는 것으로 보인다. 이 경우 만약 아무런 유사성이나 연관성을 찾을 수 없는 두 대상이 존재한다면 우리는 그것들 사이에 어떤 차이도 의미화할 수 없을 것이다. 즉 의미 지반은 두 대상의 차이를 의미화하는 데 필수적으로 요구되며, 이때 의미 지반이 포괄하는 공통성은 구체적인 개별 의미들이 드러내는 차이보다도 더 폭넓은 층위에서 주어지는 공통성을 포괄한다.

일상적으로 '의미 지반'은 의미 산출 과정에서 표면에 잘 드러나지 않으며, 대부분 무의식적으로 구성되고 사용된다. 그렇지만 의미 지반은 항상 그 개별 의미를 사용하는 사람들에 의해 공유되며, 그러한 지반이 공유되지 않고서는 개별 의미 또한 결코 적절히 공유되거나 이해될 수 없다. 이러한 의미에서 의미 지반은 그것을 근거로 산출되는 개별 의미를 결정한다. 이러한 의미 지반이 우리에게 선명하게 주어지지 않을 때 그것에 근거한 개별 의미 또한 우리에게 선명하게 주어지지 않는다. 이러한 관점에서 의미 지반의 주된 역할의 하나는 그것이 의미 산출을 제약한다는 점이다.

그러나 여전히 우리에게 열려 있는 또 하나의 물음은 의미의 객관성에 관한 것이다. 모든 차이들이 공통성을 지반으로 삼고 있지만, 그 지반들이 다양한 경우에 다양한 방식으로 드러난다는 점에서 의미의 객관성 문제가 제기된다. 말하자면 '의미 지반'의 크기를 결정하는 방식이 무한히 열려 있으며, 동시에 그것이 모두 대등하게 작용한다면 우리는 불가피하게 의미에 관한 자포자기적 상대주의에 직면하게 될 것이다.

적어도 원리적으로 의미 지반이 주어지는 방식은 무한하다. 퍼트남(H. Putnam)의 지적처럼 사물들은 무한히 다양한 방식으로 유사할 수 있기 때문이다.[21] 그러나 더욱 중요한 사실은 원리적 무한성이 인간이라는 종인 우리에게 실제적인 무한성을 의미하지 않는다는 점이다. 우리가 유기체로서의 인간이라는 사실은 의미 지반의 크기를 결정하는 데 결정적인 역할을 한다. 앞서 지적했던 것처럼 의미 지반은 두 대상의 유사성을 포괄하는 층위에서의 범주화를 전제한다. 바꾸어 말하면 두 대상의 유사성을 포괄할 수 있는 범주화가 적절하게 이루어지지 않을 경우, 그것에 근거한 개별 의미 또한 적절하게 의미화되지 않는다. 여기에서 의미 지반의 크기에 관한 물음은 범주화의 크기에 관한 물음으로 전환될 수 있다.

기본적으로 범주화는 물리적이든 추상적이든 대상들을 구획하는 문제다. 원리적으로 이 범주화의 방식은 무한하지만 실제적인 인간이 사용하는 범주화는 그처럼 자의적으로 나타나지 않는다. 그것은 범주화가 어떤 방식으로든 제약되고 있다는 것을 의미한다. 범주화에 관한 최근 연구는 이 문제에 대해 매우 설득력 있는 실마리를 제공해 준다.[22] 범주화에 관한

---

21) 힐러리 퍼트남, 『이성, 진리, 역사』, 김효명 역 (서울: 민음사, 2002), p. 118 참조.

22) 범주화에 관한 최근 연구 성과에 대한 개괄적 설명은 George Lakoff, *Women, Fire, and Dangerous Things : What Categories Reveal about the Mind* (Chicago : University of Chicago Press, 1987), 특히 2장 참조.

방대한 경험적 연구 성과 중에서 특히 필자가 현재의 논의와 관련해서 주목하는 것은 범주화가 원리적으로는 무한하지만 실제 인간이 경험하고 사용하는 범주화에는 강한 제약이 존재한다는 점이다.

예를 들어 벌린(B. Berlin) 등은 우리가 가장 쉽고 익숙하게 인지하는 층위의 범주들이 존재한다는 것을 발견했는데, 이들은 그것을 '기본층위 범주'(basic level category)라고 부른다.[23] 즉 늑대와 사슴을 구분하는 것은 쉽지만 이스라엘 늑대와 북아메리카 늑대를 구분하는 것은 훨씬 더 어려워진다. 마찬가지로 배와 자동차를 구분하는 것은 쉽지만 다른 종류의 자동차를 구분하는 것은 훨씬 더 어려워진다. 나아가 범주들이 드러내는 위계적 구조 안에서 대체로 중간 층위에 속하는 범주들이 다른 층위의 범주에 비해 인지적 우선성을 갖는다는 것이 밝혀졌다. 예를 들면 「가구」-「의자」-「안락의자」 위계나 「탈것」-「자동차」-「스포츠카」 범주 위계에서 각각 중간 층위에 속하는 「의자」나 「자동차」라는 범주가 다른 층위의 범주들에 비해서 인지적 우선성을 갖는다는 것이다.[24]

이러한 사실은 의미 지반으로 사용되는 범주들이 모두 인지적으로 대등하지는 않다는 사실을 함축한다. 원리적으로 무한히 열려 있는 범주 층위에도 불구하고 이처럼 범주 선택을 실제적으로 제약하는 것은 무엇일까? 이 물음에 대해 레이코프와 존슨(G. Lakoff and M. Johnson)은 다음과 같이 답하고 있다.

우리의 범주들은 우리가 신경을 가진 존재라는 사실에서, 우리 신체 능력의 본

---

23) B. Berlin, D. Breedlove, and P. Raven, *Principles of Tzeltal Plant Classification* (New York: Academic Press, 1974) 참조.

24) 같은 책. 또 C. Mervis and E. Rosch, "Categorization and Natural Objects," *Annual Review of Psychology* 32 (1981): 89~115 참조.

성에서, 이 세상에서 상호작용하는 우리의 경험에서, 그리고 이 세상과 가장 적절하게 상호작용하는 층위인 기본층위 범주화에 대한 우리의 진화된 능력에서 유래한다.[25]

실제적인 범주화가 그 자체로 결정되는 것이 아니라 현재와 같은 몸을 가진 우리 자신의 조건에 의해 강력하게 제약된다는 사실은 개별 의미 산출의 근거를 이루는 의미 지반 또한 그런 방식으로 제약된다는 것을 의미한다. 의미 지반이 이러한 제약에서 멀어질수록 그것에 근거한 의미들은 불투명하게 주어질 것이다.

이것은 의미의 본성에 관한 우리의 해명이 결코 객관주의적이거나 극단적인 상대주의적 방식에 의해 적절하게 이루어질 수 없다는 것을 의미한다. 이러한 의미 구조는 객관주의자들이 원했던 객관성에서 멀리 벗어나 있다. 그렇지만 그렇게 해서 드러나는 변이들은 완전히 자의적이라고 말할 수 없는 강력한 제약에 묶여 있다. 체험주의적 시각에 따르면 그 제약의 소재는 바로 현재와 같은 몸을 가진 우리 인간이 신체적 · 물리적 층위의 경험에서 드러나는 공공성이다. 그리고 그것이 우리가 경험적으로 확인할 수 있는 보편성의 원천이다. 우리의 경험은 제한된 보편성과 제한된 변이 속에서 이루어지며, 의미는 이러한 경험의 일부다.

---

25) G. 레이코프 · M. 존슨, 『몸의 철학: 신체화된 마음의 서구 사상에 대한 도전』, 임지룡 외 역 (서울: 박이정, 2002), p. 64.

5__ 맺는 말

차이와 유사성은 사물의 속성이 아니라 우리의 경험의 방식이다. 한 바구니의 메추리알을 같은 것으로 볼 것인지, 각각 다른 것으로 볼 것인지는 메추리알의 문제가 아니라 우리 경험의 문제다. 어떤 맥락 안에 있는지에 따라 우리는 그것들을 같은 것으로 또는 다른 것으로 경험한다. 이것은 의미 산출 구조의 해명에서 차이 자체에 관한 이야기보다는 그 차이가 우리에게 의미화되는 방식에 관한 이야기가 왜 더 중요한지를 말해 준다.

필자는 의미 산출 과정에서 직접 드러나지 않지만 하나의 차이가 의미화되기 위해서는 필수적으로 설정되어야 할 공통 지반이 존재한다는 것을 보였으며, 그것을 '의미 지반'이라고 불렀다. 의미 지반은 일종의 범주화로서 차이를 드러내는 대상들을 포괄하는 층위에서 구성된다. 의미 지반의 존재에 대한 해명이 적절한 것이라면 그것은 의미 문제와 관련해서 다음과 같은 몇 가지 함축을 갖는다.

첫째, 차이와 동일성의 문제는 우리 경험의 방식의 문제다.

둘째, 차이의 의미론과 동일성의 의미론은 각각 그 자체로는 의미 구조에 대한 해명으로서 부적절하다.

셋째, 의미 지반의 원리적 개방성에도 불구하고 그것은 실제적으로 제약되어 있으며, 그 뿌리는 현재와 같은 몸을 가진 우리의 유기체적 조건과 그 활동 방식에서 찾아질 수 있다.

넷째, 의미 산출의 구조는 전통적인 객관주의도 극단적인 상대주의도 아닌, '완화된 상대주의'(modified relativism)에 의해서만 적절하게 해명될 수 있다.

이러한 해명은 비록 의미 지반의 구성 방식이 원리적으로 무제한적이 지만 우리가 실제적으로 사용하는 의미 지반의 폭은 현재와 같은 우리의 몸과 그 활동 방식에 의해 강력하게 제약된다는 사실을 함축한다. 이것은 의미가 객관적으로 고정되어 있다는 고전적인 견해가 왜 부적절한 것인지 를 보여 주는 동시에 의미가 단지 차이들의 무제약적인 놀이의 산물이라 는 무제약적인 상대주의적 의미 이론이 무엇을 간과하고 있는지를 보여 준다. 동시에 이것은 의미 산출에서 작용하는 제약의 본성과 구조에 대한 구체적인 탐색이 의미에 관한 탐구의 새로운 과제가 되어야 한다는 것을 말해 준다.

제 7 장
기호적 경험의 체험주의적 해명[*]

1__ 머리말

  신체화된 존재인 인간의 경험은 크게 두 갈래로 구분될 수 있다. 먼저
우리는 몸을 통해 우리 밖의 사물들과 직접적으로 상호작용한다. 이러한
경험을 '자연적 경험' 또는 '비기호적 경험' 이라고 부를 수 있다. 그러나
이러한 자연적 경험에 바탕을 두고 있으면서도 그것을 넘어서는 매우 복
합적인 유형의 경험이 있는데, 이러한 경험을 특징짓는 것은 '기호화' 라
는 매우 광범위하고 포괄적인 작용이다. 이처럼 기호화 작용을 통해 확장
된 경험을 자연적 경험에 대비되는 것으로서 '기호적 경험' 이라고 부를
수 있다.

  기호적 경험의 본성을 해명하기 위해 기호화라는 인지 작용에 대한 새

---

* 이 글의 초고는 2006년도 담화 · 인지언어학회 겨울학술대회에서 처음 발표되었다. 발
   표회에서 다양한 지적과 조언을 해 주신 여러 선생님들께 감사드린다.

로운 탐색이 필요하다. 소쉬르(F. de Sassure)가 '기호학'(semiology)이라는 독립적인 탐구 분과를 제안한 이래로 기호에 관해 다양하고 복합적인 논의가 전개되었는데, 그 핵심에 자리 잡고 있으면서도 여전히 불투명하게 남아 있는 것은 기표와 그 기표가 대신하는 것, 그리고 그것들 사이에서 생겨나는 기호적 의미 사이의 구체적인 관계 문제다. 기호가 '다른 무엇인가를 대신해서 사용되는 것'이라는 고전적인 견해에는 대부분의 기호학자들이 동의하지만 '대신한다'의 구체적 방식에 관해서는 불투명한 견해들이 교차되고 있다. 이것은 오늘날 기호학의 핵심적 탐구 과제가 바로 이 문제를 중심으로 설정되어야 한다는 것을 말해 준다.[1]

이 글에서 필자가 주목하는 것은 기호의 본성이 그 자체의 작용 방식을 통해 해명될 문제가 아니라 기호 사용자인 우리의 경험의 방식을 통해 해명되어야 할 문제라는 점이다. 다시 말해서 존재하는 모든 것은 비기호적으로도, 기호적으로도 경험될 수 있는데, 그 경험의 방식은 세계의 문제가 아니라 우리 자신의 문제다. 이러한 관점에서 기호 또는 기호화의 본성에 대한 해명은 세계의 사실에 대한 해명이 아니라 우리의 경험의 구조에 대한 해명의 일부가 되어야 한다.

'신체화된 경험'(embodied experience)에 대한 체험주의(experiential-ism)의 시각은 기호, 그리고 기호화의 본성과 구조에 대한 새로운 해명의 가능성을 열어 준다. 체험주의에 따르면 기표와 기호내용의 관계는 '은유적 투사'(metaphorical projection)라는 기제를 통해 훨씬 더 섬세하게 설명될 수 있다.[2] 체험주의에 따르면 은유는 한 대상을 다른 대상에 대한 경

---

1) 이 문제에 관한 개괄적인 소개는 움베르토 에코, 『기호: 개념과 역사』, 김광현 역 (서울: 열린책들, 2000), 특히 2장 참조.

2) 여기에 도입되는 '투사'라는 개념은 레이코프와 존슨(G. Lakoff and M. Johnson)이 은유적 '사상'의 구조를 구체적으로 설명하기 위해 도입한 개념이다. 필자는 은유적

험의 '관점에서' (in terms of) 이해하고 경험한다는 것을 의미한다. 이러한 방식을 좀 더 확장시켜 본다면 하나의 물리적 대상을 기표로 이해한다는 것은 그것을 '~의 기표' 로 이해한다는 것이며, 여기에는 기호화된 대상의 관점에서 그 기표를 이해하는 인지 과정이 개입된다. 이러한 인지 과정은 분명히 하나의 기표에 다른 어떤 경험을 '사상' (mapping)하는 과정이다.

기호화에 대한 이러한 체험주의적 해명은 고전적인 기호학 이론들이 핵심적인 수수께끼로 남겨 두었던 기호적 의미의 원천이 우리의 신체적·물리적 층위의 경험에 있다는 사실을 보여 줄 것이다. 동시에 그것은 기호화 과정으로서의 은유적 사상이 본성적으로 다양한 변이의 가능성을 포함하지만, 그 변이는 무한히 자의적인 것은 아니며 궁극적으로 우리의 신체적 요소들에 의해 제약되고 있다는 사실을 보여 줄 것이다. 이것은 기호적 경험의 적절한 해명을 위해 전통적인 객관주의도 아니고 극단적인 상대주의도 아닌 제3의 시각이 필요하다는 것을 말해 준다.

2__ 은유적 사상으로서의 기호화

모든 기표는 물리적 대상이다.[3] 추상적 대상을 기표로 사용할 수 있는

사상 개념을 더욱 확장시킴으로써 모든 기호화의 구조를 좀 더 구체적으로 해명할 수 있다고 본다. G. 레이코프·M. 존슨,『삶으로서의 은유』, 수정판, 노양진·나익주 역 (서울: 박이정, 2006); 존슨,『마음 속의 몸: 의미, 상상력, 이성의 신체적 근거』, 노양진 역 (서울: 철학과 현실사, 2000) 참조. 한편 최근에 들어 레이코프와 존슨은 은유적 사상이라는 작용을 설명하기 위해 제시했던 '투사' 라는 개념이 지나치게 수학적이고 도식적이라는 비판 때문에 '투사' 개념을 포기한 것으로 보인다. 그렇다 하더라도 은 유가 경험 영역들 간의 '사상' 문제라는 체험주의적 은유 이론의 기본 골격이 수정되거나 폐기되는 것은 아니다. 레이코프·존슨,『삶으로서의 은유』, pp. 388~90 참조.

방법은 우리에게 원천적으로 주어져 있지 않다. 대신에 가장 흔히 기표로 사용되는 소리나 문자 이외에도 물리적 세계 안에 존재하는 모든 것은 원리적으로는 우리의 기호화 작용을 통해 기표가 될 수 있다. 물론 어떤 대상이 무엇의 기표가 될 것인지의 문제는 결정되어 있지 않다. 이러한 의미에서 기표가 자의적이라는 소쉬르의 주장은 옳은 것이다.

그러나 그 기표들을 통해 우리가 경험하게 되는 의미, 즉 기호내용은 전혀 다른 차원의 문제다. 기표로 작용할 수 있는 모든 것은 물리적 실재로서 외부 세계 사실의 일부다. 그러나 그 기표가 주는 의미는 외부 세계에 의해서가 아니라 '우리의' 의미화 작용을 통해 산출된다는 점에서 '우리'의 영역에 속한다. 다시 말해서 기표의 실제적 의미를 해석하는 문제는 그 기표의 사용자인 우리의 의미 작용에 대한 해명을 요구하는 것이다. 이러한 의미화 작용에 결정적으로 중요한 두 가지 요소는 '기호화의 본성적 파편성'과 '기호 사용자의 의도'다. 이 두 가지 요소는 왜 의미가 우리 외부의 어떤 것에 의해 단일하게 고정된 것으로 주어지지 않는지를 말해 주기 때문이다.

기표에 대한 일의적 정의는 불가능하지만 "그 누구인가에 어떤 무엇을 대신하여 있는 그 무엇"[4]이라는 매우 포괄적인 정의는 여전히 유용해 보인다. 즉 기표는 우리에게 직접적으로 의미를 제공하는 일차적 경험 대상이 아니라 그 무엇을 대신하는, 따라서 또 다른 어떤 것의 의미를 담고 있

---

3) '기표'라는 용어는 소쉬르의 '기표'(signifiant)/'기의'(signifié) 구분에서 온 것이다. 그러나 이 글에서 소쉬르에의 의존은 단순히 용어상의 구분에 국한된다. 앞으로 드러나게 될 것처럼 기호와 의미에 대한 필자의 해명은 소쉬르와는 전혀 다른 방향과 구조를 갖게 될 것이다. 페르디낭 소쉬르, 『일반언어학 강의』, 최승언 역 (서울: 민음사, 1990), p. 85 참조.

4) 김성도, 『현대 기호학 강의』 (서울: 민음사, 1998), p. 19.

는 대상이다. 즉 체험주의적 시각에서 기호화는 하나의 기표를 다른 대상에
대한 경험의 관점에서 경험하는 것을 말한다.[5] 그리고 무엇이 무엇의 기표
가 될 수 있는지에 관해서는 적어도 '원리적으로' 아무런 제약도 없는 것
으로 보인다. 물리적인 모든 것은 우리의 의도와 욕구에 따라 기표가 될
수 있다.

체험주의적 시각에서 기호화 작용에는 적어도 두 개의 구별되는 '경험
영역'이 필요하다. 그 하나는 기호대상에 대한 경험이며, 다른 하나는 그
것의 '기표'에 대한 경험이다. 사상이라는 측면에서 본다면 전자가 '원천
영역'(source domain)이 되며, 후자가 '표적 영역'(target domain)이 된다.
즉 기호화는 원천 영역으로서 이미 주어진 특정한 대상에 대한 경험 내용
을 표적 영역인 새로운 기표에 사상하는 방식으로 이루어진다. 이러한 구
도 안에서 기호화는 '경험 영역들 간의 은유적 사상'으로 해명될 수 있다.

기호화의 구조에 대한 체험주의적 해명을 위해서 '기표'(signifier), '기
호내용'(sign content), '기호대상'(sign object)이라는 세 가지 요소가 필
요하다. 이 요소들은 적어도 형태상 기존의 기호학 이론들을 통해 낯익은
것들이다.[6] 그러나 기호화에 대한 체험주의적 접근은 '은유적 사상'이라

---

5) 레이코프 · 존슨, 『삶으로서의 은유』 참조.
6) 소쉬르 이래로 구조주의적 전통에서 기호작용은 기표와 기의(=기호내용)의 두 축을
통해 해명된다. 벵베니스트(E. Benveniste)에 이르러 지칭체(=기호대상)를 중요한 요
소로 도입하지만 구조주의적 전통의 기호 이론들이 적절하게 해명하지 못하고 있는
부분은 기의의 원천과 결정 방식이다. 기호학의 방대한 논의에도 불구하고 이 문제가
여전히 난제로 남아 있는 핵심적 이유는 이들의 해명에서 기호 사용자인 인간의 경험
을 고려하지 않았기 때문이다. 이 문제는 옐름슬레우(L. Hjelmslev), 벵베니스트, 그
레마스(A.-J. Greimas)에 이르는 전통적인 구조주의자는 물론 바르트(R. Barthes)나
데리다(J. Derrida)와 같은 탈구조의자에게도 여전히 동일한 형태로 남아 있다.
(탈)구조주의적 전통의 기호학적 흐름에 관한 개괄적 서술은 서정철, 『기호에서 텍스
트로』(서울: 민음사, 1998) 참조.

는 새로운 기제를 도입함으로써 기호적 의미 산출 과정을 기호 사용자의
경험의 구조라는 관점에서 새롭게 해명할 수 있다.

기호대상(지칭체)

'지칭'(reference)은 20세기 초반에 분석철학을 사로잡았던 중심 문제
였다. 지칭이라는 개념은 기표와 기호대상 사이의 관계를 해명하려는 가
상적 관계다. 소박한 지칭 개념은 '한 이름 – 한 사물'이라는 대응 개념에
서 출발한다. 한 단어에 대응하는 사물이 세계 안에 존재한다는 것이며,
이때 우리는 그 단어가 그 사물을 지칭하고 있다고 말한다. 이러한 믿음은
한 단어의 의미는 바로 그 단어가 가리키는 대상이라는 생각을 수반한다.
즉 지칭체가 한 단어의 의미라는 것이다. 이러한 소박한 지칭 개념은 섬세
한 논의 과정을 통해 점차 복잡한 문제들을 불러왔으며, 그것이 20세기
초반의 언어철학적 논의의 중심 주제가 되었다.

20세기 초반의 지칭 이론은 지칭체를 한 단어의 의미로 받아들이는 소
박한 믿음에서 출발했지만 그것이 불러오는 이론적 난점은 복잡한 논쟁을
불러왔다. 이러한 논쟁 과정에서 분명하게 드러난 것은 지칭 이론가들이
공유하는 '지칭'이라는 개념이 이론적 가상이라는 반성이다. 지칭 이론의

한편 퍼스의 화용론적 기호학은 처음부터 이 세 가지 요소를 모두 도입하고 있지만
'해석체'(interpretant)에 대한 불투명한 기술은 그가 기호적 의미 구성이라는 핵심적
과제에 관해 명확한 해결책을 갖지 못했다는 것을 보여 준다. Charles S. Peirce,
Collected Papers of Charles Sanders Peirce 1~2, eds. Charles Hartshorne and Paul
Weiss (Cambridge, Mass.: Harvard University Press, 1960) 참조.

화용론적 전통의 끝부분에 서 있는 에코에게서도 이 문제는 여전히 숙제로 남겨져
있다. 그렇지만 에코는 이 세 가지 요소가 다양한 기호 이론들에서 어떤 방식으로 연
관되어 다루어지고 있는지를 간략한 도식을 통해 선명하게 보여 주고 있다. 에코, 『기
호』, 특히 p. 44 참조.

결정적인 난점은 기표와 지칭체의 관계 문제와 관련되어 있다. 비트겐슈타인(L. Wittgenstein)은 자신이 전기에서 유지했던 단어와 지칭체 사이의 '대응'이라는 구도가 탐구의 결과로서 주어진 것이 아니라 '선험적 요청'의 산물이었다는 점을 스스로 인정한다.[7]

이러한 선험적 요청을 벗어나면 단어와 지칭체는 스스로 어떤 마술적 관계를 갖는 것이 아니다. 대신에 '지칭'이란 무엇인가를 가리키기 위해 우리가 언어를 사용하는 방식의 하나일 뿐이다.[8] 언어 자체가 우리의 활동의 한 형식이며, 따라서 그 언어의 작용 방식 또한 우리의 활동이라는 측면에서 탐색되어야 한다. 기호화에 대한 체험주의적 해명을 받아들이게 되면 지칭은 기표와 기호대상의 원초적 관계 문제가 아니라 기호화를 통해서 나타나는 상관관계에 대한 우리의 이해 방식의 문제다.

기표가 가리키는 대상인 기호대상은 물리적인 것일 수도 있으며, 추상적인 개념일 수도 있다. 기호대상이 추상적 개념일 경우, 우리는 그 기호대상에 대해 직접적인 경험 내용을 가질 수 없다. 대신에 추상적 기호대상은 오히려 다양한 경험 내용을 다양한 방식으로 사상한 산물이라고 보아야 하며, 이에 대응하는 기표는 그 추상적 기호대상의 '이름'이 된다. 이때 우리는 다양한 경험 내용을 주어진 기표에 직접 사상하며, 따라서 그 기호내용이 공유될 가능성은 훨씬 더 작아진다.

이름과 기표

이름으로서의 '기표'(signifier)는 '기호대상'을 가리키기 위한 목적으로 사용된다. 기표는 항상 물리적인 대상이지만 기호대상은 물리적인 것일

---

7) 루트비히 비트겐슈타인, 『철학적 탐구』, 이영철 역 (서울: 책세상, 2006), 107절.
8) 이 책 1장 「지칭에서 의미로」 p. 42 참조.

수도 있으며, 추상적인 것일 수도 있다. 특정한 기호대상과 연관되어 사용되는 기표, 즉 기호대상의 이름으로 사용되는 기표는 기호대상에 대한 경험이 주어진 후에만 설정될 수 있다. 바꾸어 말하면 전통적인 의미에서의 지칭 관계는 기호대상에 대한 경험이 기표에 투사되어 기호화가 이루어진 후에 주어지는 결과적 관계일 뿐이다. 바꾸어 말하면 지칭 관계는 우리의 언어 사용 방식의 하나일 뿐이다. 20세기 초반의 지칭 이론들은 이 점을 간과하고 지칭 관계가 언어와 세계 사이에 존립하는 원초적 관계라는 가정과 함께 출발함으로써 지칭 문제를 수수께끼에 빠뜨리고 말았다.

기호내용

소쉬르가 '기표'와 대비되는 것으로 구분했던 '기의'(signified)는 우리가 기호작용을 통해 경험하는 내용을 가리킨다. 필자는 이것을 '기호내용'이라고 부르는데, 이것이 바로 기호적 의미의 전부다.[9] 체험주의적 해명에 따르면 모든 기호내용의 '궁극적' 원천은 물리적인 층위에서 이루어지는 우리의 신체적인 상호작용이다. 즉 기호내용은 우리가 기호화를 통해 한 기표를 이해하는 내용이며, 이때 그 기표에 사상되는 것은 실질적으로 우리의 경험 내용이다. 따라서 하나의 기표를 기호화한다는 것은 그 기표에 사상되는 경험 내용의 관점에서 그 기표를 이해하고 경험한다는 것

---

9) 정확한 대비는 아니지만 퍼스의 삼원적 모형에서 기호내용에 가장 근접하게 상응하는 것은 '해석체'(interpretant)일 것이다. 해석체에 대한 퍼스 자신의 서술은 매우 모호하고 난삽한 방식으로 이루어지고 있어서 기호학자들 사이에 해석체에 관해 다양한 견해가 교차되고 있다. Peirce, *Collected Papers of Charles Sanders Peirce 1~2*; 찰스 샌더스 퍼스, 『퍼스의 기호 사상』, 김성도 편역 (서울: 민음사, 2006) 참조.

필자는 퍼스가 과연 해석체에 관해서 선명한 개념을 갖고 있었는지에 대해 근원적인 의구심을 갖고 있다. 해석체 개념의 불투명성에 관해서는 김운찬, 『현대기호학과 문화 분석』 (서울: 열린책들, 2005), pp. 30~35 참조.

을 말한다.

물론 모든 기호내용이 항상 물리적인 경험에서 직접 주어지는 것은 아니다. 일차적인 기호화를 통해서 주어진 기호내용은 또 다른 경험 내용이 되며, 그것은 이차적인 기호화를 통해 또 다른 기표에 사상될 수 있을 것이다. 따라서 이러한 기호화 과정은 원리적으로 무한히 열려 있다. 여전히 중요한 것은 최초의 기호화에는 신체적 · 물리적 층위의 경험 내용이 사상된다는 점인데, 그것은 우리의 모든 경험이 신체적 근거를 갖고 있다는, 즉 모든 경험이 신체화되어 있다는 체험주의의 기본적 논제와 맞물려 있다.

이 세 가지 요소의 상관관계를 토대로 우리는 다음과 같은 세 가지 기호화 모형을 구성할 수 있다.

〈모형 1〉 물리적 기호대상과 기호화

우리는 [나무]라는 기표를 나무와 관련된 우리의 경험의 '관점에서' 이해하고 경험한다. 이때 나무와 관련된 경험이란 일차적으로 물리적 층위에서 나무와의 다양한 상호작용을 의미하며, 그 결과 주어지는 경험 내용의 일부를 기표에 사상하게 되면 그것이 기호내용을 구성한다. 나무와 관련된 추상적 경험도 가능하지만 그것은 또 다른 기호화 과정을 거쳐야 하며, 그 추상적 경험 또한 물리적 경험 영역을 그 원천으로 갖는다.

[나무]라는 기표에 사상되는 나무에 대한 경험, 즉 기호내용은 개인에 따라서, 또는 자연적·사회적·문화적 조건에 따라서 다를 수 있다. 지각의 본성적인 파편성 때문에 우리는 누구도 나무의 모든 것을 한꺼번에 경험할 수 없다. 뿐만 아니라 열매를 따려는 사람과 그네를 타려는 사람, 목수와 나무꾼의 나무 경험은 각각 다른 것일 수밖에 없다. 특정한 조건 아래서 우리는 다른 사람과 매우 유사한 나무 경험을 가질 수 있다고 생각하지만 그것 또한 우리가 유사한 몸을 가진, 따라서 유사한 욕구와 의도를 가진 존재라는 믿음에 근거한 추정일 뿐이다. 다른 사람과 완전히 일치하는 객관적 경험이라는 개념은 경험주의적 독단의 이론적 산물이다.

〈모형 2〉 추상적 기호대상과 기호화

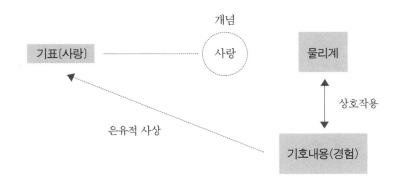

「사랑」개념이라는 추상적 기호대상이 있다. 「사랑」이라는 추상적 대상은 처음부터 존재하는 어떤 것이 아니라 우리의 이런저런 구체적인 경험

들을 은유적으로 사상함으로써 만들어진 것이다. 우리는 그것을 부르는
이름을 필요로 하며, 거기에 [사랑]이라는 기표(이름)를 부여했다. 여기에
서 기표 [사랑]과 추상적 대상 「사랑」 사이에는 '이름 부르기'(naming) 관
계만이 존재한다. 우리는 [사랑]이라는 기표를 '사랑'이라는 추상적 대상
을 창조하는 데 사용되었던 구체적 경험들, 즉 기호내용의 관점에서 경험
한다. 이때 이 기표에 사상되는 것이 바로 기호내용이 되며, 그 모든 내용
은 사랑 개념보다 더 구체적인 경험에 뿌리를 두고 있다.

〈모형 3〉 중첩적 기호와 기호화

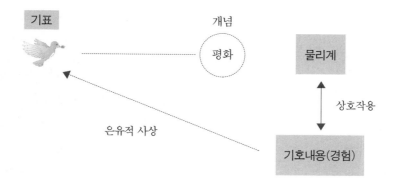

〈모형 3〉은 〈모형 1〉과 〈모형 2〉의 중첩을 통해서 얻을 수 있다. 「평화」
라는 개념이 있으며, 그것을 기호화하기 위해 [평화]라는 기표를 사용한
다. 그 과정은 〈모형 2〉를 통해서 설명된다. 여기에 덧붙여서 우리는 또다
시 비둘기라는 새, 즉 물리적 대상을 「평화」를 상징하는 기표로 사용한다.
이러한 중첩적인 기호 산출 가능성은 무한하게 열려 있다. 이것은 한 개념
에 대해 다양한 기표들이 사용될 수 있다는 것을 말해 준다.

여기에서 기표 [비둘기]와 [평화]는 「평화」 개념의 다른 이름들이다. 이

때 기표 [비둘기]와 기표 [평화]는 어떤 관계를 갖는 것일까? 이 둘 사이에는 어떤 확정적인 관계가 존재하는 것은 아니다. 말하자면 우리가 [비둘기]에 사상하는 기호내용과 [평화]에 사상하는 기호내용이 반드시 일치할 것이라고 확신할 수는 없다.

한편 기표 [비둘기]에는 기호대상으로서 실제적인 비둘기에 대한 경험내용이 사상될 수도 있으며, 경우에 따라서는 〈모형 3〉의 기호화를 통해서 얻어진 기호내용이 사상될 수도 있다. 이 두 경우는 매우 다른 기호화의 과정이다. 앞의 경우는 다시 〈모형 1〉의 기호화 과정이며, 뒤의 경우는 〈모형 3〉의 기호화를 통해 얻어진 경험 내용을 또다시 사상하는 더 복잡한 과정이다.

관계성의 기호와 영상도식

지금까지 제시된 기호 모형들은 모두 기본적으로 명사적 개념들의 기호화에 관한 것이다. 언어적 기호는 물론 명사적인 것에 국한되지 않는다. 예를 들면, '주다' '받다' '~를' '~에게' '아직도' '아니다' '~의'와 같은 무수히 많은 비명사적 표현들이 있다. 이것들은 기본적으로 명사적인 것들의 관계 또는 명사적인 것의 내적 구조를 표시하는 표현들이다. 필자는 이러한 종류의 기표를 편의상 '관계적 기표'라고 부를 것이다.

모든 기표들에 '은유적 사상'이 이루어진다면 이러한 관계적 기표에는 어떤 경험 내용이 사상되는가? 이 물음은 존슨(M. Johnson)이 제시하는 '영상도식'(image schema) 개념을 통해 적절하게 답해질 수 있을 것이다. 즉 관계적 기표들은 물리계의 일상적 경험에서 직접 발생하는 '영상도식'을 주어진 기표에 직접 사상함으로써 얻어질 것이다. 존슨에 따르면 영상도식은 우리의 신체적 활동에서 직접 발생하는 소수의 비명제적이고 선개념적인 패턴들이다. 우리는 이 소수의 영상도식을 물리적 대상은 물론 추상적 대상들에 은유적으로 사상함으로써 구체적인 대상을 식별하며, 동시에 이러한 방식으로 경험을 확장한다. 존슨은 이렇게 말한다.

> 영상도식은 관련된 방식으로 유사하게 구조화되는 대상 또는 사건들에 대한 무수히 많은 경험, 지각, 영상 형성에서 식별의 패턴(identifying patterns)으로서 반복적으로 작용할 수 있는 정도의 일반성과 추상성의 수준에서 존재한다.[10]

영상도식은 단일한 개체에 대한 경험 내용이 아니라 개체들 사이에 존재하는 다양한 관계 또는 개체가 지니고 있는 구조의 형식을 담고 있다. 존슨이 제시하는 「그릇」「부분-전체」「균형」「강제」「경로」「중심-주변」「주기」등 모든 영상도식이 모두 이러한 형식을 보여 준다.[11] 체험주의적 해명에 따르면 우리가 흔히 규약적인 것으로 이해하고 있는 문법적 구조는 요소들 간의 관계성 문제로 설명될 수 있으며, 이러한 설명에 따르면 그 관계적 기표들에 대한 이해 또한 경험적 근거를 갖는다는 것을 알 수 있다. 따라서 개체들을 지칭하지 않는 다양한 언어적 기표들의 이해 방식 또한 우리 경험에서 직접 발생하는 영상도식들의 은유적 사상을 통해 설명될 수 있을 것이다.[12]

여기에서 다시 강조하고 싶은 것은 물리적 대상에 상응하는(즉 물리적

---

10) 마크 존슨, 『마음 속의 몸: 의미, 상상력, 이성의 신체적 근거』, 노양진 역 (서울: 철학과 현실사, 2000), p. 103.

11) 같은 책, 3~4장, 또 p. 246 참조.

12) 체험주의적 가설이 옳은 것이라면 언어의 '문법'의 본성과 구조는 영상도식에 관한 추가적 탐구를 통해 훨씬 더 적절한 방식으로 이루어질 수 있을 것이다. 래내커(R. Langacker)가 주도하는 '인지문법'(cognitive grammar)은 이 문제와 관련된 체계적인 시도라고 할 수 있다. 로널드 래내커, 『인지문법의 토대 1~2』, 김종도 역 (서울: 박이정, 1999); 『개념, 영상, 상징』, 나익주 역 (서울: 박이정, 2005) 참조.

기호대상을 갖는) 기표든, 추상적 대상에 상응하는(즉 물리적 기호대상을 갖지 않는) 기표든, 그것의 기호내용은 모두 그 바탕에서 물리적 층위의 경험 내용을 가져야만 한다는 점이다. 이러한 사실은 우리가 일반적으로 '사랑'이나 '자유' 같은 추상적 개념을 이해하는 과정을 살펴보면 분명해진다. 이러한 사정은 관계적 개념에 대한 이해에서도 다르지 않다.

3__ 기호화의 파편성

기호화에 대한 체험주의적 해명에서 주목해야 할 사실은 기표와 그 기호대상이 우선 구별될 수 있는 다른 대상이어야 한다는 점이다. 구별될 수 있다는 것은 그것들이 '다르다'는 것을 의미한다. 기호화가 기호대상의 경험을 기표에 사상하는 것이라면 여기에서는 필연적으로 기호대상에 대한 경험의 일부만이 그 기표에 사상된다. 이 때문에 모든 기호적 사상은 부분적 사상이다. 말하자면 모든 기표는 그 기호대상을 오직 부분적으로만 기호화할 수 있다. [코끼리]라는 기표와 코끼리라는 동물은 다른 대상이다. 이때 코끼리에 대한 나의 경험이 [코끼리]라는 기표에 사상된다. 그러나 그 사상이 결코 완전한 일대일 대응을 이룰 수는 없다. 코끼리에 대한 경험 자체가 부분적일 수밖에 없을 뿐만 아니라 애당초 기표와 기호대상의 차이가 기호화 자체를 가능하게 해 주기 때문이다.

이러한 생각은 전통적인 기호 이론의 핵심적 잘못이 무엇인지를 보여 준다. 데리다는 전통적인 기호학적 이해를 비판하면서 전통적 이론 안에서 기표의 위상을 '연기된 현전'(deferred presence)이라는 말로 표현한다.[13] 이러한 구도 안에서 기표는 기호대상 전체를 전적으로 대체하고 있는 것으로 이해된다. 전통적 기호학의 이러한 가정이 안고 있는 핵심적 난점은 기호가 대상을 대체한다고 보는 데 있는 것이 아니라, 그러한 대체를 일대일의 대응 관계로 설정하는 데 있다.

이러한 가정은 기표가 그 기호대상과 전혀 다른 물리적 대상이며, 따라서 결코 일대일의 대응 관계를 유지할 수 없다는 근원적 사실을 간과한 것이다. 기표는 그것이 가리키는 기호대상을 대신하는 과정에서 그 기호대상이 갖는 많은 특성을 필연적으로 생략하게 된다. 왜냐하면 기호적 사상은 본성적으로 부분적 사상이기 때문이다. 따라서 이러한 사상의 과정은 일종의 '도약'을 포함하는데, 이러한 도약은 기호대상과 기표 사이에 커다란 여백을 남기게 된다. 그것이 '해석'(interpretation)의 여백이다. 기표라는 그물은 그 기호대상을 한꺼번에 감싸는 폭을 갖지만 그물은 항상 끝부분이 열려 있기 마련이다. 따라서 하나의 기호대상을 전체적으로 가리키는 기표는 항상 그만큼 해석 앞에 열려 있다. 이러한 의미에서 기표는 '연기된 현전'이 아니라 '생략된 현전'(elliptical presence)이다.

기호화에서 현전의 생략이 필연적인 이유는 기호화가 다른 대상으로의 전이 작용을 포함하기 때문이다. 즉 기호화는 상이한 두 경험 영역 사이에 '사상'이라는 작용을 포함하는데, 그것은 기호화되는 대상을 또 다른 물리적 대상인 '기표'에 사상하는 것을 의미한다. 즉 [나무]라는 기표가 우리에게 이해되는 것은 나무에 대한 우리의 경험을 [나무]라는 기표에 사상함으로써 가능하다. 이처럼 의미를 구성하는 것은 기표 자체도 아니며, 기호대상도 아니다. 이 과정에서 우리는 나무에 대한 경험을 [나무]라는 기표에 사상하며, 그렇게 함으로써 [나무]라는 기표를 나무에 대한 경험의 관점에서 경험하게 된다. 그리고 그렇게 사상된 경험 내용이 기호내용,

---

13) Jacque Derrida, *Margins of Philosophy*, trans. Alan Bass (Chicago : University of Chicago Press, 1982), p. 9 참조.

즉 기표를 통해서 우리가 이해하고 경험하는 것의 내용에 해당된다. 그것이 우리가 '기호적 의미'라고 부르는 것의 전부다. 기호적 의미는 사실상 기표와 기호대상에 대한 사용자의 경험 내용이 사상이라는 과정을 통해 통합되어 나타난 것이다.

바꾸어 말하면 우리가 어떤 기호를 해석한다고 말하는 것은 그 기호 사용자의 기호적 사상 방식이나 의도를 읽어 낸다는 것을 말한다. 기호 읽기는 기호화라는 작용을 수행하는 기호 사용자의 마음을 읽는 문제다. 불운하게도 그러한 읽기는 어떤 확정적인 길을 따라 이루어지지 않는다. 우리의 마음이 하나의 길을 따라 작용하지 않기 때문이다. 해석의 이러한 불안정성을 불러오는 것은 물론 은유적 사상이 갖는 본성적인 불안정성 때문이다. 은유적 확장의 과정은 기호 사용자의 자연적·사회적·문화적 조건에 강하게 영향을 받으며, 따라서 다양한 변이를 불러올 것이다. 이것이 콰인(W. V. O. Quine)의 '번역의 비결정성 이론'이 드러내려고 했던 의미적 변이의 핵심적 소재이기도 하다.[14]

4__ 해석의 여백

기호적 의미는 '기표'라는 매개체를 통해서 주어진다. 그러나 그 기표

---

14) 번역의 비결정성 문제는 콰인이 처음 제기한 이래로 끊임없는 논란의 핵이 되고 있다. W. V. O. Quine, *Word and Object* (Cambridge, Mass.: Harvard University Press, 1960) 참조. 필자는 이 논란의 핵심이 비결정성의 원천 문제에 대한 콰인의 불투명한 기술 때문이라고 보았으며, 그 원천이 바로 경험의 은유적 확장 방식에 있다고 주장했다. 이 문제에 관한 좀 더 상세한 논의는 노양진, 『상대주의의 두 얼굴』(파주: 서광사, 1996), 9장 「번역은 비결정적인가?」 참조.

에 사상된 기호대상의 모습은 매우 축약적이고 생략적이다. (역설적으로 말하면 그 방식은 지나치게 포괄적이다.) 그리고 그 축약이나 생략의 방식이 기호 사용자들 간에 어느 정도 합의된 경우라 할지라도 그 기호 사용자에게 있어서나 또 다른 사용자에게 있어서 해석의 우연성은 여전히 열려 있다. 왜냐하면 한 집단의 기호 사용 방식이 그 기호의 유일한 사용 방식은 아니기 때문이다. 이러한 사실은 기호화의 본성에 속한다. 따라서 기표에 대한 지식은 반드시 생략되고 축약된 부분에 대한 해석을 수반한다. 이러한 여백 때문에 기표가 그 기호대상과 일대일로 대응하고 있다는 생각은 커다란 난점을 갖는다. 말하자면 (만약 기호가 지칭하는 것이라면) 기표와 기호대상은 동일한 사물이 아니다. 그것들 사이에 가정되는 '대응' 관계는 결코 물리적인 유사성이 아니며, 따라서 일종의 정신적 작용의 산물이라고 말할 수 있다.[15]

이러한 해명에 따르면 기호 해석에서 완전한 객관성은 존재하지 않는다. 나무를 한 번도 본 적이 없는 사람에게 '나무'라는 말을 설명한다고 가정해 보자. 우리는 불가피하게 그 사람이 이미 알고 있는 것으로 추정되는 경험적 사실들을 동원하게 될 것이다. 우리의 나무 경험과 그 사람의 나무 경험이 동일할 것이라는 믿음은 단지 추정일 뿐이며, 그 추정은 우리가 유사한 유기체적 조건을 갖고 있다는 사실에 근거해서만 정당화될 수 있다. 다시 그 추정을 실제적으로 뒷받침해 주는 것은 우리가 종(種)으로서 공유하는 경험의 공공성 정도로 한정된다. 완전한 보편성 또는 객관성은 오직 이론적 요청에 근거해서만 정당화된다.

---

15) 퍼트남은 대응 이론의 난점으로 기호와 사물 사이의 대응이 부재한다는 사실보다는 '너무 많은 대응'이 존재한다는 점을 든다. 힐러리 퍼트남, 『이성, 진리, 역사』, 김효명 역 (서울: 민음사, 2002), p. 130 참조.

기표와 기호대상의 관계는 '불일치'로 특징지어진다. 불일치가 배제된 기호화는 존재하지 않는다. 기표와 기호대상 사이에 불일치가 존재하지 않는다는 것은 자기 동일성을 갖는다는 것, 즉 그 둘이 똑같다는 것을 뜻하기 때문에 그것은 아무런 새로운 의미도 산출하지 못한다. 기호화가 필연적으로 수반하는 이러한 부분성은 기표 자체의 제한성도 아니고 기호 대상의 특성도 아니다. 그것은 기호화라는 우리 인식 작용의 본래적 특성이다. 기호화의 이러한 특성은 기표와 기호내용이 일대일의 대응 관계에 있을 것이라는 가정, 그리고 기표에 사상되는 경험 내용이 기호 사용자들 간에 일치할 것이라는 가정이 단지 이론적 요청의 산물이라는 것을 보여 준다.

1) 설의 통용 의미

기호화의 파편성 때문에 어떤 기표의 해석의 불안정성은 거의 본성적이라고 할 수 있다. 그럼에도 불구하고 실제의 기호화에서 우리는 대부분 적절한 정도의 해석 가능성을 공유하며, 또 그것이 우리가 기호들을 실제로 사용할 수 있는 이유이기도 하다. 그렇다면 우리는 어떤 방식으로, 또 어떤 정도로 기호 작용을 공유하는 것일까? 이 문제에 관해 설(J. Searle)은 매우 흥미로운 논점을 제시하고 있다.[16] 설을 따라 다음 경우를 살펴보자.

영희는 철수에게 열쇠를 건네주었으며, 철수는 그 열쇠로 현관문을 열었다.

우리는 일상적으로 이 문장을 이해하는 데 큰 어려움이 없다. 대부분의

---

16) John Searle, *The Rediscovery of the Mind* (Cambridge, Mass.: MIT Press, 1992), p. 182 참조.

언어 사용자는 이 문장을 매우 안정적인 방식으로 사용한다. 그러나 이 문장 자체에는 "철수는 열쇠로 문을 두들겨 부숴 열었으며, 그 철제 열쇠는 길이가 90센티미터이고 무게가 20킬로그램이다"라는 해석을 막을 아무런 문자적 장치도 없다. 우리는 이 문장에 대해 이 사례보다도 훨씬 더 기이한 해석을 생각해 볼 수 있다. 이처럼 무제한적인 해석 가능성에도 불구하고 우리는 큰 문제없이 이러한 문장을 적절하게 해석하고 이해하며, 또 사용한다. 그래서 일상적인 의사소통이 가능하다. 설은 이처럼 우리가 일상적으로 사용하는 실제적인 의미를 '통용 의미'(current meaning)라고 부른다.

무한히 열려 있는 것으로 보이는 의미들 중에 통용 의미를 결정해 주는 것은 과연 무엇일까? 여기에서 신체화된 경험 구조에 대한 체험주의적 해명은 또 다른 해명의 길을 열어 준다. 체험주의적 시각에서 본다면 통용 의미라는 제약된 의미는 이 문장에 사상된 우리 경험 내용의 합치를 의미하며, 따라서 그러한 제약의 뿌리를 우리 경험 구조에서 찾아야 한다. 바꾸어 말하면 우리가 공유하는 경험 내용이 어떤 방식으로 주어지는지에 대한 적절한 해명이 필요한 것이다.

여기에서는 기표로서의 문장 해석에서 기호대상에 대한 이해 내용이 문제가 된다. 기호 사용자와 해석자 사이에 그 기호대상에 대한 이해가 항상 동일할 수는 없기 때문이다. 더구나 기호화의 과정이 기호대상에 대한 경험과 이해의 일부를 기표에 사상하기 때문에 그 기표의 해석은 더더욱 불안정한 것이 될 수 있다. 적어도 기표에 대한 산술적인 해석은 불가능하다. 그러나 그렇다고 해서 기표의 해석이 전적으로 자의적인 것은 아니다. 기호대상에 대한 이해가 우리의 신체적 조건과 구조에 의해 제약되고 있기 때문이다. 해석의 이러한 불안정성은 때로 지나치게 강조됨으로써 종종 극단적인 해석 이론을 낳게 된다.

2) 가다머의 해석학

해석의 불확정성은 최근에 가다머(H.-G. Gadamer)를 통해 '해석학' (hermeneutics)이라는 이름으로 매우 정교하고도 영향력 있는 주장의 근 거를 이루고 있다. 가다머는 해석의 궁극적 목표를 '이해'라고 주장한다. 가다머에 따르면 그러한 이해는 저자의 것도 아니며, 해석자만의 것도 아 니다. 그것은 저자와 해석자가 자신들의 지평들을 융합함으로써 이르게 되는 대화적 이해다. 어떤 텍스트, 즉 기표의 의미를 이해하려고 할 때 해 석자의 특정한 '선입견'(Vorurteil), 또는 '선이해'가 불가피하게 개입되 며, 따라서 중립적인 이해 또는 해석은 있을 수 없다. 선입견은 우리의 이 해에 긍정적이거나 부정적인 영향을 미칠 수 있겠지만, 그 자체는 우리의 모든 이해에 필수적 조건이다. 가다머는 선입견에 대한 부정적 시각이 고 착된 것은 역사적으로 볼 때 계몽주의의 산물이라고 지적하고, 모든 선입 견을 제거하고 객관적인 지식에 이를 수 있을 것이라는 계몽주의 철학자 들의 가정은 '선입견 자체에 대한 선입견'에 불과하다고 말한다.[17]

이러한 가다머의 관점에서 텍스트의 이해는 저자의 본래적인 의미에 대한 이해도 아니며, 그렇다고 해서 해석자의 자의적인 이해도 아니다. 텍 스트의 이해에는 항상 저자의 의미를 넘어서는 어떤 것들이 개입됨으로써 무한히 열려 있는 가능성으로 남게 된다.

> 텍스트의 의미는 단지 가끔이 아니라 항상 그 저자를 넘어선다. 이것이 이해가 단순히 재생적인 태도가 아니라 생산적인 태도이기도 한 이유다.[18]

---

17) Hans-Georg Gadamer, *Truth and Method*, trans. William Glen-Doepel, 2nd ed. (London : Sheed and Ward, 1979), pp. 293~40 참조.

18) 같은 책, p. 264.

이해가 항상 생산적이라는 가다머의 이러한 주장은 그 이해들 사이에 중립적 척도가 있을 수 있다는 믿음을 원천적으로 거부하는 것으로 보인다. 가다머에 따르면 하나의 이해가 다른 이해보다 더 정확하거나 더 나은 것인지를 결정할 수 있는 중립적 척도는 존재하지 않는다. 그래서 가다머는 우리가 만약 무엇인가 이해했다면 우리가 다른 방식으로 이해한다고 말하는 것으로 충분하다고 말한다.[19]

이러한 주장은 동일한 텍스트에 대한 단일하고 올바른 해석이 가능하다는 고전적인 해석학적 태도에 대한 강력한 반론으로서 매우 성공적이지만, 그 자체로 해석의 모든 구조를 해명하기에 충분한 이론은 아니다. 가다머에 따르면 동일한 텍스트에 대해 현실적으로 많은 사람들이 공유하는 해석은 단순히 무한한 해석들의 우연한 일치일 뿐이다. 그러나 이러한 생각은 가다머가 자신이 해석의 과정에서 중요한 요소로 제시하고 있는 선판단이 개입될 수 있는 근원적 구조에 대해 적절하게 해명할 수 없다는 데에서 비롯된 극단적 결론이다. 우리는 실제로 사람들이 어떤 지점에서 매우 유사한 선판단을 공유한다는 사실을 간과해서는 안 된다. 다시 말해서 사람들 사이에 드러나는 유사한 해석이 단순히 '우연'의 산물만은 아니라는 것이다. 이 때문에 가다머의 해석 이론에는 해석의 '제약'이라는 문제가 매우 불투명한 상태로 남게 된다.[20] 말하자면 그의 이론은 무한히 열려 있는 상대적 해석의 길만을 열어 가고 있는 것이다.[21]

---

19) 같은 곳.

20) 가다머는 '역사성'을 해석들이 공유하는 보편성의 근거로 제시하는 것으로 보이지만 만약 그것이 해석들 사이의 자의성을 벗어나려는 시도라면 그것은 핵심적 문제를 비켜 가는 공허한 시도일 뿐이다. 역사성은 모든 해석들이 공유하고 있는 공통적 조건일 수 있지만 그것이 결코 해석 내용들의 보편성에 근접하는 데 기여하는 것은 아니다.

21) 가다머와 하버마스(J. Habermas)가 충돌하는 것은 바로 이 지점이다. 하버마스는 가

3) 해석의 체험주의적 제약

여기에서 또다시 제기되는 문제는 해석의 '객관성' 문제다. 가다머는 우리의 해석이 저자와 관찰자 사이의 정보 전달의 차원에서 이루어질 수 없다는 점을 해석자의 '지평'이라는 개념을 통해 해명하려고 한다. 그러나 이러한 주장의 중요성은 특정한 기호에 대한 단일한 분석과 해석이 가능하다는 객관주의적 이론들에 대한 성공적 비판이라는 측면으로 제한된다. 제약의 문제가 적절하게 제시되지 못하는 한 해석에 관한 가다머의 해명은 미완의 해명으로 남는다. 해석은 원리적으로 무한하지만, 사실상 우리의 경험에 비추어 볼 때 해석은 결코 무제약적으로 나타나는 것은 아니다. 이러한 현상은 해석자인 우리 자신의 조건에서 비롯된다. 우리가 사용하는 개념, 대상화, 기호화는 모두 우리의 자연적이고 원초적인 조건들에 의해 강력하게 제약된다.

어떤 기표에 대한 해석이 일치한다는 것은 단순히 동일한 기표를 사용한다는 것을 의미하는 것이 아니라 그 기표에 사상된 내용인 기호대상의 경험을 공유한다는 것을 의미한다. 그리고 그 기호적 의미의 공유는 행위를 통해서 나타난다. 가장 단순한 비은유적 언어 사용에서 원천 영역은 세계의 구체적 사실이다. 즉 우리의 몸을 통해 직접적으로 경험되는 세계의 사실에 대한 이해가 은유적 사상의 원천 영역을 구성한다.

이러한 구도 안에서 자연적 경험 영역에서 해석의 여백은 현저하게 제한된다. 이것은 자연적 경험의 상대적 안정성을 말해 준다. 이러한 안정성은 대부분 물리적 경험을 말하며, 적어도 이 영역에서의 경험의 안정성은

다머의 해석학이 역사성으로 물들은 전통에 대한 '비판'의 가능성을 원천적으로 봉쇄하고 있다고 비판한다. 이 논쟁에 관한 명쾌한 서술은 윤평중, 『푸코와 하버마스를 넘어서: 합리성과 사회 비판』, 제2판 (서울: 교보문고, 1997), 특히 3부 1장 참조.

현재와 같은 몸을 가진 인간들 사이에 종적(種的) 신뢰의 문제로 간주된다. 비트겐슈타인의 예를 따르면 나의 치통이 다른 사람의 치통과 동일한 것인지를 식별할 수 있는 방식은 존재하지 않는다. 나아가 지금 나의 치통이 일주일 전의 나의 치통과 동일한 것인지를 증명할 방법도 없다. 지나치게 엄격한 경험주의의 귀결은 '회의주의'일 수밖에 없으며, 이것이 흄(D. Hume)이 택한 길이다. 이러한 이유에서 콰인은 "흄의 곤경은 전 인간의 곤경"[22]이라고 말한다. 이것이 엄격한 증명을 요구하는 경험주의가 빠지게 되는 자가당착적 역설이다. 그러한 회의주의를 넘어설 수 있게 해 주는 유일한 통로로 우리는 '종적 신뢰'를 생각해 볼 수 있다. 즉 동일한 종으로서의 인간의 직접적 경험 내용이 동일할 것이라는 믿음이 그것이다.[23]

우리가 의미 있게 의지할 수 있는 해석의 보편적 지반은 종적 공공성으로 제한된다. 이러한 공공성은 대부분 신체적 층위의 경험 영역에 근접할수록 증가한다. 그렇다 하더라도 이러한 공공성은 의미 산출의 절대적 토대를 제공할 수는 없으며, 따라서 텍스트에 대한 객관적 해석의 가능성을 보장해 주지도 않을 것이다. 그러나 그 공공성은 적어도 '종으로서의 인간'이 공유하는 일련의 의미를 공유하게 해 주는 공통 지반이 된다. 해석의 문제를 포함해서 우리가 확인할 수 있는 의미의 객관성은 이 정도에 국한된다. 이러한 보편성은 전통적인 객관주의가 추구했던 희망을 충족시킬

---

22) Quine, *Ontological Relativity and Other Essays* (New York: Columbia University Press, 1969), p. 72.

23) 이 출발점에서부터 우리는 이미 근세의 인식론자들이 꿈꾸었던 '필연적 확실성'에서 멀어져 있다. 그래서 이성주의자들은 '경험' 대신 '이성'이라는 출발점을 선택했지만 이성은 사실상 우리의 인식에 대한 해명의 출발점이 아니라 인식에 관한 특정한 이론의 종착점일 뿐이었다. 이 문제에 관한 좀 더 상세한 논의는 이 책 10장 「이성의 이름」 참조.

수 없을지도 모른다. 그렇다 하더라도 이러한 공공성은 의미와 해석이 전적인 우연성이나 자의성의 산물이라는 주장을 막아 주기에 충분한 제약이 된다.

5__ 맺는 말

기호화는 적어도 원리적으로 무한하게 열린 가능성이다. 시간과 공간 안에 물리적으로 존재하는 모든 것, 심지어 상상적인 어떤 것들도 다시 물리적인 기표의 힘을 빌어서 다른 것을 대신하는 기표가 될 수 있다. 그러나 어떤 경우든 중요한 것은 이러한 가능성이 기표들 자체의 속성의 문제가 아니라 기호 사용자의 특정한 경험의 문제라는 점이다. 즉 체험주의적 시각에서 기호화는 대상적 세계의 사실이 아니라 우리 경험의 중요한 작용 방식의 하나이며, 그 기본적 기제는 '은유적 사상'이다.

기호화에 대한 체험주의적 해명은 전통적인 기호 이론들의 결함이 무엇인지를 선명하게 보여 준다. 만약 이러한 해명이 옳은 것이라면 구조주의적 전통의 기호 이론의 난점은 단순히 이론적 정교성의 결여에서 비롯된 것이 아니라 기호화의 구도에 대한 근원적인 가정에서 비롯된 것이라고 말할 수 있다. 즉 구조주의적 기호 이론에는 처음부터 기호 사용자인 우리 자신의 경험 문제가 배제되어 있다. 한편 퍼스의 기호 이론은 기표와 기의라는 구조주의의 이원적 모형을 넘어서서 대상체를 도입하고 해석체에 대한 새로운 해명을 덧붙임으로써 훨씬 더 섬세한 기호 이론을 제시했다. 그럼에도 불구하고 퍼스는 여전히 체험주의가 제안하는 '은유적 사상' 개념에 이르지는 못했으며, 결과적으로 그의 기호 이론은 복잡성과 모호성으로 가득 차게 되었다.

경험으로서의 기호화에는 기표의 객관적 해석을 가로막는 두 가지 중요한 요소가 있는데, 그것은 기표의 파편성과 기호 사용자의 의도다. 이 두 가지 요소 때문에 기표의 해석은 결코 산술적인 방식을 따라 이루어지지 않는다. 물론 기호 사용자의 본래 '의도'를 해석의 결정적 계기로 사용할 수는 있겠지만, 그것이 모든 해석을 보증해 주는 것은 아니다. 왜냐하면 기호 사용자의 의도는 부분적일 수도 전체적일 수도 있지만, 기호화 자체는 항상 파편적일 수밖에 없기 때문이다. 더구나 기호 사용자 스스로 자신의 의도를 명백하게 제시하는 경우라 할지라도 그것이 그 기표에 대한 해석의 전부는 아니다. 이 때문에 기표의 해석은 해석자의 시각에 항상 열려 있다.

그러나 기호적 해석이 아무런 제약도 없이 전적으로 해석자에 의해 자의적으로 이루어지는 것은 아니다. 해석자는 해석되어야 할 물리적 기표를 그 기호 사용자와 공유하고 있으며, 더욱 중요한 것은 바로 이 때문에 기호화의 과정에서 이미 기호 사용자와 해석자가 공유할 수 있는 정도의 공공성이 공유되어 있다는 사실이다. 이러한 공공성이 전적으로 배제된 기표는 원천적으로 해석이 불가능하다. 그러한 공공성은 대부분 인간이 종으로서 공유하는 자연적 조건들에서 비롯된다. 즉 유기체적 존재로서 현재와 같은 신체적 구조를 갖고 있다는 사실이 그 공공성의 핵심적 내용을 이루고 있으며, 그것이 우리가 실제적으로 도달할 수 있는 실질적 객관성의 소재이기도 하다.

제8장
가르기와 경험의 구조[*]

1__ 머리말

유기체인 인간의 활동은 타인을 포함한 세계와의 지속적인 상호작용으로 특징지어진다. 이러한 인간 활동은 구체적이고 물리적인 층위에서부터 고도로 일반적인 추상적 정신활동에 이르기까지 매우 폭넓게 이루어진다. 그것을 전반적으로 특징짓는 기본적인 방식의 하나로 '가르기'를 들 수 있다. 가르기의 기본적 특성은 물리적이든 추상적이든 대상들의 '차이'를 드러내는 작용으로 볼 수 있다. 가르기를 통해 우리는 비로소 수많은 '대상들'을 경험하게 되는 것이다. 우리는 세계를 강, 산, 참나무, 사자, 책상, 사랑, 기쁨, 절대자 등으로 가르는데, 그것들은 그 자체로 고정된 대상이 아니라 우리의 가르기의 산물이다. 이러한 주장은 그 자체로는 전통적

* 이 논문은 1999년도 전남대학교 인문·사회과학분야 특성화공동연구지원에 의하여 연구되었음.

인 관념론자의 주장처럼 들릴 수 있다. 그러나 필자가 제시하는 가르기 개념은 전통적인 관념론의 몇몇 핵심적 가정들 — 관념론의 딜레마를 초래했던 — 을 거부하고 있다는 점에서 전통적인 관념론과 길을 달리한다. 이러한 길은 실재론/관념론의 이분법적 구분을 넘어선 제3의 길이 될 것이다.

　정신주의의 한 표현인 관념론자들이 해결하지 못했던 난제는 크게 두 갈래로 집약된다. 첫째, 인식이 전적으로 마음에 의존한다면 그러한 정신 작용의 제약을 적절하게 제시하지 못하는 한 허무주의적 상대주의의 위험에 직면하게 된다. 둘째, 마음의 작용에 앞선 존재 — 칸트가 '물자체' (Ding an sich)라고 불렀던 — 가 수수께끼로 남게 된다. 이러한 문제는 단순히 관념론이라는 특정한 교설의 문제가 아니라 실재론/관념론 논쟁의 근원적 구도와 관련되어 있다. 즉 이 대립적인 두 견해가 공통적으로 인식의 문제를 '세계'와 '마음'의 분리 구도 안에서 정형화했기 때문이다. 다시 말해서 외적 실재를 인정하는 실재론자와 내적 실재만을 인정하려는 관념론자(반실재론자)가 모두 인식 문제를 세계와 마음의 관계 문제로 국한하고 있는 것이다. 이러한 구도에서 몸의 역할은 원천적으로 배제되어 있다.

　이 글에서 필자는 우리의 경험을 신체적 · 물리적 층위와 정신적 · 추상적 층위의 포괄적 연속체로 받아들이는 체험주의적 시각을 토대로 가르기의 문제를 다룰 것이다. 다시 말해서 가르기의 문제는 근세의 인식론자들이 가정했던 것처럼 순수한 마음의 문제가 아니라, 몸을 가진 유기체로서 인간의 포괄적인 경험의 기본적 방식의 하나라는 것이다. 가르기에 관한 이러한 시도는 우리의 몸의 작용을 포함하는 경험 구조를 해명함으로써 정신주의라고 불리는 지적 전통이 불러오는 딜레마들을 넘어서서 우리에게 주어진 세계를 우리의 가르기의 산물로 해명할 수 있을 것이다. 나아가 가르기에 대한 이러한 해명은 물리적 · 신체적 층위의 경험은 물론 추상적 · 정신적 층위의 경험에도 동일하게 적용될 것이다. 따라서 그것은 고도의 추상적 작업인 철학적 이론들의 본성을 드러내는 데 중요한 실마리를 제공할 수 있을 것이며, 동시에 핵심적인 철학적 주제들에 관한 새로운 논의 방향을 제공할 것이다.

2— 인식을 넘어서

가르기를 경험의 기본 방식으로 다루는 것은 우리가 가르기의 주체라는 생각을 담고 있다. 다시 말해서 우리가 경험하는 모든 사물이 우리의 특정한 가르기의 산물이라는 것이다. 이러한 주장은 철학사를 통해 몇몇 낯익은 선례들이 있다. 오늘날 반실재론(또는 비실재론)을 포함해서 '관념론'으로 분류할 수 있는 모든 논의들이 사실상 가르기의 문제를 다루고 있기 때문이다. 그러나 관념론적 견해들은 그 중요한 통찰에도 불구하고 몇몇 핵심적인 딜레마를 극복하지 못한 채로 철학사의 일부가 되고 말았다. 그것은 먼저 칸트에 의해 정형화되었던 '물자체'라는 수수께끼이며, 둘째, 최근의 관념론(또는 반실재론)이 불러온 '상대주의'라는 망령이다.

근세 이후로 우리와 세계 사이의 관계는 특히 '인식'이라는 특별한 구도 안에서 매우 집중적으로 논의되어 왔다. 여기에서 논의의 핵심은 우리의 인식이 외부 대상에 의해 결정되는지, 아니면 인식의 주체인 정신에 의해 결정되는지의 문제였다. 우리의 정신적 작용과 상관없이 우리 밖에 대상들이 존재한다는 전자의 믿음을 '실재론'(realism)이라고 부른다. 반면에 '관념론'(idealism)은 인식의 과정에서 마음의 적극적인 작용을 인정한다. 즉 우리가 실재라고 인식하는 것들이 사실상 우리의 지각 안에서의 구성물이라는 것이다.

　실재론은 오랫동안 상식에 부합하는 견해로 간주되어 왔으며, 그러한 현상은 단지 우연은 아니다. 대부분의 일상적인 믿음이 실재론에 부합하는 것처럼 보이기 때문이다. 말하자면 특수한 이론에 물들지 않은 사람들도 대체로 이러한 실재론적 믿음을 받아들이며, 또 거기에 부합하는 방식으로 말하고 행동하기 때문이다. 대부분의 사람들은 오늘 중단한 컴퓨터 작업을 내일 다시 와서 계속할 수 있을 것이라고 믿으며, 또 실제로 그렇게 한다. 여기에는 내가 컴퓨터 앞을 떠나 있는 동안에도 여전히 컴퓨터와 그 안의 자료들이 특수한 외부의 힘이 가해지지 않는 한 변함없이 거기에 있을 것이라는 믿음이 자리 잡고 있다.

　그러나 오랫동안 상식적인 믿음으로 받아들여져 왔던 실재론적 믿음에 '코페르니쿠스적 전회'를 불러온 것은 칸트(I. Kant)의 구성설이다. 칸트는 우리의 인식을 설명하면서 물자체라는 알려지지 않은 세계로부터 주어진 어떤 것이 우리의 인식 구조를 거쳐 비로소 하나의 인식 대상으로 구성된다고 주장했다. 즉 칸트는 대상 인식이 세계 자체에 의해서 이루어지는 것이 아니라 무규정적인 질료가 우리의 선험적인 인식 구조를 거침으로써 비로소 하나의 대상으로 주어진다고 주장한다. 그러나 그의 이러한 정교하고도 설득력 있는 주장에도 불구하고 끝내 칸트에게 미해결의 수수께끼로 남게 되었던 것은 그러한 인식 구조의 작용에 앞선 어떤 것, 즉 물자체의 문제였다.

　대상 인식이 전적으로 정신의 적극적 작용에 의해 구성되는 것이라는 주장이 가능하다 하더라도, 그러한 인식 작용에 앞선, 어떤 규정되지 않은 질료의 존재를 부정할 수는 없기 때문이다. 말하자면 물자체는 존재한다고 받아들이면서도, 우리의 인식의 한계를 넘어서 있는 수수께끼다. 적어도 근세의 인식론적 전통에 속하는 철학자들은 물론이고 현대에 이르러서도 관념론적 성향을 보이는 모든 철학자들에게도 물자체의 문제는 여전히 해결되지 않는 난제로 남게 되었다.[1]

칸트의 문제에 덧붙여 최근의 관념론자들이 부딪히게 된 새로운 문제는 상대주의라는 망령이다. 우리의 마음에 단일하고 확정적인 인식의 형식을 설정했던 칸트는 상대주의 문제를 근원적으로 비켜섰지만, 오늘날 명시적이든 암시적이든 대안적인 마음의 구조, 즉 대안적인 개념체계 개념을 수용하는 철학자들은 불가피하게 상이한 개념체계들 사이에 발생하는 상대주의 문제에 직면하게 된다.[2] 즉 모든 인식은 개념체계에 의존하고 있으며, 따라서 우리의 믿음은 항상 그것이 속하는 개념체계에 상대적이라는 것이다. 이러한 주장에 대한 가장 일반적인 반론의 하나는 모든 믿음들이 각각의 개념체계에 상대적이라면 그 믿음들을 평가할 단일한 기준을 잃어버리게 된다는 것이다. 그것은 객관적 지식의 가능성은 물론 의사소통의 가능성조차도 부정해야 되는 지적 허무주의를 인정하는 것이 된다.

가르기를 실재론적 세계의 모습으로서가 아니라 우리의 활동 방식으로서 받아들이기 위해서는 이 두 갈래의 난제가 해결되어야 한다. 우리는 여기에서 듀이(J. Dewey)와 로티(R. Rorty)의 지적을 따라 이 딜레마들이 세계와 마음의 이분법적 구도에서 비롯된다는 사실에 주목할 필요가 있다.

---

1) '세계 만들기'(worldmaking) 논의를 통해 잘 알려진 굿맨(N. Goodman)의 비실재론은 물론이고, 퍼트남(H. Putnam)의 '내재적 실재론'(internal realism)의 골격 또한 완화되거나 변형된 형태의 관념론을 유지하고 있으며, 공통적으로 '물자체'의 문제에 직면하고 있다. 이 문제에 관한 좀 더 상세한 논의는 이 책 11장 「실재론과 반실재론을 넘어서」 참조.

2) 넓은 의미에서 콰인, 굿맨, 퍼트남, 나아가 로티 등이 모두 이 범주에 속한다. 이러한 맥락에서 개념체계 개념에 관한 좀 더 상세한 논의는 이 책 12장 「개념체계의 신체적 기반」 참조.

즉 이 문제를 불러온 인식론적 구도는 ① 인식 주체와 대상을 엄격하게 구분하고, ② 인식 주체를 순수한 마음의 존재로 가정한다.

로티는 이러한 인식론을 '표상주의'(representationalism)로 특징짓는다. 즉 인식론의 주체로 가정되는 데카르트적 인간은 순수한 정신적 존재이며, 정신적 존재의 궁극적 목적은 세계에 대한 정확한 표상, 즉 진리의 획득이다.[3] 이러한 구도 안에서 인간의 몸에는 아무런 자리도 주어지지 않는다. 이 때문에 순수한 마음의 존재인 인간은 세계로부터 격리되어 있는 관찰자로 가정된다. 듀이는 그 구도가 불가피하게 '방관자적 지식 이론'으로 귀결된다고 지적하고 있으며,[4] 훅(S. Hook)은 이것이 "인간을 이 세계 안에서 하나의 이방인으로, 인간의 지적 작용을 하나의 수수께끼"[5]로 만들게 된다고 말한다.

전통적인 인식론의 구도를 비판하면서 듀이와 로티는 동일한 길을 택하지만 우리는 로티에게서 더 이상 진전된 대안을 기대할 수 없다. 로티는 대안적 시도 없이 인식론의 구도를 무너뜨리는 것으로 철학적 소임을 다한 것처럼 주장하기 때문이다.[6] 이 때문에 우리는 오히려 인식론적 구도

---

3) 리처드 로티, 『철학 그리고 자연의 거울』, 박지수 역 (서울: 까치, 1998), p. 11. 여기에서 로티는 표상주의를 다음과 같이 기술한다. "안다는 것은 정신 바깥에 있는 것을 정확하게 표상한다는 것이다. 따라서 지식의 가능성과 본성을 이해한다는 것은 정신이 그러한 표상작용을 구성하는 방법을 이해한다는 것이다. 철학의 핵심적 관심은 실재를 잘 표상하는 분야와 별로 잘 표상하지 못하는 분야, 그리고 (잘 표상하는 척하고 있지만) 전혀 표상하지 못하는 분야로 문화를 구분하는 보편적인 표상이론이 되는 것에 맞추어져 있다."

4) John Dewey, *The Quest for Certainty : The Later Works*, 1925~1953, Vol. 4, ed. Jo Ann Boydston (Carbondale, Ill. : Southern Illinois University Press, 1988), p. 19.

5) Sidney Hook, "Introduction," in John Dewey, *Experience and Nature*: *The Later Works, 1925~1953*, Vol. 1, ed. Jo Ann Boydston (Carbondale : Southern Illinois University Press, 1981), p. x.

를 넘어서려는 새로운 접근 방식을 모색하면서 듀이의 생각에 좀 더 진지
하게 접근할 수 있다. 듀이는 여기에서 두 가지 중요한 사실을 우리에게
말해 준다. 먼저 그는 인간과 세계의 관계를 상호작용으로 설명한다. 즉
우리가 인식이라고 부르는 것은 이러한 상호작용의 산물이며, 결코 분리
된 관찰의 결과가 아니라는 것이다.

듀이에 따르면 몸과 마음은 '연속성'(continuity) 안에 있으며, 이러한
관계 속에서 정신활동은 몸의 활동에서 '창발'(emergence)한다.[7] 물론 창
발은 그 자체로 설명적인 개념은 아니다. 뿐만 아니라 듀이는 그것을 뒷받
침해 줄 수 있는 충분한 구체적인 경험적 증거를 갖지 못했다. 그러나 오
늘날 인지과학이라는 학제적 탐구를 통해 확장되는 경험과학적 증거들은
듀이의 주장을 설득력 있게 뒷받침해 준다. 마음은 그 자체로 존재하는 어
떤 것이 아니라 정교하게 확장된 몸의 활동 방식을 가리키는 이름이다. 이
러한 관점에서 존슨은 "몸은 마음 속에 있고, 마음은 몸 속에 있으며, 몸-마
음은 세계의 일부"[8]라고 말한다.

한편 우리가 몸을 가진 존재라는 사실은 우리가 이미 세계로부터 분리
될 수 없는, 세계의 일부라는 것을 말해 준다. 우리가 세계로부터 분리되
었다고 가정되는 것은 우리를 순수한 마음의 존재로 간주하는 정신주의의
산물이다. 우리는 몸을 통해 이 세계와 직접적으로 상호작용하며, 우리의
정신활동은 거기에서 비롯된다. 따라서 이러한 정신활동은 본성적으로 신

---

6) 로티와 듀이의 철학적 차이에 관한 좀 더 상세한 논의는 노양진, 『상대주의의 두 얼굴』
(파주: 서광사, 2007), 6장 「로티의 듀이 해석」 참조.

7) Dewey, *Logic : The Theory of Inquiry : The Later Works, 1925~1953*, Vol. 12, ed. Jo
Ann Boydston (Carbondale, Ill. : Southern Illinois University Press, 1991). pp. 26,
30.

8) 마크 존슨, 『마음 속의 몸: 의미, 상상력, 이성의 신체적 근거』, 노양진 역 (서울: 철학
과 현실사, 2000), 「한국어판 출간에 부쳐」, p. 13. (고딕은 원문의 강조.)

체화되어 있으며, 그러한 신체화를 분리할 수 있는 환원적 방식은 존재하지 않는다. 세계로부터 분리된 마음, 그리고 몸으로부터 분리된 마음이 구성하는 '순수한 인식'은 근세의 인식론자들의 철학적 희망일 뿐이다.

3— 가르기의 구조

1) 가르기와 차이

세계 안의 모든 사물들을 단순히 자연적인 존재로 받아들일 경우에는 가르기 문제가 제기되지 않는다. 그러나 이러한 소박한 실재론적 시각을 벗어나서, 대상이 인간의 가르기의 산물이라는 생각에 이르면 그 구조는 우리 경험의 중요한 부분으로 부각된다. 가르기는 사물들의 유사성과 차이를 드러내는 원초적 방식이라는 점에서 의미의 발현 문제와 맞물려 있다. 세계의 어떤 부분을 '산'으로 또는 '강'으로 가른다는 것은 다른 부분들과 어떤 새로운 차이를 만드는 일이다. 이 세계를 가르는 것은 같은 것과 다른 것의 영역을 구분하는 일이다. 즉 한 사물을 어떤 특정한 범주에 편입시킨다는 것은 그 사물과 그 범주 안의 다른 구성원들을 '같은 것'으로 간주한다는 것을 의미한다. 그것은 동시에 그 사물이 그 범주 밖의 사물들과 다르다는 것을 함축한다.

유사성과 차이를 만드는 방식으로서 가르기는 원리적으로 무한하다. 우리는 여기에서 모든 것은 다른 모든 것과 무한하게 다양한 방식으로 유사할 수 있다는 퍼트남(H. Putnam)의 말을 상기해 볼 수 있다.[9] 어떤 것과 다른 것의 유사성을 결정하는 데는 항상 특정한 층위가 수반된다. 따라

---

9) 힐러리 퍼트남, 『이성, 진리, 역사』, 김효명 역 (서울: 민음사, 2002), p. 118 참조.

서 이 세계에 존재하는 것들은 어떤 방식으로든 유사성을 가질 수 있다. 중요한 것은 우리가 그 층위를 적어도 원리적으로 자유롭게 움직일 수 있다는 사실이다. 다시 말해서 사물들 사이에 절대적인 유사성과 차이는 존재하지 않으며, 그것들은 모두 특정한 층위에서만 우리에게 의미화된다. 우리의 가르기에는 필연적으로 이러한 층위의 결정이 수반되며, 그것은 다시 우리의 의미 형성의 기본적 기제가 된다.

우리가 관찰할 수 있는 한 아메바의 모든 활동 방식은 크게 두 갈래로 나누어진다. 즉 아메바는 먹을 것을 향해 움직이며, 먹을 수 없는 것에서 멀어진다. 우리는 이러한 사실을 바탕으로 아메바가 이 세계를 '먹을 것' 과 '먹을 수 없는 것'으로 가르고 있다고 추정할 수 있다. 우리는 이것을 유기체의 가르기의 원초적인 한 모형으로 간주할 수 있을 것이다. 다시 말해서 복합적인 유기체일수록 가르기 방식은 기하급수적으로 복잡한 것이 되며, 우리는 유기체들의 그러한 계층구조의 최상부에 자리 잡고 있다고 생각할 수 있다.[10] 한편 세계에 대한 이러한 대응 방식은 '순수한 인식'의 문제라기보다는 한 유기체의 복합적인 삶의 조건과 밀접한 관계를 갖고 이루어지며, 또 그것에 의해 제약되는 포괄적인 활동의 방식이다. 우리는 신체적 · 물리적 층위로부터 정신적 · 추상적 층위에 이르는 우리의 모든 경험을 이러한 시각에서 비추어 볼 수 있다.

자연 세계 안의 유기체들은 대체로 개체 단위의 활동 형식을 갖는다. 그래서 그것은 절대적인 것은 아니라 하더라도 가르기의 우선적 척도가

---

10) 물론 인간 경험의 질적 특수성을 옹호하려는 사람들은 이러한 주장을 받아들이려 하지 않을 것이다. 인간 경험의 특성은 매우 포괄적인 기호적 경험에 있는 것으로 보이며, 그것은 인간 경험에 '게슈탈트적 도약'을 제공하는 것으로 보인다. 여기에서는 그러한 도약이 기본적인 유기체적 경험 구조 위에서만 가능하다는 점을 환기시키는 것으로 족할 것이다.

되며, 우리는 자연적 개체들에 관해 가르기 문제로 큰 어려움을 겪지 않는다. 예를 들어 호랑이, 개, 원숭이, 떡갈나무 등의 유기체들에 관해서 '가르기' 문제를 심각하게 생각하지 않는 경향이 있다. 그것들은 우리의 가르기의 산물이라기보다는 말 그대로 매우 '자연적인' 것으로 보이기 때문이다. 실제적으로 대부분의 언어들이 자연 종에 관해 독립적인 이름을 갖고 있으며, 그러한 이름들은 언어들 사이에 큰 어려움 없이 번역될 수 있다. 이러한 합치 또는 번역 가능성은 결코 문화적 우연의 산물만은 아니다. 물리적 대상인 자연 종들은 우리에게 대체로 매우 안정된 경험의 방식을 제공하기 때문이다. 이러한 일련의 사실은 실재론을 지지하는 강력한 근거가 되는 것으로 보인다.

그러나 그것은 가르기 문제에 관한 한 부분적인 이야기일 뿐이다. 자연 세계의 대상들이라고 해서 우리의 가르기 방식에서 자유로운 것은 아니다. 우리와 다른 구조를 가진 유기체들이 우리와 동일한 가르기를 한다고 보기는 어렵기 때문이다. 밤에 활동하는 망치머리 박쥐나 바다 속을 떠도는 해마가 우리와 동일한 가르기를 할 것이라고 믿는 것은 설득력이 없어 보인다. 그것들의 행동 방식은 그것들이 우리와 다른 가르기의 방식을 갖는다고 믿게 해 준다. 즉 우리에게 매우 보편적인 것처럼 보이는 가르기 방식이 사실은 '인간'이라는 종(種)의 특성을 반영하고 있다는 것이다. 우리와는 다른 몸을 가진 다른 유기체의 가르기 방식이 우리와는 매우 다를 것이라고 추정하는 것은 매우 자연스럽다. 천장에 자연스럽게 앉아 있을 수 있는 파리나 모기가 천장과 방바닥을 우리와 같은 방식으로 받아들이지 않을 것이다. 물고기가 물을 받아들이는 방식 — 말하자면 구체적으로 관찰되는 행동 방식 — 과 우리가 물을 받아들이는 방식은 분명히 다를 것이며, 그것은 말할 것도 없이 유기체적 조건의 차이 때문이다.

그러나 동일한 종인 인간이라고 해서 가르기 방식이 이러한 유기체적 조건에 의해 한 갈래로 결정되어 있는 것은 아니다. 사실상 가르기 방식은 거의 무한하다. 예를 들면 둥그런 수박을 쪼개는 방식은 원리적 — 실제로 가능하든 그렇지 않든 — 으로 무한하게 다양하다. 마찬가지로 우리가 세계의 크기를 결정하는 것은 그러한 가르기의 결과이며, 그것은 원리적으로 무한히 다양하다. 예를 들면 나는 무등산이 보이는 창가에 앉은 아름다운 여인의 '코'와 '무등산'을 한데 묶어 '무등코'라고 대상화할 수 있다. 이러한 대상은 우리 문화에서 매우 생소한 것이기는 하지만 불가능한 것은 아니다.[11] 이처럼 무한히 다양한 방식의 대상화가 가능하다. 우리의 선택에 의해 다양한 대상들이 존재할 수 있는 것이다.

　심지어 동일한 종인 인간들에게도 자연 종에 대한 가르기의 방식은 단일한 것이 아니다. 오스트레일리아 원주민의 언어인 디르발(Dyirbal)에서 'balan'이라는 분류사는 여자, 불, 위험한 것들, 위험하지 않은 새들, 특이한 동물 등을 포함한다.[12] 한편 에스키모인들이 눈[雪]에 관해 20여 개가 넘는 어휘를 갖고 있다는 것은 그들이 눈의 종류를 우리보다 훨씬 더 섬세한 방식으로 구별한다는 것을 의미한다. 이러한 독특한 가르기는 다른 어떤 언어에서도 관찰되지 않는다. 이들은 자신들만의 독특한 가르기 방식을 갖고 있는 것이다. 모든 유기체들이 종에 상관없이 동일한 가르기 방식을 갖는다는 믿음은 모든 종적 특성을 넘어선 '신적 관점'을 설정했을 때

---

11) 대상화 문제와 관련된 이러한 사례는 퍼트남의 생각을 원용한 것이다. Hilary Putnam, *Realism with a Human Face*, ed. James Conant (Cambridge, Mass.: Harvard University Press, 1990), pp. 98~99 참조.

12) George Lakoff, *Women, Fire, and Dangerous Things: What Categories Reveal about the Mind* (Chicago: University of Chicago Press, 1987), p. 5. 이 책은 우리의 일상적인 범주들이 사물의 자연적 속성에 근거하고 있는 것이 아니라 우리의 범주화의 산물이라는 것을 보여 주는 최근의 성과들을 상세한 사례들과 함께 포괄적으로 소개하고 있다.

에나 가능하다.

가르기는 일상적인 경험 영역에서뿐만 아니라 고도의 추상적인 정신활동 영역인 철학적 사유에서도 마찬가지로 중요하게 나타난다. 예를 들면 모든 형이상학은 바로 세계의 기본적 구조에 대한 특정한 해명이다. 이 세계에 대한 특정한 가르기는 인간의 위상에 대한 특정한 해석을 수반하게 된다. 그것은 단순히 세계의 구조에 대한 순수한 해명에 그치지 않고 그 안에서 존립하는 사물들과 인간의 위치를 설정해 주며, 그것은 특정한 도덕적 사유의 기본적 골간을 이룬다.

이러한 가르기는 단순히 세계의 모습을 구획하는 데 필요한 것일 뿐만 아니라 개개인의 행위를 결정하는 데 핵심적 요소를 구성한다. 특정한 행위를 도덕적으로 평가하기 위해서는 우선 그 행위를 하나의 단위로 가르는 것이 필요하며, 나아가 그것이 '좋은 것' 또는 '나쁜 것'이라는 갈래에 속하는지를 판별해야 한다. 이러한 의미에서 도덕 이론은 바로 '좋은 것'과 '나쁜 것', 또는 '옳은 것'과 '그른 것'을 가르는 작업이라고 할 수 있다. 여기에서 가르기는 개인의 도덕적 행위를 결정하는 출발점이 되며, 적절한 가르기의 방식을 받아들이는 것은 특정한 상황에서 도덕적으로 행위한다는 것을 의미한다. 이러한 관점에서 우리는 모든 철학적 이론들을 특정한 가르기의 체계들이라고 말할 수 있다.[13] 투겐트하트(E. Tugendhat)는 다음과 같이 말한다.

철학함의 본질은 선을 긋는 데 있다. 즉 경계를 긋는 데 있다. 선이라는 것은 이렇게 아니면 저렇게 그어질 수 있다. 선을 일정한 방식으로 그음으로써 우리는

---

13) 이러한 생각은 오늘날 철학자들에게 전적으로 새롭거나 낯선 것은 아니지만 이 문제에 관한 섬세하고도 체계적인 논의를 찾아보는 것은 여전히 쉽지 않다.

많은 사물들을 더 명백하게 묶으며, 또 그것들을 지금까지보다 더 분명하게 다른 것들로부터 분리한다. 비트겐슈타인은 이러한 방식을 그의 『청색 책』에서 도서관의 책들을 정돈하는 것과 비교했다.[14]

2) 가르기와 만들기

자연적 대상과의 상호작용은 가르기와 관련된 원형적 모형을 제시하는 것처럼 보인다. 예를 들면, 우리가 개체로 인식하는 모든 유기체가 하나의 모형이다. 호랑이, 소나무, 아메바, 기러기 등 모든 유기체는 생존과 운동의 독립적 단위를 구성한다. 그리고 이것은 그것들을 하나의 대상으로 인식하는 데 중요한 모형과 지침이 된다. 말하자면 이러한 대상들과의 밀접한 상호작용을 통해 그것들을 단일한 대상으로 이해하며, 이러한 이해 방식을 심지어 추상적 경험 대상들로까지 '은유적'으로 확장시켜 가는 것이다. 이러한 은유적 확장의 구체적인 방식을 존슨(M. Johnson)은 '투사'(projection)로 설명한다.[15] 즉 우리는 우리가 물리적 대상을 이해하는 방식을 추상적 대상에 투사하며, 그렇게 함으로써 우리는 그 추상적 대상을 자연적 대상의 '관점에서' 이해하게 된다.

우리가 흔히 '자연적'이라고 부르는 대상들이 모형이 된다고 보는 중요한 이유는 인간의 삶에서 매우 익숙한 상호작용의 단위들이기 때문이다. 그러나 이러한 대상들이 매우 견고한 대상들이기는 하지만 결코 불변의 대상은 아니다. 대상은 우리의 대상화 방식에 의해 여전히 다양하게 열려 있기 때문이다. '산'과 '강'은 각각 다른 대상일 수 있지만 '강산'이라는

---

14) Ernst Tugendhat, *Probleme der Ethik* (Stuttgart: Reclam, 1984), p. 65. 김양현 교수는 대화를 통해 가르기가 실천철학의 핵심적 주제일 수 있다는 점을 지적하고, 이와 관련해 자신이 주목하고 있는 투겐트하트의 이 구절을 필자에게 제시해 주었다.

15) 은유적 투사에 관한 좀 더 상세한 설명은 존슨, 『마음 속의 몸』, 특히 5장 참조.

대상화가 이루어지면 하나의 대상이 된다. 나무들은 각각 독립적인 대상들로 인식될 수 있지만 하나의 '숲'으로 대상화되면 그 개별적 의미를 잃게 된다. 여기에서 우리는 현재 우리의 대상화 방식이 고정적인 것은 아니라 하더라도 매우 안정적이라는 사실을 지적할 수 있으며, 그러한 안정성이 절대적인 안정성이 아니라 유기체로서 우리의 자연적 삶의 조건에 의해 제약된 안정성이라고 말할 수 있다.

이러한 시각에서 우리가 일상적으로 경험하는 대상들은 우리의 가르기의 산물이라고 말할 수 있다. 그렇다면 그 대상들을 우리가 '만든 것'인가? 우리가 '만든다'고 말하는 것들의 대부분은 사실상 이러한 새로운 '가르기'의 산물이다. 발명이나 발견 또한 이러한 가르기의 방식들이다. 과학자들은 새로운 물질 또는 종을 발견하거나 발명한다. 발견은 물론이고 우리가 발명이라고 부르는 것들 또한 무(無)에서 새로운 무엇을 만들어 내는 것이 아니라, 주어진 존재자들을 이런저런 방식으로 결합하거나 합성함으로써 얻어 낸 것이다. 가르기는 단지 평면적인 구획이 아니라 인간의 행위와 그 작용이 결합하여 나타난다.

가르기의 주체인 유기체와 그 상호작용의 터전인 세계는 그 가르기라는 작용에 앞서 이미 하나의 대상으로서가 아니라, 조건으로서 존재하고 있는 것이다. 다시 말해서 내가 몸을 가진 유기체라는 사실은 대상화 이전의 조건에 속하는 부분이다. 그리고 사실상 이러한 차원의 대상은 나의 몸의 존재만큼이나 평이한 사실이다. 그래서 이러한 대상들의 존재에 대한 믿음은 '실재론'이라는 이론적 이름이 필요 없을 만큼 너무나 평이한 믿음이다.[16] 따라서 가르기를 경험의 기본적 방식으로 받아들인다고 하더라도

---

16) 이러한 맥락에서 설은 이처럼 최소화된 실재론이 가설 또는 이론이라기보다는 가설들을 가능하게 하는 하나의 조건일 뿐이라고 주장한다. John Searle, *Intentionality*

이러한 차원의 소박한 실재론적 믿음을 거부해야 할 아무런 이유가 없다.

한편 흔히 관념론적 주장에 대해 제기되는 혼란스러운 물음 중의 하나는 "우리의 마음이 대상을 만드는가?"이다. 관념론에 따르면 경험은 단지 주어진 것에 대한 수동적 반응이 아니라 그것을 재구성하는 것이며, 따라서 그것은 새로운 '만들기'의 문제라는 것이다. 이러한 시각에서 본다면 우리에게 주어진 세계는 우리가 '만든 것'이다. 그러나 우리가 '만들기'라고 부르는 모든 것은 사실상 문자적인 의미에서의 '만들기'를 의미하는 것이 아니라 우리의 '가르기' 방식을 가리키는 은유적 표현일 뿐이다. 우리가 물리적으로 대상들의 조작을 통해 무엇인가 새로운 대상을 만드는 것 또한 넓은 의미에서 가르기의 한 방식이다. 이 세계의 거주자인 인간은 이 세계의 그 어떤 것도 '무(無)에서 창조'하지는 않는다.

예를 들어 굿맨(N. Goodman)은 '세계 만들기'(worldmaking)라는 말과 함께 극단적인 비실재론(irrealism)을 옹호한다.[17] 굿맨에 따르면 우리에게는 하나의 세계가 아니라 다수의 세계가 있으며, 그 세계들은 우리가 만든 '버전들'(versions)이다. 이때 굿맨이 말하는 만들기는 과연 문자적인 의미에서 우리가 세계를 '만들었다'는 것을 의미하는 것일까? 굿맨과 그의 비판자들 사이에 "우리가 북두칠성을 만들었는가?"라는 물음을 중심으로 이 문제에 관해 매우 집중적인 논의가 오고간다.[18] 굿맨의 말처럼 우리가 '세계를 만든다'고 말하는 것은 북두칠성이라는 별을 마치 흙으로 벽돌을 만드는 것처럼 만들었다는 것을 의미하지는 않는다. 우리가 '북두칠성을 만든다'고 말하는 것은 사실상 수많은 별들을 하나의 형태를 따라

(Cambridge: Cambridge University Press, 1983), pp. 158~59 참조.

17) Nelson Goodman, *Ways of Worldmaking* (Indianapolis: Hackett, 1978).

18) Goodman, "On Starmaking," in Peter J. McCormick, ed., *Starmaking: Realism, Anti-Realism, and Irrealism* (Cambridge, Mass.: MIT Press, 1996), 특히 p. 145 참조.

구획했다는 것을 말하며, 그것이 하나의 경험 대상으로 대상화되었다는 것을 말한다. 그리고 그것은 하나의 대상으로서 의미를 갖게 된다. 말하자면 그것은 과거에 존재하지 않았던 새로운 가르기의 산물이다. 그러한 의미에서 그것은 새로운 '대상'이다. 우리는 그 대상을 새롭게 만든 것이다.

아마도 칸트의 '물자체'의 딜레마에 익숙한 사람들은 가르기가 세계의 존재 방식이 아니라 우리의 경험의 방식이라는 점을 들어 과연 우리의 가르기 이전의 실재가 무엇인지를 묻고 싶어질 것이다. 그러나 가르기에 앞서 존재하는 그런 실재는 우리 자신의 몸처럼 너무나 평이한 자연적 존재들뿐이다. 그러한 물음은 내 몸의 한 부분인 손이 하나의 '손'으로 대상화되기 전에는 무엇이었는지를 묻는 것처럼 공허하다. 왜냐하면 그러한 물음은 가르기라는 작용이 있기 전에 나 자신이 무엇이었는가를 묻는 것과 동일한 물음이기 때문이다. 자연적 세계는 나의 몸을 통해서 주어지며, 따라서 나에게 몸이 있다는 사실은 모든 경험의 기본적 조건을 이룬다. 즉 몸은 모든 경험의 출발점이자 회귀점이 된다. 몸은 또 다른 몸들과의 대면을 통해 비로소 정신적 활동의 대상인 추상적인 세계로 이행해 간다. 우리는 이제 데카르트의 제1원리 대신에 "나에게는 몸이 있다. 고로 나는 존재한다"라고 말할 수 있다. 자연적 존재들은 우리 몸이 존재하는 것처럼 매우 평범하고 원초적인 방식으로 존재한다.

칸트가 물자체라는 수수께끼에 직면했던 이유는 단일하고 폐쇄적인 인식 방식이 존재한다고 믿었기 때문이다. 이처럼 완성된 가르기 방식이 가정되면, 가르기에 앞서 존재하는 것은 알려지지 않는 '미지의 것'으로 남게 된다. 물자체라는 수수께끼는 순수한 마음으로 설정된 데카르트적 인식 주관과 그 대상인 세계 사이의 엄격한 구분에 덧붙여 칸트적 가르기 방식, 즉 구성설이 결합됨으로써 비롯된, 매우 특수한 유형의 이론적 수수께끼다. 그것은 해결되어야 할 수수께끼가 아니라 해소되어야 할 수수께끼다.

4__ 인간의 조건과 경험의 크기

앞서 살펴보았던 것처럼 가르기의 방식은 적어도 원리적으로 제약되어 있지 않다. 이러한 다양한 가르기의 가능성은 상대주의적 이론들을 뒷받침해 주는 강력한 논거가 된다. 말하자면 인식 대상이 우리의 가르기의 산물이라는 사실은 직접적으로 대상의 존재성이 우리의 인식 방식에 상대적이라는 주장으로 이어진다. 그러나 우리의 가르기에 아무런 제약도 주어지지 않는다면 이러한 상대주의적 우려는 매우 위협적인 것이다. 왜냐하면 우리가 아무런 제약도 주어지지 않은 상태로 자의적인 가르기를 선택한다면 우리의 현실적인 의사소통이나 공유된 일련의 경험들을 단지 '우연'이라고 말할 수밖에 없기 때문이다.[19)]

그러나 상이한 언어(문화) 공동체들 사이에서 드러나는 가르기의 차이를 인정한다고 해서 그것이 모든 가르기가 전적으로 무제약적이라는 것을 뜻하지는 않는다. 즉 가르기의 자연적 · 문화적 차이에도 불구하고 그것들이 대체적으로 공유하는 유사성이 있다는 것이다. 이러한 의미에서 다양한 언어 공동체들 사이에 실제로 드러나는 가르기의 방식은 동일하지는 않지만 제한적이다. 즉 인간의 가르기 방식은 무엇인가에 의해 강력하게 제약되고 있는 것이다. 그래서 우리는 상이한 언어(문화)들에서 드러나는 공공성이 단지 '우연'이라고 말하기보다는 무엇에 의해 어떤 방식으로 제

---

19) 아마도 이러한 주장에 가장 가깝게 접근하는 철학자는 로티(R. Rorty)일 것이다. 이러한 주장은 과거의 이론들이 가정했던 것처럼 우리가 객관적으로 확립할 수 있는 단일한 경험의 구조가 존재한다는 가정에 대한 거부로서는 옳은 것이다. 그러나 이 지점을 넘어서서 여기에 아무런 제약도 주어지지 않는다는 주장으로 이어질 때 허무주의적 상대주의의 문제에 직면하게 된다. 로티, 『우연성, 아이러니, 연대성』, 김동식 · 김유선 역 (서울: 민음사, 1996), 특히 1부 1장 참조.

약되는지를 물을 수 있다. 이러한 물음에 답하기 위해서는 경험의 두 층위에서 드러나는 차이에 주목할 필요가 있다. 대체적으로 말해서 자연적 대상들은 정신적·추상적 층위에서보다도 신체적·물리적 층위에서 우리의 가르기에 훨씬 직접적 제약을 준다는 것이다.

우리는 이러한 제약의 유력한 후보로 우리의 몸에 관심을 돌릴 수 있다. 몸은 우리의 원초적인 존립 조건을 구성할 뿐만 아니라, 추상적인 정신활동의 근거가 되는 동시에 그것을 제약한다. 그 이유는 우리가 현재와 같은 몸의 구조를 통해 물리적 대상들과 직접적으로 상호작용한다는 사실에서 찾을 수 있다. 물리적 대상들의 가르기에서 드러나는 현저한 공공성은 그것들과 접촉하는 우리의 자연적 조건에서 비롯된다. 말하자면 물리적 대상은 우리의 가르기 방식을 매우 직접적이고 강력하게 제약한다. 오늘날 인지과학이 제공하는 경험적 증거들은 이러한 주장을 적절하게 뒷받침해 준다.

이 문제와 관련해서 우리는 최근에 급속히 증가하는 범주화에 관한 탐구에 주목할 필요가 있다.[20] 여기에서 중요하게 드러난 것은 '기본층위'(basic level)의 범주들이 존재한다는 사실이다. 기본층위의 범주화란 우리의 일상적 인식에서 가장 쉽게 배우고 기억하고 사용할 수 있는 층위의 범주화를 말한다.[21] 예를 들면 내가 지금 창문을 통해 바라보는 나무는 백

---

20) 범주화에 관한 최근의 탐구는 범주화가 우리의 일상적 개념 형성의 기본적 층위를 이루고 있다는 생각을 바탕으로 수행된다. 우리는 일반 명사를 사용할 때 항상 특정한 범주화를 사용한다. 즉 이 소나무, 저 책상과 같은 구체적인 대상이 아니라, 일반적인 '소나무' '책상' 등의 개념을 사용하기 위해서는 범주화가 수반된다. 따라서 범주화는 우리의 사고와 행위의 중요한 부분을 차지하고 있다. 그러나 범주화에 관한 최근의 연구는 대부분 일반 명사의 사용 문제에 국한되어 있다는 점에서 가르기의 한 부분을 구성하고 있다고 말할 수 있다. 범주화에 관한 최근 연구의 개괄적 요약은 Lakoff, *Women, Fire, and Dangerous Things*, 특히 제1부 참조.

송, 소나무, 침엽수, 식물, 존재 등의 여러 층위로 범주화될 수 있다. 여기에서 소나무가 바로 기본층위 범주에 해당되는데, 그것은 상위 범주인 침엽수, 식물, 존재 등에 비해서 일상적으로 기술하기가 훨씬 용이하다. 이 것은 이 층위에서 소나무와 구별되는 다른 대상들이 우리 경험에 훨씬 더 익숙하고 이해하기 쉬운 범주라는 것을 말해 준다.

여기에서 우리는 범주화와 관련해서 두 가지 중요한 사실에 주목할 필요가 있다. ① 원리적으로 무한한 범주 가능성 중에 우리가 인간이라는 종(種)으로서 선택하는 몇 가지 층위가 존재한다. ② 그 몇 가지 층위 중 우리 경험과 더 밀착된 층위가 존재한다. 이러한 사실은 우리의 범주화가 무엇인가에 의해 강력하게 제약되고 있다는 것을 말해 준다. 고전적인 범주 이론은 이 문제에 관해 경험적으로 적절한 해명을 제시하지 못한다. 왜냐하면 고전적 범주 이론에 따르면 모든 범주는 구성원들이 공유하는 고유한 속성에 의해 구성되며, 따라서 우리의 경험 작용은 거기에 아무런 영향을 미치지 않기 때문이다. 이러한 시각에서 자연적 범주들은 본래 그대로이거나 아니면 우리를 넘어서는 어떤 초월적 존재의 의지의 산물이라고 간주된다.

대신에 최근의 범주화 이론은 범주들을 우리의 경험의 문제로 다룰 수 있다는 것을 말해 준다. 이러한 시각에서 기본층위 범주의 존재는 우리의 실제적 범주들이 어떤 요소들에 의해 강력하게 제약되고 있다는 사실을 함축한다. 이러한 제약의 가장 유력한 후보는 '몸'이다. 우리가 현재와 같은 몸을 갖고 현재와 같은 물리적 세계와 상호작용하며, 따라서 기본층위 범주들은 그러한 상호작용에 가장 적절한 크기의 가르기의 산물이라는 것

---

21) J. 테일러, 『인지언어학이란 무엇인가?: 언어학과 원형 이론』, 조명원 · 나익주 역 (서울: 한국문화사, 1997), pp. 54~60 참조.

이다. 다시 말해서 기본층위 범주들은 우리의 가장 일반적인 인지의 차원을 구성한다.[22) 이러한 사실은 가르기의 문제가 절대적으로 확정된 것도 아니며, 동시에 무제약적으로 열려 있는 것도 아니라는 사실을 말해 준다. 가르기의 이러한 특성은 바로 우리 경험의 특성을 말해 준다.

물론 중요하게 언급해 두어야 할 것은 이러한 제약이 전 경험에서 동등하게 나타나지 않는다는 사실이다. 우리는 경험을 크게 물리적 층위와 정신적 층위의 두 갈래로 나누어 볼 수 있다. 이러한 경험 개념은 두 가지 중요한 측면에서 고전적인 '경험주의적' 경험 개념과 차이가 있다. 우선 이구분은 우리가 경험하는 대상들의 영역에 대한 이분법적인 구분이 아니라 우리 경험의 특징적인 층위들을 나누어 보는 구분 방식이다. 둘째, 그것은 고전적인 '경험주의적' 경험 개념보다 훨씬 넓은 의미를 갖게 되는데, 이러한 경험은 "우리를 인간 존재 — 우리의 세계에 대한 이해를 구성하는 복합적인 상호작용 안에서 결합된 신체적·사회적·언어적 존재 — 로 만들어 주는 모든 것을 포함한다."[23)

앞서 지적했던 것처럼 가르기의 제약은 물리적 층위의 경험 영역에서 훨씬 더 현저하게 나타날 것이다. 우리는 이러한 제약의 소재를 우리의 몸, 그리고 몸과 직접적으로 상호작용하는 물리적 세계에서 찾을 수 있다. 즉 우리는 현재와 같은 신체적 조건에서 활동하며, 그것은 그 활동을 통해

---

22) 기본층위 범주의 철학적 함의에 관해서는 레이코프·존슨, 『몸의 철학』, pp. 60~65 참조.
23) 존슨, 『마음 속의 몸』, p. 32. 이러한 폭넓은 '경험' 개념은 듀이의 경험 개념과 매우 흡사하다. 듀이는 이러한 경험의 본성을 '연속성'(continuity)으로 특징짓는다. 우리의 경험에 본래적인 단절은 없다는 것이다. 이것은 근세 이래의 고전적인 경험주의적 전통에서 '경험'이라는 말을 감각적 경험에 국한시켰던 것과는 매우 대조적인 것이다. 고전적인 경험주의자의 경험 개념에는 인간의 정신활동의 다양한 산물들에 적절한 자리가 주어지지 않는다. 정신적인 것들은 대부분 경험적인 것들의 파생물로 이해되거나 아니면 근거 없는 환상으로 증발하기 쉽다.

발현하는 모든 개념들과 추상적 정신활동의 근거가 될 뿐만 아니라 제약의 소재가 된다. 이러한 시각은 일상적인 개념들의 차원뿐만 아니라 고도의 추상적인 이론들의 본성을 밝히는 데 중요한 계기를 제공할 것이다.

　이러한 태도는 인간이라는 종(種)의 경험에 앞서 존재하는 절대적 가르기에 대한 믿음을 거부하는 것이며, 동시에 무제약적인 허무주의적 상대주의를 거부하는 것이다. 아마도 이러한 견해는 '자연주의적 다원주의'라는 이름으로 불릴 수 있을 것이다. 이러한 논의를 가능하게 하는 것은 인간이 현재와 같은 몸을 가진 유기체라는 사실과 우리의 전 경험의 뿌리가 우리의 몸과 물리적인 세계의 상호작용에 있다는 두 가지 사실이다. 이러한 사실은 우리의 추상적 정신활동의 산물인 이론들이 본성상 신체화되어 있으며, 따라서 그러한 시각에서 검토되고 평가되어야 한다는 것을 함축한다. 가르기는 정신주의가 가정했던 것처럼 절대적인 것도 아니며, 허무주의적 상대주의를 허용하는 무제약적 활동 방식도 아니다.

5__ 맺는 말

　'가르기'는 우리의 경험의 구조를 설명하는 데 기본적인 개념이다. 가르기의 방식이 다양하다는 것은 유기체의 존재 방식의 복합성을 말해 준다. 고등동물로 갈수록 가르기 방식이 점차 더 복잡해지는 것은 이 때문이다. 우리의 경험 내용이 과연 전적으로 세계 자체에 의존하고 있는지, 아니면 전적으로 우리의 가르기에 의존하고 있는지의 문제는 오랫동안 인식론적 전통에서 실재론과 관념론 사이의 가열된 논쟁을 불러일으킨 난감한 문제였다. 그러나 실재론자든 관념론자든 이들이 공통적으로 부딪혔던 문제는 사실상 우리의 언어에 대한 부적절한 이해 방식에서 비롯되는 특수한 문제였다. 우리가 세계에 대응하는 방식을 가르기의 시각에서 본다면 그것은 결코 그처럼 혼란스러운 논쟁을 불러일으킬 만한 문제가 아니라는 것을 알 수 있다. 즉 우리는 견고한 대상들이 실재한다는 것을 인정할 수 있으며, 동시에 그것들을 경험하는 매우 다양한 방식이 있음을 인정할 수 있다.

마음에 대한 과도한 믿음은 '정신주의'라고 부를 수 있는 특정한 전통의 부산물이다. 서구 지성사를 통해 '마음'이 오랫동안 특권적 위상을 유지해 왔던 것은 '정신주의'라는 특정한 철학적 태도에서 비롯되는 하나의 편향이다. 정신주의와의 결별을 통해 우리는 세계로부터의 분리라는 구도를 벗어나 다시 세계 — 우리가 직접 접촉하고 우리 자신이 그 일부인 — 로 회귀할 수 있다. 몸에 대한 반성적 성찰을 통한 그러한 회귀는 더 나아가 허무주의적 상대주의라는 망령에서 벗어나 자연적 차원이든 문화적 차원이든 우리 경험에 주어진 모든 세계가 우리의 가르기의 산물이라는 주장을 가능하게 해 준다.

제 2부

철학과 몸의 복권

제9장
몸의 철학적 담론[*]

1__ 머리말

　'몸'은 우리의 존재 근거이며, 사유의 뿌리다. 그럼에도 불구하고 몸은 우리에게 너무나 가깝고 익숙하다는 이유 때문에 오랫동안 진지한 철학적 사유의 장에서 벗어나 있었다. 전통적으로 '철학적' 사유는 우리를 넘어서서, 우리와 멀리 떨어져 있는 것들에 이르는 배타적 능력이라는 생각이 지배적이었다. 이러한 구도 안에서 몸은 철학적 사유를 가로막는 부정적 장애물이거나 본성상 철학적 탐구에 부적절한 대상으로 간주되어 왔다. 지성사를 통해 드물게 몇몇 철학자들이 지배적 주류인 정신주의적 전통에 급진적인 방식으로 반기를 들기도 했지만, 그것은 여전히 주변적이고 반

*　이 논문은 2001년도 전남대학교 학술연구비 지원에 의해 연구되었음. 이 글의 초고는 고려대학교 철학연구소 월례발표회(2003. 9. 23.)에서 처음 발표되었다. 여기에서 몸 철학의 철학적 방향성에 대한 중요한 제안과 함께 크고 작은 문제들을 지적해 주신 임홍빈 교수님과 이승환 교수님께 특별히 감사드린다.

역적인 것으로 간주되었다.

오늘날 다양한 지적 논의를 통해 몸은 또다시 새로운 관심사로 떠오르고 있다. 그러나 증가하는 몸의 담론에도 불구하고 몸의 구체적인 작용 방식에 대한 경험적 '해명'은 원천적으로 제한되어 있다. 이 때문에 오늘날 몸의 중요성에 대한 철학적 논의의 많은 부분이 이론적 '요청'에 기울게 된다. 그러나 사실상 그보다도 우리에게 더 긴요한 것은 그러한 요청을 뒷받침할 만한 구체적 해명이다. 마음의 본성에 관한 학제적 탐구인 '인지과학'(cognitive science)의 경험적 증거들은 이러한 해명에 핵심적인 실마리를 제공한다. 물론 몸의 구조와 작용에 관한 경험과학적 해명은 완결되지 않았으며, 또 완결되지도 않을 것이다. 그러나 오늘날 경험과학적 탐구를 통해서 제시되는 증거들은 적어도 과거의 이론들이 지나치게 사변적이며, 이 때문에 우리에게 더 이상 유효하지 않은 문제들을 제기하고 있었다는 것을 보여 주기에 충분한 성과를 이룬 것으로 보인다.

최근 미국을 중심으로 형성되어 가고 있는 '체험주의'(experientialism)는 '몸의 복권'을 철학적 논의의 전면으로 끌어 오는 데 주도적 역할을 하고 있다. 체험주의는 인지과학의 경험적 증거들을 적극적으로 수용함으로써 우리의 전반적 사고와 행위에서 몸의 중심성을 핵심적인 철학적 주제로 부활시키고 있다. 철학사적으로 볼 때 몸의 중심성은 니체(F. Nietzsche)나 메를로 퐁티(M. Merleau-Ponty), 듀이(J. Dewey) 철학의 중심 주제였으며, 비트겐슈타인(L. Wittgenstein)의 후기 철학에서도 유사한 메시지를 읽어 낼 수 있다. 강한 해체론적 태도를 보이는 니체를 제외한다면 체험주의는 몸의 중심성이라는 논제에서 대체로 이들과 유사한 시각을 공유하고 있다.

몸의 복권은 특정한 몇몇 철학적 문제들의 수정이 아니라 거의 모든 철학적 논의에 전면적인 시각 변화를 예고하며, 또 요구한다. 따라서 필자는 이 글에서 다루어야 할 문제들을 적절한 방식으로 제한해야만 한다. 필자는 우선 '몸의 중심성'이라는 논제가 불러오는 핵심적인 철학적 귀결들을 검토하고, 특히 그것이 고전적인 이성 개념을 중심으로 이루어져 왔던 서구의 지적 지형도에 어떤 변화를 요청하는지에 초점을 맞출 것이다. 이러한 논의를 통해 체험주의의 몸 담론이 몸의 배타적 우선성을 옹호하려는 것이 아니라 잊혀진 몸을 제자리에 복권시키려는 반성적 작업이라는 점을 드러낼 수 있을 것이다.

2__ 잊혀진 몸

서구 지성사를 통해 몸은 마치 지적 담론의 사생아처럼 변방을 서성이는 소외되고 불운한 역사를 갖고 있다. 이러한 몸의 소외는 철학적 사유의 출발점에서부터 시작되었다. 철학적 작업은 인간의 정신적 사유의 산물인 동시에 다른 존재와의 차별성을 드러내 주는 인간의 고유한 능력으로 간주되었으며, 이 때문에 철학자들은 '마음'을 배타적인 우선성을 갖는 인간의 특성으로 받아들였다. 인간의 본질을 마음으로 규정하려는 이러한 태도를 포괄적으로 '정신주의'라고 묶을 수 있으며, 그것은 서구 지성사의 지배적 주류로 자리 잡아 왔다.

마음의 배타적 우선성은 서양철학의 출발점에서부터 널리 유포된 믿음이었지만 그에 관해 처음으로 체계적인 견해를 제시했던 철학자는 플라톤이다. 플라톤에게 몸은 불멸의 영혼을 담는 일회적 그릇에 불과한 것일 뿐만 아니라 고양된 세계로의 상승을 가로막는 장애물이었다. 플라톤의 철학적 사유는 우리의 감각에 주어진 현실 세계, 그리고 그 인식에 대한 불신으로부터 시작된다. 그의 철학은 우리가 거주하는 이 세계 안에 절대적이고 불변하는 어떤 것도 존재하지 않는다는 믿음을 바탕으로, 그것들을 넘어서는 세계, 즉 이데아의 세계를 향한 열망으로 가득 차 있다. 그는 이데아가 우리의 감각적 경험을 통해 주어지지 않으며, 오직 인간의 상위적 능력인 마음에 의해서만 도달 가능하다고 보았다. 플라톤이 제시했던 이데아의 세계로 나아가는 데 몸은 하나의 방법적 계기로 작용할 수는 있지만 아무런 주체적 역할도 갖지 않았다.

몸에 대한 이러한 부정적 시각은 중세 기독교의 신학적 세계관을 벗어난 근세에 들어서도 여전히 지배적인 신화로 유지된다. 데카르트(R. Descartes)의 인식론적 이상은 '코기토'(cogito ergo sum)로 집약되며, 그것이 우리 인식의 확실성의 토대다. 데카르트는 몸과 마음을 독립적인 실체로 규정하고 있으며, 여기에서 그가 원하는 모든 철학적 희망은 오직 마음을 통해서만 가능한 것으로 정형화되었다. 우리는 이러한 데카르트의 견해를 '실체 이원론'이라고 부른다. 이러한 구도 안에서 인간은 순수하게 '생각하는 존재'로 간주되었으며, 여기에서 몸은 또다시 지적 관심의 변방으로 벗어난다. 데카르트의 이러한 태도는 철학적 탐구의 본성에 관한 정신주의적 시각의 세련된 표현이다.

서구 지적 전통에서 지배적 주류의 자리를 차지해 왔던 이원론적 시각이 심각한 도전에 직면하게 된 것은 비교적 최근의 일이다. 특히 20세기에 마음의 본성에 관한 경험과학적 탐구 성과들에 힘입은 새로운 철학적 반성들은 정형화된 형태의 몸/마음 이원론이 더 이상 유지되기 힘든 철학적 가정이라는 점을 지속적으로 지적해 왔다.[1] 라일(G. Ryle)은 데카르트

---

1) 몸과 마음의 이원론의 난점을 거론하는 것은 이제 새삼스러운 것이 되었다. 다만 플라톤과 데카르트가 공통적으로 부딪히는 난제는 그 두 영역을 나누는 문제가 아니라 그 두 영역의 관계를 설명하는 문제였다는 점을 지적해 둘 만하다. 이러한 어려움의 근원은 이 두 영역을 나눈 상태에서 제3의 어떤 것 — 플라톤의 '영혼'과 데카르트의 '송과

적 이원론이 일종의 '범주 오류'(category mistake)에 의한 허구일 뿐이라는 점을 들어 데카르트의 기본 구도를 거부했다.[2] 한편 김재권은 심리적 사건들이 물리적 사건들에 수반해서 일어난다고 주장함으로써 마음에 대한 물리주의적 해명의 길을 열었다.[3] 라일이 데카르트의 이원론적 구도 자체를 무너뜨리는 데 결정적 기여를 했다면, 김재권의 수반 이론은 마음의 본성에 관한 대안적 이론의 방향을 제시하는 데 중요한 기여를 했다.

이원론의 붕괴가 그 자체로 몸과 마음의 관계에 대한 대안적 해명은 물론 아니다. 대신에 이원론적 사고에 대한 비판은 마음의 독립적 지위를 거부하는 데 집중되어 있으며, 이러한 태도는 자연스럽게 몸에 대한 관심을 불러온다. 이러한 맥락에서 철학자들이 다루는 몸은 의학자들이나 생리학자들이 다루는 단순한 유기체로서의 몸과 구별된다. 몸에 대한 철학적 관심은 처음부터 마음에 대한 관심에서 비롯되기 때문이다. 오늘날 이 문제에 관해 중요한 진전의 계기를 제공해 주고 있는 것은 인지과학의 경험적 탐구다. 우리가 원하는 것에 비한다면 인지과학의 성과 자체는 아직 매우 제한적이지만 적어도 몸과 마음을 전혀 다른 영역으로 나누는 이원론적 시도가 처음부터 부적절한 것이었음을 드러내기에 충분한 성과를 이룬 것으로 보인다.

철학사를 통해 몸의 중심성에 대한 급진적 논의가 전무한 것은 물론 아

선'(松果腺) ─ 을 동원해서 이 문제를 해결하려는 데 있다. 이들이 제시하는 모든 것은 몸과 마음 어디에도 속하지 않는 것들이며, 따라서 그것은 문제를 해결하기보다는 오히려 해명해야 할 새로운 수수께끼를 덧붙이는 결과를 불러온다.

2) 길버트 라일, 『마음의 개념』, 이한우 역 (서울: 문예출판사, 1994), p. 19 참조.

3) 그러나 김재권 교수는 최근 자신의 강한 물리주의적 견해의 난점을 스스로 인정하고 여기에서 점차 물러서면서 물리주의적 기조를 유지하면서도 비환원주의적 해명을 가하는 가능성을 모색하고 있는 것으로 보인다. 김재권, 『수반과 심리철학』, 정대현 외 역 (서울: 철학과 현실사, 1995), 특히 「머리말」 참조.

니지만 그러한 태도는 정신주의적 주류에 의해 대부분 사소한 것으로 무시되거나 위험한 것으로 억압되어 왔다. 니체가 '반역적'이라는 이름을 얻게 된 이유 중의 하나는 정신주의에 대한 선언적 거부 때문이다. 니체는 이렇게 말한다. "나는 전적으로 [몸]일 뿐, 그 밖의 아무 것도 아니며, 영혼이란 [몸] 속에 있는 그 어떤 것에 붙인 이름일 뿐이다."[4] 「몸의 경멸자들에 관하여」라는 소제목이 달린 두 쪽 분량의 짧은 글에서 우리는 몸에 관한 해명 대신에 몸을 경시하는 과거의 철학자들에 대한 니체의 거부와 도전, 그리고 자신의 강력한 '선언'(宣言)을 읽을 수 있다. 니체는 몸과 마음의 관계에 대해 새롭게 해명하기보다는 과거의 이론들을 해체하고 거부하는 것이 철학적 소임의 전부라고 보았던 것이다. 그리고 이러한 니체의 철학적 태도는 오늘날 매우 정교하고 세련된 논의로 무장한 '포스트모던' 철학자들의 입을 통해 극적으로 표출되고 있다.

한편 20세기에 들어 메를로 퐁티와 듀이의 철학을 통해서 몸의 중심성은 훨씬 더 체계적이고 섬세한 방식으로 옹호되었으며, 이들의 자연주의적 탐구는 오늘날 우리에게 여전히 유효하고도 유용한 탐구의 길을 열어 두었다.[5] 이들은 공통적으로 경험과학, 특히 심리학적 성과들을 적극적으로 수용함으로써 몸의 중심성이라는 논제에 이르게 되었다. 특히 듀이는

---

4) 프리드리히 니체, 『차라투스트라는 이렇게 말했다』, 정동호 역 (서울: 책세상, 2000), p. 51.

5) '자연주의'(naturalism)라는 말은 다양한 용례 때문에 다소간 혼동의 소지가 있다. 메를로 퐁티는 『지각의 현상학』에서 '자연주의'라는 말로 오늘날 우리가 흔히 '환원주의적 과학주의'라고 부르는 입장을 가리키고 있다. 필자는 여기에서 '자연주의'라는 말로 우리의 철학적 탐구에서 초월적 관점을 인정하지 않으려는 듀이의 용례를 따른다. 한편 접근 방식은 이들과 다르지만 유사한 태도는 비트겐슈타인의 후기 철학에서도 무리 없이 읽어 낼 수 있을 것이다. 특히 루트비히 비트겐슈타인, 『철학적 탐구』, 이영철 역 (서울: 책세상, 2006); 『확실성에 관하여』, 이영철 역 (서울: 책세상, 2006) 참조.

몸과 마음의 이원론이 자체로서 안고 있는 난점은 접어 두고서라도 실질
적으로 이원론의 더 심각한 문제는 그것이 암암리에 수반하는 '선택적 강
조'(selective emphasis)라고 지적한다.[6] 듀이에 따르면 서구 지성사의 지
배적 전통이었던 몸/마음 이원론은 '정신주의'라고 불리는, 마음에 대한
편향적 강조에 끌려가고 있었던 셈이다.

3__ 몸의 복권

오늘날 잊혀진 몸을 철학적 담론의 장에 복귀시키는 데 새로운 계기를
제공하고 있는 것은 '체험주의'라는 비교적 낯선 철학적 흐름이다. 체험
주의는 최근 급속히 성장하는 인지과학의 경험적 탐구 성과를 적극적으로
수용함으로써 우리의 사고와 이해에서 몸의 중심성을 매우 섬세한 방식으
로 해명하고 있다.[7] 체험주의의 기본적 성격은 우선 반객관주의로 특징지
을 수 있는데, 여기에서 체험주의가 일차적 표적으로 삼는 것은 객관주의

---

6) John Dewey, *Experience and Nature: The Later Works 1925~1953*, Vol. 1, ed. Jo
Ann Boydston (Carbondale, Ill.: Southern Illinois University Press, 1981), p. 31.
듀이는 계속해서 "생략과 거부를 동반하는 선택적 강조가 정신활동의 원동력이며 그
작용을 거부하는 것은 모든 사고를 포기하는 것"(같은 곳)이라고 말한다. 그러나 듀이
는 이 원리가 구체적인 맥락에서 특정한 목적을 갖고 신중하게 이루어져야 한다고 주
장하는데, 전통 철학은 이 점을 소홀히 해 왔다는 것이다. 따라서 듀이는 "선택의 존재
와 작용이 은폐되고 위장되고 부인되었을 때 초래되는 것은 속임수"라고 말하며 이것
을 "철학적 오류"(philosophical fallacy)(같은 책, p. 34)라고 부른다.
7) 체험주의의 이러한 태도는 마크 존슨, 『마음 속의 몸: 의미, 상상력, 이성의 신체적 근
거』, 노양진 역 (서울: 철학과 현실사, 2000)에서 적극적으로 드러나고 있다. 또한 체
험주의의 철학적 특성에 관한 전반적 소개는 노양진, 『상대주의의 두 얼굴』 (파주: 서
광사, 2007), 7장 「체험주의적 접근」 참조.

의 이성 개념이다. 체험주의는 이성의 본성을 밝히기 위해 '범주' 또는 '범주화'에 관한 새로운 경험적 탐구에 주목한다. 체험주의가 범주 문제에 주목하는 이유는 그것이 우리의 일상적 사고에 기본적이라는 점 때문이다. 즉 이 산, 저 책상 등과 같은 개별적 대상이 아닌, '산' '책상' 등과 같은 일반적 개념은 모두 범주화의 산물이다. 따라서 범주에 관한 새로운 분석은 인간의 전반적 사고에 대한 새로운 해명의 출발점을 이룬다.

아리스토텔레스 이래로 유지되어 온 객관주의적 범주 개념은 'p 또는 ~p'라는 형태로 도식화된다. 이러한 범주는 '안'과 '밖', 그리고 그 사이에 '경계'를 가진 '그릇' 구조를 가지며, 사물들은 그 그릇의 안에 있는 구성원과 밖에 있는 비구성원으로 나누어진다. 이러한 시각에서 범주는 "그 범주의 모든 구성원이, 그리고 오직 그 구성원들만이 공유하는 특성을 [규정]하는 필요충분조건에 의해서 정의된다."[8] 이러한 객관주의적 견해가 중요하게 간과하고 있는 것은 범주화에서 범주자인 인간의 자연적·문화적 요소들이 미치는 적극적 영향이다. 대신에 객관주의적 범주 개념에 따르면 범주는 전적으로 세계의 구조에 관한 문제이며, 따라서 인간은 단순히 범주들의 발견자이며 관찰자일 뿐이다.

범주에 관한 최근의 방대한 연구는 범주자인 인간이 현재와 같은 몸을 가진 유기체이며, 그러한 사실이 실제적 범주화에서 불가결한 역할을 한다는 사실을 섬세하게 보여 준다. 즉 범주화는 인간의 활동이며, 따라서 '영상도식'(image schema), '은유'(metaphor), '환유'(metonymy), '심적 영상'(mental imagery) 등과 같은 실제적 경험의 상이한 측면들에 의해 지속적으로 영향을 받는다는 것이다.[9] 범주화가 경험의 기본적 방식의 하나

---

8) 존슨, 『마음 속의 몸』, p. 22.
9) 범주에 관한 최근 연구의 개괄적 흐름과 성과는 George Lakoff, *Women, Fire, and*

라면 우리 경험에 대한 이해는 역전된다. 경험은 단순히 우리 밖의 객관적 사실에 대한 관찰의 문제가 아니라 처음부터 우리의 몸의 활동이 직접적으로 개입되는 복합적 과정이다. 이러한 탐구를 토대로 체험주의는 인간의 전 경험이 기본적으로 우리의 신체적 활동으로부터 직접 발생하는, '신체화된 상상적 구조'(embodied imaginative structures)에 근거하고 있으며, 또 그것에 의해 제약된다는 주장으로 나아간다.

체험주의가 극복하려는 전통적 객관주의의 배후에는 객관적 지식, 즉 단일한 진리를 획득할 수 있는 능력으로서 이성 개념이 자리 잡고 있다. 이러한 시각에서 신체적 요소들은 너무나 개별적이고 구체적이며 주관적이라는 점에서 객관적 지식의 획득을 가로막는 장애물로 간주된다. 나아가 추상적이며 탈신체적인 범주 개념에 근거한 이성 개념 또한 추상적이며 탈신체적인 것으로 특징지어진다. 존슨(M. Johnson)은 이러한 이성의 본성을 다음과 같이 규정한다.

세계는 인간이 그것에 관해 어떤 신념을 갖는가에 상관없이 그 자체로 존재하며, 또한 세계가 무엇인가에 관해 하나의 올바른 '신적 관점'(God's-Eye View)이 존재한다. 말하자면 특정한 사람들의 신념에 상관없이 실재에 관한 합리적인 구조가 있으며, 올바른 이성은 이 합리적인 구조를 반영한다는 것이다.[10]

존슨은 우리의 사고와 이해를 적절하게 해명하기 위해서는 "합리성 개념을 구성하면서 상상력의 주된 역할을 부정하려는 광범위하게 공유된 가

Dangerous Things: What Categories Reveal about the Mind (Chicago: University of Chicago Press, 1987), 특히 제1부에 잘 요약되어 있다.

10) 존슨, 『마음 속의 몸』, p. 20.

정들"[11]을 넘어설 필요가 있다고 본다. 존슨의 새로운 상상력 이론은 이러한 의도를 담고 있다. 존슨에 따르면 상상력은 경험의 기본적 층위에서부터 작용하는 매우 광범위한 정신 능력이며, 나아가 우리가 추구할 수 있는 합리성 또한 상상적 구조를 포함하고 있다는 것이다.

존슨은 이러한 상상적 구조를 '영상도식'(image schema)과 그것들의 '은유적 투사'(metaphorical projection)라는 과정으로 해명한다. 영상도식은 우리의 신체적 활동을 통해 직접 발생하는 소수의 패턴이며, 우리는 그것을 구체적 대상에 은유적으로 투사함으로써 대상을 식별하거나 추상적 대상을 새롭게 구성한다. 존슨은 주로 언어학적 증거들에 의존해서 「그릇」(Container), 「힘」(Force), 「균형」(Balance), 「경로」(Path), 「중심-주변」(Center-Periphery) 등과 같은 영상도식의 구조를 설명한다.[12] 예를 들면, 우리는 본래 안과 밖이 없는 대상들에도 「그릇」 도식을 투사함으로써 안과 밖이 있는 그릇으로 이해할 수 있게 된다. 그러한 방식으로 우리는 자동차의 안과 밖에 관해서 이야기하며, 꿈이나 이야기, 심지어 사유 등과 같은 추상적 대상들의 안과 밖에 관해서 이야기한다. 그렇게 함으로써 우리는 그 대상들을 「그릇」의 '관점에서'(in terms of) 이해하고 경험하는 것이다.

경험에 관한 이러한 해명은 크게 두 가지 중요한 사실을 함축한다. 먼저 그것은 우리의 경험에 신체적·물리적 층위와 정신적·추상적 층위가 존재하며, 동시에 우리의 모든 경험이 신체적·물리적 근거를 갖는다는 것을 함축한다. 둘째, 은유가 경험 확장의 중요한 방식이라는 것은 이러한 과정을 통해 확장된 경험의 산술적 환원이 불가능하다는 것을 함축한다.[13]

---

11) 같은 곳.
12) 같은 책, 3~5장 참조.

예를 들어, 우리는 '사랑'이라는 추상적 개념을 어떤 방식으로 이해하고 경험하는 것일까? 그 개념에 대해 아무런 이해도 없는 어린아이에게 그 개념을 가르치려고 할 때 우리가 사용할 수 있는 방식은 무엇인가? 우리는 사랑하는 사람들의 태도, 행동 방식 등 관찰 가능한 사실들, 그리고 동시에 그 어린아이에게 주어져 있는 것으로 생각되는 경험의 파편들을 통해 사랑을 설명하게 된다. 또한 그것이 우리 자신이 사랑이라는 개념을 형성하게 된 방식이기도 하다. 즉 모든 추상적 개념은 더 하위의 경험, 또는 신체적 경험의 관점에서 비로소 이해되고 경험될 수 있다. 즉 모든 추상적 개념은 신체적 근거를 갖고 있다는 것이다.

이러한 시각에서 존슨은 『마음 속의 몸』에서 자신의 철학적 의도를 다음과 같이 요약하고 있다.

우리에게는 하나의 동물로서 자연 세계와 연결된 몸이 있기 때문에 우리의 의식과 합리성은 우리의 신체적 지향성과 연결되어 있으며, 환경 안에서, 또 환경과의 상호작용들과 연결되어 있다. 우리의 신체화는 우리가 누구인지에, 의미가 무엇인지에, 그리고 합리적 추론을 하고 창조적일 수 있는 능력에 필수적이다. 영상도식적인 체험적 구조와 이해의 추상적 영역에로의 그것의 비유적 정교화 및 투사에 대한 나의 현상학적 기술은 인간의 의미와 합리성에 관한 풍부한 해명의 근거이다. 그것은 엄격한 이분법으로 삶을 구획화하고 파편화하며, 삶과 사고에서의 신체화된 상상력의 중심성과 필수불가결성을 무시하도록 강요하는 그러한 이론들이 생성한 간극을 메우려고 하는 계획의 출발점이다. 나는 의미와 합리성이 신체적 경험 — 상상적으로 구조화된 것으로서 — 에 연결되는 좀 더 드러나는 몇몇 방식들에 대한 설득력 있는 기술을 제시함으로써 이러한 작업을 수행

---

13) 같은 책, 특히 4장 참조.

하려고 한다. 나는 몸이 마음 속에 있는 방식들을 탐색한다.[14)]

정신주의적 전통 안에서 몸에 관한 철학적 논의의 자리는 오랫동안 거부되었던 것은 사실이지만, 여전히 몸은 사라지지도 물러서지도 않는 매우 완고한 철학적 조건이다. 그것은 철학적 사유라는 정신 작용을 가능하게 하는 기본적 조건일 뿐만 아니라, 동시에 모든 정신 작용을 제약하는 근거를 이루고 있기 때문이다. 오히려 몸은 우리의 사유의 조건이라는 점 때문에 사유의 대상으로 다루어지지 않았다. 그것은 마치 눈을 통해 세상의 모든 사물을 보면서도 정작 눈에 대해서는 큰 관심을 갖지 않는 것처럼 자연스러운 현상일 수도 있다.[15)] 그러나 몸의 본성에 대한 적절한 해명이 없이 마음의 본성을 밝히는 일 자체가 불가능하다는 것이 점차 분명해지고 있다.

이러한 주장을 뒷받침해 주는 것은 주로 인지과학이 제공하는 경험적 증거들이다. 비교적 최근이라고 할 수 있는 인지과학의 급속한 성장은 장구한 역사를 통해 우리와 가장 가까이 존재해 왔던, 아니 좀 더 엄밀히 말하면 우리 자신이었던 몸에 대한 우리의 철학적 무지를 일깨우는 데 결정적인 역할을 하고 있다. 특히 인지과학의 최근 발견들은 인간의 정신활동이 근원적으로 신체 활동의 특수한 방식의 일부이며, 이 때문에 인간의 정신활동은 우리가 '신체적'이라고 부르는 모든 것에 의해 지속적으로 제약되고 영향 받는다는 생각에 힘을 실어 주고 있다. 물론 몸과 마음의 구체

---

14) 존슨, 『마음 속의 몸』, pp. 61~62. (고딕은 원문의 강조.)

15) 레더(D. Leder)는 몸의 이러한 특성을 '장애적 출현'(dys-appearance)이라는 말로 특징짓는다. 말하자면 몸은 정상적인 상태에서 우리의 의식의 대상으로 포착되지 않지만 기능적 장애가 발생하면 비로소 중대한 관심의 대상이 된다는 것이다. Drew Leder, *The Absent Body* (Chicago : University of Chicago Press, 1990) 참조.

적 작용 방식에 관해서 우리가 알고 있는 것은 아직 너무나 제한적이다. 그러나 우리는 적어도 이 문제에 관한 과거의 해명이 더 이상 적절치 않다고 말하기에 충분한 경험과학적 증거를 갖고 있다. 이러한 시각에서 존슨은 몸과 마음의 관계를 다음과 같이 요약한다.

> '마음'과 '몸'은 사실상 유기체와 환경 사이의 지속적인 상호작용 과정인 그 무엇인가를 개념화하기 위해서 우리가 구성하는 추상물들이다. 몸은 마음 속에 있고, 마음은 몸 속에 있으며, 몸-마음은 세계의 일부다.[16]

존슨의 이러한 주장은 몸과 마음의 관계를 '창발'(emergence)로 설명하려고 했던 듀이의 생각과 매우 유사하며,[17] 그것은 몸과 마음을 독립적인 실체로 간주하려는 데카르트적 전통과의 완전한 결별을 의미한다. 불운하게도 듀이의 시대에는 창발을 구체적으로 설명할 수 있는 경험적 증거들이 주어지지 않았다. 그래서 듀이는 몸의 활동을 통한 마음의 창발을 마치 도토리가 자라 떡갈나무가 되는 것과 같은 비유를 통해 설명하고 있다.[18]

몸을 모든 경험의 뿌리로 받아들이는 듀이의 생각은 흔히 우리의 마음의 본성을 물리적인 용어로 환원시키려는 물리주의적 시도의 한 유형이라는 오해를 불러왔다. 듀이의 창발 개념은 오히려 그러한 환원적 해석을 원천적으로 반대하고 있지만 듀이는 스스로 그러한 의도를 구체적으로 설명

---

16) 존슨, 「한국어판 출간에 부쳐」, 『마음 속의 몸』, p. 13. (고딕은 원문의 강조.)

17) 프란시스코 바렐라 외, 『인지과학의 철학적 이해』, 석봉래 역 (서울: 옥토, 1997), p. 43의 표 참조. 여기에서 바렐라 등은 몸/마음에 관한 자신들의 견해를 '발제'(enactive)로, 레이코프와 존슨의 체험주의적 견해를 '창발'로 구분하고 있지만 사실상 그 구분이 어떤 실질적인 차이를 갖는지는 다소 불투명해 보인다.

18) Dewey, *Logic : The Theory of Inquiry : The Later Works 1925~1953*, Vol. 12, ed. Jo Ann Boydston (Carbondale, Ill. : Southern Illinois University Press, 1986), p. 30.

하지 못했으며, 그의 시대 또한 그러한 생각을 쉽게 받아들이지도 않았다. 이러한 맥락에서 존슨은 듀이가 좀 더 오래 살았더라면 오늘날의 경험과 학적 성과에 의존함으로써 자신의 주장을 훨씬 더 설득력 있게 전개할 수 있었을 것이라고 말한다.[19)

몸에 대한 경시는 우리의 조건에 대한 진지한 해명보다는 그것을 넘어서서 우리를 새로운 곳으로 이끌어 가려는 철학적 열망의 귀결이다. 모든 철학적 열망은 항상 인간의 조건에 대한 진지한 해명을 앞세우지만 좀 더 면밀히 살펴보면 그러한 이론들은 오히려 사변적 도약을 통해 도달한 지점으로부터 우리의 실제적 조건을 해명하려고 한다. 그것은 말 앞에 수레를 놓는 것과 다르지 않다. 오히려 우리는 우리의 경험과 이해에서 몸의 역할에 진지하게 주목함으로써 철학적 탐구를 사변적 유영으로부터 다시 이 땅으로 복귀시킬 수 있을 것이다. 철학이 이 땅에서 출발했으며, 따라서 이 땅과의 회귀적 연관 속에서만 본래적 의미를 갖는 것처럼 마음은 몸으로부터 출발했으며, 따라서 몸과의 회귀적 연관 속에서만 제 모습을 드러낼 것이다.

4__ 이성 없는 철학

체험주의의 몸 담론이 결정적으로 의지하는 것은 인지과학의 경험적 탐구다. 1950년대 후반에 출발했던 인지과학은 우리의 마음의 핵심적 소

---

19) Mark Johnson, "Good Rorty, Bad Rorty: Toward a Richer Conception of Philo-sophical Inquiry" (Unpublished typescript, Department of Philosophy, Southern Illinois University at Carbondale, 1989), p. 43.

재가 우리 몸의 일부인 '두뇌'라는 가정을 공유한다.[20] 새로운 초기의 인지과학을 이끌었던 주도적 경향은 '인지주의'(cognitivism)다. 인지주의는 우리의 마음을 독립적 실체로 간주한다는 점에서 데카르트적 전통을 이어 받고 있는데, 초기의 인공지능 이론, 정보처리 심리학, 형식논리, 생성언어학 등이 전형적인 인지주의적 태도를 반영하고 있다. 이들은 마음에 관한 법칙적 탐구가 가능하다고 믿었으며, 따라서 마음을 일종의 컴퓨터와 유사한 것으로 가정한다. 이러한 구도 안에서 마음은 추상적 기호를 법칙적으로 조작할 수 있는 능력으로 가정되며, 따라서 여기에는 몸의 자리는 주어지지 않는다.

그러나 1970년대에 들어 인지과학은 새로운 국면을 맞게 된다. 인지주의적 가정에 합치하지 않는 마음의 특성들이 점차 섬세하게 밝혀지기 시작한 것이다. 우리의 전반적 사고와 경험이 신체적 요소에 긴밀하게 의존하고 있을 뿐만 아니라, 이러한 과정에서 상상적 기제들, 즉 '은유' '환유' '심적 영상' '원형'(prototype) 등이 중심적 역할을 한다는 사실이 밝혀졌다. 레이코프와 존슨은 이러한 변화를 따라서 새로운 인지과학적 흐름을 '제2세대 인지과학'이라고 부르는데, 이들은 그 성과를 다음과 같은 세 가지 논제로 집약한다.

마음은 본유적으로 신체화되어 있다.
사고는 대부분 무의식적이다.
추상적 개념들은 대부분 은유적이다.[21]

---

20) 터너(M. Turner)는 이러한 시각 전환의 중요성과 관련해 "다가오는 시대는 인간의 정신이 발견된 시대로 기억될 것"이라고 말한다. Mark Turner, *Reading Minds : The Study of English in the Age of Cognitive Science* (Princeton, N. J.: Princeton University Press, 1991), p. vii.

1) 신체화된 마음

마음의 작용은 몸의 활동의 특수한 형태이거나 그 산물이다. 따라서 데카르트가 가정했던 순수한 마음은 존재하지 않으며, 마음은 본성적으로 신체화되어 있다. 우리가 마음이라고 부르는 모든 추상적 작용은 몸의 활동으로부터 비롯되며, 동시에 몸의 활동에 의해 제약된다. 마음의 활동을 대변하는 서구적 이성 개념은 물론, 우리에게 주어지는 의미 또한 모두 신체화되어 있다. 우리가 추상적 또는 정신적이라고 부르는 모든 현상은 몸을 통한 물리적 경험이 확장되는 방식으로 주어진다.

이것은 몸과 마음의 이원론에 대한 전면적 거부를 의미한다. 체험주의의 이러한 해명은 마음을 '창발'이라는 개념을 통해 설명하려고 했던 듀이의 견해와 매우 유사하다. 즉 마음은 우리의 신체적 활동으로부터 비롯되는, 그러나 몸의 요소들로 환원되지 않는 새로운 양상일 뿐이다. 이러한 점에서 몸의 우선성에 대한 체험주의의 강조를 일종의 물리주의로 간주하는 것은 소박한 오해일 뿐이다.

2) 무의식적 사고

우리의 사고는 대부분 의식 영역에서 벗어나 있다. 이러한 무의식은 프로이트(S. Freud)가 생각했던 것과 같은 억압된 것으로서의 무의식이 아니라, 우리의 일상적 사고와 행위 과정에서 우리 의식에 직접적으로 주어지지 않는다는 점에서 무의식이다. 예를 들면 나는 강의를 하면서도 내 안에서 일어나는 일련의 두뇌 작용을 의식하지 못한다. 내가 말하는 것이 무작위적인 발화가 아니라면 그것은 단어와 단어, 문장과 문장, 그리고 단락

---

21) G. 레이코프 · M. 존슨, 『몸의 철학: 신체화된 마음의 서구 사상에 대한 도전』, 임지룡 외 역 (서울: 박이정, 2002), p. 25.

과 단락이라는 구조를 갖는다. 그러한 구조를 만들어 내기 위해 나의 두뇌
는 일정한 방식으로 작동하고 있겠지만 나는 그 작동 방식을 스스로 의식
하지 못한다. 그것은 구조적으로 접근이 불가능하다. 그것은 나의 무감각
이나 무지 때문이 아니라 우리의 두뇌 구조의 본성적인 작용 방식 때문이
다. 일상적 경험의 틀이 되는 개념체계들 또한 대부분 무의식의 영역에서
작용한다.

이러한 두뇌 구조를 가진 우리에게 데카르트가 제시하는 '코기토', 후
설(E. Husserl)이 제시하는 '사태 자체', 칸트가 제시하는 '순수이성'은 모
두 '우리의 것'이 아니라 '우리가 원하는 것'의 영역에 속한다. 우리는 연
속적이고 중층적으로 구성해 온 개념들을 전체적으로 또는 부분적으로 제
거하거나 교체할 수 있는 인지 구조를 갖고 있지 않다. 이러한 관점에서
개념의 부분적 수정이란 새로운 인지적 궤적을 선택했다는 것을 의미한
다. 이러한 인지적 상황은 마치 되돌아 갈 항구가 없는, 또 다른 '노이라
트의 배'와 같다.

3) 개념의 은유화

고전적 은유 이론은 '은유'를 단순히 언어를 비유적으로 사용하는 언어
적 기술의 일종으로 간주해 왔다. 그러나 체험주의에 따르면 은유는 단순
히 언어적 기술의 문제가 아니라 우리의 사고와 행위를 지배하는 매우 광
범위한 인지 작용이다.[22] 직접적인 신체적 활동을 넘어서면 우리의 대부
분의 인지적 작용은 은유적으로 이루어진다.

추상적 개념들은 모두 은유적으로 형성된다. 즉 그것들은 우리에게 이

---

22) 이러한 주장은 레이코프·존슨, 『삶으로서의 은유』, 수정판, 노양진·나익주 역 (서울:
   박이정, 2006)에서 풍부한 사례들과 함께 매우 설득력 있게 제시되고 있다.

미 주어진 것을 새로운 경험에 투사함으로써 형성된다. 예를 들면, '사랑' '자유' 등과 같은 추상적 개념을 이해하고 가르치는 방식을 보라. 구체적 경험들을 알려지지 않은 어떤 것에 은유적으로 투사함으로써 비로소 새로운 개념이 생겨난다. 이때 은유화는 A의 '관점에서'(in terms of) B를 이해하는 방식을 말한다. A는 이미 주어진 경험이며, B는 새롭게 형성되는 추상적 개념이다. 그래서 투사는 사실상 '기호화'와 동일한 의미를 갖는다. 이러한 은유 작용은 개념들에만 적용되는 것이 아니라 우리의 일상적 사고와 행위의 대부분을 차지한다.

이러한 분석에 따르면 모든 철학적 개념은 은유적 사고의 산물이며, 철학 이론은 정교한 은유들의 체계다. 즉 고도의 추상적 사유의 산물인 철학적 이론과 개념들 또한 신체적 근거를 갖고 있으며, 그것을 토대로 은유적으로 확장되어 나타난다. 『몸의 철학』의 많은 부분은 이러한 시각을 따라 전통적인 철학 이론들을 매우 정교하게 분석하고 있다. 이제 우리에게 필요한 것은 어떤 은유가 무엇 때문에 우리에게 더 나은가를 식별하는 일이며, 나아가 그러한 시각에 따라 새로운 은유들을 창조하는 일이다. 왜냐하면 많은 이론들이 우리에게 실현 가능한 것이라고 자임하고 있거나 이 세계를 정확하게 해명하고 있다고 자임하고 있기 때문이다.

이러한 해명에 따르면 과거의 철학자들이 이야기해 왔던 '이성'은 존재하는 어떤 것의 이름이 아니다. 이성은 항상 특정한 은유들의 정교한 결합을 통해 만들어지기 때문이다. 즉 이성은 순수한 철학적 은유의 구성물이다. 동시에 이성은 철학적 만병통치약처럼 지나치게 남용되어 이제 우리에게 분명해진 것은 이성이 정확히 무엇인지 분명치 않다는 사실뿐이다. 과거의 철학자들도 그랬지만 오늘날의 논의에서도 이성(또는 합리성)을 핵심적인 요소로 다루는 모든 철학자들은 자신의 방식대로 이성을 새롭게 규정해야만 한다. 다양한 사회과학자들의 이성 개념은 말할 것도 없이, 우

리는 칸트가 비판하고 재구성했던 이성들과 롤스(J. Rawls)가 자신의 정
의론을 전개하면서 가정하는, 원초적 입장에서의 합리성, 그리고 하버마
스(J. Habermas)가 옹호하려는 '의사소통적 합리성'이 각각의 이론이 요
구하는 특수한 가정을 벗어나 동일한 평면에서 결합되기 어렵다는 사실을
알고 있다. 결과적으로 철학사를 통해 이성은 존재론적이든 인식론적이든
가치론적이든 모든 '좋은 것'을 가리키는 말이 되었으며, 이러한 과도한
비만 때문에 이성은 그 자체로는 사실상 공허한 개념이 되고 말았다.[23)]

우리가 극복해야 할 것은 바로 이 '이성은 좋은 것'이라는 신화다. 이성
은 실제로 작용하는 어떤 독립적인 인식 능력을 가리키는 것이 아니라 철
학자들이 원하는 정신활동의 특정한 측면들을 한데 묶어 가리키는 이름일
뿐이다. 따라서 이성주의자가 만약 '합리적' 징후들을 제시하는 대신에
이성 자체의 '존재'를 증명하려고 시도할 때에는 불가피하게 초월적이거
나 선험적인 논증을 사용할 수밖에 없다. 이 때문에 이성은 항상 모종의
'철학적 열망' 앞에 무방비 상태로 열려 있다. 예를 들면 이성을 통해 규
범적인 것의 근거를 확보하려는 이성주의적 시도는 20세기에 들어 분석
의 충격을 겪은 이후에도 여전히 지속되지만 그 어려움은 칸트 이래로 한
치도 더 나아지지 않은 것으로 보인다. 카울바하(F. Kaulbach)는 그 어려
움을 이렇게 표현하고 있다.

> 실천이성은 공통적으로 사유하고 말하는 것에 대해 현전해 있다. 그럼에도 불
> 구하고 이 이성은 '대상적으로는' 기술될 수 없으며, 경험적으로 주어진 규범으
> 로서도 확인할 수 없다.[24)]

---

23) 이 문제에 관한 좀 더 상세한 논의는 이 책 10장 「이성의 이름」, 특히 pp. 234~35 참
조.

　　레이코프와 존슨의 체험주의적 해명은 전통적 이성 개념을 포함해서 모든 철학적 개념들, 그리고 철학적 이론들이 정교한 은유들의 산물이라는 사실을 매우 구체적인 방식으로 보여 준다. 이들의 해명에 따르면 칸트의 도덕 이론은 아리스토텔레스 이래로 전승되어 온 「본질의 통속 이론」을 토대로 삼고 있으며, 여기에 유대-기독교적 도덕 전통이 물려준 「엄격한 아버지」 은유가 결합되어 있다. 여기에 「도덕적 권위」 「도덕적 힘」과 같은 하위 은유들이 추가적으로 덧붙여진다. 레이코프와 존슨은 이러한 칸트 도덕 이론의 핵을 이루고 있는 칸트의 보편 이성을 다음과 같이 분석한다.

　「도덕성의 원천으로서의 보편적 이성」
　모든 도덕적 목적들은 보편적 이성으로부터 따라 나온다.
　따라서 보편적 이성은 모든 도덕적 목적들의 인과적 근원이다.
　따라서 보편적 이성은 모든 도덕적 목적들의 본질이다.
　따라서 보편적 이성은 목적 자체로서 존재한다.
　보편적 이성은 우리의 합리적 본성의 본질이다.
　따라서 합리적 본성은 목적 자체로서 존재한다.
　모든 인간은 합리적 본성을 지닌다.
　따라서 모든 인간은 목적 자체로서 존재한다.
　따라서 모든 인간은 모든 사람들에게 하나의 목적이다.
　따라서 어떤 인간도 다른 어떤 목적에 봉사하는 수단으로서 존재하지 않는다.[25]

---

24) F. 카울바하, 『윤리학과 메타 윤리학』, 하영석 · 이남원 역 (서울: 서광사, 1995), pp. 16~17.

25) 레이코프 · 존슨, 『몸의 철학』, pp. 628~29.

이러한 분석은 왜 이성주의자들의 정교하고도 의욕적인 논의에도 불구하고 정작 이성의 존재를 선험적인 방식으로밖에 증명할 수 없는지를 되돌아보게 해 준다. 물론 "우리의 모든 지식이 경험과 함께 출발하지만 그것이 모두 경험으로부터 나오는 것은 아니다"[26]라는 칸트의 말은 여전히 유효해 보인다. 그러나 오늘날 경험적 증거들은 칸트의 이성 개념이 그 출발점에서부터 다시 수정되어야 한다는 것을 말해 준다. 즉 이성을 포함한 우리의 모든 개념은 결코 칸트가 원하는 것만큼 순수할 수 없다는 것이 오늘날 우리의 경험적 발견이기 때문이다.

이성이 선험적으로 증명될 수밖에 없는 이유는 이성이 경험적 발견의 산물이 아니라 순수한 이론적 행로를 따라 요청된 은유적 구성물이기 때문이다. 이 때문에 이성은 이론의 변화에 따라 매우 다른 모습으로 나타난다. 그럼에도 불구하고 이성이 지속적으로 유지되어 온 배경에는 이성을 잃으면 우리 모두가 지적 · 도덕적 노숙자가 될지도 모른다는 불안이 자리 잡고 있다. 그것은 '이론적 불안'일 뿐이다. 서구 세계의 밖에는 이성이 존재하지 않았으며, 대신에 수많은 '좋은 것들'이 전혀 다른 방식으로 개념화되고 다른 이름으로 불려 왔다. 동아시아는 이성 없이도 이성주의자들이 우려하는 것 같은 '혼란'과 '야만'으로 빠져들지는 않았지만, 또 다른 개념을 통해 이성이라는 이름으로 서구 세계가 경험했던 것과 동일한 억압을 불러왔다.

체험주의의 분석에 따르면 서구 지성사를 통해 상상력의 반대편에 설정되었던 이성은 법칙적 해명에 대한 철학적 희망을 담보해 주는 이론적 장치였을 것이다. 그러나 사실상 이성주의의 더 심각한 문제는 '이성'이 이론적 구성물이라는 사실이 아니라 본래적으로 존재하는 어떤 독립적이

---

26) 임마누엘 칸트, 『순수이성비판』, 전원배 역 (서울: 삼성출판사, 1990), 제2판 「서론」 B1.

고 확정적인 능력인 것처럼 집요하게 우리를 오도해 왔으며, 그것은 이성
의 타자에 대한 억압으로 변질되었다는 데 있다. 우리는 이러한 위험성이
특정한 개념들의 선택이 불러온 문제가 아니라 선험과 초월에 의지한 사
변적 사유에 내재된 위험성이라는 사실에 주목해야 한다. 적어도 서구의
전통적 이성주의는 그 안에 내재해 있는 그러한 위험을 피해 나가는 방식
을 스스로 제시하지 못했다.

  그렇다면 철학적 갑옷을 벗어 버린 이성은 이제 우리 앞에 어떤 모습으
로 남게 될까? 상상적 구조를 포함하는 '신체화된 이성'(embodied rea-
son) 개념은 불가피하게 고전적인 이성 개념을 중심으로 이루어져 왔던
다양한 철학적 논의들의 수정 또는 재구성을 요청한다. 여기에서 우선 극
복되어야 할 것은 순수한 것으로서의 이성에 대한 믿음이다. 체험주의의
분석에 따르면 철학적 개념과 이론들은 모두 우리의 신체적 활동으로부터
비롯된 정교한 은유적 사고의 산물이며, 이러한 분석을 받아들인다면 우
리는 이제 이성에 관해 과거와는 매우 다른 물음을 물어야 한다. 적어도
서구 지성사를 통해 완고하게 전승되었던 이성 개념이 희석되었을 때 그
것이 더 이상 어떤 안정된 철학적 의미를 가질 수 있는가 하는 물음이 그
것이다. 우리가 만약 이성의 선험성을 받아들이지 않는다면 이성은 대부
분 경험적 용어로 대체될 수 있을 것이며, 그렇다면 그것이 더 이상 '이
성'이라는 이름으로 불려야 할 이유가 무엇인지를 되묻지 않을 수 없다.

  레이코프와 존슨은 인지과학의 성장으로 인해 지난 이천 년 동안 지속
되었던 '사변철학'은 끝났으며, 철학은 더 이상 과거와 같은 것이 될 수
없다고 주장한다.[27] 사실상 오늘날 우리가 '사변적'이라고 공박하는 철학
자들마저도 당대에 주어진 경험적 사실들을 외면한 철학자는 없다. 그들

---

27) 레이코프 · 존슨, 『몸의 철학』, p. 25.

의 철학적 가설들은 적어도 당대의 경험적 지식과 충돌하지 않는 방식으로 제시되었을 것이다. 그러나 오늘날 마음에 관한 새로운 경험적 탐구들은 적어도 과거의 사변적 철학자들의 꿈을 반박하기에는 충분한 수준의 증거들을 제시한다. 그래서 경험적 증거들이 주어지지 않았을 때 반박되지 않았던 철학적 이론들은 이제 더 이상 천진성(innocence)을 가장하고 있을 수 없게 되었다.[28] 경험적 발견들이 이루어지지 않았을 때 성립하던 선험적이거나 초월적 가정들은 더 이상 정당성을 유지할 수 없게 된 것이다. 그래서 이제 새롭게 제시되어야 할 이론들은 적어도 현재까지 주어진 경험적 증거들과 양립 가능한 것이어야 한다. 그것이 체험주의가 제안하는 '경험적으로 책임 있는 철학'(empirically responsible philosophy)의 모습이다.

철학이 책임 있는 것이 되려고 한다면, 관련된 영역의 지속적인 과학적 탐구의 방대한 체계에 대한 진지한 대면과 이해가 없이 그저 마음, 언어, 그리고 인간의 삶의 다른 측면들에 관한 이론들에 머물러서는 안 된다. 그렇지 않으면 철학은 단순히 이야기, 즉 인간의 신체화와 인지의 실재들에 근거하지 않은 서사들의 조작이 될 뿐이다. 우리가 우리 스스로를 알려고 한다면 철학은 마음의 과학들과의 지속적인 대화를 유지해야 한다.[29]

---

28) 같은 책, p. 493 참조.
29) 같은 책, p. 796. 또 이와 관련해서 pp. 42~43 참조.

5__ 몸의 철학적 자리

몸의 중요성에 대한 철학적 담론의 최근 확장에 비해 몸의 본성에 관한 해명은 여전히 제한적이다.[30] 그 주된 이유는 몸의 구체적 작용 방식에 대한 탐구와 해명이 대부분 경험과학적 탐구에 의존하고 있기 때문이다. 전반적인 경험적 지식의 지속적 성장에 비추어 본다면 정작 몸에 대한 경험적 탐구는 상대적으로 빈약하고도 더딘 편이다. 그렇다 하더라도 몸에 관한 경험적 지식의 성장은 철학적 탐구가 가야 할 방향에 관해 중요한 제약의 역할을 한다. 즉 철학적 가설들을 뒷받침하는 데 수렴적으로 주어지는 경험적 증거들보다 더 안정적인 것은 없기 때문이다.

철학적 가설은 본성상 경험적 지식을 넘어서서 확장된 형태로 이루어진다. 경험적 탐구는 결코 완결되지 않으며, 따라서 그 경험적 증거들 자체가 직접적으로 완결된 형태의 철학적 이론을 구성하는 것은 아니다. 그러나 경험적 증거들은 그릇된 가설에 대해 확고한 반증을 할 수 있다. 철학적 탐구가 본성상 경험적 탐구와 독립적이라거나 또는 독립적인 것이어야 한다는 믿음은 철학적 탐구의 본성에 대한 정신주의적 오해에서 비롯된 것이다.

인지과학은 오늘날 다양한 분야의 교차적인 탐구를 통해 '마음'의 본성

---

30) 오늘날 확산되고 있는 몸의 담론은 많은 부분 '포스트모던'이라는 급진적인 지적 기류와 맞물려 있는 것이 사실이다. 그러나 객관주의와 정신주의로 특징지어지는 지배적인 지적 전통에 대한 급진적 거부라는 점에서 포스트모던 철학과 체험주의는 쉽게 접맥될 수 있을 것이다. 그러나 앞서 논의되었던 것처럼 체험주의가 경험과학적 탐구의 성과들에 직접적으로 의존하고 있다는 점에서 몸에 대한 접근 방법에서 큰 차이를 드러낸다. 또 하나 특기할 만한 것은 포스트모던 철학자들이 몸의 담론을 통해 차이와 타자를 옹호하는 데 집중하고 있는데 반해 체험주의는 오히려 몸을 상대주의적 분기를 막는 제약 지점으로 설정하고 있다는 점이다.

에 관해 가장 안정적인 증거들을 제시하고 있다. 이 모든 증거들의 교차적 검증을 통해 수렴되는 지식을 적어도 현재까지 우리가 확보할 수 있는 최선의 안정적 지식으로 간주해야 한다. 이 모든 성취를 외면하고 다른 어떤 길을 따라 '우리가 원하는 것'에 도달할 수 있을 것이라고 믿는 것은 일종의 '신앙'일 뿐이다.[31] '우리가 원하는 것'에 대한 무비판적 편향은 신비주의를 부추긴다. 신비한 것은 신비할 뿐이며 많은 사람들을 깜짝 놀라게 할 수는 있지만 '소수의 현자'가 아닌 우리 모두를 개명시킬 수는 없다. 그것은 우리 모두가 공유할 수 있는 지식이 아니기 때문이다.

체험주의가 제시하는 것처럼 오늘날 우리에게 주어진 방대한 경험적 증거들은 모든 추상적 개념과 이론들이 신체적 근거를 갖는다는 사실을 지지해 준다. 그래서 몸은 추상적이고 관념적인 정신활동의 조건이며 뿌리다. 이러한 몸에 대한 경시는 서구 지성사를 통해 오랫동안 정신주의적 기류를 고착시켜 왔다. 몸에 관한 새로운 경험적 발견은 이러한 지적 전통이 우리의 경험 구조에 대한 편향된 이해에 근거하고 있다는 사실을 말해 준다. 이러한 시각에서 오늘날 몸의 중심성에 관한 새로운 관심은 몸의 배타적 우선성을 옹호하려는 것이 아니라 잊혀진 몸을 제자리에 '복권'시키려는 것이다. 이러한 작업은 몸을 잊어버린 철학적 전통이 사변을 통해 그어 놓은 과장되거나 왜곡된 궤적을 교정하는 데 핵심적 역할을 하게 될 것이다. 동시에 그것은 우리 자신의 조건에 대한 반성적 성찰의 길을 열어

31) 필자는 이것이 비트겐슈타인 철학의 핵심적 관심사였던 '철학적 혼동의 치유'와 맞물려 있다고 본다. 비트겐슈타인이 치유하려고 했던 주된 혼동은 '우리의 것'과 '우리가 원하는 것' 사이의 혼동이다. 마음에 관한 경험적 해명에 의해 제약되지 않았을 때 대부분의 철학적 담론은 '우리가 원하는 것'에 기울게 된다. 신체화된 마음에 대한 체험주의적 해명은 이러한 혼동의 소재를 드러내고 그 치유 방식을 제시한다. 그것은 자연주의적 회귀를 통해 이론에 의해 과장되거나 왜곡되었던 우리의 조건에 대해 반성적 성찰을 요구한다.

줌으로써 우리 자신의 조건에 부합하는 크기의 철학적 담론의 재구성이
왜 필요하며, 또 어떻게 가능한지를 보여 줄 것이다.

제 10 장
이성의 이름*

1— 머리말

　'이성'은 서구 지성사를 통해 복잡다단한 여정을 거쳐 왔으며, 그것에 관한 논의도 지나치리만큼 복합적인 역사와 맥락을 갖는다. 이러한 사실은 '이성' 개념의 철학적 중요성과 모호성을 동시에 암시한다. 그 귀결의 하나로 드러나는 것이 '논의의 혼란'이다. 이성에 관한 다양한 이해와 시각들이 접점을 잃고 교차되고 있는 것이다. 최근 '포스트모던'(postmodern)이라고 불리는 일련의 급진적 철학자들의 탈이성주의적 논의는 이러한 혼란을 더더욱 가중시키고 있다. 이들의 도전은 서구의 지적 전통을 '이성중심주의'(logocentrism)로 규정하고 이성 개념의 근원적 해체를 통

---

*　이 글의 초고는 한국분석철학회 겨울세미나(2000년 2월)에서 처음 발표되었다. 이 글의 논평을 맡아 주신 이윤일 교수님과 비판적 논의를 통해 다양한 지적을 해 주신 정대현, 김혜숙, 김동식, 김기현, 백도형 교수님께 감사드린다.

해 그것을 와해시키려고 하며, 동시에 그것은 오늘날 이성에 관한 대부분의 논의의 핵심적 계기를 제공한다. 이러한 상황에서 이성은 이제 관대한 '가족 유사성'(family resemblance)으로 묶기에도 버거울 만큼 많은 것을 가리키게 되었다. 이러한 이성은 누구의 것도 아니면서, 동시에 누구의 것이라도 될 수 있는 것처럼 보인다. 그래서 이성에 관한 논의에 선결되어야 할 것은 옹호든 비판이든 우리가 다루고자 하는 이성의 성격을 적절하게 규정하는 일이다. 그것이 선결되지 않은 논의는 철학사라는 넓은 벌판을 향한 '표적 없는 화살'이 될 수 있기 때문이다.

전통적 이성 개념에 대한 '체험주의'(experientialism)[1]의 분석은 이성 개념을 반성적으로 되돌아볼 수 있는 유용한 계기를 제공한다. 체험주의는 최근 급속히 성장하는 인지과학(cognitive science)의 경험과학적 발견들을 토대로 우리의 경험과 이해의 구조에 관한 포괄적인 해명을 시도하는데, 그것은 이성을 '인지'(cognition)라는 포괄적인 정신활동의 차원에서 해명함으로써 이성의 소재를 좀 더 선명하게 밝혀 준다. 체험주의는 전통적으로 유지되어 온 이성 개념을 '객관주의적'이라고 규정하는데, 이러한 이성은 객관성, 필연성, 보편타당성, 확실성을 확보해 주는 배타적 능력으로, 또는 적어도 그것들과 동족 관계에 있는 것으로 간주된다. 그러나 체험주의의 분석에 따르면 이러한 이성 개념은 고도의 이상화가 낳은 철학적 개념이다.

이러한 논의의 출발점을 선택함으로써 필자는 이성에 관한 논의의 복합성을 부추기는 하나의 구분을 드러낼 수 있다고 본다. 그것은 우리가 '이성'이라는 이름으로 부르는 것에는 한편으로 우리에게 주어진 것들이,

---

1) 체험주의의 철학적 특성에 관한 개괄적 소개는 노양진, 『상대주의의 두 얼굴』(파주: 서광사, 2007), 7장 「체험주의적 접근」 참조.

다른 한편으로 우리가 원하는 것들이 뒤섞여 있다는 것이다. 그리고 이러한 혼재의 배후에는 하나의 완고한 신화가 자리 잡고 있는데, 그것은 '이성은 좋은 것/비이성은 나쁜 것'이라는 신화다. 즉 서구 지성사를 통해 오랫동안 이성 개념이 '선'(善)과 은밀한 결합을 유지해 왔으며, 그것이 오늘날의 이성 개념에도 거의 무비판적으로 수용되고 있는 것이다. 이러한 신화는 객관주의적 이성 개념에 의해 지배되어 왔으며, 그것은 동시에 '주어진 이성'과 '원하는 이성'의 구분을 가리는 장막이 되고 있다. 이러한 시각에서 우리는 이성에 관한 오늘날의 논의에서 이성 자체의 존재 여부나 역할 문제에 앞서 '이성은 좋은 것/비이성은 나쁜 것'이라는 무비판적인 믿음에 대한 반성적 고찰의 필요성을 지적할 수 있을 것이다.

2__ 객관주의적 이성

'이성'은 철학사를 통해 너무나 많은 것을 의미하고 있으며, 그 때문에 그만큼 혼란스러운 이름이다. 세계와 존재의 질서라는 의미에서가 아니라면 이성은 분명히 우리의 정신 능력의 어떤 측면을 가리키는 이름이며,[2] 그것은 순수한 철학적 논의, 그것도 서구의 철학적 논의에서 비롯된 개념

---

2) '이성'은 철학사를 통해 크게 두 갈래의 의미를 지녀 왔다. 이성은 인간의 인식의 특정한(또는 동시에 본질적인) 능력으로 받아들여지는 한편, 세계의 보편적 원리나 근거로서 존재론적(형이상학적)으로 이해되기도 한다. 우리는 후자를 '형이상학적 이성'이라고 부를 수 있을 것이다. 그러나 근세의 인식론적 전통으로부터 금세기의 분석철학적 논의를 거치는 동안 형이상학적 이성 개념은 거의 논의의 지반을 잃은 것으로 보인다. 그리고 그것은 결코 불운도 우연도 아니다. 그래서 오늘날 이성에 관한 철학적 논의는 '우리의' 정신 능력 — 이론적이든 실천적이든 — 으로서의 이성 개념으로 모아진다.

이다.[3] 말하자면 철학 이외의 어떤 학문도 이성의 궁극적 근거를 제공하거나 존재를 증명해 주지 않는다. 이러한 의미에서 '이성'은 순수하게 '철학적인' 이름이다.[4] 이러한 지적은 이성 개념의 무용함이나 공허함을 직접적으로 드러내는 것은 아니다. 대신에 이성이 커다란 철학적 혼란을 불러올 수 있는 개념이라는 것을 예고할 뿐이다. 그리고 그러한 혼란을 해소하기 위해서 우선적으로 필요한 것은 그 혼란의 원천을 밝히는 일이다.

체험주의는 서구 지성사의 지배적 전통이 의지해 온 이성을 '객관주의적'이라는 말로 특징짓고 이러한 이성의 특성으로 '객관성' '법칙성' '보편성'을 든다. 그리고 이것은 이성 개념을 규정하는 필요충분조건은 아니지만 적어도 이성 우위라는 전통이 기본적으로 가정하는 이성의 기본적 특성들이다. 존슨(M. Johnson)은 객관주의가 "세계는 인간이 그것에 관해 어떠한 신념을 갖는가에 상관없이 그 자체로 존재하며, 또한 세계가 어떠한 것인가에 관해 하나의 올바른 '신적 관점'(God's-Eye-View)이 존재한다"[5]는 믿음에 근거하고 있다고 말한다. 즉 관찰자의 특정한 신념에 상관

---

3) 우리가 여기에서 다루고 있는 인식 능력으로서의 '이성'에 정확하게 합치하는 단일한 개념은 동양 사상의 전통에서 찾기 어려운 것으로 보인다. 그러나 이성과 유사한 개념들은 다소 다른 방식으로 다루어지고 있다. 이 문제에 관한 좀 더 상세하고 흥미로운 논의는 이승환, 「심성과 천리: 합리성의 주자학적 의미와 그 한계」, 『철학연구』, 제31집 (1992 가을): 122~48 참조.

4) 논의의 맥락이 다소 다르기는 하지만 이러한 사실은 이미 그리스 시대의 이성 개념에서도 선명하게 드러나고 있다. 프레디는 그리스인에게 일상적인 인식 능력으로 간주되던 이성이 소크라테스, 플라톤, 아리스토텔레스에 이르러 철학적 고찰의 대상이 됨으로써 포괄적이고 체계적인 사유 능력으로서 하나의 '철학적 구성물'이 되었다고 지적한다. Michael Frede, "Introduction," in Michael Frede and Gisela Striker, eds., *Rationality in Greek Thought* (Oxford: Clarendon Press, 1996), p. 3.

5) 마크 존슨, 『마음 속의 몸: 의미, 상상력, 이성의 신체적 근거』, 노양진 역 (서울: 철학과 현실사, 2000), p. 20.

없이 실재에 관한 합리적 구조가 있으며, 올바른 이성은 이 합리적 구조를 반영한다는 것이다. 그리고 이성은 객관주의가 추구하는 신적 관점에 도달할 수 있는 배타적 능력으로 가정된다. 객관주의적 이성 개념은 데카르트에서 칸트로 이어지는 근세의 인식론적 전통을 지배했으며, 금세기의 분석철학적 전통에서도 여전히 핵심적 축을 이루었다. 이성에 대한 이러한 객관주의적 가정이 적절하게 성립하기 위해서는 적어도 다음과 같은 두 가지 조건이 선결되어야 한다.

① 객관적 기준이 존재한다.
② '이성'은 객관적 기준을 발견할 수 있다.

사실상 이것들은 어느 하나가 논리적 선후나 우선성을 갖는다기보다는 상호 보완적인 관계에 놓여 있다. 객관적 기준은 우리를 넘어선 세계의 것일 수도 있으며, 우리의 세계 안에서 발견될 어떤 것일 수도 있다. 전자를 추구하는 능력을 '초월적 이성'이라고 부를 수 있을 것이다. 그러나 우리가 '초월'이라는 신화적 도약을 거부했을 때 이성이 갖게 되는 역할은 무엇일까? 체험주의의 해석에 따르면 객관주의적 전통은 '법칙 지배적인 것들'에 대한 사고의 작용을 '이성'이라고 불러 왔으며, 이렇게 가정된 이성에는 인간의 신체적 · 문화적 특성은 전적으로 배제되어 있다. 즉 인간의 신체적 · 문화적 특성은 자의적이고 주관적이며, 따라서 이성의 작용에 장애가 되거나 최소한 불필요한 어떤 것이다. 즉 이성은 '추상적 · 탈신체적'(abstract and disembodied)[6] 기능이며, 이 이성 개념에 의하면 인간의

---

6) George Lakoff, *Women, Fire, and Dangerous Things: What Categories Reveal about the Mind* (Chicago: University of Chicago Press, 1987), p. 7 참조. 레이코프는 전통

정신은 기본적으로 컴퓨터와 같은 방식으로 기호를 조작하는 능력으로 이 해된다.

객관주의는 고정되고 확정적인, 정신과 독립적인 실재, 그리고 그 객관적 실재 에 직접적으로 사상(寫像)됨으로써 의미를 갖게 되는 임의적 기호들을 가정한다. 사유는 정확하게 작용했을 때 우리에게 객관적 지식을 주는 이 기호들의 규칙 지 배적 조작이다.[7]

그러나 오늘날 우리에게 주어진 경험적 증거들에 의하면 신체화된 유 기체인 인간의 마음은 본성상 신체화되어(embodied) 있으며, 따라서 우 리의 외적 조건들에 의해 지속적으로 영향을 받는다. 즉 대부분의 사고, 개념, 이해는 이성적 탐구가 배제해 왔던 은유, 환유, 심적 영상 등을 포함 하는 '상상적 구조'(imaginative structures)를 통해 형성되며, 또 그것에 의해 제약된다. 그리고 그러한 모든 작용과 기능은 우리의 신체적 활동에 서 비롯된다. 이러한 의미에서 우리의 모든 경험은 본성상 신체화되어 있 다.[8] 이러한 사실은 우리가 순수한 사고 능력이라고 간주해 왔던 이성 개 념에도 마찬가지로 적용된다. 즉 객관주의적 이성은 신체성으로 특징지어 지는 인지 활동들을 극도로 추상화하고 이상화함으로써 형성된 개념이다.

이러한 분석은 이성에 관한 과거의 이론들에 단순한 '능력들'이라는 차 원을 넘어선 어떤 것들이 다양한 방식으로 부가되고 있다는 것을 암시한

적 객관주의에 반해 체험주의의 입장에서 인간의 사고가 신체화(embodied)되어 있 고, 상상적(imaginative)이며, 게슈탈트 속성을 가지며, 생태학적인 구조를 갖는다는 것 등을 그 특성으로 든다. 같은 책, pp. xiv~xv 참조.

7) 존슨, 『마음 속의 몸』, p. 39.

8) 같은 책, 특히 3~5장 참조.

다. 장구한 철학사를 통해 우리가 물려받은 '이성' 개념은 결코 가치 중립적으로 구획된 정신활동의 한 영역이 아니기 때문이다. 여기에서 필자는 순수한 정신 능력으로서의 이성을 넘어선 수많은 이성 이론들을 뒷받침하는 뿌리 깊은 믿음을 '이성은 좋은 것'이라는 신화로 묶으려고 한다.

이러한 신화는 역사적 사실보다는 인간의 근원적인 조건 — 이성의 타자를 포함하는 — 에 근거한 자연적 충동에서 비롯되는 것으로 보인다. 그러나 적어도 이성과 선(善)의 결합이 최초로 체계화된 이론의 형태를 갖춘 것은 플라톤에 이르러서일 것이다. 플라톤의 철학은 물론 헤라클레이토스적인 변화의 현상계와 파르메니데스적인 불변의 세계를 하나의 체계 안에 통합시켜 놓은 것이지만,[9] 불변하는 이데아의 세계가 변전하는 현상계보다 우월하다는 것이 그의 전 철학의 저변에 깔려 있는 중심적인 메시지다. 나아가 현상계는 철저하게 이데아의 세계와 대립되는 본성을 갖는 것으로 이해되며, 따라서 상대적으로 '악한 세계' — 물론 플라톤(특히 신플라톤주의)의 해석으로는 단지 '선'이 결여된 — 로 규정된다.

이러한 결여된 세계의 극복이 바로 플라톤 철학의 과제이며, 그것은 오로지 이성을 통해서만 배타적으로 수행될 수 있는 과제다. 그래서 이성은 '선'과 불가분의 '동족 관계'에 놓이게 된다.[10] 물론 플라톤에게 '선'은 존재하는 어떤 것의 속성이 아니라 '선' 자체가 바로 존재이며, 동시에 모든 존재의 근원이다. 이 때문에 흔히 알려진 것처럼 플라톤에게 "어떤 것

---

9) W. K. C. 거스리, 『희랍 철학 입문: 탈레스에서 아리스토텔레스까지』(서울: 서광사, 2000), pp. 118~19 참조.

10) 박종현 교수에 따르면 플라톤의 이러한 태도는 그리스인의 사유의 특징의 하나인 '동화'(homoiōsis)에 의해 설명될 수 있을 것이다. 박종현 교수는 이러한 그리스적 태도가 '같은 것은 같은 것에'(ho homoios tō homoiō)라는 호메로스 이래의 평범한 속담에 담겨 있다고 지적한다. 박종현, 『희랍 사상의 이해』(서울: 종로서적, 1982), p. 217 참조.

이 얼마나 선한가?"라는 물음은 "어떤 것이 얼마나 존재하는가?"라는 물음과 동일한 것이 될 수 있다. 여기에서 중요하게 지적되어야 할 것은 '선'이 이성 개념에 앞서서, 아니면 적어도 이성 개념과 동등한 존재론적인 위치를 갖는 것으로 설정되어 있다는 점이다.

플라톤의 이데아 이론을 통해서 드러나는 이성 개념은 하나의 초월적 의지의 표현일 뿐만 아니라 인간의 핵심적 관심사들을 한데 묶어서 설명하고 있다는 점에서 그 독창성이 있다. 말하자면 이데아는 존재와 인식은 물론 가치 문제를 통합하는 초월적 근거이며, 그것에 이를 수 있는 이성 또한 그러한 특성을 갖는 것으로 이해된다. 여기에서 이성은 순수한 인식 능력을 넘어서서 '우리가 원하는 것'의 영역으로 자연스럽게 확장되고 있다. 이처럼 선과 결합된 이성 개념은 자연스럽게 이성의 타자와의 대립적 구도를 배태하면서 오랫동안 서구 지성사를 통해 주류적 믿음을 형성해 온 것으로 보인다.[11] 그리고 이러한 지적 성향은 '이성은 좋은 것'이라는 믿음의 배후에 '비이성은 나쁜 것'이라는 그림자를 수반한다.

그러나 이성이 우리에게 가져다준 것에 비하면 우리의 지성사가 이성의 제단에 봉헌한 것은 지나칠 만큼 큰 것이다. 이성을 특수한 정신 능력을 가리키는 이름이라고 간주한다면 그것이 다른 정신 능력들과는 달리 '특별한 중요성'을 갖는다는 믿음의 근거는 무엇일까? 적어도 우리에게 이것은 아직 해명되지 않은 '철학적 신화'로 남아 있으며, 오늘날 이성에 관한 수많은 논의들을 여전히 감싸고 있는 신화이기도 하다.

---

11) 그러나 푸코의 분석에 따르면 이성/비이성의 이분법적 분화가 명확하게 이루어진 것은 이성의 시대라고 불리는 계몽주의에 이르러서이다. 이에 관한 좀 더 상세한 설명은 윤평중, 『푸코와 하버마스를 넘어서: 합리성과 사회비판』, 제2판 (서울: 교보문고, 1997), 특히 4부 1장 참조.

3__ 이성과 비이성의 화해

우호적이든 비판적이든 '이성'에 관한 많은 논의들은 이성/비이성 이분법을 우선적으로 극복해야 할 과제로 간주한다. 탈이성주의적 논의가 이성 개념의 와해를 통해 이 구분을 근원적으로 해소하려고 시도하는 반면, 이성의 옹호자들은 이성과 비이성의 화해라는 방식을 선호한다. 그러나 앞서 지적했던 것처럼 이러한 구분과 밀접하게 연관되어 있으면서, 더 근원적이고 중요한 것은 '이성은 좋은 것/비이성은 나쁜 것'이라는 믿음이다. 이러한 믿음에 대한 반성적 고찰이 없이는 이성과 비이성의 화해 시도는 지극히 형식적인 것이 되거나, 아니면 오히려 이성의 배타적 우선성을 옹호하는 귀결을 낳게 된다.

정대현은 '자기 규범적 초월성'을 우리가 물음을 묻는 존재라는 사실과의 관계 속에서 조명함으로써 합리성의 범위를 확장하려고 시도한다.[12] 즉 우리는 우리를 넘어선 물음을 통해 자신을 초월하는 능력을 가지며, 이것을 이성적 능력이라고 보아야 한다는 것이다. 동시에 우리는 어떤 것이 "합리적인가 비합리적인가?"라는 이분법적 물음을 넘어서 어떤 것이 "얼마나 합리적인가?"를 물을 수 있다고 제안한다. 이러한 시도는 전통적 이성 개념 자체에 대해서 뿐만 아니라 합리적/비합리적 이분법에 대한 문제 제기라는 점에서 그 의도에 쉽게 동의할 수 있다. 나아가 그는 합리성이 그가 '언어의 결' — 필자는 이것을 비트겐슈타인의 '언어게임'과 유사한 것으로 이해한다 — 이라고 부르는 것 안에서 결정된다고 주장한다. 즉 "인간의 어떤 욕망도 특정한 언어의 결에 의하여 구성된다. 따라서 이 욕

---

12) 정대현, 「물음과 이성 규범의 내재적 이해」, 한국분석철학회 편, 『합리성의 철학적 이해』(서울: 철학과 현실사, 1998).

망은 이 언어의 결에 대하여 어떤 관계를 가지고 있는가에 따라 그 합리성의 정도는 결정되어 얻어지는 것이다."[13] 여기에서 그는 다원적 합리성 개념을 제안하고 있으며, 동시에 합리성이 주어진 언어의 결 안에서 정도의 문제로 나타날 수 있다고 주장하는 것으로 생각된다.

이러한 주장이 함축하는 것은 크게 두 가지로 나누어 볼 수 있다. 먼저 '합리성의 정도'라는 개념은 이성/비이성 이분법을 거부함으로써 이성의 배타성을 완충시키는 데 매우 효과적인 것으로 보인다. 그러나 더 중요한 것은 이러한 이성이 당연히 언어의 결 안에서의 이성이며, 따라서 이성의 객관성이 오로지 언어의 결 안에서만 결정될 수 있다는 점이다. 그러나 '언어의 결에 상대적인 이성'은 그 내용이 언어의 결에 의해 구성된다는 순환적 귀결을 인정해야 한다. 즉 언어적 결을 뛰어넘을 수 있는 능력으로 가정되는 이성이 언어적 결에 의해서만 평가되어야 하는 순환적 구조를 피할 수 없는 것이다. 물론 순환성이 반드시 철학적 악덕은 아니지만, 적어도 순환성을 안고 있는 논의가 우리에게 새로운 것을 알려 주지 못한다는 것은 분명하다.

한편 이러한 논의와 함께 정대현은 우리가 다른 언어의 결을 생각할 수 있다는 사실이 '수렴되는 체계'가 아니라 '수렴될 수 있는' 체계를 생각할 수 있다는 것을 의미한다고 말한다.[14] 그는 이러한 논의를 통해 주어진 언어의 결을 넘어서는 능력을 통해 규범성이 가능하며, 그러한 능력을 이성이라고 주장하는 것으로 보인다.[15] 만약에 이성이 법칙적인 것의 인식

---

13) 같은 논문, p. 24.

14) 같은 논문, p. 23.

15) 이렇게 확장된 합리성 개념이 우리가 보통 '상상력'(imagination)이라고 부르는 것과 어떤 차별성을 가질 수 있는지 분명치 않다. 그것은 비트겐슈타인(L. Wittgenstein)의 표현을 빌리면 상이한 '삶의 형식'을 생각할 수 있는 능력인데, 비트겐슈타인은 그것

능력이라면 하나의 삶의 형식에 대한 생각에서 다른 삶의 형식에 대한 생각으로의 전이가 법칙적으로 이루어져야 한다. 그리고 이 법칙성(따라서 객관성)이 바로 '규범성'의 근거가 될 것이다. 정대현은 이러한 사고를 자신의 현재의 총체적 상황에 의문을 제기할 수 있고, 동시에 그것을 넘어선 대안적 상황을 생각할 수 있는 '초월적 사고 능력'과 동일시하며, 그것을 '이성'이라고 부르는 것으로 보인다. 물론 이러한 주장은 그것이 새로운 규범성의 근원이라는 주장을 위한 것이다. 그러나 만약 이성이 법칙적인 사고 능력으로 특징지어지지 않는다면 그의 논의는 '이성은 좋은 것'이라는 가정에 의해 뒷받침되고 있을 것이다. 왜냐하면 그러한 '초월적 사고 능력'이 악마적 결과를 가정하는 것은 아닐 것이기 때문이다.

이러한 일련의 논의의 기본적 의도는 이성 개념을 전통적으로 '비이성'이라고 간주되었던 것들에까지 확장하려는 것으로 보인다. 그러나 이러한 논의가 성공적으로 수행된다면 그것은 의도적이든 아니든 이성의 지위를 더욱 강화함으로써 오히려 이성의 영역을 확장시키는 결과를 낳을 것이다. 말하자면 그것은 여전히 '이성은 좋은 것'이라는 구도 안에서 불운하게도 '비이성'이라는 영역에 속하게 된 것들을 구제하려는 노력이 된다. 그러나 이러한 시도를 통해 이성/비이성 구분을 적절하게 완화시킬 수는 있다고 하더라도 '이성은 좋은 것'이라는 신화가 초래해 왔던 불균형은 여전히 미해결의 숙제로 남아 있게 된다.

유사한 난점은 김영정의 논의에서도 드러난다. 김영정의 논의는 기본적으로 합리성과 감정(emotion)에 관한 수사(R. de Sousa)의 논의를 재구

이 이성의 작용이라기보다는 상상력의 작용이라고 본다. 비트겐슈타인은 "하나의 언어를 상상한다는 것은 하나의 삶의 [형식을] 상상하는 것"이라고 말한다. 루트비히 비트겐슈타인, 『철학적 탐구』, 이영철 역 (서울: 책세상, 2006), 19절 참조.

성하고 옹호하는 형태로 이루어진다. 수사는 전통적으로 "믿음과 욕구 (beliefs and desires)의 획득, 이것들 사이의 전이, 그리고 이것들의 행위와 정책에로의 전환"[16]이 합리적 능력의 기능으로 간주되어 왔다고 규정한 다. 나아가 그는 감정이 이러한 합리성의 실현에 기여하고 있으며, 또 기 여해야 한다고 주장한다. 동시에 수사는 감정의 합리적 평가가 가능하다 고 주장한다. 그러나 이러한 수사의 합리성 규정에는 크나큰 함정이 있다. 즉 그가 제시하는 전통적인 규정은 그 자체로 함정이 있다. 즉 전통적 이 성 개념은 그 모든 과정이 '법칙적'이어야 한다는 전제 조건을 담고 있는 것이다. 그리고 그 법칙성이 객관적 탐구의 근거가 된다. 만약 그의 규정 이 법칙성을 전제하지 않으려면 그 대신 다른 전제 조건이 반드시 필요하 다. 그것은 '선'(善)이다. 만약 선이 결여된 것이라면 수사가 제시하는 모 든 과정은 악질적 퇴행의 과정일 수도 있기 때문이다.

수사의 논의는 '~은 합리적이다' '~은 합리적이지 않다' 라는 유형의 일상적 평가에 대한 기준을 결정하려는 노력처럼 보인다. 그리고 이때의 '합리적'은 이 말의 일상적인 사용법에 근거한 것으로 보인다. 이러한 논 의는 '~은 합리적이다' 라는 표현의 적용 영역에 대한 새로운 가르기 이 상이 아니다. 만약에 이것이 '합리성'에 관해 수사가 다루고자 하는 것의 전부라면 이 논의는 우리가 '감정'이라고 부르는 것이 실제로는 '이성'이 라고 부르는 것만큼 '중요하거나 실제적'일 수 있다는 주장으로 흡수된 다. 즉 그는 "감정 E는 이러이러한 점에서 대단히 중요하다(쓸모 있다, 실 제적이다)"라고 말한다. 그러나 이러한 주장에서 '합리성'이라는 말은 이

---

16) 김영정, 「감정의 합리성에 대한 철학적 고찰」, 한국분석철학회 편, 『합리성의 철학적 이해』 (서울: 철학과 현실사, 1998), p. 135. 인용 부분은 Ronald de Sousa, *The Rationality of Emotion* (Cambridge, Mass.: MIT Press, 1987), p. xv 참조.

미 '중요성' 또는 '쓸모'라는 말로 대체되고 있는 것이다. 말하자면 우리는 "감정 E가 이러이러한 맥락에서 합리적이다"라고 말하는 대신에 "감정 E가 이러이러한 맥락에서 쓸모 있다"라고 말할 수 있다.

수사의 논의는 자신의 의도대로 이성/감정 이분법이 부적절하다는 사실을 충실히 드러내고 있으며, 적어도 그 범위 안에서 우리에게 많은 것을 알려 준다. 그러나 그가 간과하고 있는 중요한 사실은 그 자신이 '이성은 좋은 것'이라는 신화를 벗어나지 못하고 있을 뿐만 아니라, 나아가 결과적으로 그 신화를 강화하는 주장을 펴고 있다는 점이다. 말하자면 감정을 '합리'의 영역에 편입시킴으로써 '이성'을 부풀리는 결과를 낳는다는 것이다. 말하자면 우리는 수사에게 '감정의 합리적 평가'라는 주장 대신에 '합리성의 감정적 평가'는 왜 선택되지 않는지를 물을 수 있다. 우리에게 궁극적으로 중요한 문제는 그 구분의 애매성이나 모호성이 아니라, 그 구분의 한편이 왜 근거 없이 과대평가되거나 과소평가되었는지를 밝히는 일이기 때문이다.

물론 퍼트남의 지적처럼 이분법적 사고 경향은 오늘날 철학적 논의가 극복해야 할 가장 시급한 문제다.[17] 그러나 이성에 관한 논의에서 더 중요한 문제는 이성/비이성 구분 자체보다도 '그 구분이 암암리에 수반하는 불균형'이다. 듀이(J. Dewey)는 이분법이 불러오는 그러한 철학적 오류를 '선택적 강조'(selective emphasis)라고 불렀다.[18] 경험에 관한 듀이의 시각을 빌면 신체적이든 정신적이든 우리의 모든 경험은 우리의 삶에서 동등한 지위를 갖기 때문이다. 이러한 시각에서 이성에 관한 '철학적' 논의에

---

17) 힐러리 퍼트남, 『이성, 진리, 역사』, 김효명 역 (서울: 민음사, 1987), p. 7.

18) John Dewey, *Experience and Nature: The Later Works, 1925~1953*, Vol. 1, ed., Jo Ann Boydston (Carbondale, Ill: Southern Illinois University Press, 1981), p. 31.

서 우리에게 더욱 긴요한 것은 무엇을 이성이라고 불러야 하는지를 규정하는 문제가 아니라, '이성'이라는 이름을 얻게 되었던 우리의 능력 또는 경험의 본성을 좀 더 선명하게 드러냄으로써 그것에 부과된 과도한 무게를 제거하는 일일 것이다.

의도적이든 아니든 앞서 언급했던 논의들은 결과적으로 '이성은 좋은 것/비이성은 나쁜 것'이라는 신화의 편에 서게 된다. 그래서 그것들이 이성중심주의로 규정되는 서구 지적 전통에 대한 도전의 차원에서 제기된 것이라면, 그것들은 그 의도에 반하는 귀결에 이른 셈이다. 이성의 적용 범위를 확장시키려는 모든 논의는 여전히 '이성은 좋은 것'이라는 신화를 벗어나지 못할 뿐만 아니라, 오히려 그 신화를 부추기는 결과를 불러올 것이기 때문이다. 이성에 관한 논의를 통해 중요하게 지적되어야 할 것은 서구 지성사를 통해 과도하게 유포되어 온 이성의 배타적 우월성이며, 동시에 이러한 이성 개념에 의거한 인간과 세계에 대한 해명이 초래하게 되는 왜곡과 편견이다.

4__ 이성의 후퇴

이성은 오랫동안 서구의 우익적 철학자들의 비호 아래 너무나 비대해져서 우리의 모든 경험을 심판하는 최고의 판정자가 되었다. 이성은 경험 가능한 사실들로부터 출발했지만 우리의 은유적 욕구를 통해 거대한 것으로 완성되었다. 그러나 그렇게 완성된 이성의 모습은 이미 우리의 실제적인 모습이 아니다. 이성은 너무나 세련되고 고양되고 다듬어져서 오히려 우리를 얽어매는 족쇄가 되고 말았다. 이성은 우리를 단죄하게 되었으며, 그 결과 우리 자신이 이성에 의해 소외되는 역전된 역사가 이루어진다. 결과적으로 이성은 너무나 이성적이기 때문에 거기에 미치기에는 턱없이 부족한 우리 모두의 '적'(敵)이 되어 버리고 만 것이다.

서구의 지성사는 이처럼 이성에 의해 역전된 소외의 역사다. 앞서 지적했던 것처럼 서구의 객관주의적 전통의 이성은 가정된 객관성, 법칙성, 보편성을 그 특성으로 삼는 한편 극도의 배타성을 갖는다. 즉 그것에 대립적인 상대성, 비법칙성, 개별성 등과 근원적으로 화해될 수 없는 개념이며, 이성의 '폭력성'은 여기에 근거한다. 이러한 이성은 자신에 대립적인 비이성적인 것들, 즉 '이성의 타자'에 대한 폭력과 억압을 통해서만 자신의 위치를 유지할 수 있다.

오늘날 이성에 관한 도발적 논의는 '포스트모던'(postmodern)으로 불리는 몇몇 급진적 철학자들에게서 찾아볼 수 있다. 푸코(M. Foucault), 데리다(J. Derrida), 리오타르(J.-F. Lyotard), 로티(R. Rorty)의 해체적 분석은 이성 또는 합리성이 정치적·사회적 현상의 부산물이거나 은유적 사고의 산물이며, 따라서 우리가 실제 인간의 실천과 역사를 냉정하게 분석하기만 하면 그 허구성이 드러나는 공허한 것이라고 비판한다. 이들의 비판은 대체로 특정한 이성 개념에 국한되기보다는 '이성'이라는 개념 자체를 향하고 있으며, 따라서 그만큼 급진적이다. 이들은 이성 개념이 내세우는 필연성, 동일성, 통합성, 보편성, 중심성 대신에 우연성, 타자, 개별자, 주변, 차이, 배리 등을 전면에 내세운다. 급속히 확산되는 이러한 급진적 담론 속에서 이성은 뿌리를 잃은 철학적 미아(迷兒)가 되고 말았다.

이러한 기류 속에서 이성의 옹호는 다소 이례적인 모습으로 드러나게 되는데, 여기에서 우리의 눈길을 끄는 것은 하버마스(J. Habermas)다. 기든스(A. Giddens)의 지적처럼 하버마스는 '물길을 거슬러 헤엄을 치고 있는 것'이다.[19] 하버마스는 '현대성'(modernity)의 기획을 근원적인 실패로 간주하려는 포스트모던 철학자들의 주장에 맞서 현대성이 담고 있는 자기 교정 가능성을 추적함으로써 그것을 새롭게 재구성하려고 시도한다. 이러한 과정에서 불가피하게 포스트모던 철학자들과의 조우(遭遇)가 이루어진다.

하버마스가 우선적으로 문제시하는 것은 포스트모던 철학자들의 비판의 근거다. 그는 모든 비판이 규범적 근거를 가져야 한다고 보며, 이성 비판의 전면에 나선 포스트모던 철학자들이 소재 불명의 규범적 이성을 전제하고 있음을 지적한다.[20] 말하자면 하버마스의 시각에서 탈이성주의적 철학자들의 이성 비판은 스스로 비판의 규범적 근거를 무너뜨리고 있기 때문이다. 하버마스는 자신의 중심적 작업인 사회 비판 이론의 궁극적 근거가 보편적 이성이어야 한다고 믿으며, 여기에서 탈이성주의적 담론에 대응하려는 하버마스의 선결 과제는 비판 이론의 보편적 근거를 확보하는 일이다.

하버마스는 비판의 궁극적 근거인 보편적 이성이 의사소통 구조 안에 내재하고 있다고 보며, 이러한 구조를 재구성함으로써 그것을 합리성의 근거로 삼으려고 한다. 이러한 시도의 핵을 이루고 있는 것이 그의 '보편화용론'(universal pragmatics)인데, 그는 보편화용론의 과제가 "가능한 이해의 보편적 조건들을 확인하고 재구성하는 것"[21]이라고 말한다. 이러한 하버마스의 프로그램 구성에 중심적 역할을 한 것은 오스틴(J. L. Austin)과 설(J. Searle)의 '화행 이론'(speech act theory)이다. 이들은 초기 분석

---

19) Anthony Giddens, "Reason without Revolution?: Habermas's *Theorie des kommunikativen Handelns*," in Richard Bernstein, ed., *Habermas and Modernity* (Cambridge, Mass.: MIT Press, 1985), p. 97.

20) 위르겐 하버마스, 『현대성의 철학적 담론』, 이진우 역 (서울: 문예출판사, 1994), p. 391 참조.

21) Jürgen Habermas, "What is Universal Pragmatics?" in his *Communication and the Evolution of Society*, trans. Thomas McCarthy (Boston: Beacon Press, 1979), p. 1.

철학자들이 집중했던 원자론적 명제 분석과 그것에 수반되는 진리 조건적 의미 이론을 거부하고 언어의 수행적(performative) 측면에 관심을 기울인다. 이것은 언어가 단순히 세계의 표상이라는 평면적 매체가 아니라 인간 삶의 표현으로서 행위의 일부라는 실용주의적 언어관으로의 전환을 의미한다. 하버마스가 관심을 갖는 것은 언어의 이러한 행위적 측면이다. 그는 의사소통 행위라는 개념을 충분히 확장시키고, 그 구조 분석을 통해 그 안에서 자신이 추구하는 사회 비판 이론의 기본적 모형을 찾으려고 하는 것이다.[22]

하버마스는 의사소통의 궁극적 이상이 '합의된 이해'라고 가정하며, 이러한 이해에 도달할 수 있는 이상적인 의사소통 구조 안에 합리성이 내재되어 있다고 본다. 이러한 의사소통에 참여하는 사람들은 모두 자유로운 상태에서 네 가지의 타당성 요구를 검증할 수 있다는 것을 전제하는데, '이해 가능성' '진리성' '정당성' '진실성'이 그것이다. 즉 의사소통 행위의 참여자는 내가 말하는 것이 이해 가능한가(이해 가능성), 그 주장 내용은 참인가(진리성), 내가 말하는 것은 정당화될 수 있는가(정당성), 그리고 내가 말하는 것은 진실한가(진실성)의 문제를 자유롭게 검증할 수 있다는 것을 전제한다는 것이다.[23] 하버마스는 이러한 조건들이 외적 강요나 왜곡 없이 성취될 수 있는 상황을 '이상적 담화 상황'(ideal speech situation)으로 설정한다. 물론 그는 이러한 상황이 결코 완전하게 실현된 적이 없으며, 또 앞으로도 실현되지 않는 하나의 이상이라는 것을 인정한다.

---

22) 이 때문에 매카시(T. McCarthy)는 하버마스의 전 철학 체계가 이론적이고 규범적인 의사소통의 해명 가능성에 의존하고 있다고 지적한다. Thomas McCarthy, *The Critical Theory of Jürgen Habermas* (Cambridge, Mass.: MIT Press, 1978), p. 272 참조.

23) Habermas, "What is Universal Pragmatics?" pp. 2~3 참조.

그는 이러한 의사소통의 상황을 모든 사회적 관계 구조를 설명하는 범형으로 설정하고 있는 것이다.[24]

하버마스의 이성 개념은 탈이성주의적 비판의 여지를 축소시키고 있다는 점에서 매우 성공적인 전략처럼 보인다. 그는 규범성의 원천인 이성의 근거를 우리를 넘어선 초월적인 것에서 찾는 대신에 인간의 가장 기본적인 상호작용 방식의 하나인 의사소통의 기본 구조에서 찾고 있다. 이렇게 구성된 이성 개념은 포스트모더니즘의 급진적 비판과 함께 독자적인 언어철학적 반성을 동시에 수용하려는 의도를 담고 있다.[25] 그래서 하버마스의 이성 개념은 이성을 근원적으로 부정하는 탈이성주의적 비판에 대해 그만큼 강력한 대응일 수 있다.[26] 그러나 그것은 고전적인(근세적인) 이성으로부터 멀리 후퇴한 이성이다. 그리고 이러한 후퇴를 통해서 하버마

---

24) 사실상 하버마스가 제시하는 의사소통적 이성의 근거는 일상적인 대화 참여자가 공유하는 기본적 조건일 뿐이다. 그러한 조건이 가정되어 있다고 해서 그것이 모든 확장된 경험 영역에서 적용될 수 있을 것이라는 하버마스의 가정은 지나치게 소박한 객관주의적 희망의 표현으로 보인다. 푸코가 하버마스의 이러한 이성 개념을 '유토피아적'이라고 비판하는 것은 놀라운 일이 아니다. Michel Foucault, "The Ethic of Care for the Self as a Practice of Freedom," p. 129. 윤평중, 『푸코와 하버마스를 넘어서』, p. 223에서 재인용. 박구용 박사는 하버마스가 이러한 자신의 가정을 최근에 들어 스스로 철회했다고 지적해 주었다.

25) 이러한 이성 개념은 '현대성'이라는 기획이 가정하고 있었던 이성으로부터 멀리 후퇴한 것이다. 그 거리는 너무나 커서 이진우의 지적처럼 "하버마스가 의사소통적 이성을 탈-현대적으로 이해하면서도 단지 포스트모더니즘이라는 표현을 피하는 것이 아닌가 하는 물음"이 제기될 소지를 안게 된다. 이진우, 『이성은 죽었는가: 포스트모더니즘의 철학』(서울: 문예출판사, 1998), p. 110 참조.

26) 이영철 교수도 동일한 지적을 하고 있다. 그러나 이러한 지적을 바탕으로 이영철 교수가 합리성을 도(道)에 근접시키려고 시도한다는 사실은 매우 의외적이다. 이영철, 「이해와 합리성」, 한국분석철학회 편, 『합리성의 철학적 이해』(서울: 철학과 현실사, 1998), pp. 96~97 참조.

스가 제시하는 이성 개념은 실질적 내용이 없는 '절차적 이성'이며, 그것
은 그만큼 평이한 것이다. 더욱이 그가 확보한 이성은 경험적 탐색의 결과
가 아니라 이상적 의사소통 상황이 전제하는, '초월론적'(transcendental)
요청의 산물이다.[27]

하버마스가 제시하는 의사소통적 이성은 사실상 현실적으로 관찰되는
'의사소통의 공공성' 이상을 담고 있지 않다.[28] 그것은 인간뿐만 아니라
사실상 넓은 의미에서의 의사소통이 가능한 모든 종에게 동등하게 인정되
어야 할 근거다. 그러한 근거는 우리가 성공적인 의사소통을 위해 이상적
으로 요청할 수 있는 것이기는 하지만 필연적인 것도, 또 현실적인 것도
아니다. 말하자면 그것은 우리에게 현실적으로 이해의 불일치 상황에 있
는 사람들이라 하더라도 모두 합리적 근거 위에 서 있다는 것 이상을 말해
주지 않기 때문이다.[29]

그러나 그러한 '이성'은 이미 탈색된 이성이며, 그것은 규범성의 근원
을 추적하는 데 하나의 중요한 실마리를 함축할 수는 있지만, 그 자체로는

---

27) 그럼에도 하버마스는 자신의 보편화용론을 '재구성적'(reconstructive)이라는 말로 특
　징지으려고 하며, '초월론적'이라는 용어가 왜 적절하지 않은지에 관해 매우 상세한
　이유를 제시하고 있다. Habemas, "What is Universal Pragmatics?" pp. 23~25 참조.
28) 하버마스가 이렇게 확보한 이성 개념을 사회 비판이론의 규범적 근거로 사용하겠다는
　발상은 여전히 지나치게 객관주의적이고 이성주의적이다. 하버마스의 의도는 복합적
　으로 다양화된 인간의 행위와 경험이 자신이 가정하는 합리적 지반으로 어떤 방식으로
　든 환원될 수 있다는 사실을 전제해야만 한다. 예를 들면 불일치 또는 대립을 드러내는
　양편이 사실상 모두 보편적 이성에 근거하고 있다는 것이 하버마스의 보편화용론의 가
　정이다. 여기에서 보편적 지반으로부터 이러한 구체적인 불일치의 상황을 판정하는 규
　제적 원리가 어떤 방식으로 도출될 수 있을 것인지에 대해 하버마스의 구체적인 해명
　을 찾기는 어려울 것으로 보인다.
29) Habermas, *Postmetaphysical Thinking: Philosophical Essays*, trans. William
　Hohengarten (Cambridge: Polity Press, 1992), p. 117 참조.

새삼스럽게 '이성'이라는 이름으로 불릴 만한 특별한 내용을 담고 있지
않다. 그런데도 그것이 여전히 중요하다는 생각은 이성, 즉 규범성의 보편
적 근거가 '좋은 것'이라는 그의 믿음에 의해 뒷받침될 수 있을 것이다.
이러한 점에서 하버마스는 스스로 인정하는 것처럼 현대성의 철저한 비판
자이면서도, 여전히 '초월적 이성'에 대한 미련을 떨쳐 내지는 못하고 있
다. 그것은 플라톤적인 의미에서의 '초월'은 아니라 하더라도 경험적이고
관찰적인 개념이 아니라는 점에서 그렇다. 말하자면 하버마스의 의사소통
적 이성은 발견되기보다는 요청된 이성이다. 그러한 이성은 앞서 지적했
던 것처럼 우리에게 주어진 이성이라기보다는 우리가 원하는 이성의 모습
으로 드러난다.

하버마스가 의사소통 행위 이론을 통해 확보하려는 것이 단지 비판의
규범적 근거라면, 그리고 자신이 암시하는 것처럼 '초월론적'이라는 말로
부터 자유로워지려면 경험적 탐구로 눈길을 돌려야 할 필요가 있다. 하버
마스가 추구하는 규범성은 종(種)으로서의 인간이 공유하는 '경험의 공공
성'에서 충분한 정도로 탐색될 수 있을 것이다. 왜냐하면 '경험적인 것'이
'객관적 이성'이라는 추상적 '개념'의 본래적 출생지이기 때문이다.[30] 규
범성의 유일한 근거를 '이성'이라는 이름으로 불러야 한다고 고집하는 것
은 낡은 '이성주의'의 후유증이다. 규범성의 원천을 우리 안에서 찾으려

---

30) 여기에서 상론할 수 있는 문제는 아니지만 필자는 규범성의 근원을 우리 '경험의 공공
성'에서 찾을 수 있을 것으로 본다. 그러나 그렇게 해서 탐색되는 규범성의 근거는 '절
대적 기초'와 같은 모습은 아닐 것이다. 체험주의가 제시하는 것처럼 이러한 공공성은
신체적이고 물리적인 층위의 경험 영역에서 현저하게 드러나며, 정신적이고 추상적인
층위로 갈수록 점차 감소하는 것으로 보인다. 물론 사회적 규약 등을 통해서 드러나는
추상적 층위의 공공성이 강한 규범으로 확장되어 드러나기도 하지만 그러한 경험의 인
지적 뿌리는 여전히 신체적이고 물리적인 층위의 경험이다.

는 하버마스의 방향 전환은 온당한 것으로 보이지만, 그 결과 그가 그려
내는 것은 여전히 우리가 '원하는 이성' 의 모습이다. 그것은 그가 '이성은
좋은 것/비이성은 나쁜 것' 이라는 신화를 완전히 거두어 내지 못하고 있
다는 것을 말해 준다.

5__ 맺는 말

　이성에 관한 복합적인 논의 속에서 '철학적 혼란' 을 해소하는 데 중요
한 것은 전통적 이성이 우리의 사고와 이해를 관찰하고 해명하는 '기술적
개념' 이 아니라 '규범적 개념' 이라는 사실을 선명하게 드러내는 일이다.
나아가 '철학적 혼란' 은 그 규범적 개념이 해명적 개념이라는 외투를 입
고 나타났을 때 발생한다. 우리의 과제는 그러한 외투를 벗기고 전통적 이
성의 본모습을 드러냄으로써 우리의 '혼동' 이 불필요한 것이었음을 드러
내는 일이다. 즉 그것은 이성의 빛에 의해 가려졌던, 이성의 이름으로 억
압되어 '실지' (失地)로 남게 되었던 경험의 부분들을 제자리에 되돌려 놓
는 일이다. 그러한 작업은 억압된 것에게 '이성' 이라는 명함을 건네주려
는 것이 아니라 '이성' 이라는 이름이 없이도 그것이 그 자체로 우리 삶에
여전히 중요하다는 사실을 되돌아볼 것을 권고한다. 그것은 근원적으로
'이성은 좋은 것' 이라는 신화로부터 벗어난다는 것을 의미한다.
　이성이 선과 은밀한 관계를 유지해 왔다는 지적은 이성 개념을 부정하
는 것이 아니라, 다만 철학사를 통해 주어진 이성에 관한 이론들이 순수하
게 경험적인 사실을 다루고 있는 것이 아니라는 점을 드러내 줄 뿐이다.
이러한 사실을 간과하고 이성을 순수한 사실의 심판자로 받아들일 때 이
성은 언제든지 '억압의 도구' 로 전락할 수 있다. 이러한 시각에서 이성에

대한 과신은 상대주의에 대한 과신만큼이나 위험하다는 사실을 간과해서
는 안 된다. '인지' 라는 차원에서 본다면 이성이라는 이름을 얻게 된 우리
의 능력은 그 자체로 선도 악도 아니다. '이성은 좋은 것' 이라는 믿음은
그 자체로 무해한 것이라 하더라도 그것이 은밀하게 함축하는 '비이성은
나쁜 것' 이라는 믿음은 서구의 지성사를 뒤덮고 있는 '철학적 그림자' 다.

우리는 우리에게 '이성' 이라는 이름을 갖게 된 일련의 능력이 존재한다
는 사실을 부정해야 할 이유도 없으며, 또 그러한 능력의 긍정적 유용성을
부정해야 할 이유도 없다. 그리고 그 긍정성은 전통적으로 이성주의자들
이 기대했던 것처럼 초월적인 것은 아니라 하더라도 인간의 경험과 역사
를 통해 충분히 드러난 것으로 보인다. 그 '이성적인 것' 은 궁극적이고 전
반적인 진보는 아니라 하더라도 과학과 기술, 그리고 지식의 성장을 통해
우리에게 그 효용성을 보여 주었다. 그리고 그 모든 성취는 예외 없이 이
성의 편에 서 있는 것으로 보인다. 그러나 더 중요한 것은 전통적으로 가
정되었던 것처럼 이성/비이성 구분이 명료하게 그어지지 않을 뿐만 아니
라 이성의 긍정적 성격이 비이성의 부정적 성격을 보증하는 것도 아니라
는 점이다.

'이성' 에 대해 여전히 다양한 철학적 논의는 계속될 것이다. 그러나 그
것은 더 이상 우리를 넘어선 절대적 영역에 존재하는 어떤 것도 아니며,
우리 삶의 긍정성을 전적으로 담보하는 배타적 능력도 아니다. 그처럼 부
풀려진 이성은 다만 우리의 '철학적 열망' 에 의해서만 정당화되는 이성이
다. 이제 우리에게 진정으로 중요한 것은 '이성 아니면 비이성' 이라는 이
분법과 함께 '이성은 좋은 것/비이성은 나쁜 것' 이라는 사고를 포기하는
일이다. 다시 말해서 이성에 관한 철학적 논의의 중심적 과제는 이성 개념
의 옹호나 급진적 해체가 아니라 이성에 대해 전통적으로 부여된 과도한
신뢰가 지성사에 초래한 '부작용' 을 지적하고 그것을 다스리는 일이다.

이러한 시각에서 우리는 서구 지성사를 통해 대립과 혼란을 불러왔던 이성에 관한 이론들이 이제 대부분 논의의 계기를 잃은, '탈색된 은유들'이라는 점을 지적할 수 있다. 로티의 권고처럼 우리가 이성 없이 살아가는 삶을 선택하지는 않더라도 적어도 '이성'은 이제 우리의 일상적인 인지 능력의 한 측면을 가리키는 좀 더 평이한 경험적 언어로 이해될 수 있으며, 또 이해되어야 할 필요가 있다. 이것은 이성적인 것을 거부하려는 시도가 아니라, 지성사를 통해 '이성이라고 불려 왔던 것'의 본래의 모습을 반성적으로 되돌아보려는 시도다. 이러한 태도는 메를로 퐁티(M. Merleau-Ponty)의 말처럼 이성을 파괴하는 것이 아니라 그것을 "이 땅으로 끌어내리는 것"[31]일 뿐이다.

---

31) Maurice Merleau-Ponty, *The Primacy of Perception*, ed. James Edie (Evanston, Ill.: Northwestern University Press, 1964), p. 13. 메를로 퐁티는 "철학자들이 이성을 역사의 성쇠 위에 놓기를 바란다면 그들은 순수하게, 그리고 단순히 심리학, 사회학, 민족지학(ethnography), 역사, 정신 의학 등이 인간의 행동의 조건에 관해서 알려 주는 것들을 잊어서는 안 된다"(같은 책, p. 24)고 말한다.

제 11 장
실재론과 반실재론을 넘어서

1__ 머리말

실재론/반실재론(realism/antirealism) 문제는 지난 세기 초의 '언어적 전환'(Linguistic Turn) 이래로 가장 가열되고 복합적인 논란을 불러일으켰던 언어철학적 주제의 하나다. 그러나 최근 이 논쟁은 마치 사라지는 유행처럼 뚜렷한 결론 없이 철학적 논의의 중심에서 서서히 벗어나고 있는 것으로 보인다. 이러한 상황은 마치 근세 인식론자들 사이에 벌어졌던 실재론/관념론 논쟁이 뚜렷한 결말 없이 서서히 철학사의 한 부분이 되어 가라앉았던 것과 매우 흡사하다.[1)]

[1)] 실재론/관념론 논쟁과 실재론/반실재론 논쟁 사이의 그러한 유사성은 단지 외형적인 것만은 아니다. 사실상 기본적 성격에서 실재론/반실재론 논쟁은 실재론/관념론 논쟁을 언어철학적으로 재구성한 것이기 때문이다. '관념론'(idealism)에 대비되는 것으로서 실재론은 우리의 인식에 상관없이 우리의 밖에 사물들이 존재한다는 매우 평이하고 상식적인 신념이다. 이에 반해 관념론은 우리에 의해 지각되지 않은 실재는 없다고

그렇다고 해서 그동안의 논의가 아무런 성과도 없이 사라져 가는 것만
은 아니다. 이 글에서 보이려는 것처럼 실재론/반실재론 논쟁은 처음부터
끝이 없는 논쟁 구도와 함께 출발했으며, 이러한 사실은 이 문제의 해결이
아니라 이 문제에 대한 전적으로 새로운 시각으로의 전환을 낳았기 때문
이다. 이 전환에 주목할 만한 역할을 한 영어권의 철학자들로 퍼트남(H.
Putnam)과 로티(R. Rorty)를 들 수 있다. 그러나 이들은 공통적으로 이 문
제에 대한 시각 전환을 촉구하면서도 각각 전혀 다른 성격의 숙제를 남겨
두고 있다.

이 글에서는 실재론/반실재론 논쟁의 핵심적 소재를 퍼트남과 로티의
논의를 따라 검토하고, 이것을 바탕으로 최근 미국을 중심으로 형성되어
가고 있는 '체험주의'(experientialism)의 시각을 빌어 이 문제에 대한 새
로운 접근 방식의 윤곽을 제시하려고 한다. 체험주의는 최근 급속히 성장
하는 인지과학(cognitive science)의 경험적 증거들을 토대로 경험의 본성
과 구조에 대한 포괄적인 해명을 시도한다.[2] 체험주의는 우리 경험을 신
체적·물리적 층위와 정신적·추상적 층위로 구분하고, 이 두 층위가 단절
된 독립적 영역이 아니라 지속적으로 상호작용하는 연속성을 드러낸다고
주장한다.

이러한 체험주의의 주장에 따르면 실재론과 반실재론은 각각 '경험'에
대한 일면적이고 제한적인 이해의 방식이라고 말할 수 있다. 다시 말해서
경험은 실재론적 요소와 반실재론적 요소의 상호작용적 공존으로 이루어
진다는 것이다. 이러한 주장은 우선 오늘날 드러나는 실재론/반실재론 논

주장한다. 말하자면 이 두 논쟁은 사실상 인식 내용이 외부의 실재에 의해서 결정되는
지, 아니면 마음에 의해서 결정되는지의 문제로 집약된다.
2) 체험주의의 철학적 시각과 특성에 관한 개괄적인 설명은 노양진, 『상대주의의 두 얼
굴』(파주: 서광사, 2007), 7장 「체험주의적 접근」 참조.

쟁의 이분법적인 대립 구도가 근원적으로 부적절하다는 것을 말해 준다. 그래서 체험주의적 접근은 인식에서 마음과 세계의 공동 작용을 주장했던 퍼트남의 '내재적 실재론'(internal realism)의 요구에 합치한다. 그러나 그 것은 동시에 퍼트남의 내재적 실재론이 그 바탕에 유지하고 있는 근세의 인식론적 구도의 포기를 요구한다. 한편 그것은 로티가 원했던 것처럼 실 재론/반실재론 논쟁의 근원적 구도 자체를 거부한다. 그러나 체험주의의 이러한 거부가 '해체론'(deconstruction)으로 머물지 않는 이유는 그 거부 를 넘어서서 경험의 구조에 관한 좀 더 포괄적이고 적절한 경험적 탐구를 요청하기 때문이다.

2— 세계와 마음

실재론/반실재론 구분은 인식 구조에 관한 언어철학적 접근의 산물이 다. 여기에서 말하는 인식의 문제는 우리의 믿음이 우리 밖의 세계에 의해 서 결정되는지, 아니면 우리의 정신활동에 의해 결정되는지의 문제로 집 약된다. 이것은 이미 근세의 인식론자들 사이에 실재론/관념론 논쟁 구도 를 통해 집중적으로 논의되었던 문제다. 이 문제는 20세기에 들어 더미트 (M. Dummett)에 의해 실재론/반실재론이라는 구분을 통해 재구성된 이 래로 지난 수십 년 동안 영어권의 언어철학적 논쟁의 핵심적 주제가 되었 다. 더미트는 실재론 문제를 문장의 진리치 문제로 전환시킴으로써 다음 과 같이 규정한다.

실재론은 주장된 명제들이 그 진리치에 대한 우리의 인식 방식과 상관없이 객 관적 진리치를 갖는다는 믿음이다. 즉 그 명제들은 우리와 독립적으로 존재하는 실재에 의해서 참 또는 거짓이 된다. 반실재론자들은 이에 반대하여, 주장된 명제들은 우리가 그 명제의 증거로 간주하는 어떤 것에 의해서만 이해된다고 주장한다.[3]

더미트의 제안 이래로 더미트 자신을 포함한 반실재론 진영과 이에 반대하는 실재론 진영 사이에 매우 복합적이고 전문적인 논의가 한동안 지속되었다. 그러나 이 논쟁은 실재론/반실재론 대립 구도 자체의 정당성에 대한 근원적 물음이 제기되면서부터 새로운 국면을 맞게 된다.[4] 이러한 물음은 퍼트남의 '내재적 실재론'(internal realism)을 통해 제기된다. 퍼트남은 실재론/반실재론 이분법을 포함한 다양한 형태의 이분법적 사고를 오늘날 극복해야 할 가장 심각한 철학적 난제로 지적한다.[5] 그래서 퍼트남의 내재적 실재론은 실재론과 반실재론 사이의 '중간 지대'를 정교하게 탐색함으로써 이 이분법적 대립이 사이비 대립이라는 것을 보이려고 한다. 실재론은 우리 밖의 대상이 인식을 결정한다고 보며, 반실재론은 우리의 마음이 인식을 결정한다고 본다. 여기에서 퍼트남의 내재적 실재론은 "마음과 세계가 공동으로 마음과 세계를 구성한다"[6]는 기치를 통해 그러한 이분법적 대립을 근원적으로 와해시키려고 한다.

---

3) Michael Dummett, *Truth and Other Enigmas* (Cambridge, Mass.: Harvard University Press, 1978), p. 146. (고딕은 필자의 강조.)

4) 실재론과 관념론의 대립적 구도의 극복에 대한 필요성은 국내의 몇몇 논의들을 통해서도 개략적으로 제안되고 있지만 구체적인 대안적 논의에 이르지는 못한 것으로 보인다. 이 문제와 관련해서는 소흥렬, 「관념론과 유물론의 대립」, 한국분석철학회 편, 『실재론과 관념론』(서울: 철학과 현실사, 1993); 김여수, 「진리와 실재론」, 한국분석철학회 편(1993); 오종환, 「온건한 상대주의의 옹호」, 한국분석철학회 편(1993) 등을 참조.

5) 힐러리 퍼트남, 『이성, 진리, 역사』, 김효명 역 (서울: 민음사, 2002), 특히 p. 7 참조.

6) 같은 책, p. 10.

적어도 실재론/반실재론 이분법을 극복하려는 퍼트남의 시도는 이 문제의 뿌리에 대한 깊은 철학적 통찰을 보여 주는 시도이기는 하지만, 그가 대안적으로 제시하는 내재적 실재론은 그 자체로 성공적으로 보이지는 않는다. 무엇보다도 퍼트남의 내재적 실재론이 직면하는 가장 큰 난점은 '세계 자체'의 인식 문제다. 퍼트남의 주장처럼 내재적 실재론이 개념체계에 주어지지 않은 인식의 가능성을 부정하는 입장이라면, 그 인식에 주어지기 이전의 재료로서의 실재, 즉 '세계 자체'는 무엇일까? 내재적 실재론은 세계 자체가 존재한다고 인정할 수밖에 없으면서도 근원적으로 인식될 수 없다고 주장해야만 한다. 그래서 세계 자체는 내재적 실재론의 풀 수 없는 수수께끼로 남는다.

이러한 난점은 우리 인식을 해명하는 데 개념체계 개념을 수용하는 모든 철학자들에게서 공통적으로 드러나는 난점이다. 잘 알려진 것처럼 철학사에서 이 문제가 처음으로 정형화되어 드러난 것은 칸트(I. Kant)의 구성설적 인식론을 통해서이다. 즉 퍼트남이 부딪히는 '세계 자체'라는 딜레마는 본성상 칸트의 인식론에서 드러나는 '물자체'와 다르지 않다.[7] 즉 마음이 인식을 구성한다는 생각을 받아들이게 되면 마음에 주어지기 이전의 인식 재료가 수수께끼로 남게 되는 것이다.

이러한 구도 안에서 반실재론자들은 실재론이 인식 영역 밖의 대상에 대한 인식 가능성을 주장한다는 점을 들어 비판한다. 반실재론자의 시각에서 실재론자는 인식 가능성 밖의 대상의 존재에 대해 무엇인가를 주장하고 있는 셈이다. 그러나 실재론자가 주장하는 것처럼 적극적으로 구체적인 대상에 대한 것이 아니라 하더라도 적어도 우리 밖에 최소한 '어떤

---

7) 노양진, 『상대주의의 두 얼굴』 (파주: 서광사, 2007), 2장 「퍼트남의 내재적 실재론」, 특히 pp. 56~58 참조.

것이 존재한다'는 차원의 소박한 실재론적 믿음은 양도될 수 없는 원초적인 것이다. 데비트(M. Devitt)는 이러한 믿음을 '소극적 실재론' 또는 '무화과 잎 실재론'(Fig-Leaf Realism)이라고 부르는데, 그것은 "무엇이 존재하는가에 대해서는 전혀 규정하지 않으며, 단지 어떤 것이 존재한다는 것만을 요구하는"[8] 입장이라고 말한다. 이처럼 최소화된 실재론은 누구도 거부하기 힘들다는 것은 사실이지만 그것을 하나의 이론이라고 말하는 것 또한 새삼스러운 일이다. 그래서 설(J. Searle)은 이러한 믿음이 가설 또는 이론이라기보다는 가설들을 가능하게 하는 하나의 조건이라고 주장한다.[9]

그렇다 하더라도 반실재론을 지지하는 철학자들은 데비트의 실재론이 '존재' 문제와 관련된 이론일 뿐이며, 그러한 믿음을 옳은 것으로 받아들인다고 하더라도 여전히 '인식' 문제에 관한 한 반실재론적 믿음이 옳다고 주장할 것이다. 왜냐하면 이러한 실재론적 믿음을 받아들인다고 해서 인식에서 마음이 적극적으로 작용한다는 반실재론자의 믿음이 제거되거나 거부되어야 할 이유가 없기 때문이다. 그리고 적어도 반실재론자는 그러한 주장을 위한 충분한 증거들을 제시할 수 있는 것으로 보이기 때문이다.

그것이 인식적으로 무엇이라고 규정되기 이전에도 무엇인가 존재한다는 믿음, 즉 '원초적 있음'에 대한 믿음은 그 자체로 문제가 없어 보인다. 이 점에서 실재론자의 주장은 강력한 입지를 얻는다. 반실재론자는 마음 이전의 세계를 인정하지 않으려고 하며, 실재론자는 세계의 존재가 전제되지 않는 인식이 불가능하다고 말한다. 여기에서 이들의 핵심적 쟁점이

---

8) Michael Devitt, *Realism and Truth*, 2nd ed. (Oxford: Blackwell, 1991), p. 17.

9) John Searle, *Intentionality* (Cambridge: Cambridge University Press, 1983), pp. 158~59 참조.

마음의 작용에 주어지기 이전의 세계, 즉 '세계 자체'로 모아진다는 것을 알 수 있다. 즉 실재론자와 반실재론자는 '어찌할 수 없는 세계'를 가운데 두고 공방을 거듭하고 있는 것이다. 그리고 이것이 어느 쪽도 상대방을 확고하게 논파하지 못하는 이유다.[10]

여기에서 실재론자와 반실재론자의 '끝없는' 논쟁이 그 근원적 구도에서 비롯된 것이 아닌가라는 물음이 제기된다. 또한 여기에서 그 근원적 구도를 넘어서는 새로운 시각의 필요성이 드러난다. 로티는 매우 급진적인 방식으로 그 필요성에 답하려고 시도한다. 로티는 실재론/반실재론 논쟁의 배후에 로크-데카르트-칸트 전통으로 불리는 인식론적 구도가 자리 잡고 있다고 지적하는데, 그는 이 구도를 객관과 주관의 분리, 즉 세계와 관찰자의 분리로 특징짓는다. 이 점은 일찍이 듀이(J. Dewey)를 비롯한 실용주의자들에 의해 지적되었던 것이다. 나아가 듀이는 이러한 이원론적 분리 구도 자체보다도 더 심각한 것이 이러한 구도를 바탕으로 인식 작용에서 중심적 역할을 세계 아니면 관찰자에 두는 '선택적 강조'(selective emphasis)라고 지적한다.[11] 그리고 그 귀결로 주어진 것이 편향된 이론들이다.

듀이에 따르면 우리는 세계와 지속적으로 '상호작용'(interaction)하는 유기체적 존재이며, 그 상호작용의 종결은 유기체적 존재의 종결을 의미한다. 이러한 상호작용은 관찰이라는 평면적 작용뿐만 아니라 우리의 신체적 활동과 같은 다양한 직접적 작용을 포괄한다. 근세 인식론이 설정했던 순수한 인식론적 '주체'는 마음에 관한 그릇된 철학적 은유의 산물이

---

10) 노양진, 『상대주의의 두 얼굴』, 2장 「퍼트남의 내재적 실재론」특히 pp. 62~66 참조.

11) John Dewey, *Experience and Nature: The Later Works 1925~1953*, Vol. 1, ed., Jo Ann Boydston (Carbondale, Ill.: Southern Illinois University Press, 1988), p. 31 참조.

다.[12] 예를 들면 데카르트(R. Descartes)적 마음은 몸과 전적으로 독립된 별개의 실체다. 그리고 그것이 데카르트의 인식론이 원했던 '생각하는 나'의 전부다. 이러한 나는 세계와의 상호작용을 통해 '살아가는' 존재가 아니라 세계를 '순수하게 인식하는' 존재다.

듀이는 세계와 절연된 이러한 인식론적 주체가 해소되어야 할 철학적 가상이라고 보았다. 우리는 몸을 가진 유기체적 존재이며, 그 몸을 통해 이 세계와 단절이 없는 상호작용을 한다. 신체적 요소가 전적으로 배제된 데카르트적 주체는 사실적 존재가 아니라, 고도로 이상화된 이론적 존재다. 따라서 그것은 우리의 실제적 경험을 통해 주어지지 않으며, 또 우리의 실제적 경험을 적절하게 해명해 주지도 않는다.

전통적인 철학적 문제들에 대한 로티의 시각은 대부분 듀이에게서 온 것이지만 철학적 탐구의 본성 문제에서 듀이와 분명히 길을 달리 한다.[13] 듀이는 사변 중심의 전통 철학을 거부하고 새로운 자연주의적 탐구의 방향을 제안하는 반면, 로티는 과거의 이론들을 넘어서는 새로운 이론의 가능성도 필요성도 인정하려고 하지 않는다. 로티는 이론화나 체계화 자체의 가능성을 부정하고 그저 "이야기의 주제를 바꾸자"고 제안한다.[14] 그래서 로티의 시각은 '해체론적'이다. 그러나 실재론/반실재론 논쟁 구도가 근원적으로 부적절한 것이라는 로티의 주장에 동의한다 하더라도 이 문제에 관해 로티의 해체론적 결론만이 유일한 대안은 아니다. 로티의 주장에 대한 퍼트남의 응답은 이러한 맥락으로 읽힐 수 있다.

---

12) G. 레이코프 · M. 존슨, 『몸의 철학: 신체화된 마음의 서구 사상에 대한 도전』, 임지룡 외 역 (서울: 박이정, 2002), 특히 pp. 596~98 참조.

13) 로티와 듀이의 철학적 괴리에 관한 좀 더 상세한 논의는 노양진, 『상대주의의 두 얼굴』, 6장 「로티의 듀이 해석」 참조.

14) 리처드 로티, 『실용주의의 결과』, 김동식 역 (서울: 민음사, 1996), p. 23 참조.

내가 생각할 때 철학에서 중요한 것은 "나는 실재론/반실재론 논쟁을 거부한
다"고 말하는 것이 아니라 그 양편이 개념들과 함께 살아가는 우리의 삶을 (어떻
게) 잘못 표상하는지를 보여 주는 일이다. 어떤 논쟁이 '공허하다'는 것은 그 경
쟁적 구도들이 중요하지 않다는 것을 뜻하지 않는다. …… 나는 철학이 로티가
생각하는 것보다 더 중요하며 동시에 덜 중요하다고 생각한다.[15]

아마도 로티의 제안은 우리가 경험의 본성과 구조에 관해 필요한 모든
것을 충분히 알고 있다는 가정 아래에서는 설득력을 갖게 될지도 모른다.
그러나 경험적 지식은 결코 완결되지는 않는다 하더라도 우리에게 끊임없
이 새로운 것들을 밝혀 주고 있으며, 그것은 항상 과거 이론들의 근원적
가정들에 대한 재검토를 요청한다. 그리고 이것이 과거 이론들에 대해 해
체론적 시각을 가진 철학자라 할지라도 여전히 탐구의 과제로 삼아야 하
는 부분이기도 하다. 로티는 자신의 선언적(宣言的) 주장을 통해 의도적
이든 아니든 이러한 가능성을 넘어서서 모든 이론화와 체계화를 근원적으
로 거부하려고 한다. 그러나 오늘날 급속히 성장하는 경험적 탐구들은 로
티가 주장하는 것보다도 훨씬 더 많은 것을 알려 준다. 그것은 로티를 따
라 단순히 실재론/반실재론 논쟁의 유용성이 소진되었다는 주장을 넘어
서서, 왜 그 논쟁의 구도 자체가 부적절한지를 구체적으로 보여 줄 수 있
기 때문이다.

---

15) Putnam, *Realism with a Human Face*, ed. James Conant (Cambridge, Mass.: Harvard University Press, 1990), p. 20.

3__ 경험의 두 층위

'신체화된 경험'의 구조에 대한 체험주의의 새로운 해명은 실재론/반실재론 논쟁 구도에 대한 시각 전환을 가능하게 해 준다.[16] 체험주의는 전통적인 철학적 탐구가 대부분 '선험적 사변'에 의존해 왔다는 사실에 주목하고 오늘날 '인지과학'(cognitive science)이 제공하는 경험적 증거들을 적극적으로 수용함으로써 사변적 방법과의 결별을 선언한다.[17] 체험주의는 '경험적으로 책임 있는 철학'(empirically responsible philosophy)을 제안하며,[18] 이러한 제안은 실재론/반실재론 논쟁의 기본적 가정에 물음을 제기한다.

체험주의가 중요하게 강조하는 것처럼 우리의 경험에는 분명히 대별되는 두 층위가 있다. 우리는 몸을 통해 외부 사물과 직접 상호작용한다. 이 층위의 상호작용은 매우 원초적이다. 몸을 통한 직접적 접촉은 특정한 이론이 개입할 틈이 없을 만큼 밀착된 경험이다. 계단을 오르다 넘어질 때 나는 신체적으로 반응한다. 거기에 무언가 깊은 철학적 사유의 여백이 있을 것이라고 생각하는 것은 지나친 철학적 열망으로 보인다. 또한 '과도한 회의주의자'가 아니고서는 그러한 직접적 경험에 대해 모종의 이론적 증명이나 해명을 시도해야 할 이유도 없어 보인다.

---

16) 존슨은 체험주의의 '경험' 개념이 "우리를 인간 — 우리의 세계에 대한 우리의 이해를 구성하는 복합적 상호작용 안에서 결합된 신체적 · 사회적 · 언어적 · 지적 존재 — 으로 만들어 주는 모든 것을 포함"한다고 말한다. 마크 존슨, 『마음 속의 몸: 의미, 상상력, 이성의 신체적 근거』, 노양진 역 (서울: 철학과 현실사, 2000), p. 32. 이것은 듀이의 '경험' 개념과 매우 흡사하지만 존슨이 자신의 이론 형성 과정에서 듀이 철학으로부터 직접적인 영향을 받은 것은 아니다.

17) 레이코프 · 존슨, 『몸의 철학』, 특히 pp. 25~26 참조.

18) 같은 책, 특히 pp. 796~97 참조.

반면에 나는 우주와 시간의 시작과 끝에 관해서, 모든 것을 포괄하는 '전체'에 관해서, 그 모든 것을 넘어서는 초월자에 관해 '사유'한다. 시간과 공간 밖의 어떤 것들이 머릿속에 떠오르며, 우리는 그것들에 관해 길고도 흥미진진한 이야기를 할 수 있다. 나와는 시·공간적으로 절연되어 직접적인 경험 영역을 벗어난 것들 또한 물리적 대상이 주는 것과는 전혀 다른 종류의 특별한 의미를 준다. 이러한 두 갈래의 경험은 너무나 분명한 차이를 드러낸다. 그리고 그러한 사실은 우리로 하여금 이 두 층위의 경험에 관해 매우 다른 이론을 구성하도록 강력하게 유혹한다. 그러나 이 두 층위를 나누는 것보다도 그것들 사이의 상호작용을 설명하는 문제가 오늘날까지도 여전히 미해결의 숙제로 남아 있다. 그것이 마음의 세계와 감각의 세계를 나누었던 플라톤의 숙제였으며, 마음과 몸을 두 개의 독립적 실체로 간주했던 데카르트의 숙제였다.

체험주의적 제안의 중요성은 경험을 신체적·물리적 층위(자연적 경험)와 정신적·추상적 층위(기호적 경험)로 구분하는 데 있는 것이 아니라, 두 층위의 상호작용 방식에 관해 좀 더 구체적인 해명의 가능성을 열어 준다는 데 있다. 체험주의의 이러한 구도는 존슨(M. Johnson)을 통해 매우 상세하게 전개되고 있는데, 그는 기호적 경험이 자연적 경험의 은유적 확장을 통해 구성된다고 주장한다. 즉 모든 기호적 경험은 자연적 경험에 그 뿌리를 두고 있다는 것이다. 그는 '신체적 활동에서 직접 발생하는' 비교적 소수의 '영상도식들'(image schemas)이 존재하며, 그것들의 '은유적 투사'(metaphorical projection)를 통해 우리 경험이 확장된다고 주장한다.[19] 이러한 은유적 확장 방식 때문에 기호적 경험은 그 뿌리를 이루는

---

19) 존슨, 『마음 속의 몸』, 특히 3~5장 참조. 이 책에서 존슨은 체험주의의 기치를 '몸을 마음 안으로 되돌려 놓는 것'(putting the body back into the mind)이라고 요약한다

자연적 경험으로 산술적으로 환원되지 않는다. 이처럼 체험주의는 경험의 이 두 층위를 지속적인 상호작용 속에 있는 연속적 구조로 해명한다.

경험의 두 층위를 구분하는 것은 대립적 이론들의 기본적 가정을 추적하는 데 결정적 열쇠를 제공한다. 말하자면 대부분의 철학적 이론은 이 두 층위의 한편에 초점을 맞추고, 거기에 근거해서 통합적 해명을 시도한다. 그러한 시도는 필연적으로 경험의 다른 편을 소외시키는 결과를 낳는다.[20] 그러한 이론들은 본성상 경험의 구조에 대한 '해명'이라는 차원에서 편향적일 수밖에 없다.[21] 이러한 관점에서 경험의 구조에 대한 '포괄적' 해명이라는 체험주의의 시도는 새로운 중요성을 갖게 된다.

체험주의의 시도가 옳은 것이라면 이분법적 구도 안에서 실재론 또는 반실재론을 옹호하는 대부분의 논의들은 경험의 구조에 대한 포괄적인 해명 안에서 적절하게 해소될 수 있어야 한다. 예를 들면 정대현은 실재론/반실재론 문제를 지칭 문제를 중심으로 정형화시키고, 매우 정교한 방식으로 실재론을 옹호하려고 시도한다.[22] 그는 진리, 믿음, 규칙 등의 문제와 관련해서 실재론적 지칭 이론에 대해 공격적인 반실재론적 이론들을 검토한다. 정대현은 이러한 반론들이 넓은 의미에서 외부 실재와의 지칭

(같은 책, p. 60).

20) 비트겐슈타인은 이러한 철학적 성향을 '일반성에 대한 열망'이라고 지적하고 있다. 루트비히 비트겐슈타인, 『청색책 · 갈색책』, 이영철 역 (서울: 책세상, 2006), p. 40, 또 비트겐슈타인, 『철학적 탐구』, 이영철 역 (서울: 책세상, 2006), 104절 참조.

21) 오종환 교수는 퍼트남의 내재적 실재론을 비판적으로 검토하는 과정에서 실재론/반실재론 문제가 이론의 형이상학적 구도를 떠나 경험의 해명이라는 차원에서 다루어질 필요가 있다고 제안하고 있다. 오종환, 「온건한 상대주의의 옹호」, 한국분석철학회 편 (1993) 참조.

22) 정대현, 「실재론과 넓은 지칭」, 한국분석철학회 편, 『실재론과 관념론』 (서울: 철학과 현실사, 1993) 참조.

가능성을 고려함으로써 폭넓은 실재론으로 흡수될 수 있을 것이라고 주장한다.

정대현의 이러한 논의는 실재론을 전적으로 거부하는 이론들에 대해 부분적인 대응으로서 성공적일 수 있다. 그렇다 하더라도 그의 논의를 통해 모든 반실재론적 현상이 실재론적 믿음으로 흡수되지는 않을 것이며, 또 그것이 그의 의도도 아닐 것이다. 더욱이 그가 중요하게 강조하는 '넓은 문맥' '넓은 관계' '넓은 길'[23]로의 방향 전환은 실재 세계의 변화가 아니라 그것에 대한 우리의 정신활동의 문제라고 볼 수 있는데, 이러한 점에서 그의 논의는 여전히 암암리에 반실재론적인 믿음에 의존하고 있다. 결국 실재론에 대한 그의 확장적 옹호가 성공적이라 하더라도 그것이 반실재론적 요소들을 완전히 해소시키지 못하는 한, 필자가 이 글을 통해서 제안하려는 것처럼 실재론과 반실재론의 대립적 구도 자체에 대한 반성적 탐구가 여전히 요청된다. 그리고 이러한 주장은 실재론뿐만 아니라 반실재론을 선택적으로 옹호하는 논의들에도 마찬가지로 적용될 수 있을 것이다.

실재론/반실재론의 대립적 구도와 관련해서 경험의 두 층위에 관한 체험주의의 해명이 중요하게 함축하는 것은 자연적 경험 층위로 갈수록 더 큰 '공공성'(commonality)이 나타나며, 기호적 경험 층위로 갈수록 더 큰 '상대적 변이'(relativistic variation)가 나타난다는 사실이다. 여기에서 기호적 경험에서 점차로 증가하는 변이 가능성은 대상 세계로부터 오는 것이 아니라 관찰자의 정신활동의 개입에서 비롯된다고 말할 수 있다. 그것은 외부 세계의 제약이 점차로 감소된다는 것을 의미하며, 동시에 반실재론적 요소들의 확장을 의미한다.

우선 물리적 세계의 존재는 사유를 통해서가 아니라 우리의 몸을 통해

---

23) 같은 논문, pp. 228, 231, 234 참조.

서 직접 경험된다. 이러한 접촉은 어떤 추가적 논증이나 해명에 의존하지 않을 뿐만 아니라 더 이상의 어떤 것으로 환원되거나 거슬러 올라갈 수 없는 종류의 원초적 경험이다. 그래서 우리는 물리적 대상의 존재에 대한 증명을 필요로 하지 않는다. 그것은 마치 나의 몸이 존재한다는 것을 증명하는 일처럼 불필요한 일이다. 나는 나의 몸이 존재하는 것과 유사한 방식으로 타인은 물론 외부의 물리적 대상이 존재한다는 것을 이해하며, 그것은 결코 증명이나 논증의 결과가 아니다. 마치 내 손이 내 눈앞에 있다고 믿는 것처럼 방안에 컴퓨터와 탁자가 있으며, 도서관 앞 언덕에 소나무가 서 있다고 믿는 데에는 아무런 문제도 없다. 엄밀히 말하면 내가 다른 사물이 될 수 없다는 이유 때문에 그 사물에 대한 경험적 증명은 원천적으로 불가능하지만, 적어도 자연적 층위의 경험에서 물리적 대상의 존재에 대한 믿음, 즉 실재론적 믿음은 대부분 적절하다.

나아가 단순히 대상의 존재 문제가 아니라 경험 내용에서도 대체로 물리적 경험에 관한 한 실재론적 신념은 훨씬 더 적절한 설명력을 갖는 것으로 보인다. 물리적 경험이 주는 상대적 안정성은 추상적 경험의 다양한 변이 가능성을 큰 폭으로 제약한다. 말하자면 계절의 변화는 예측 가능한 패턴을 유지하며, 물은 낮은 곳으로 흐른다. 야구공에 일정한 힘을 가하면 일정한 방식으로 운동하며, 전파는 특정한 메시지를 법칙적으로 송신하고 수신한다. 이 모든 것들은 물리적 세계에 대한 우리의 안정적인 이해 방식을 제공한다.

그러나 자연적 경험 차원에서 동일하게 간주되는 사물에 대한 이해와 해석은 기호적 경험 영역으로 갈수록 점차 커다란 상대적 변이를 보인다. 우리가 동일하다고 간주했던 사물 자체가 스스로 이러한 변이를 일으키는 것은 아니다. 그 변이에는 사물 자체의 속성이 아니라 우리의 상황과 맥락을 포함한 마음의 작용이 개입된다. 마음의 작용은 기호적 경험 영역으로 갈수록 확장되는 것으로 보이며, 여기에서 반실재론은 더욱 설득력 있는 이론이 된다.

그런데 기호적 경험 영역에서 관찰되는 상대적 변이의 근원은 무엇일까? 그러한 변이가 대상의 본래적 속성에서 비롯되는 것이라기보다는 관찰자에게서 비롯된다는 것은 의심의 여지가 없다. 야스트로의 '토끼-오리' 그림이 보여 주는 것처럼 일상적인 자연적 경험 차원에서도 관찰자의 배경이나 정신 작용이 지각에 영향을 미친다는 것은 분명하다. 관찰자에 따라서 또는 동일한 관찰자의 다양한 의도에 따라서 하나의 그림은 '토끼'로도, '오리'로도 지각된다. 이러한 변이의 폭이 기호적 경험 영역으로 갈수록 더욱 커지리라고 예상하는 것은 매우 자연스럽다. 변이의 폭이 증가한다는 것은 지각에서 공공성이라는 제약이 약화된다는 것을 의미한다. 여기에서 반실재론적(또는 관념론적) 주장은 강력한 입지를 얻는다. 인식이 우리 밖의 대상들에 의해서라기보다는 관찰자의 정신 작용에 의해 결정된다는 것이다. 필연적인 것은 아니라 하더라도 반실재론과 상대주의가 맞물리게 되는 것은 바로 이 지점이다.

그러나 이러한 반실재론자의 주장을 옳은 것으로 인정한다고 하더라도 그것은 매우 제한적이다. 그것이 모든 경험 영역에 적절하게 부합하지는 않기 때문이다. 여기에서 반실재론자는 실재론자의 비판에 직면하게 된다. 그리고 적어도 경험 영역의 일정 부분에 대한 해명에서 반실재론은 실재론에 비해 난점을 갖는다. 이 때문에 반실재론자는 실재론의 이론적 난점을 집중적인 공격의 대상으로 삼는다. 그러나 실재론의 이론적 난점이 반드시 반실재론을 정당화해 주는 것은 아니다. 그러한 전략은 우리에게 오로지 '실재론 아니면 반실재론'이라는 이분법에 근거해서만 유용한 전략이기 때문이다.

여기에서 주목해야 할 것은 이 두 갈래의 경험이 우리에게 모두 가능하다는 사실이다. 우리가 그 방식들 중 하나를 옳은 것으로 선택해야 한다는 믿음은 순수한 이론 차원에서 제기되는 요구다. 체험주의의 경험적 해명에 따르면 실재론과 반실재론은 경험에 대한 부분적 이해의 방식들이다. 그보다는 오히려 그것들은 우리의 '경험의 방식들'이라고 불리는 것이 더 적절할 것이다. 그럼에도 불구하고 이론들은 우리에게 암암리에 모종의 이분법적 선택을 강요한다. 이러한 사실은 이론과 경험 사이에 우리가 주목해야 할 '괴리'가 존재한다는 것을 말해 준다.

4__ 경험과 이론화

경험은 결코 평면적이거나 단선적이지 않다. 대신에 경험은 복합적 중층성으로 특징지어질 수 있다. 그러나 경험을 기술하려는 언어는 본성상 '평면성'을 갖는다. 이 때문에 언어와 경험 사이에는 근원적으로 다양한 거리가 존재하며, 그러한 거리는 언어적 변형을 통해 극복될 수 있는 성질의 것이 아니다. 언어와 세계 사이의 이러한 거리를 은폐하는 것으로 '대응 이론'을 들 수 있다. 우리의 기술과 외부 세계의 사실 사이에 고정된 대응 관계가 존재한다는 생각은 오래된 것이며, 그만큼 익숙한 것이지만 결코 옳은 것은 아니다.[24] 모든 철학적 이론이 언어를 통해 구성된다는 사실을 감안한다면 언어에 대한 이러한 부적절한 이해는 철학적 이론에 대한 이해에 결정적인 영향을 미친다.

전기 비트겐슈타인(L. Wittgenstein)은 언어가 세계의 논리적 구조를 반영하는 '그림'이라고 제안했는데, 그것은 다음과 같은 두 가지 그릇된 믿

---

24) 이 문제에 관한 좀 더 상세한 논의는 이 책 1장 「지칭에서 의미로」 특히 p. 42 참조.

음에 근거하고 있다. 먼저 언어와 세계는 대응한다. 둘째, 언어의 본성은 명제적이다. 이러한 믿음은 언어와 그 언어가 기술하는 세계 사이에 아무런 거리도 설정하지 않는다. 그것들은 그저 '대응'하고 있는 것이다. 비트겐슈타인은 철학적 혼동의 주된 이유로 모든 단어에 지칭체가 있을 것이라는, 또는 있어야만 한다는 전통적 철학자들의 무비판적 가정을 들었다. 비트겐슈타인은 그것을 '언어의 논리에 대한 오해'라고 불렀다.[25] 그는 대신에 어떤 단어는 사실상 세계 안의 아무것도 가리키지 않으며, 따라서 '무의미'하다는 것을 보여 준다. 이러한 비트겐슈타인의 지적은 매우 깊은 통찰을 드러내 주는 것이기는 하지만, 자신은 세계 안의 무엇인가를 가리키는 관계, 그가 '의미 있다'고 판정하는 관계에 대해서는 지나치게 단순하고 소박한 견해를 갖고 있었던 것으로 보인다.

또 다른 중요한 사실은 대상들에 관한, 즉 지칭체가 있는, 그래서 '의미 있는' 문장이라 하더라도 그저 '의미 있다'라는 말로 그 모든 것이 해명되는 것은 아니라는 점이다. 언어와 세계 사이에는 훨씬 더 복잡한 '거리'가 존재한다. 그리고 그 거리는 언어를 통한 정신적 '도약'의 정도를 말해 준다. 언어는 그러한 거리를 항상 생략하고 은폐한 상태로 우리에게 주어진다.

① 새 강의실에 갈색 탁자가 있다.
② 초월적 세계에 절대자가 있다.

이 두 문장은 동일한 '있다'를 사용하고 있지만 그 두 표현이 담고 있는 내용은 우리의 일상적 경험을 기점으로 잡을 때 동일한 거리를 유지하고

---

25) 루트비히 비트겐슈타인, 『논리-철학 논고』, 이영철 역 (서울: 책세상, 2006), 「서문」 참조.

있는 것은 아니다.[26) 이론적 도약은 의도적이든 아니든 이러한 사실을 은폐하고 있으며, 그것이 비트겐슈타인이 우려했던 '철학적 혼동'을 불러온다는 것이다. 경험의 구조에 대한 '경험적' 탐구는 바로 거기에서 사용되는 언어가 이러한 도약을 줄이고 있다는 점에서 안정적인 해석 가능성을 갖는다. 예를 들어 물리학으로 대변되는 경험과학적 이론들이 물리적 대상의 세계를 해명하는 데 훨씬 더 큰 안정성을 보이는 것은 결코 '우연'이 아니다. 로티와 같은 급진적 이론가들은 이러한 차이를 무시하는 데 그치지 않고, 마치 과학 이론과 철학 이론 사이에 아무런 차이나 구별도 없다고 주장하는 것처럼 보인다. 그러나 그 두 이론들 사이에 단일하고 명확한 구분이 없다는 점을 인정한다고 하더라도 그것들이 아무런 차이도 없다고 말해야 할 이유는 없다. 말하자면 이 두 유형의 이론들 사이에는 우리가 '의미 있게' 식별할 수 있는 다양한 차이들이 존재하는 것이다. 이러한 차이는 우리가 직접적으로 경험하는 물리적 대상에서 비롯되는 것이 아니라 그것들에 관한 우리의 정신 작용의 산물이라고 말할 수 있다.

이러한 상황은 실재론이나 반실재론에도 마찬가지로 적용된다. 그것들은 경험의 방식의 양극단을 이루고 있지만 사실상 우리의 실제 경험은 그 사이에 다양한 거리를 유지하고 있다는 것이다. 예를 들어 반실재론자들이 앞세우는 마음의 작용은 경험의 유형에 따라 매우 다양하게 나타난다. 말하자면 마음의 자유로움은 무제한적이지 않다. 마음은 신체적이고 물리

---

26) 다소 다른 맥락의 논의이기는 하지만 이러한 동일한 기표의 사용은 단순히 우연은 아니다. 이 문제는 좀 더 상세한 별도의 논의를 필요로 하지만 여기에서 지적할 수 있는 것은 추상적 세계에 관한 경험과 이해가 물리적 세계에 관한 경험과 이해로부터 분리된 것이 아니라 그것에서 비롯되고 있다는 점이다. 말하자면 적어도 인지의 차원에서 우리는 ①의 '있다'에 대한 이해를 바탕으로 ②의 '있다'에 대한 이해로 확장해 갈 수 있다는 것이다.

적인 조건에 의해 반실재론자들이 가정하는 것보다도 훨씬 더 강하게 제
약되고 있다. 이 때문에 물리적 세계에 관한 한 실재론적 믿음이 훨씬 더
큰 설득력을 갖게 될 것이다. 그러나 실재론과 반실재론의 이분법적 대립
구도는 이러한 해명의 길을 가로막고 있다.[27)

경험의 두 층위를 구분하는 것, 아니 오히려 그 두 영역 사이의 관계에
대한 새로운 이해의 통로를 제시한 것은 아마도 체험주의의 가장 큰 철학
적 기여일 것이다. 이러한 이해는 더 나아가 실재론과 반실재론의 대립적
논쟁을 넘어서서 철학적 이론화의 본성에 대한 반성적 성찰을 가능하게
한다. 예를 들면 우리의 일상적 경험은 '철학'이라는 이름으로 이론화되
었을 때 이런저런 차이를 드러낼 수 있지만 우리가 실제로 살아가는 방식
은 그러한 다양한 이론의 차이에도 불구하고 거의 유사하다고 말할 수 있
다. 비트겐슈타인이 지적하는 것처럼 "여기에 책상이 실재하는가?"라는
문제로 논쟁을 벌이는 사람은 실재론자든 반실재론자든 그 논쟁에 필요한

---

27) 우리는 몸을 통해 외부의 물리적 대상들과 직접 상호작용하며, 따라서 그것들이 우리
의 몸이 존재하는 방식으로 존재할 것이라고 생각하는 데에는 철학적 이론들이 가정
하는 수수께끼는 없다. 그러나 그것은 일단 인식의 문제와 관련되면서 하나의 수수께
끼를 형성한다. 즉 그것들은 우리의 '인식 틀'에 주어짐으로써만 우리에게 알려질 수
있다고 가정되기 때문이다. 그래서 이 인식 틀에 주어지기 이전의 무규정적인 '어떤
것'이 바로 칸트적인 '물자체'이며, 퍼트남의 '세계 자체'다. 이러한 수수께끼는 개념
의 우선성에서 비롯된 것이다. '개념체계'(conceptual system)라는 개념을 수용하고
그것이 신체적 활동으로부터 전적으로 분리된 것으로 가정하는 철학자들은 이러한 난
점을 피할 수 없다. 그리고 이것이 오늘날 개념체계 개념과 관련된 대부분의 철학자들
의 논의에서 공통적으로 드러나는 난점이기도 하다. 여기에서 지적해 두어야 할 것은
이러한 '인식' 개념에는 우리 밖의 대상들과의 몸을 통한 직접적 상호작용 같은 것은
고려되고 있지 않다는 점이다. 그러나 몸은 우리의 모든 개념화에 앞서, 오히려 개념
화를 가능하게 하는 조건으로서 직접적으로 존재한다. 몸은 사고라는 마음의 활동에
앞서 있으며, 또 우리는 그 몸을 통해 물리적 세계와 직접적으로 상호작용한다.

의자를 적당한 자리에 옮기기 위해 자신의 이론에 따라 색다른 방식을 취하지 않는다.[28]

비트겐슈타인의 이러한 지적은 이러한 논쟁을 다루는 시각을 실제적인 경험 영역으로 전환시키려는 탈이론적 접근 방식의 한 표현이다. 말하자면 비트겐슈타인은 철학적 이론들이 우리의 경험으로부터 얼마나 멀리 떠나온 것인지를 지적함으로써 그것들이 이상화된 사유의 산물이라는 것을 보여 주려고 한다. 그래서 비트겐슈타인은 "생각하지 말고, 보라!"[29]라는 기치를 통해 삶의 일상적인 사실들로의 회귀를 권고하고 있는 것이다. 경험에 관한 체험주의의 해명은 비트겐슈타인의 이러한 권고에 적절하게 근접해 가는 것으로 보인다.

이러한 관점에서 무엇보다도 중요하게 지적되어야 할 것은 오늘날 실재론/반실재론 논쟁이 이분법적 대립 구도에 묶여 있다는 사실이다. 이분법적 대립은 경험적 사실이 아니라 이론화된 사유의 산물이다. 우리의 삶의 경험은 이 양극단의 이론들이 제시하는 것들의 복합적인 공존을 드러내고 있으며, 따라서 실재론과 반실재론은 경험의 층위에 따라 해명의 적절성이 달라진다. 거칠게 말한다면 신체적이고 물리적인 층위, 즉 자연적 경험 층위에서 실재론적 해명은 더 큰 설득력을 가질 것이며, 정신적이고 추상적인 층위, 즉 기호적 경험 층위에서는 반실재론적 해명이 더 큰 설득력을 가지게 될 것이다. 그리고 그 두 층위의 경험을 특징짓는 두 축은 '공공성'과 '상대적 변이'다.

나아가 이러한 해명은 왜 실재론/반실재론 대립이 흔히 객관주의/상대

---

28) Ludwig Wittgenstein, *Zettel*, trans. G. E. M. Anscombe (Berkeley, Cal.: University of California Press, 1970), 413절 참조.

29) 비트겐슈타인, 『철학적 탐구』, 66절.

주의 대립과 병행해서 나타나는지에 대한 부분적인 설명이 된다. 그럼에
도 실재론 또는 반실재론을 지지하거나 반박하려는 대부분의 논쟁자들은
반대편의 주장이 논박되기만 하면 자신의 견해가 정당성을 얻는 것 같은
태도를 유지한다. 실재론/반실재론의 이분법적 대립은 순수하게 이론적
차원에서 발생하는 문제다. 우리가 실제 경험의 구조에 눈을 돌려 보면 실
재론과 반실재론은 경험의 구조에 관한 대립적인 이론들이 아니라 부분적
이고 제한적인 이론들이다.

5__ 맺는 말

최근까지 지속되었던 실재론과 반실재론 사이의 가열된 논쟁은 선명한
귀결이 없이 서서히 그 동력을 잃어 가는 것으로 보인다. 철학자들은 차츰
이 문제로부터 멀어지며, 새로운 문제로 논의의 초점을 옮겨간다. 이것은
이례적인 현상도 불운한 현상도 아니다. 대신에 이러한 대립적 논의는 우
리 경험에 대한 새로운 이해의 방향을 촉구한다. 마치 하나의 씨앗이 새
로운 싹을 틔워 내는 것으로 그 소임을 다 하는 것처럼 실재론/반실재론
논쟁은 새로운 시각을 열어 주는 것으로 그 소임을 다한 것으로 보인다.

체험주의적 시각을 수용하는 것은 실재론 또는 반실재론을 지지하는
것도 아니며, 또 그 어느 쪽을 거부하는 것도 아니다.[30] 그것은 오히려 오

---

30) 레이코프와 존슨은 최근에 들어 자신들의 견해를 '신체화된 실재론'(embodied real-
ism)이라는 이름으로 부르고 있지만, 그것은 오해의 소지가 있는 용어 선택으로 보인
다. 그것은 이 견해가 실재론/반실재론 논쟁의 구도에서 본다면 실재론도 반실재론도
아닌 제3의 새로운 시각이기 때문이다. 존슨, 『마음 속의 몸』, 8장; 레이코프 · 존슨,
『몸의 철학』, 6장 참조.

늘날 논의되고 있는 형태의 실재론/반실재론이라는 이분법적 이해 방식이 경험의 포괄적 해명을 가로막는 부적절한 구도라는 것을 말해 주고 있을 뿐이다. 이러한 반성적 고찰은 경험에 대한 '이론화'를 통해 무엇이 억압되며, 무엇이 부가되는지를 되돌아봄으로써 경험의 본성에 대한 시각의 전환을 요구한다. 이러한 시각에서 우리가 스스로를 부분적으로 실재론적이라고 말한다 하더라도 그것은 결코 '형이상학적 실재론'을 말하는 것은 아니다. 그러나 형이상학적 실재론을 거부한다고 해서 곧 반실재론자가 되는 것도 아니다.

이것은 단순히 대립적 이론들을 적절하게 화해시키려는 절충적인 견해가 아니라 오히려 그 논의 구도 자체를 해소하려는 또 하나의 메타적 시각이다. 로티의 표현을 빌리면 그것은 논의의 '유용성'에 물음을 제기하고 있는 것이다. 이러한 시도는 다분히 해체론적이다. 그러나 체험주의는 그러한 거부를 통해 그 자체로 철학적 작업이 완수되었다고 선언하는 것이 아니라 경험적 탐구를 통해 경험의 구조에 대한 더 나은 해명의 가능성이 열려 있다고 제안한다. 그래서 그러한 철학적 태도는 '해체'가 아닌 새로운 이름을 필요로 한다.

제 12 장
개념체계의 신체적 기반[*]

1__ 머리말

  '개념체계'(conceptual system)에 관한 논쟁은 상대주의 문제와 관련해서 오늘날 철학적 논의의 중요한 부분을 차지한다. 그러나 가열되고 복합적인 논의 속에서도 철학자들은 아직 이 문제에 대해 적절한 합의에 이르지 못하고 있는 것으로 보인다. 물론 하나의 합의에 이르는 것이 철학적 작업의 궁극적 목표도 아니며, 한 이론이 겨냥하는 최종적 귀결도 아니다. 대신에 이 글에서는 개념체계 개념과 관련된 논의의 몇몇 핵심적 주제들을 검토함으로써 문제의 소재를 좀 더 명료하게 드러내고, 이를 바탕으로 좀 더 포괄적이고 유용한 개념체계 개념의 윤곽을 제시하려고 한다.

  인식에서 개념체계 개념의 일차적 중요성은 인식 내용이 외적 대상의

* 이 논문은 1999년도 한국학술진흥재단의 선도연구자지원 연구비에 의해 지원되었음.
   (KRF-99-041-B00114-B2211)

객관적 구조에 의존하는 것이 아니라 우리의 개념체계에 의해 구성된다는 것이다. 해킹(I. Hacking)은 개념체계라는 개념의 연원을 칸트에서 찾고 있으며, 이 개념의 현대적 정립을 콰인(W. V. O. Quine)에게 돌린다.[1] 물론 칸트는 우리가 공유하는 단일한 개념체계를 설정함으로써 인식 문제에서 상대주의적 귀결에 이르지는 않았지만, 오늘날 논의에서 다수의 대안적 개념체계 개념은 우리 경험과 사고에서 상대적 변이라는 실제적 현상을 설명하는 가장 설득력 있는 개념으로 등장하게 되었다. 즉 동일한 자료로 간주되는 것이 상이한 개념체계에 의해 상이한 방식으로 경험된다는 것이다.

한편 개념체계 개념에 대한 가장 정교하고도 강력한 비판은 데이빗슨 (D. Davidson)에게서 찾아 볼 수 있다. 데이빗슨은 이 개념 자체가 실제적 적용 가능성이 없다는 점에서 공허하며, 동시에 상대주의에의 우려만을 불러오는 위험한 개념으로 간주한다.[2] 데이빗슨의 비판은 그 자체로 명료하고 강력하다. 그러나 데이빗슨이 비판의 표적으로 삼고 있는 개념체계 개념은 매우 평면적이고 도식적이며, 이 때문에 개념체계와 관련된 몇몇 중요한 요소들을 간과하고 있다. 이 때문에 그의 비판 자체를 옳은 것으로 수용한다고 하더라도 그 비판을 넘어서는 개념체계 개념의 탐색 가능성은 여전히 열려 있는 것으로 보인다.[3]

---

1) Ian Hacking, "Language, Truth and Reason," in Martin Hollis and Steven Lukes, eds., *Rationality and Relativism* (Cambridge, Mass.: MIT Press, 1982), p. 58. '개념체계' 개념은 오늘날 다양한 논의의 맥락에서 '패러다임'(paradigm), '준거 틀' (frame of reference), '배경 지식'(background knowledge) 등의 이름으로 논의되고 있다.

2) Donald Davidson, "The Very Idea of a Conceptual Scheme," in his *Inquiries into Truth and Interpretation* (Oxford: Clarendon Press, 1984) 참조.

3) 이 문제에 관한 좀 더 상세한 논의는 노양진, 『상대주의의 두 얼굴』(파주: 서광사,

필자는 최근 새롭게 형성되어 가는 '체험주의'(experientialism)[4]의 견
해를 빌어 번역 불가능성을 극복하면서도 여전히 우리 경험의 상대적 변
이를 긍정적으로 설명할 수 있는 개념체계 개념의 가능성을 제시하려고
한다. 이러한 개념체계는 단순히 순수한 개념들의 구성체가 아니라 신체
적 · 물리적 층위와 정신적 · 추상적 층위의 경험을 동시에 포괄하는 유동
적이면서도 비교적 안정적인 경험의 틀로 이해될 수 있다. 체험주의의 이
러한 견해는 우리의 경험에서 1) 신체적 · 물리적 층위의 중심성을 주장하
고, 2) 경험의 두 층위의 상호작용적 구조를 적절하게 해명한다는 데 그
특징이 있다. 이러한 개념체계 개념은 '허무주의적 상대주의'의 우려를
완화시킬 수 있을 뿐만 아니라, 칸트 이래로 개념체계 개념이 불가피하게
안게 되는 것으로 보이는 '개념 이전의 세계', 즉 '물자체'에 관한 딜레마
를 해소할 수 있을 것이다.

2__ 개념체계와 번역의 비결정성

오늘날 개념체계에 관한 논의는 상대주의 문제와 밀접하게 관련되어
있다. 즉 개념체계 개념의 옹호자들은 다수의 대안적 개념체계들이 존재
하며, 따라서 우리의 경험 내용이 항상 특정한 개념체계에 상대적으로 주
어진다는 것이다. 따라서 이들은 우리 경험에 어떤 형태로든 '상대적 변
이'가 현실적으로 존재한다는 것을 인정하며, 그러한 변이의 핵심적 원천
이 상이한 개념체계들이라고 본다. 이들은 다른 문화나 언어체계들 사이

2007), 8장 「데이빗슨과 개념체계」, 특히 pp. 241~44 참조.
4) 체험주의의 철학적 특성에 관한 개괄적인 설명은 같은 책, 7장 「체험주의적 접근」 참조.

에, 또는 개인과 개인의 경험의 방식들 사이에 항상 일대일 번역이 보장되지 않는다는 사실을 들어 개념체계의 존재를 옹호한다.

그러나 모든 사람이 이러한 변이를 적극적으로 인정하는 것은 아니다. 그러한 변이를 인정하는 것 자체가 바로 상대주의를 허용하는 것이라는 시각이 있기 때문이다. 상대주의에 대한 우려, 또는 다른 이유 때문에 개념체계 개념을 거부했을 때 실제적인 '상대적 변이'를 해명하는 방식은 아마도 두 갈래일 것이다. 그것은 현실적인 상대적 변이를 모종의 객관적 지반으로 환원시키거나 아니면 그것을 단지 사소한 현상으로 배척하는 방식이다. 아래에서 논의하려는 것처럼 첫 번째 방법은 우리의 실제적인 경험에 비추어 용이하지 않다. 상대적 변이는 이런저런 환원에 의해 해소되기에는 너무나 근원적인 것으로 보이기 때문이다. 두 번째 방법은 용이하기는 하지만 그 대가가 너무 크다. 그것은 현실적으로 드러나는 상대주의적 변이를 전적으로 억압하거나 무시하게 되며, 그것은 다시 퍼트남(H. Putnam)이 말하는 '소외된 견해들'(alienated views)을 산출하는 결과를 낳게 될 것이다.[5] 오히려 상대적 변이는 객관성의 지반으로 환원되거나 사소한 것으로 배척되기보다는 좀 더 진지하게 해명되어야 할 현상이다. 그리고 이러한 해명을 위해서는 개념체계 개념 자체에 대한 적절한 해명이 선결 조건이 된다.

개념체계 개념과 관련해서 우선적으로 제기되는 문제는 개념체계들 사이에 설정되는 '공약 불가능성'(incommensurability) 또는 '번역 불가능성' 문제다. 개념체계가 인식의 틀로서 주어지면 상이한 개념체계들 사이에는 공통적인 비교와 평가의 기준이 사라지는 것처럼 보이기 때문이다. 데이빗슨의 지적처럼 우선 '전적인 번역 불가능성'은 그 자체로 비정합적

---

5) 힐러리 퍼트남, 『이성, 진리, 역사』, 김효명 역 (서울: 민음사, 2002), p. 11 참조.

이며 동시에 공허한 개념이다. 예를 들면 두 개의 개념체계 사이에 전혀 아무런 관련도 찾을 수 없다면 '다르다'라는 말 자체가 아무런 의미를 갖지 못한다. 어떤 것이 '다르다'고 말하기 위해서는 그것들을 비교하기 위한 최소한의 '공통 지반'이 필요하기 때문이다. 예를 들어 A라는 개념체계 안에 a가 있고, B라는 개념체계 안에 b가 있다고 가정하자. 동시에 a와 b가 사실상 동일한 대상이라고 가정하자. 전적인 번역 불가능성 해석에 따르면 a와 b는 각각의 개념체계 안에서 전혀 다른 대상으로 인식되거나, 전혀 다른 대상이 된다는 것을 의미할 것이다. 이때 동일한 대상이 '전혀 다른 대상으로 인식된다'는 것이라면 번역 불가능성은 단순히 동일한 대상에 대한 상이한 인식을 주는 개념이다. 그리고 그 경우 '동일한 대상'은 인식 이전의 중립적인 어떤 것으로 유지된다. 그러나 상이한 개념체계 안에서 a와 b가 '전혀 다른 대상으로 된다'는 것을 의미한다면 a와 b는 말 그대로 전혀 다른 대상이다. 이 경우 두 개념체계의 존재에 대해서 어떤 방식으로 말할 수 있다고 하더라도 그것들이 어떤 관련을 갖고 이야기되어야 하는지를 설명할 수 없다. 결국 어떤 경우든 '전적인 번역 불가능성'은 이해 불가능한 개념이다.

전적인 번역 불가능성은 일상적인 경험 영역에서도 가능해 보이지 않는다. 우리가 경험할 수 있는 모든 것은 아무리 미미한 것이라 하더라도 최소한의 '관계'를 확인할 수 있는 것들이다. 마찬가지로 특정한 신념들의 상호 불일치를 확인하는 것은 의사소통의 중요한 한 부분을 차지한다. 이때의 불일치는 의사소통의 불가능성을 의미하는 것이 아니라 공통된 지반 위에서의 다양한 이해관계의 차이를 말한다. 불일치는 의사소통 과정에서 여전히 중요한 결단의 계기가 되며, 이러한 결단은 동시에 유용성의 관점에서 중요한 행위의 계기가 된다. 그러나 의사소통의 불가능성을 의미하는 것으로서 전적인 번역 불가능성은 자가당착적이다. 의사소통의 불가능성은 근원적으로 상이한 개념체계의 존재를 확인할 수 있는 방법을 원천적으로 부정하는 것이기 때문이다. 따라서 우리는 개념체계들의 상이성을 설명하기 위해서 최소한 '중립적 존재'를 인정하지 않을 수 없다.

이러한 논의는 자칫 상대적 변이가 그것을 가능하게 해 주는 중립적 지반으로 환원된다는 주장으로 이어질 수 있다. 데이빗슨은 이러한 논의 방향을 갖고 있는 것으로 보인다. 개념체계 개념에 관한 데이빗슨의 논의의 핵심은 중립적 내용을 가정하지 않고서는 상이한 개념체계라는 개념이 근원적으로 성립하지 않으며, 반면에 중립적 내용의 존재를 인정하는 것은 번역 가능성을 전제한다는 것이다. 따라서 그는 개념체계 개념이 비정합적일 뿐만 아니라 실제적인 적용 가능성이 없다는 점에서 공허하며, 나아가 상대주의적 위험만을 불러오는 불길한 개념으로 단정한다.[6] 그래서 데이빗슨에 따르면 우리는 번역 불가능성을 인정하는 위험하고 공허한 상대주의자가 되거나 번역 불가능성을 거부하고 객관주의의 영역에 안주해야 하는 이분법적 갈림길에 서게 된다.

적어도 '전적인 번역 불가능성'이 공허하다는 점을 인정한다면 개념체계 개념을 옹호하려는 우리에게 논의의 가능성으로 남게 되는 것은 '부분적 번역 불가능성'이다. 아마도 우리의 경험과 이해에서 어느 정도의 상대적 변이가 존재한다는 사실을 전적으로 부인하는 철학자는 없을 것이다. 그러나 이 문제에 대한 대응의 유형에 따라 그들의 철학적 구도는 크게 달라진다. 영어권의 많은 철학자들이 이 상대적 변이의 영역을 인정하거나 강조하는 대신, 그러한 변이의 허용이 허무주의적 상대주의로 전락하는 것을 막아 주는 '제약'을 찾으려고 시도한다. 반면에 데이빗슨은 '자비의 원리'(principle of charity)를 적극적으로 확장시킴으로써 실제적인

---

6) Davidson, "The Very Idea of a Conceptual Scheme," pp. 183~84 참조.

상대적 변이가 해소될 수 있다는 입장을 유지한다. 그에 따르면 상대적 변이는 존재한다고 하더라도 사소한 것이며, 그렇지 않다면 공허하면서도 위험한 것이다.

그러나 상대적 변이는 데이빗슨이 생각하는 것처럼 '자비'라는 희망적 원리에 의해 소멸되기에는 훨씬 더 근원적인 것으로 보인다.[7] 그렇지만 적극적으로 상대주의를 인정했을 때 우리가 직면하는 난점은 적절한 제약을 제시하지 못했을 때 상대주의가 극도로 분기되어 '허무주의'에 이를 수 있다는 사실이다. 여기에서 상대주의에 대한 유일한 대안은 객관주의로의 회귀처럼 보이게 된다. 객관주의와 상대주의의 이러한 이분법적 대립을 벗어나는 하나의 통로는 '제약된 상대주의'(constrained relativism)의 가능성을 탐색하는 것이다. 말하자면 상대주의적 변이를 인정하면서도 허무주의에로의 전락을 막아 주는 적절한 제약의 가능성을 탐색하는 것이다. 그리고 그것은 마골리스(J. Margolis)의 지적처럼 오늘날 영어권의 거의 대부분 철학자들이 직·간접적 방식으로 시도하고 있는 과제다.[8] 필자는 이들의 시도가 성공적이지는 않지만 객관주의와 극단적 상대주의 사이의 이분법적 딜레마라는 철학적 난제의 소재를 드러내는 매우 중요한 역할을 한

---

7) 반즈와 블루어는 경험적 탐구의 수준에서는 상대주의에 반하는 증거보다도 그것을 지지하는 증거가 더 많이 제시되고 있으며, 상대주의에 대해 확정적인 반론이 제기되는 것은 주로 정강적(programmatic) 측면에서일 뿐이라고 지적한다. Barry Barnes and David Bloor, "Relativism, Rationalism, Sociology of Knowledge," in Martin Hollis and Steven Lukes, eds., *Rationality and Relativism* (Cambridge, Mass.: MIT Press, 1982), pp. 24~25. 그들은 계속해서 상대주의적 견해를 지지하는 수많은 연구들의 목록을 제시하면서 "지식과 인식에 대한 과학적 이해에 실제적 위협을 제기하는 사람들은 바로 상대주의에 반대하고 특정한 유형의 지식에 특권을 부여하는 사람들"이라고 말한다.

8) Joseph Margolis, *The Truth about Relativism* (Oxford: Basil Blackwell, 1991), p. 191 참조.

다고 본다. 대신에 새로운 개념체계 개념은 바로 이들이 추구했던 제약된 상대주의의 가능성에 대한 새로운 실마리를 제공할 수 있을 것이다.

3__ 개념의 신체적 근거와 개념체계의 구조

개념체계 문제에 접근하면서 우선적으로 중요한 것은 '객관주의' 또는 '상대주의'라는 철학적 견해의 본성을 살펴보는 일이다. 상대주의에 대한 심각한 오해 중 하나는 상대주의가 하나의 정형화된 철학적 이론일 수 있다는 생각이다. 예를 들면 상대주의가 "모든 신념은 그것이 속하는 개념체계에 상대적이다"라는 주장으로 진술되면 그것은 그 자체로 자가당착적일 수 있다. 그 주장 자체도 특정한 개념체계에 상대적일 뿐이기 때문에 그 주장의 보편적 근거를 잃게 되는 것이다. 이러한 관점에서 볼 때 상대주의는 평면적으로 진술된 이론이라기보다는 일종의 포괄적인 '철학적 태도'에 가깝다.

우리는 먼저 객관주의나 극단적 상대주의가 '본성적으로' 우리의 실제적 경험을 해명하려는 '기술적'(descriptive) 이론들이 아니라는 사실에 주목할 필요가 있다. 표면적인 명분에도 불구하고 이 두 견해는 우리의 경험을 적절하게 해명하는 것이라기보다는 사실상 우리의 경험을 바탕으로 고도로 추상화된 '이상화'(idealization)의 산물들이다. 일단 이상화의 과정을 거쳐 구성된 이러한 견해들은 상호 양립 가능성을 원천적으로 배제하며, 따라서 이 이론들 사이에 이분법적 대립은 불가피한 것처럼 보이게 된다. 따라서 이러한 이분법적 구도를 벗어나는 하나의 출구는 우리의 실제적인 경험 차원에서 이 두 측면의 공존 방식을 제시함으로써 사실상 그것들이 이분법적 대립의 구도 안에 있지 않다는 것을 보이는 일이다.

상이한 개념체계들이 중립적 내용을 가져야만 의미 있게 성립될 수 있다는 생각을 받아들인다고 해서 상대적 변이들이 객관적 지반으로 환원될 수 있다거나 또는 환원되어야 한다는 주장이 따라 나오는 것은 아니다. 우리의 인식에서 상대적인 변이가 중립적 지반에 뿌리를 두고 있다고 하더라도 그 지반으로 환원되어야 한다고 믿는 것은 특정한 철학적 편향일 뿐이다. 그러한 편향은 마치 거대한 참나무가 도토리에서 자라 나왔다는 이유 때문에 참나무를 도토리로 경험해야 한다고 주장하는 것과 다르지 않다. 도토리 경험과 참나무 경험은 환원되어야 할 이유가 없는 독자적인 경험 내용을 갖는다. 우리는 객관주의적 요소와 상대주의적 요소가 우리의 경험 안에 공존한다고 말할 수 있으며, 이러한 경험들을 이상화함으로써 '객관주의' 나 '상대주의' 라는 양립 불가능한 이론적 입장들이 생겨난 것이라고 보아야 할 것이다. 말하자면 이 두 견해의 이분법적 대립은 순수한 이론적 차원에서만 가능하다.

이러한 관점에서 오늘날 개념체계 문제를 다루는 대부분의 철학자들이 간과하고 있는 중요한 사실이 있는데, 그것은 우리의 일상적 개념들이 '신체화' (embodiment)되어 있다는 사실이다. 신체적 요소가 전적으로 배제된 개념들은 흔히 우리와 독립적으로 존립하는 '추상적 실재' 로 간주된다. 이러한 생각은 프레게(G. Frege)의 언어철학적 탐구에 전형적인 형태로 반영되고 있으며, 나아가 20세기 초의 대부분의 주도적 분석철학자들에 의해 무비판적으로 공유되어 왔다. 나아가 이러한 생각의 배후에는 의사소통 가능성이 의미의 객관성에 의해서만 보장될 수 있다는 믿음이 자리 잡고 있다. 프레게는 다음과 같이 말한다.

만약 어떤 이름의 의의(sense)가 주관적이라면, 그 이름을 포함하는 명제의 의의, 따라서 그 사고(thought)도 마찬가지로 주관적이 될 것이다. 또한 한 사람이 그 명제와 결합하는 사고도 다른 사람이 그것과 결합시키는 사고와 다를 것이다. 즉 공통적 사고의 축적, 공통적 과학은 불가능할 것이다.[9)]

개념에 대한 이해 방식의 차이는 자연스럽게 개념체계에 대한 이해 방식의 차이를 불러온다. 따라서 추상적 실체인 개념들로 구성된 개념체계는 고정된 방식으로 주어지는 '추상적' 틀로 간주된다. 그러나 오늘날 급속히 증가하는 인지과학적 탐구 성과는 모든 개념의 형성에 우리의 신체적 활동이 중심적 역할을 하고 있으며, 따라서 개념이 본성적으로 신체화되어 있다는 사실을 보여 준다.[10)] 이러한 사실을 받아들이면 우리는 개념들로 구성된 개념체계도 자연스럽게 신체적 활동에 뿌리를 두고 있다고 말할 수 있다. 특히 존슨은 신체적 활동을 통해 직접 발생하는 '영상도식' (image schema)이 존재한다고 주장하며, 우리의 경험은 이 영상도식들을 토대로 점차 추상적인 층위로 확장되어 간다고 주장한다. 이러한 경험의 확장에서 존슨은 '상상적 구조'의 역할을 강조하는데, 그 구조는 '은유' (metaphor), '환유'(metonymy), '심적 영상'(mental imagery) 등을 포함한다.

경험의 구체적인 발생 방식이나 확장 방식은 우리에게 모두 알려져 있지 않으며, 또 앞으로도 완전하게 알려지지는 않을 것이다. 그러나 존슨의 주장을 따라 몸이 추상적 개념들의 발생 근거라는 가정을 받아들이면, 우

---

9) Gottlob Frege, "Letter to Jourdain," in A. W. Moore, ed., *Meaning and Reference* (Oxford: Oxford University Press, 1993), pp. 44~45. 프레게의 의미(meaning) 이론에서 '의의'(sense; Sinn)와 '지칭체'(reference; Bedeutung)의 구분은 특별한 중요성을 갖는다. '의의'는 '의미'(meaning)와의 구분을 위해 편의상 사용하는 번역어다.

10) 특히 존슨은 언어철학적 탐구를 통해 우리의 사고와 이해가 전반적으로 우리의 몸에 뿌리를 두고 있다고 주장한다. 마크 존슨, 『마음 속의 몸: 의미, 상상력, 이성의 신체적 근거』, 노양진 역 (서울: 철학과 현실사, 2000) 참조.

리는 사고와 이해의 많은 부분을 새롭게 해명할 수 있다. 그리고 체험주의
적 설명이 완전한 것은 아니라 하더라도 경험의 뿌리를 설명하기 위해 우
리를 넘어서는 초월적인 것 또는 신화적인 것에 의해 설명하려는 시도들
에 비해 분명히 상대적 장점을 갖는다는 것을 인정할 수 있을 것이다.

　체험주의는 우리의 경험을 크게 신체적 · 물리적 층위와 정신적 · 추상
적 층위로 구별한다. 물론 이러한 구분은 단일한 기준에 의해 이분법적으
로 주어지지 않으며 다만 우리의 경험을 전체론적인 관점에서 보았을 때
드러나는 특성을 바탕으로 나눈 것이다. 체험주의적 관점에서 개념체계는
이러한 두 측면을 포괄하는 경험이 누적적이고 총체적으로 구조화된 커다
란 '게슈탈트'(Gestalt)로 이해될 수 있다. 체험주의에 따르면 우리의 개념
체계란 "현재와 같은 유형의 존재인 우리 자신과 우리가 물리적 · 문화적
환경과 상호작용하는 방식의 산물"[11]이다. 따라서 개념체계는 결코 완결
된 형태의 고정된 모형이 아니라 신체화된 인간이 세계와 지속적으로 상
호작용하는 과정에서 지속적으로 변화해 가는, 그러나 대체로 안정된 틀
이다. 따라서 개념체계는 경험의 두 층위가 공존하는 형태로 이루어진다.
개념체계는 우리의 개념화 방식을 근원적으로 제약하며, 동시에 지속적인
개념화 과정에 의해 영향 받는다.

　다음 그림에서 B를 개념체계들에 의해 공유된 신체적 · 물리적 층위, 그
리고 p, q, r, s를 변이로 주어진 정신적 · 추상적 층위라고 한다면 개념체
계는 대략 다음과 같은 구조를 갖는다. 여기에서 B와 p, q, r, s 사이에 점
선으로 표시된 구분은 물론 이분법적이 아니라 연속적 구조 안에서 드러
나는 특성의 구분으로 이해되어야 할 것이다.

---

11) G. 레이코프 · M. 존슨, 『삶으로서의 은유』, 수정판, 노양진 · 나익주 역 (서울: 박이
　　정, 2006), p. 214.

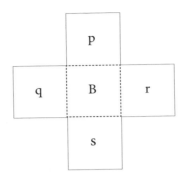

각각 다른 개념체계들을 C^1, C^2, C^3, C^4라고 한다면 그것들은 다음과 같이 표시된다.

$$C^1 = B + p$$
$$C^2 = B + q$$
$$C^3 = B + r$$
$$C^4 = B + s$$

여기에서는 편의상 모든 영역을 사각형으로 표시하기 때문에 네 개의 가능성만을 보인 것이지만, 원리적으로 무한하게 많은 영역들이 표시될 수 있을 것이다. 이러한 구조는 '손'의 모습을 떠올림으로써 좀 더 쉽게 이해될 수 있을 것이다. 즉 하나의 개념체계는 각각의 손가락과 손바닥을 결합한 형태로 주어진다. 손가락들을 끝 부분에서 본다면 그것들은 서로 건널 수 없는 어떤 거리를 두고 단절되어 있는 것처럼 보인다. 그러나 그것들은 모두 손바닥이라는 저수지에서 갈라져 나온 물길들과 같은 모습을 갖는다. 동시에 끝 부분에서 직접적으로 연결되지 않는 손가락들은 손바닥을 통과함으로써 다른 손가락에 이를 수 있을 것이다.[12]

이러한 관점에서 우선 데이빗슨이 설정하는 개념체계 개념이 매우 부적절할 뿐만 아니라 제한적이라는 점을 지적할 수 있다. 데이빗슨은 개념체계를 "감각의 자료에 형식을 주는 **범주들의 체계**이며, 개개인, 문화, 또는 시대가 그것을 통해서 일과적 상황들을 **조망하는 관점들**"[13]이라고 규정한다. 여기에서 주목해야 할 것은 데이빗슨이 개념체계를 '추상적인 개념들의 평면적 결합체'로 이해하고 있다는 점이다. 그러나 개념체계들은 단순히 우리 앞의 대상들을 재단하거나 조망하는 데 필요한 '도구'나 '창틀'이 아니다. 개념체계는 우리 자신과 분리되어 확인될 수 있는 '추상적 그물망'이 아니라, 우리의 신체적 활동 방식은 물론 추상적 이해의 방식을 포괄하는 커다란 삶의 패턴이다. 개념들이 신체적 활동에서 발생하며, 또한 신체적 활동이 우리의 개념화를 제약하고 있다는 사실은 우리의 개념체계가 신체적 근거를 갖는다는 것을 말한다. 그것은 개념체계가 단순히 추상적 개념들의 집합이 아니며, 따라서 그것을 구성하는 개별적 개념들로 분석될 수 없음을 의미한다.

아마도 비트겐슈타인이 말하는 '삶의 형식'(forms of life)은 아마도 이러한 구조를 가장 적절하게 반영하고 있을 것이다. 예를 들어 "사자가 말할 수 있다 하더라도, 우리는 그를 이해할 수 없을 것"[14]이라는 비트겐슈타인의 통찰은 사자가 우리와 동일한 '기호'를 사용한다고 하더라도 인간과 사자 사이에는 상호 이해를 가로막는 중요한 요소들이 존재한다는 것

---

12) 개념체계들 사이의 해석 가능성은 이러한 구조 속에서 이해될 수 있다. 즉 손가락과 손가락 사이의 거리는 직접적으로 해소될 수는 없지만 손바닥을 통과함으로써 해석의 통로를 가질 수 있다. 그러한 구조 안에서 해석은 일대일 번역과 매우 다른 것일 수밖에 없다.

13) Davidson, "On the Very Idea of a Conceptual Scheme," p. 183. (고딕은 필자의 강조.)

14) 루트비히 비트겐슈타인, 『철학적 탐구』, 이영철 역 (서울: 책세상, 2006), p. 395.

을 의미한다. 이러한 요소들은 이 기호 사용과 긴밀하게 얽혀 있는 복합적인 언어적 상황이다. 예를 들면 앵무새가 "당신은 오늘밤 매우 섹시하게 보이는군요!"라고 말한다고 하더라도 우리는 앵무새가 그 말을 적절하게 (또는 부적절하게) 사용하고 있다고 생각하지 않는다. 앵무새는 우리의 언어를 사용하고 있는 것이 아니다. 그 앵무새는 그 '기호'를 우리와 동일한 방식으로 사용하고 있지 않으며, 이 때문에 우리는 그 앵무새를 '이해'할 수 없는 것이다.[15] 즉 앵무새는 우리와 유사한 기표를 사용하면서도 다른 것을 의미한다. 우리가 실제적인 의사소통에 사용하는 의미는 명제적 의미 이상의 것을 포함한다.

4__ 개념체계의 변이와 제약

개념체계 개념을 유지하는 것이 직접적으로 허무주의적 상대주의를 인정하는 것은 아니라는 주장이 성립하기 위해서는 개념체계들이 최소한의 공공성의 지반을 공유해야 한다. 차이를 식별하기 위해서 우리는 필연적으로 그 차이를 가능하게 하는 공통 지반을 전제해야 하기 때문이다. 마찬가지로 상이한 개념체계들에 관한 이야기는 개념체계들 사이에 어떤 공통 지반을 전제해야 한다. 체험주의는 이러한 공공성의 지반을 우리의 신체적 · 물리적 조건에서 찾는다. 말하자면 우리는 신체화된 유기체이며, 그것은 우리의 모든 활동 ― 신체적이든 정신적이든 ― 의 기본적 조건이 된다.

---

15) 그러나 사자나 앵무새와의 의사소통이 완전히 불가능한 것은 아니다. 매우 제한된 것이기는 하지만 우리는 그것들에게 먹이를 주거나 쓰다듬어 주는 방식으로 여전히 의사소통을 한다.

우리는 실제로 다양한 문화와 언어체계가 존재하며, 그 사이에 상호 환원 불가능한 차이들이 존재한다는 것을 경험적으로 알고 있다. 낙관적인 객관주의자들은 우리의 지식의 성장에 따라 그 모든 상이성이 궁극적으로 상호 번역되거나 해석될 수 있을 것이라고 생각할 수 있다. 그러나 그것은 객관주의자의 희망일 뿐이며, 결코 경험적 사실은 아니다. 그것이 해명될 것이라는, 또 그래야만 한다는 규범적 요청만으로 이 문제가 해소되지 않는다. 따라서 우리는 그러한 결론에 도달하기 전에 그 차이의 구조에 관해 좀 더 상세하게 살펴볼 필요가 있다. 체험주의는 인지과학적 성과들을 광범위하게 수용함으로써 차이의 본성에 관해 좀 더 설득력 있는 해명으로 나아간다.

개념체계의 상이성을 이야기할 때 항상 우리는 인간의 개념체계를 이야기한다. 데이빗슨의 논의가 딱정벌레의 개념체계에 관한 것이었다면 그것은 아주 다른 결론에 이를 수도 있었을 것이다. 딱정벌레나 지렁이에 관한 것이었다면 그가 제안하는 '자비의 원리'의 정당성이 심각하게 문제시될 것이기 때문이다. 실제적으로 관찰되는 차이들이 표피적인 것이며, 그러한 차이들이 자비의 원리에 의해 흡수되어야 한다는 그의 주장 — 만약 타당하다면 — 은 다만 인간이라는 종(種)에 관해서만 타당할 것이다. 자비의 원리는 대체로 우리 언어로 번역이 용이하지 않은 언어를 사용하는 언어 집단에게 지나친 어리석음을 부과하지 말라는 원리로 간주된다.[16] 즉 번역이 용이하지 않은 것은 그 집단의 어리석음 때문이기보다는 잘못된 번역일 공산이 크다는 것이다. 여기에서 '지나친 어리석음'이라는 말

---

16) W. V. O. Quine, *Word and Object* (Cambridge, Mass.: MIT Press, 1960), p. 59 참조. 콰인은 이 원리의 전거로 N. L. Wilson, "Substances without substrata," *Review of Metaphysics* 12 (1959)를 제시하고 있다.

이 인간이라는 종에 국한된다는 것은 자명하다. 그리고 사실상 우리가 관심을 갖는 것도 동일한 종의 범위 안에서의 비결정성이다. 이러한 측면에서 개념체계들 사이에 전적인 불가 공약성이 있을 수 없다는 데이빗슨의 주장은 옳은 것이다. 그러나 데이빗슨의 주장의 결함은 언어체계들 사이의 상대적 변이의 가능성을 과소평가하는 데 있다.

우리가 데이빗슨과 함께 인간이라는 동일한 종으로서 공공성을 충분히 인정한다고 하더라도 데이빗슨의 낙관적 결론에 동의할 수 없는 것은 상대적 변이가 공공성만큼이나 의미 구조의 중요한 축을 이루고 있기 때문이다. 데이빗슨의 생각은 공공성을 지반으로 확장된 의미들이 공공성이라는 지반으로 쉽사리 환원 또는 흡수될 수 있다는 것이지만, 어떤 것이 공공성에 뿌리를 두고 있다고 해서 '모든 해석'이 그런 환원적 방식으로 가능한 것은 아니다. 데이빗슨은 변이의 존재를 근원적으로 부정하기보다는 그 변이가 '자비의 원리'를 적극적으로 확장함으로써 궁극적으로 해소될 수 있다는 입장을 취한다. 데이빗슨에게 변이들은 명제적 내용으로 환원되거나, 그것에 의해 해명될 수 있는 사소한 것이다. 그러나 이에 대한 응답으로 퍼트남은 폴란드 논리학자의 세계를 예로 들고 있다.[17]

세계 1	세계 2
$x1, x2, x3$	$x1, x2, x3, x1+x2, x1+x3, x2+x3, x1+x2+x3$
(카르납의 세계)	(폴란드 논리학자의 세계)

이러한 두 개의 세계를 퍼트남은 상이한 개념화, 나아가 상이한 개념체

---

17) Putnam, *Realism with a Human Face*, ed. James Conant (Cambridge, Mass.: Harvard University Press, 1990), pp. 96~97 참조.

계의 산물이라고 말할 것이다. 즉 우리가 세계를 '새기는'(carve up) 방식
의 차이에 의해 우리가 갖는 사고와 이해의 내용이 달라진다는 것이다. 그
리고 이러한 차이는 데이빗슨이 제시하는 '자비의 원리'만으로 해소되기
에는 너무나 근원적인 것으로 보인다.

한편 우리가 주목해야 할 것은 변이들의 확장 방식이다. 체험주의는 이
러한 확장을 가능하게 해 주는 '상상적 구조'가 우리의 인식에서 중심적
역할을 하고 있다고 주장한다. 즉 상상적 구조의 일차적 특성은 산술적 조
작이 불가능하다는 점이다. 도식적으로 말하자면 동일한 순수한 물리적
경험 — 이것이 원천적으로 가능하다면 — 이 주어진다고 하더라도 우리
의 인식은 대부분 은유적으로 확장된다. 그리고 이 확장 방식이 이미 주어
진 자연적·사회적·문화적 요소들에 의해 강력하게 영향 받기 때문에 그
확장의 과정은 법칙적 예측이 불가능하며, 따라서 산술적 방식으로 역추
적되지 않는다. 이것은 다양한 변이들에 대한 해석의 불투명성을 불러올
것이다.

존슨은 우리의 인식이 신체적 활동과 함께 발생하며, 동시에 신체적 활
동을 통해 지속적으로 확장된다고 본다. 예를 들어 어린아이는 끊임없이
신체적 활동을 통해 외부 대상들과 접촉하며, 이러한 과정을 통해 비로소
스스로에 관해 '신체성이라는 개념을 갖게 된다. 즉 자신의 몸이 외부의
사물과 '단절'되어 있으며 외부의 대상의 '저항'이라는 관계 속에 놓여
있음을 알게 되는 것이다. 몸에 대한 이러한 이해가 「그릇」(Container)이
라는 '영상도식'(image schema)으로 나타나게 되며, 이러한 도식은 일종
의 커다란 틀 또는 패턴처럼 반복적으로 작용함으로써 우리는 수많은 대
상들을 이러한 도식의 관점에서 이해하게 된다. 즉 영상도식들은 우리의
경험과 이해를 구체적으로 조직화하는 데 필요한 기본적 구조들이다.[18]
존슨은 이처럼 소수의 영상도식들이 신체적 활동을 통해 직접 발생한다고

주장한다. 예를 들어 「그릇」 도식의 발생에 관한 그의 설명을 보자.

포함이나 경계성(boundedness)을 마주치는 것은 신체적 경험의 가장 편재적인 특성의 하나다. 우리는 우리의 몸이 어떤 물건들(음식, 물, 공기)을 집어넣고, 다른 것들(음식과 물의 찌꺼기, 공기, 혈액 등)을 유출하는 삼차원의 그릇이라는 사실을 친숙하게 알고 있다. 처음부터 우리는 환경, 즉 우리를 둘러싸고 있는 사물들 안에서 지속적으로 물리적 포함을 경험한다. 우리는 방, 의복, 차량, 그리고 무수한 종류의 경계지어진 공간의 안(in) 또는 밖(out)으로 움직인다. 우리는 물건들을 다루면서 그것들을 그릇(컵, 상자, 깡통, 자루 등) 안에 집어넣는다. 이 각각의 경우에 반복적인 공간적·시간적 구조화가 있다. 다시 말해서 물리적 포함에 대한 전형적인 도식들이 존재한다.[19]

이렇게 발생한 영상도식들은 우리의 인식 확장의 기본적 근거인 동시에 제약으로 작용한다. 그래서 우리는 무수히 많은 다른 물리적 대상들, 나아가 추상적 대상들을 「그릇」의 '관점에서' 이해하기 시작한다. 존슨은 이렇게 이루어지는 인식의 확장 방식을 '은유적 투사'라고 부른다. 즉 우리는 우리 몸의 이해 방식으로서 발생한 「그릇」 도식을 수많은 물건들에 투사하며, 나아가 수많은 추상적 대상들에 투사한다. 그러나 그러한 확장 방식은 결코 법칙적일 수 없으며, 이 때문에 그것은 산술적인 방식으로 환원되지 않는다. 다음과 같은 언어적 실례들은 그것을 선명하게 보여 준다.

감옥에서 나온다.

---

18) 존슨, 『마음 속의 몸』, 특히 pp. 104~106 참조.
19) 같은 책, p. 93.

가방 안에 넣는다.

다방에서 나온다.

소설 속의 주인공

신화 속의 영웅들

상상 속의 너

허공 속에 묻힐 그날들

꿈에서 깨어난다.

역사 속으로…

마음속에 감추고 있는 생각

즉 우리는 신체 활동을 통해 직접적으로 발생한 영상도식을 다양한 대상에 은유적으로 투사함으로써 그것들에 '안'과 '밖'이라는 지향성을 부과한다. 그리고 그것이 우리가 새로운 추상적 개념을 구조화하는 방식이며 동시에 우리가 그것을 이해하는 방식이다. 이러한 은유적 투사는 「그릇」 도식뿐만 아니라 「균형」 「부분–전체」 「주기」 「중심–주변」 「경로」 등의 도식들의 경우에도 마찬가지로 매우 광범위하게 찾아볼 수 있다. 우리는 본래적으로 앞–뒤 또는 위–아래가 결정되지 않은 수많은 물리적 대상들과 추상적 대상들에 그러한 도식들을 투사하며, 그것이 그 대상들을 이해하는 방식이 된다.

'영상도식'과 '은유적 투사'는 새로운 개념이다. 체험주의의 이러한 설명이 우리의 '모든' 인식 과정에 적절하게 적용될 것인지는 미지수다. 그러나 제한된 것이라 하더라도 체험주의가 제시하는 인식의 구조가 적어도 부분적으로 존재한다는 것을 인정한다면 신체적 요소, 나아가 상상적 구조를 전적으로 배제해 왔던 이론들은 그만큼 결함을 갖는 것이라고 말할

수 있다. 나아가 우리의 마음이 신체화되어 있다는 생각은 개념들과 개념
체계의 문제에 관해서도 중요한 실마리를 제공한다. 이러한 관점에서 레
이코프와 존슨은 개념체계에 관해 다음과 같이 말한다.

> 마음은 그저 신체화되어 있는 것이 아니라, 우리의 개념체계들이 몸의 공통성
> 과 우리가 살고 있는 환경의 공통성들을 주로 이용하는 방식으로 신체화되어 있
> 다. 그 결과는 어떤 사람에 대한 개념체계의 많은 부분이 보편적이거나, 언어들
> 과 문화들 사이에 널리 퍼져 있다는 것이다. 비록 어느 정도의 개념적 상대성이
> 존재하고, 역사적 우연성이 매우 중요하지만, 우리의 개념체계는 완전히 상대적
> 이지도 않고, 또 전적으로 역사적 우연성의 문제도 아니다.[20]

체험주의적 경험 이론의 일차적 특징은 경험을 크게 물리적 · 신체적
층위와 정신적 · 추상적 층위로 구분하는 것이다.[21] 그러나 이것은 이분법
적 구분이 아니라, 전체론적인 관점에서 두 층위의 특성을 따라 나눈 것뿐
이다. 오히려 이러한 구분 방식에서는 양편의 두 축이 반드시 필요한 것은
아니다. 말하자면 어느 쪽이든 한편의 기준점을 설정할 수 있다면 그 반대
편은 이 기준에서 멀어지는 구조일 뿐이다. 아무튼 우리 경험의 층위에 대
한 이러한 전체론적 접근 방식은 개념체계의 구조를 해명하는 데 매우 중
요한 역할을 한다. 우리는 경험의 이러한 두 층위의 특성을 '공공성'과

---

20) 레이코프 · 존슨, 『몸의 철학: 신체화된 마음의 서구 사상에 대한 도전』, 임지룡 외 역
　　(서울: 박이정, 2002), p. 29.
21) 이 구분은 상식적인 것이지만 체험주의의 전반적 이론 틀을 유지하는 데 기본이 되는
　　매우 중요한 구분이다. 체험주의의 중요한 공헌은 우리 경험의 기본적인 요소로 '상상
　　적 구조'를 제시함으로써 이 두 영역 간 상호작용의 구체적 기제들을 제시하고 있다는
　　데 있다. 체험주의가 제시하는 이 상상적 구조의 중요한 기제들은 '은유' '환유' '심적
　　영상' 등이다. 존슨, 『마음 속의 몸』, 「서론」 참조.

'상대적 변이'라는 두 개의 대비적 특성의 관점에서 비추어 볼 수 있는데, 이 두 차원은 변이의 정도에서 차이를 보이게 된다. 즉 정신적·추상적 층위로 갈수록 변이 가능성이 커진다는 것이다. 그리고 체험주의는 이러한 변이의 구조와 근거를 경험적인 증거들을 토대로 설득력 있게 보여 준다. 이러한 해명에 따르면 적어도 우리가 인간이라는 종(種)으로서 공유하는 경험의 공공성의 영역이 존재하며, 그것은 바로 우리의 신체적 경험 영역이다. 우리의 개념체계는 이러한 지반을 바탕으로 확장되는 변이들을 포함하고 있으며, 따라서 그것은 부분적인 번역 또는 해석을 가능하게 해 준다.

5＿ 맺는 말

지금까지의 논의를 통해 우리는 개념체계는 추상적 개념들의 결합체가 아니라 삶의 모든 요소들이 복합적으로 융합된 하나의 게슈탈트라고 이해할 수 있다. 개념체계에 관한 최근의 철학적 논의는 개념체계의 이러한 특성을 간과함으로써 그릇된 방향으로 나아가게 된 것으로 보인다. 개념체계에 대한 이러한 부적절한 이해는 우리의 사고와 이해에서 신체적 요소들의 중심성에 대한 무관심에서 비롯된다.

체험주의는 개념체계가 우리의 신체성은 물론 추상적 층위의 경험을 포괄하는 것으로 해석함으로써 우리 경험의 '공공성'과 '상대적 변이'의 공존 구조를 제시한다. 이러한 생각을 받아들인다면 개념체계 개념은 데이빗슨이 지적했던 것처럼 실제적 적용이 불가능한 공허한 개념도 아니며, 허무주의적 상대주의만을 초래하는 위험한 개념도 아니다. 한편 개념체계를 마치 세계를 관찰하면서 우리 앞에 놓인 창문과 같은 것으로 가정하는 것은 분명히 세계와 마음의 분리를 가정하는 근세의 인식론적 후유증이다. 이러한 분리 구도 때문에 창문 너머의 세계, 즉 물자체가 항상 문제가 된다. 그것은 마치 내 몸의 일부인 나의 손이 내가 인식의 창을 통해 인식하기 전에는 무엇이었는지를 묻는 것과 같은 공허한 수수께끼를 낳는다.

그러나 체험주의적 견해를 따라 살펴본 우리의 개념체계는 평면적인 개념들로 구성된 창문이 아니라 우리 경험의 패턴들을 한데 묶어 부르는 이름이다. 그것은 손을 흔들고, 물을 마시고, 수영을 하며, 누군가를 그리워하고, 철학적 이념들을 떠올리는 것 등 원초적 활동에서부터 매우 정교한 추상적 사유 활동을 포괄하는 하나의 커다란 게슈탈트다. 그것은 오히려 우리의 일상적 경험과 이해를 포괄적으로 특징짓는 비교적 안정된 패턴이다. 오늘날 대부분의 철학적 논의들이 간과한 것은 바로 개념체계가 갖는 이러한 신체적 측면이며, 개념체계 개념과 관련된 몇몇 핵심적 딜레마는 바로 이러한 측면을 간과한 데에서 비롯된다.

제13장
비트겐슈타인의 상대주의[*]

1__ 머리말

비트겐슈타인(L. Wittgenstein)의 상대주의라는 주제는 그 출발부터 복합적인 논의를 예고한다. 먼저 '상대주의'의 이론적 본성을 드러내는 일이 쉽지 않다. 상대주의에 관한 논의는 지성사의 모퉁이마다 망령처럼 되살아나지만 자신의 입장을 적극적인 의미의 상대주의라고 규정하는 철학자는 찾아보기 힘들다. 말하자면 상대주의에 관한 대부분의 논의는 상대주의에 대한 비판자들의 입을 통해서만 유포되고 있는 것이다. 둘째, 비트겐슈타인이 자신의 저술을 통해 상대주의를 직접적인 논의 주제로 삼고 있지 않다. 따라서 우리는 비트겐슈타인의 저작들을 통해서 드러나는 철학적 태도를 상대주의라는 문제를 따라 다시 추적해야만 한다.

* 이 논문은 2001년도 한국학술진흥재단의 지원에 의하여 연구되었음. (KRF-2001-041-B00137)

　이러한 난점에도 불구하고 적어도 후기의 비트겐슈타인이 언어게임이라는 개념을 통해 전기의 객관주의적 의미 이론을 거부하는 동시에 체계의 다원성을 인정한다는 점에서 상대주의적 경향을 드러내고 있다는 것은 분명하다. 그렇다고 해서 비트겐슈타인의 후기 철학을 단순히 상대주의로 규정할 수 없다는 데 논의의 복합성이 있다. 오늘날 상대주의 문제는 상대적 변이를 인정하는 것이 궁극적으로 믿음들에 대한 평가가 불가능한 허무주의를 허용하게 될 것이라는 우려를 중심으로 제기된다.[1) 따라서 비트겐슈타인의 상대주의 문제를 다루면서 비트겐슈타인의 철학이 과연 이러한 우려에 어떤 방식으로 대응할 수 있는지를 밝히는 것이 핵심적인 과제가 된다. 많은 비평가들은 오히려 후기 비트겐슈타인 철학에서 드러나는 상대주의적 함의들을 사소한 것으로 간주함으로써 그 자체로 해소시키거나 또는 그것을 어떤 객관적 지반으로 흡수하려고 시도한다. 그러나 이 글에서 보이려는 것처럼 이러한 시도들은 상대주의 문제에 대한 접근 방식으로서도 부적절한 것일 뿐만 아니라 비트겐슈타인의 의도에도 부합하지 않는 것으로 보인다.

　필자는 이 글에서 후기 비트겐슈타인의 철학적 시각이 전통적인 객관주의도 허무주의적 상대주의도 아닌, 일종의 '완화된 상대주의'(modified relativism)의 한 유형으로 해석될 수 있음을 보이려고 한다. 필자는 선행 연구를 통해 '신체화된 개념체계'(embodied conceptual system) 개념을 제시함으로써 전통적인 객관주의와 허무주의적 상대주의를 동시에 거부하면서도 상대성을 인정하는 '완화된 상대주의'라는 철학적 관점이 가능하

---

1)　상대주의에 대한 고전적인 비판은 "모든 것은 상대적이다"라는 유형의 주장이 그 주장 자체를 상대적인 것으로 만드는 자가당착에 빠진다는 것이다. 그러나 이러한 이론적 정합성의 문제는 사실상 객관주의적 전통이 만들어 낸 문제일 뿐이며, 따라서 상대주의를 받아들이는 시각에서 이 문제는 실질적인 문제가 될 수 없다.

며 또 필요하다고 주장했다.[2] 필자는 이 글에서 후기 비트겐슈타인의 상대주의 문제의 핵을 이루고 있는 '삶의 형식'이 이러한 개념체계 모형에 의해 적절하게 해명될 수 있음을 보일 것이다. 이렇게 해서 드러나는 '완화된 상대주의'는 정형화된 이론이 아니라 후기 비트겐슈타인의 탐구를 이끌어 가는 일종의 철학적 태도라고 말할 수 있다. 비트겐슈타인은 과거의 철학자들을 사로잡고 있었던 철학적 열망으로부터 벗어나 철학적 탐구의 초점을 우리의 일상적 경험에 대한 관찰과 기술로 옮겨 가고 있으며, 이러한 전환을 통해 완화된 상대주의가 훨씬 더 적절한 철학적 탐구의 시각이라는 사실을 보여 주고 있다.

2__ 의미의 다원성과 상대주의의 문제

상대주의는 흔히 객관주의에 대립되는 견해로 이해된다.[3] 20세기 후반에 집중적으로 제기된 도전 속에서 전통적인 객관주의는 이제 지배적인 지적 주류의 자리를 잃게 된 것으로 보인다. 모든 탐구에서 단일한 척도나 기준이 존재한다고 주장하는 객관주의를 거부했을 때, 우리에게 주어진 선택은 다수의 기준이 존재한다고 말하거나 아니면 아무런 기준도 없다고 말하는 것이다. 아무런 기준도 없다고 주장하는 것은 허무주의를 받아들

---

2) 노양진, 『상대주의의 두 얼굴』 (파주: 서광사, 2006), 8장 「데이빗슨과 개념체계」; 이 책 12장 「개념체계의 신체적 기반」 참조.

3) 이러한 대비는 번스타인에 따른 것이다. 번스타인(R. Bernstein)은 '객관주의'를 "합리성이나 인식, 진리, 실재, 선, 옳음 등의 본성을 결정하는 데 궁극적으로 호소할 수 있는 영원하고 초역사적인 어떤 기반이나 구조들이 존재하며 존재해야 한다는 기본적인 확신"이라고 정의한다. 리처드 번스타인, 『객관주의와 상대주의를 넘어서』, 정창호 외 역 (서울: 보광재, 1996), p. 25.

이는 것인데, 그것을 진지한 철학적 대안으로 간주하는 철학자는 없다. 그렇다면 하나의 기준을 거부하려는 우리에게 주어진 길은 다수의 기준이 존재한다고 말하는 것이다. 우리는 이러한 철학적 시각을 흔히 '다원주의'(pluralism)라고 부른다.

비트겐슈타인의 전기에서 후기에로의 철학적 이행, 특히 의미 문제에 대한 비트겐슈타인의 시각은 객관주의에서 다원주의로의 전환이다. 판(K. T. Fann)은 비트겐슈타인의 이러한 전환을 "분석을 통해 유사성들(similarities)을 찾는 대신에 …… 구분에 의해 차이점들(differences)을 드러내는 데 전력을 기울이고 있는 것"[4]이라고 말한다. 그러나 앞서 지적했던 것처럼 이러한 다원주의적 분기가 적절한 제약을 설정하지 못하면 원리적으로 허무주의적 상대주의를 허용하게 된다. 따라서 비트겐슈타인을 극단적인 상대주의자가 아닌, 건강한 다원주의자로 규정하기 위해서는 그의 상대주의적 전향이 어느 지점에서 제약되고 있는지를 밝혀야 한다.

『논리-철학 논고』[5]에서 비트겐슈타인은 언어와 세계가 대응 관계를 이루고 있으며, 언어는 세계의 논리적 형식을 반영하고 있다고 보았다. 이러한 구도 안에서 언어는 '세계의 논리적 그림'으로 이해되며, 이 때문에 우리는 그의 의미 이론을 흔히 '그림 이론'(picture theory)이라고 부른다.[6]

---

4) K. T. 판, 『비트겐슈타인의 철학이란 무엇인가』, 황경식·이운형 역 (서울: 서광사, 1989), p. 80. (고딕은 원문의 강조.)

5) 루트비히 비트겐슈타인, 『논리-철학 논고』, 이영철 역 (서울: 책세상, 2006) 참조. 이하 『논고』로 약함.

6) 비트겐슈타인의 생각들을 '이론'이라는 말로 부르는 것은 우리에게 익숙한 일이기는 하지만 그것은 다만 편의를 위한 것일 뿐이며, 좀 더 엄밀하게 말하면 부적절한 관행이다. 전·후기를 통해 비트겐슈타인은 자신이 철학적 '이론'을 제시한다고 생각하지 않았으며, 다만 철학적 질병의 치유를 위한 '활동'이라는 측면에서 그의 생각들을 제시하고 있다고 생각했기 때문이다.

여기에서 언어의 기능은 우리의 언어와 독립된 외부 세계의 논리적 구조를 정확히 반영하는 것이며, 이 반영이 가능한 것은 언어와 세계가 '대응' 이라는 관계 속에 있기 때문이다. 즉 언어의 의미는 언어의 밖에 있는 객관적 세계와의 관계에 의해 확정되며, 따라서 의미는 '객관적'이다. 이러한 언어관은 객관주의적 의미 이론과 진리 이론을 유지하는 기본적 틀로 작용한다.

그러나 비트겐슈타인의 후기 철학을 대변하는 『철학적 탐구』[7]에서 전개되는 새로운 의미 이론은 『논고』에서의 의미 이론과는 화해되기 어려운 방식으로 전환을 이룬다. 전기에서 의미의 소재를 언어와 세계의 관계에서 찾으려고 했다면, 후기의 비트겐슈타인은 이러한 구도 자체를 버리고 의미의 소재를 언어와 언어 사용자인 인간의 관계 속에서 찾으려고 한다. 즉 인간의 구체적인 활동 방식으로부터 의미의 구조를 파악하려고 하는 것이다. 우리는 『탐구』에서 제안된 비트겐슈타인의 의미 이론을 흔히 '사용 이론' (use theory)이라고 부른다. 언어의 의미가 자신이 『논고』에서 주장했던 것처럼 사용자에 앞서 고정된 방식으로 주어진 것이 아니라 다양한 언어적 상황 안에서 언어의 실제적 사용을 통해 결정된다는 것이다.

이러한 시각의 전환은 비트겐슈타인의 '언어게임' (language game)이라는 독특한 은유를 통해 극적으로 표현되고 있다. 언어게임이란 어떤 말의 의미를 결정해 주는 조건들을 포괄하는 총체적인 언어적 상황이라고 말해질 수 있다. 그래서 비트겐슈타인은 언어게임을 적극적으로 정의하는 대신에 그 다양한 사례들을 제시하고 있다(『탐구』, 23). 이 사례들은 언어의

---

7) 비트겐슈타인, 『철학적 탐구』, 이영철 역 (서울: 책세상, 2006). 이 책의 인용은 우리 말 번역본을 원칙적 기준으로 삼았으며, 문맥상의 필요에 따라 부분적인 수정을 가했다. 이하 이 책은 『탐구』로 약하며, 1부의 인용은 절 번호를, 2부의 인용은 쪽수를 본문에 표시한다.

다양한 목적이나 용도 등을 보여 주는데, 그것들을 단일한 척도로 수렴하는 것은 불가능해 보인다. 그래서 비트겐슈타인은 "언어[게임이] 변하면 개념들이 변화하며, 또 개념들과 더불어 낱말들의 의미들도 변화한다"[8]고 말한다. 마치 장기에서의 말, 또는 한 수가 전체적인 장기 게임이라는 일련의 규칙에 의해서만 특정한 의미를 갖게 되는 것처럼 어떤 단어나 문장도 한 언어게임 안에서만 특정한 의미를 갖는다는 것이다. 우리는 하나의 언어게임이 아니라 수많은 언어게임들을 사용하며, 따라서 언어의 의미 또한 이러한 다수의 언어게임들 속에서 다루어져야만 한다. 한 단어 또는 문장의 의미를 결정하는 다수의 체계들이 존재하는 것이다.

언어게임이라는 개념은 우선 한 단어 또는 문장의 의미가 단일하게 고정된 방식으로 결정되는 것이 아니라는 부정적 주장으로 이해될 수 있다. 그것은 의미 결정 방식이 다원적이라는 것을 말해 주며, 그만큼 '상대주의적'이다. 그렇지만 이러한 비트겐슈타인의 생각을 아무런 단서 없이 '상대주의적'이라고 말하는 것은 적절치 않다. 왜냐하면 상대주의는 흔히 다수의 체계들이 존재하며, 이 체계들 사이에 객관적 평가의 척도가 있을 수 없다는 주장으로 이해되기 때문이다. 쿤(T. S. Kuhn)의 용어를 빌리면 체계들 간의 '공약 불가능성'(incommensurability)이 존재한다는 것이다.[9] 사실상 언어게임에 대한 이러한 극단적 해석은 리오타르(J.-F. Lyotard)에

---

8) 비트겐슈타인,『확실성에 관하여』, 이영철 역 (서울: 책세상, 2006), 65절.『철학적 탐구』에서 처음으로 소개된 언어게임이라는 개념은 이 책에 이르러서는 이미 안정된 개념처럼 거의 아무런 제약 없이 자연스럽게 사용된다. 같은 책, 특히 63. 65. 85. 89절 참조. 이하 이 책은『확실성』으로 약함.

9) 토머스 S. 쿤,『과학혁명의 구조』, 조형 역, 제2판 (서울: 이화여대 출판부, 1994) 참조. 별도의 논의를 요구하는 문제이기는 하지만, 여기에서 언급해 둘 것은 적어도 이 책에서 기술되고 있는 대로 상이한 패러다임들 사이에 발생하는 공약 불가능성은 모종의 부가적 해석을 가하지 않는 한 명백한 상대주의의 표현이라는 점이다.

게서 찾아볼 수 있다. 리오타르는 언어게임들 사이에 공약 불가능성을 인정함으로써 공통 규칙을 적용할 수 없는 다수의 담론 상황을 인정한다.[10]

여기에서 비트겐슈타인에 우호적인 대부분의 비평가들의 작업은 자연스럽게 비트겐슈타인의 생각이 허무주의적 상대주의가 아니라는 점을 드러내는 데 집중된다. 예를 들면, 크라우츠(M. Krausz)는 다양한 의미 체계를 허용하는 것이 그 자체로 반드시 상대주의를 야기하지는 않는다는 독특한 주장을 한다.[11] 적어도 논리적으로는 체계의 다양성은 객관주의와도 상대주의와도 양립할 수 있다는 것이다. 물론 많은 경우에 체계의 다양성은 왜, 또 어떤 방식으로 평가의 기준이 소멸하는가를 설명하는 데 이용되는 것은 사실이지만 그렇다 하더라도 '더욱 확장된 기준'을 찾아야 한다는 요구는 여전히 열려 있는 가능성으로 보증될 수 있다고 말한다.

그러나 이러한 논변은 우선 비트겐슈타인의 의도에 부합하지 않는 것으로 보인다. 왜냐하면 비트겐슈타인이 제시하는 다양한 체계는 우리로서는 그 이상을 거슬러 올라갈 수 없는 '원초적 다양성'으로 보이기 때문이다. 비트겐슈타인은 "본능이 먼저이며 추론은 그 다음이다. 언어게임이 생길 때까지 근거들은 존재하지 않는다"[12]고 말한다. 여기에서 우리는 언어게임이 우리가 흔히 '이성적'이라고 부르는 정신활동의 최종적 조건을 구성하고 있다는 것을 알 수 있다. 말하자면 어떤 추론의 정당성은 그것을 정당화해 주는 언어게임을 전제하고 있다는 것이다. 비트겐슈타인에게서

---

10) Jean-François Lyotard, *The Differend : Phrases in Dispute*, trans. Georges Van Den Abbeele (Minneapolis : University of Minnesota Press, 1988), p. xi 참조.

11) Michael Krausz, ed., *Relativism : Interpretation and Confrontation* (Notre Dame, Ind. : University of Notre Dame Press, 1989), "Introduction," p. 1 참조.

12) Ludwig Wittgenstein, *Remarks on the Philosophy of Psychology*, vol. 2, ed. G. H. von Wright and Heikki Nyman, trans. C. G. Luckhardt and M. A. E. Aue (Oxford : Basil Blackwell, 1980), 689절.

드러나는 상대주의는 크라우츠가 원하는 것처럼 '여전히 열려 있는 하나의 기준의 가능성'을 추구하고 있는 것이 아니라 오히려 그러한 단일한 평가 척도의 가능성에 대한 거부로 이해되어야 한다. 말하자면 비트겐슈타인은 모든 언어게임을 포괄하는 하나의 척도를 부정하고 있는 것이다.

여기에서 우리는 비트겐슈타인이 인정하는 상대적 변이들을 사소한 것으로 배제하거나 어떤 공통 지반으로 환원시키려는 시도가 부적절한 것임을 알 수 있다. 그럼에도 불구하고 이러한 상대주의가 단순히 허무주의로 나아가지 않기 위해서는 여전히 그러한 상대적 변이들을 인정하면서도 그것들에 대한 제약을 설정할 수 있는 해석이 필요하다. 이러한 맥락에서 "과연 비트겐슈타인의 후기 사상이 상대주의인가?"라는 물음에 대한 번 (G. Bearne)의 대답은 동시에 긍정이며 부정이다. 데이빗슨(D. Davidson)의 반상대주의적 논의의 두 가지 핵심적 축은 한편으로는 '자비의 원리'의 수용이며, 다른 한편으로는 체계/실재의 구분이라는 '경험주의의 제3의 도그마'의 원천적 부정이다. 데이빗슨은 이 두 축을 근거로 상대주의에 대해 강력한 반론으로 나아가지만 비트겐슈타인은 이 두 축을 공유하면서도 여전히 '온건한 상대주의'(moderate relativism)의 가능성을 제시한다는 것이다.[13)]

유사한 맥락에서 퍼트남(H. Putnam)은 비트겐슈타인의 『확실성』에서의 몇몇 언급을 들어 언어게임들 사이에 명백한 참과 거짓, 옳음과 그름을 구분할 수 있는 기준을 정하지 못한다는 것이 바로 상대주의를 의미하는 것이 아니라는 점을 지적한다.[14)] 그러나 여기에서 우리가 유념해야 할 것

---

13) Gordon Bearne, "The Horizon of Reason," in Michael Krausz, ed., *Relativism : Interpretation and Confrontation* (Notre Dame, Ind.: University of Notre Dame Press, 1989), pp. 218~24.

14) 힐러리 퍼트남, 『과학주의 철학을 넘어서』, 원만희 역 (서울: 철학과 현실사, 1998), 8

은 이때 퍼트남이 말하는 상대주의가 허무주의를 함축하는 부정적인 의미에서의 상대주의라는 점이다. 퍼트남은 다양한 평가 체계들의 존재를 인정한다고 해서 그것이 곧바로 모든 평가의 가능성을 부정하는 허무주의적 상대주의로 나아가는 것은 아니라고 말하고 있는 것이다. 물론 이러한 퍼트남의 견해는 일종의 '완화된 상대주의'의 가능성을 암시하고 있다.[15]

그러나 이러한 논의들이 공통적으로 부딪히는 난점은 그것들이 비트겐슈타인의 후기 철학이 체계들 간의 평가 불가능성을 함축하는 허무주의적 상대주의가 아니라는 사실만을 선언적으로 주장하고 있을 뿐, 그것이 비트겐슈타인 철학의 어떤 지점에서 가능한지를 구체적으로 제시하지 못한다는 데 있다. 적어도 비트겐슈타인이 언어게임이라는 개념을 통해 다양한 체계들의 존재를 인정하고 있다는 사실을 부인하려는 사람은 없으며, 또 그것이 가능해 보이지도 않는다. 그러나 여기에서 비트겐슈타인의 이러한 상대주의적 태도가 허무주의로 빠져드는 것은 아니라고 주장하려는 사람들은 비트겐슈타인의 철학 안에서 그러한 상대적 분기가 어떻게 제약될 수 있는지를 보여야 한다. 말하자면 어떻게 쿤이 패러다임 이론을 통해 제기하는 '공약 불가능성'을 초래하지 않으면서 다양한 체계들이 공존할 수 있는지를 보이는 것이 핵심적인 과제가 된다. 적어도 이 문제는 비트겐슈타인 자신의 입을 통해서 체계적으로 논의되고 있지는 않기 때문이다.

장 참조.

15) 퍼트남은 이러한 가능성을 '내재적 실재론'(internal realism)을 통해 제시하고 있지만, 내재적 실재론은 주관과 객관의 분리라는 근세의 인식론적 구도에 묶임으로써 '실재 자체'라는 인식론적 수수께끼를 해결하지 못하고 있다. 이 문제에 관한 좀 더 상세한 논의는 노양진, 『상대주의의 두 얼굴』(파주: 서광사, 2007), 2장 「퍼트남의 내재적 실재론」 참조.

3__ 삶의 형식과 다원성의 제약

후기 비트겐슈타인 철학의 상대주의적 경향을 인정하면서도 그것이 허무주의로 전락하는 것에 반대하는 사람들은 그러한 제약이 비트겐슈타인 철학의 어느 지점에서 가능한지를 보여야 한다. 이 문제와 관련해서 많은 비평가들이 주목하는 것이 '삶의 형식'(form of life)이다. '삶의 형식'이라는 말 자체는 『탐구』 안에서 모두 다섯 번밖에 나타나지 않을 뿐만 아니라, 그 언급도 파편적이기 때문에 그것을 토대로 삶의 형식의 전반적 성격을 파악하는 것은 사실상 불가능해 보인다. 그렇다 하더라도 삶의 형식에 대한 비트겐슈타인의 생각을 해석하는 것은 상대주의 문제를 다루는 데 결정적인 역할을 한다.

먼저 삶의 형식의 본성에 관한 비트겐슈타인의 핵심적 언급들을 살펴보자.

하나의 언어를 상상한다는 것은 어떤 하나의 삶의 [형식을] 상상하는 것이다 (『탐구』, 19).

그리고 언어에서 사람들은 일치한다. 이것은 의견들의 일치가 아니라, 삶의 [형식의] 일치다(『탐구』, 241).

내가 논거들을 다 소진했다면, 이제 나는 단단한 암석에 도달한 것이며, 나의 삽은 뒤로 굽힌다. 그 경우 나는 이렇게 말하는 경향이 있다. "나는 그저 그렇게 행위하고 있다"(『탐구』, 217).

우리의 모든 믿음에 대한 논거는 어디인가에서 멈춘다. 여기에서 우리

의 삽이 더 이상 들어가지 않는 지점, 즉 우리의 논거가 소진되는 그 지점
이 바로 "받아들여져야 하는 것, 즉 주어진 것"(『탐구』, p. 399)으로서 삶
의 형식이다. 우리가 하나의 믿음을 정당화하려고 할 때 더 이상 거슬러
올라갈 수 없는 지반이 바로 삶의 형식이다. 적어도 『탐구』에서의 이러한
비트겐슈타인의 언급을 토대로 우리는 삶의 형식이 최소한 다음과 같은
두 가지 사실을 함축하고 있음을 알 수 있다.

　① 삶의 형식은 다양한 언어게임들의 작동 조건이다.
　② 삶의 형식은 실제적 논거들의 궁극적 지반이다.

　그러나 이것은 다만 삶의 형식의 외형적 성격에 관한 언급일 뿐, 삶의
형식의 내용과 구조에 관한 구체적 설명은 아니다. 이 때문에 수많은 비평
가들 사이에 지나칠 만큼 복잡한 논의와 해석이 오고간다.[16) 그러나 상대
주의 문제와 관련된 논의에서 핵심적으로 제기되는 것은 비트겐슈타인이
말하는 삶의 형식이 하나인가 다수인가 하는 물음이다. 만약 논거의 궁극
적 지반으로 작용하는 삶의 형식이 다수라면 그것은 분명히 공약 불가능
한 척도들을 인정하는 것이 되며, 그 경우 비트겐슈타인이 극단적인 상대
주의를 표현하는 것으로 간주할 수 있다. 그러나 만약 삶의 형식이 하나뿐
이라면 삶의 형식은 우리가 경험하는 모든 상대적 변이들의 공통적인 판
단 기준이 될 수 있을 것이다. 그렇다면 현실적으로 드러나는 상대적 변이
들은 사실상 표피적이거나 사소한 것으로 해소될 수 있다.

---

16) 삶의 형식에 관한 비평가들의 해석은 지나칠 정도로 복잡하게 이루어지고 있으며, 문
　헌 또한 방대하다. 현재의 논의와 관련해서 삶의 형식에 대한 비평가들의 다양한 해석
　은 Newton Garver, *This Complicated Form of Life : Essays on Wittgenstein* (Chicago,
　Ill. : Open Court, 1994), 특히 15장 참조.

이 물음에 대해 가버(N. Garver)와 이승종은 비트겐슈타인의 삶의 형식이 인간의 자연적 조건을 가리키고 있다는 점을 들어 인간이라는 종(種)에 삶의 형식이 하나뿐이라는 주장으로 나아간다.[17] 그러나 이러한 주장은 삶의 형식을 단순히 자연적 조건들의 집합으로 간주하는 데에서 비롯된 것이다. 적어도 인간이라는 종이 유사한 자연적 조건을 공유하고 있다는 것은 사실이다. 그러나 그러한 생각을 바탕으로 비트겐슈타인이 말하는 삶의 형식이 자연적 조건들만의 집합이며, 따라서 삶의 형식이 하나뿐이라고 말하는 것은 성급한 추정이다. 삶의 형식이 자연적 층위를 포함한다는 사실은 비트겐슈타인의 언급을 통해 부인할 수 없는 사실로 보이지만, 그렇다고 해서 그것이 삶의 형식이 문화적 층위를 포함하지 않는다는 것을 함축하지는 않기 때문이다.

가버의 상세한 논의는 삶의 형식이 하나라는 주장을 적극적으로 입증하기보다는 적어도 비트겐슈타인이 다수의 삶의 형식을 이야기하고 있다는 비평가들의 다양한 해석이 비트겐슈타인의 언급만으로는 확정적이지 않다는 점을 드러내는 데 집중되어 있다. 결과적으로 가버의 논의는 비트겐슈타인이 삶의 형식이라는 말을 의도적이면서도 해결 불가능한 방식으로 모호하게 사용하고 있다는 주장으로 집약된다.[18] 비트겐슈타인이 자연적 조건들만으로 구성된 하나의 삶의 형식을 이야기하고 있다는 가버의 주장은 비트겐슈타인의 언급에 의해 지지되기보다는 비트겐슈타인의 시각이 허무주의적 상대주의를 허용할 수도 있다는 우려에 근거한 것으로 보인다.

---

17) Garver, *This Complicated Form of Life*, 특히 15장; 이승종, 「비트겐슈타인과 로티: 자연주의와 해체주의」, 김동식 편, 『로티와 철학과 과학』 (서울: 철학과 현실사, 1997) 참조.

18) Garver, *This Complicated Form of Life*, p. 266 참조.

그렇다면 삶의 형식은 어떤 구조로 이해될 수 있을까? 우리는 우선 삶의 형식이 가질 수 있는 중층성의 문제에 주목해야 한다. 이명현은 삶의 형식이 포괄하고 있는 원초적 국면과 문화적 국면의 대립적 긴장을 매우 선명하게 지적하고 있다. 이러한 두 층위의 중층적 공존을 인정하는 것은 비트겐슈타인의 후기 철학의 전반적 성격을 이해하는 데 매우 중요한 단서가 되는데, 이러한 시각을 바탕으로 이명현은 후기 비트겐슈타인의 입장이 실재론적 객관주의와 문화론적 상대주의 사이의 긴장 상태에 놓여 있다고 지적한다.[19] 삶의 형식의 이러한 중층적 구조를 인정하는 것이 그 자체로 우리가 다루고 있는 상대주의 문제를 해소해 주거나 해결해 주는 것은 물론 아니다. 그러나 다음 절에서 드러나게 되겠지만 이러한 해석은 상대주의 문제와 관련해 진전된 논의를 가능하게 하는 결정적인 교두보 역할을 한다.

이러한 맥락에서 삶의 형식의 중층성을 수용하는 또 다른 전향적 해석의 가능성은 설(J. Searle)에게서 찾아볼 수 있다. 설은 의미의 구조를 해명하는 과정에서 '네트워크'(Network)와 '배경'(Background)이라는 색다른 개념을 소개한다.[20] 네트워크가 한 믿음의 충족 조건을 결정하는 믿음들의 체계라면, 배경은 그것들을 가능하게 해 주는 일련의 능력들 또는 조건들의 집합이다. 설은 여기에서 이 배경 개념이 비트겐슈타인의 삶의 형식과 유사한 것임을 직접 밝히고 있는데,[21] 여기에서 우리가 주목해야 할

---

19) 이명현, 「삶의 형식의 두 가지 국면」, 분석철학연구회 편, 『비트겐슈타인의 이해』 (서울: 서광사, 1984) 참조.

20) John Searle, *Intentionality : An Essay in the Philosophy of Mind* (Cambridge : Cambridge University Press, 1983), 특히 5장 참조.

21) 설은 김기현 교수와의 대담에서 다음과 같이 말하고 있다. "[비트겐슈타인]이 말하는 [삶의] 형식의 원초적 측면이 '배경' 개념을 이루게 되지요. 이론을 극복함으로써 그

것은 그가 배경을 '심층(deep) 배경'과 '국지(local) 배경'의 두 층위로 나누고 있다는 점이다. 심층 배경은 대부분 우리의 생물학적 조건 등을 가리키며, 국지 배경은 문화적으로 고착된 다양한 관행을 가리킨다.[22] 이러한 배경이 네트워크 구성에 구체적으로 어떻게 작용하는지의 문제는 여전히 미해결의 숙제로 남아 있지만,[23] 적어도 설의 논의를 통해 삶의 형식이 어떤 방식으로 두 층위를 포괄할 수 있는지에 관한 진전된 해명의 가능성을 찾아볼 수 있다.

여기에서 중요하게 지적되어야 할 것은 설의 경우도 그렇지만 비트겐슈타인의 삶의 형식에 대한 다양한 해석이 대부분 객관주의 아니면 허무주의적 상대주의라는 이분법적 구도 안에서 이루어지고 있다는 사실이다. 이러한 구도 안에서 우리는 하나의 삶의 형식을 인정함으로써 그것을 객관주의적 지반으로 간주하거나 다수의 삶의 형식을 인정함으로써 상대주의에 빠져드는 이분법적 선택을 강요받게 된다. 그러나 삶의 형식의 중층성에 대한 적절한 해명을 통해 우리는 다수의 삶의 형식을 인정하면서도 허무주의적 상대주의에 빠져들지 않는 새로운 해석의 가능성을 찾을 수 있을 것이다.

를 극복하려는 것이 나의 의도라고 말할 수 있을 것입니다." 김기현, 「분석철학의 현주소: 존 설과의 대담」, 『철학과 현실』, 제48호 (2001 봄), p. 160.

22) Searle, *Intentionality*, 특히 pp. 143~44 참조.

23) 이 문제에 관한 좀 더 상세한 논의는 이 책 3장 「설의 지향주의적 의미 이론」, 특히 p. 81 참조.

4__ 개념체계로서의 삶의 형식

삶의 형식의 중층성을 해명하기 위해서 우리가 우선적으로 주목해야
할 것은 삶의 형식이 포괄하고 있는 문화적 층위의 성격이다.『탐구』에서
보이는 삶의 형식에 관한 직접적인 언급들만으로는 이 부분을 해명하는
것은 쉽지 않다. 삶의 형식을 다루면서 흔히 간과되고 있는 중요한 사실은
일상적 논거의 궁극적 지반으로서의 삶의 형식과 확실성 문제에 관한 비
트겐슈타인의 언급들과의 긴밀한 상관성이다. 필자는 이러한 상관성에 주
목함으로써 확실성에 관한 비트겐슈타인의 언급들이 삶의 형식에 대한 보
완적 해명이 될 수 있다고 본다. 먼저『탐구』의 다음 구절을 보자.

> 우리는 어떤 사람에 관해서, 그는 우리에게 투명하다고 말하기도 한다. 그러나
> 한 사람이 다른 사람에 대해 완전한 수수께끼일 수 있다는 점은 이러한 고찰을
> 위해 중요하다. 이 점을 우리는 완전히 낯선 전통을 가지고 있는 어떤 외국에 갈
> 때 경험한다. 뿐만 아니라 우리들이 그 나라의 언어를 숙달한 경우에조차도 경험
> 한다. 우리들은 그 사람들을 이해하지 못한다. (그리고 그것은 우리들이 그들이
> 그들 자신에게 무엇을 말하고 있는지 모르기 때문이 아니다.) 우리는 그들 속에
> 서 익숙해질 수가 없다(『탐구』, p. 395, 고딕은 원문의 강조).

우리가 낯선 전통을 가진 그들을 이해할 수 없는 이유는 무엇일까? 만
약 낯선 전통을 가진 사람들이 우리와 동일한 삶의 형식을 가지고 있다고
믿는다면 이러한 극적인 이해 불가능성은 어디에서 오는 것일까? 그 나라
의 언어에 통달해 있는 경우에조차도 경험하게 되는 이해 불가능성이 단
순히 언어게임의 차이 때문이라는 것이 비트겐슈타인의 의도는 물론 아닐
것이다. 우리가 그 낯선 원주민을 이해하지 못하는 이유는 그 원주민이 낯

선 언어게임을 실행하고 있기 때문이 아니며, 그들과 우리가 상이한 자연적 조건을 갖고 있기 때문은 더더욱 아니다.

가버는 여전히 이러한 이해 불가능성에 대해 "그 관행들을 익히지 않았기 때문이지 그것들을 배울 수 있는 능력이 결여되었기 때문에 생기는 것이 아니다"[24]라고 주장한다. 즉 이 구절이 삶의 형식의 다수성을 확정적으로 함의하지는 않는다는 것이다. 그러나 가버의 이러한 주장은 삶의 형식이 다수라는 주장이 확정적이지 않다는 것을 지적하고 있을 뿐, 그 자체로 어떤 적극적인 주장을 뒷받침해 주는 것은 아니다.

나아가 가버의 이러한 해석은 풀기 어려운 또 다른 수수께끼를 불러온다. 가버의 해석은 적어도 비트겐슈타인이 제시하는 확실성의 지반이 학습을 통해 형성된다는 점을 인정하게 된다. 그리고 만약 그것이 학습될 수 있는 어떤 것이라면 그것이 자연적 조건이 아니라는 것이 분명해진다. 가버는 이렇게 학습된 부분을 삶의 형식의 일부가 아니라고 말해야겠지만, 그렇다면 가버의 주장처럼 자연적 조건으로만 구성된 삶의 형식과 확실성의 궁극적 지반이 되는 이 문화적 부분은 어떻게 화해될 수 있을까? 가버의 주장을 따른다면 비트겐슈타인은 자연적 조건으로만 구성된 삶의 형식 외에도 또 다른 문화적 층위의 확실성의 지반을 설정하고 있는 것이 된다. 이러한 해석은 결과적으로 비트겐슈타인의 철학을 해명하는 것이 아니라 또 다른 이론적 곤경으로 끌고 들어가는 것이 된다.

유사한 태도는 커크(R. Kirk)에게서도 드러난다. 커크는 콰인의 번역의 비결정성 이론의 핵심이 이미 비트겐슈타인의 후기 철학에 담겨 있다는 주장에 반대하면서 『탐구』 206절에 근거해서 삶의 형식을 객관적 번역의 근거로 해석한다.

---

24) Garver, *This Complicated Form of Life*, p. 248.

당신에게 전혀 낯선 어떤 언어를 가진 미지의 나라에 당신이 조사자로서 왔다고 생각해 보라. 어떤 상황들 속에서 당신은 그 사람들이 거기서 명령을 하며, 명령을 이해하며, 따르며, 명령에 반항하는 따위를 하고 있다고 말할 것인가?

인간의 공통적인 행위 방식은 우리가 우리에게 낯선 언어를 해석할 때 의거하는 준거 틀이다(『탐구』, 206).

커크는 이 구절을 통해 콰인과는 전혀 다른 결론으로 나아간다. 즉 커크는 비트겐슈타인이 이 구절을 통해 "삶의 형식과 부분적 실천이 의미와 번역을 결정한다고 생각한 것"[25]이라고 주장한다. 즉 커크는 '공통적인 행동 양식'을 '삶의 형식'과 동일시하고 있으며, 그것이 객관적 번역의 근거가 된다고 주장하고 있는 것이다. 그러나 여기에서 커크는 하나의 삶의 형식과 확정적 번역의 가능성을 향해 지나치게 성급한 걸음을 옮기고 있는 것으로 보인다. 왜냐하면 이 구절은 원초적 번역 상황에서 '공통적인 행동 방식'이 번역을 위한 충분한 자료라는 것을 의미하는 것이 아니라 우리에게 주어진 최소한의 자료라는 것을 의미하는 것으로 보이기 때문이다.

삶의 형식이 단순히 자연적 조건만으로 이루어지지 않는다는 점은 '확실성'에 관한 비트겐슈타인의 언급을 통해 더 선명하게 드러난다. 여기에서 우리가 염두에 두어야 할 것은 비트겐슈타인이 다루고 있는 확실성이 『탐구』에서 언급된 삶의 형식의 기본적 성격, 즉 일상적 논거의 궁극적 지반이라는 사실과의 연관성 속에서 다루어져야 한다는 점이다. 즉 비트겐슈타인이 우리가 일상적으로 받아들여야 하는 확실성이라고 강조하는 지점들은 바로 우리의 논거가 멈추는 지점들, 즉 삶의 형식이라는 것이다. 이러한 시각에 따르면 『탐구』에서 삶의 형식에 관한 언급들의 모호성은

---

25) Robert Kirk, *Translation Determined* (Oxford: Clarendon Press, 1986), p. 28.

『확실성』과 『제텔』(*Zettel*)[26]에서의 언급들을 통해 대부분 제거된다고 할수 있다. 비트겐슈타인은 우리가 넘어설 수 없는 것으로서 받아들이는 확실성이 어떤 이성적 논증에 의해서가 아니라 교육과 설득을 통해 주어진다는 사실을 반복적으로 강조하고 있다.

가정에 대한 모든 검사, 모든 확증과 반증은 이미 하나의 체계 내에서 일어난다. 뿐만 아니라 이 체계는 우리의 모든 논증들을 위한 다소 자의적이고 의심스러운 출발점이 아니라, 오히려 우리가 논증이라고 부르는 것의 본질에 속한다. 그 체계는 논증들의 출발점이라기보다는 논증들의 생명소이다(『확실성』, 105).

어린아이는 수많은 것들을 믿는 법을 배운다. 즉 아이는 예컨대 이 믿음에 따라 행위하는 법을 배운다. 아이가 믿는 것들의 체계가 점차 형성되어 나타나며, 그 속에서 어떤 것들은 요지부동으로 확고하고 어떤 것들은 다소간에 움직일 수 있다. 확고한 것이 확고하게 있는 것은, 그것이 그 자체로 명백하거나 분명하기 때문이 아니라, 그 주위에 놓여 있는 것들이 그것을 꽉 붙들고 있기 때문이다(『확실성』, 144).

우리는 지구가 둥글다는 것을 안다. 우리는 그것이 둥글다는 것을 마침내 확인하였다.
우리의 전체 자연관이 변하지 않는다면, 우리는 이 견해를 고수할 것이다. "그걸 당신이 어떻게 아는가?" 나는 그렇게 믿는다(『확실성』, 291).

---

26) Wittgenstein, *Zettel*, ed. G. E. M. Anscombe & G. H. von Wright, trans. G. E. M. Anscombe (Berkeley, Cal.: University of California Press, 1967).

확실성과 관련된 비트겐슈타인의 이러한 언급들이 수렴되는 지점은 어디일까? 비트겐슈타인이 『확실성』에서 반복적으로 강조하는 것은 우리가 '원하는' 확실성, 더 구체적으로는 근세의 인식론이 추구했던 '필연적' 확실성이 우리에게 주어질 수 없다는 것이다. 적어도 비트겐슈타인의 의도는 앎의 정당화는 어디에선가 멈출 수밖에 없으며, 그 지점은 결코 우리가 철학적 상상력을 통해 설정한 추상적 지점이 아니라는 것이다. 대신에 비트겐슈타인은 앎의 실제적 근거를 추적하고 있으며, 그 추적이 멈추는 지점을 우리의 경험 세계 안에서 찾는다. 그것이 우리가 도달할 수 있는 정도의 확실성이다. 그렇게 주어지는 확실성의 최종적 지반은 무엇일까? 우리는 그것이 바로 비트겐슈타인이 말하는 "받아들여져야 하는 것, 즉 주어진 것"(『탐구』, p. 399)으로서의 삶의 형식이라고 간주할 수 있다.

확실성의 궁극적 지반이 교육을 통해서 주어진다는 생각은 『제텔』에서도 반복적으로 나타난다. 즉 우리는 교육을 통해 전혀 다른 세계상을 형성할 수 있다는 것이다. 이러한 세계상의 차이는 물론 단순히 구체적인 개념들의 차이를 말하는 것은 아닐 것이다. 그것은 세계를 이해하고 경험하는 기본적 방식의 차이를 말한다. 그렇다면 여기에서 다루어지는 포괄적인 세계상이란 삶의 형식이 아닌 다른 무엇일 수 있을까?

> 우리와 매우 다른 교육은 매우 다른 개념들의 기초가 될 수도 있을 것이다(『제텔』, 387).

> 왜냐하면 여기에서 삶은 다르게 유지될 것이기 때문이다. 우리가 관심을 갖는 것에 대해 그들은 관심을 갖지 않을 것이다. 여기에서 다른 개념들은 더 이상 상상 불가능하지 않다. 사실상 이것이 다른 개념들이 상상 가능하게 되는 유일한 방식이다(『제텔』, 388).

나는 아주 특별한 상황 속에서 성장한 사람을 상상할 수 있다. 그는 지구가 50년 전에 생성되었다고 배워 왔으며, 그래서 또한 이를 믿는다. 이 사람에게 우리는 가르칠 수 있을 것이다. 지구는 이미 오랫동안 존재해 왔다고 하는 따위를. 우리는 그에게 우리의 세계상을 주려고 노력하게 될 것이다.

이는 일종의 설득을 통해서 일어날 것이다(『확실성』, 262, 고딕은 원문의 강조).

여기에서 비트겐슈타인은 우리의 세계상이 교육과 설득을 통해 주어지며, 또 부분적으로 변화할 수도 있다고 말한다. 그것은 우리가 확실하다고 믿는 것들 또는 그것에 근거한 믿음들의 기초가 될 것이다. 우리는 그것들이 비트겐슈타인이 『탐구』에서 기술하려고 했던 삶의 형식의 핵심적 일부를 구성한다고 말할 수 있다. 요약하면, 우리의 실제적 확실성의 지반을 이루는 것은 자연적인 것과 문화적인 것을 포함한다. 만약 문화적인 것이 삶의 형식의 일부가 아니라면 우리는 비트겐슈타인의 철학에서 삶의 형식과는 분리된 문화적 확실성의 지반을 따로 설정해야 하는데, 앞서 지적했던 것처럼 그것은 비트겐슈타인의 철학을 또 다른 수수께끼 속으로 몰아넣는 일이 될 것이다.

삶의 형식에서 자연적 층위와 문화적 층위가 문제시되는 것은 그것이 객관주의 또는 상대주의를 규정하는 데 핵심적 역할을 하고 있기 때문이다. 전통적으로 객관주의와 상대주의는 이분법적 대립 구도 안에서 이해되어 왔다. 여기에서 상대주의가 허무주의적 상대주의를 의미하는 것이라면 이러한 구도 안에서 허무주의를 피할 수 있는 유일한 길은 객관주의로 되돌아오는 것이다. 그러나 이러한 고전적인 이분법적 구도를 벗어나 상대적 변이의 존재를 인정하면서도 허무주의적 우려를 벗어날 수 있는 길은 어떤 것이 될까?

최근 미국을 중심으로 형성되어 가고 있는 '체험주의'(experientialism)

는 이 물음에 대한 새로운 접근의 실마리를 제공한다. 체험주의는 주로 인
지과학이 제공하는 경험적 증거들을 토대로 우리의 경험의 본성과 구조에
관한 새로운 해명을 제공한다. 체험주의적 해명의 핵심적 중요성은 경험
을 물리적·신체적 층위와 추상적·정신적 층위로 구분하고, 모든 경험이
물리적 층위에 근거해서 점차 추상적 층위로 확장된다는 주장에 있다. 이
러한 확장은 대부분 은유적으로 이루어지기 때문에 그것이 출발했던 층위
로 환원되지 않는다. 존슨(M. Johnson)은 이러한 확장을 설명하기 위해
'영상도식'(image schema)과 '은유적 투사'(metaphorical projection)라는
새로운 개념을 소개한다.[27] 즉 신체적 활동으로부터 직접 발생되는 소수
의 영상도식이 존재하며, 그것들이 추상적 층위로 은유적으로 확장된다는
것이다. 이것은 추상적 층위의 경험이 모두 신체적 층위의 경험으로부터
확장되어 나온 것이며, 따라서 우리의 모든 경험은 신체화되어(embod-
ied) 있다는 것이다. 이러한 구도 안에서 몸은 모든 경험의 원천인 동시에
그것으로부터 확장되어 나온 경험을 제약한다.

　체험주의의 이러한 시각은 개념체계 문제에 대한 새로운 접근의 가능
성을 열어 준다. 일상적 판단의 궁극적 논거로 사용할 수 있는 배경적 조
건들로서의 개념체계는 단순히 물리적 층위의 경험으로만 구성되어 있는
것이 아니다. 경험과 행동의 안정적인 근거를 제공하는 삶의 형식은 물리
적 층위의 조건은 물론 그것으로부터 확장된 추상적 영역을 포괄하고 있
다. 필자는 체험주의적 시각을 빌어 이처럼 중층적으로 구성되는 개념체
계의 모형을 다음과 같이 제시했다.[28]

---

27) 마크 존슨, 『마음 속의 몸: 의미, 상상력, 이성의 신체적 근거』, 노양진 역 (서울: 철학
　　과 현실사, 2000), 특히 4~5장 참조.
28) 이 책 12장 「개념체계의 신체적 기반」, p. 290.

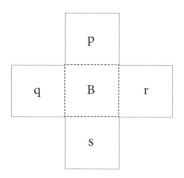

여기에서 각각 다른 개념체계들은 $C^1 = B + p$, $C^2 = B + q$, $C^3 = B + r$, $C^4 = B + s$로 표시되는데, 각각의 개념체계들은 B라는 공통 지반, 즉 신체적이고 물리적인 경험 영역을 공유하면서도 소문자로 표시된 상대적 변이의 영역을 포함한다. 즉 모든 개념체계는 신체적 · 물리적 층위에서의 보편적 요소와 정신적 · 추상적 층위에서의 변이라는 두 층위를 포괄하는 형태로 구성된다. 추상적 층위는 물리적 층위로부터 확장되어 나타나며, 이 때문에 항상 물리적 층위에 근거하면서도 물리적 층위에 의해 제약된다. 이러한 모형은 개념체계를 평면적인 개념들의 도식적 집합체로 간주함으로써 우리를 객관주의 아니면 허무주의적 상대주의라는 이분법적 딜레마로 이끌어 가는 데이빗슨의 주장을 극복하려는 의도에서 제시된 것이다.[29] 이러한 모형을 '신체화된 개념체계'(embodied conceptual system)라고 부를 수 있는데, 이것은 완화된 상대주의가 어떤 방식으로 가능한지를 보여 준다.

우리는 이제 비트겐슈타인이 정당화의 궁극적 지반으로 제시하는 삶의

---

29) Donald Davidson, "The Very Idea of a Conceptual Scheme," in his *Inquiries into Truth and Interpretation* (Oxford : Clarendon Press, 1984) 참조.

형식을 이러한 모형을 따라 다시 읽을 수 있을 것이다. 이러한 모형은 적어도 삶의 형식이 자연적 조건만으로 구성되어야 한다는 주장이 평면적인 개념체계 개념에 묶여 있다는 것을 보여 준다. 이 모형은 왜 삶의 형식이 믿음의 궁극적 지반으로 작용하면서도 여전히 다수일 수 있는지를 보여 준다. 각각의 삶의 형식은 유사한 물리적 층위를 공유하지만, 추상적 층위로 확장되면서 다양한 변이를 드러낸다. 이러한 모형에 따르면 상대적 변이들은 물리적 층위에 접근할수록 감소할 것이다. 그러나 이러한 모형은 비트겐슈타인의 삶의 형식을 물리적 층위, 즉 '인간의 자연사' 부분으로 국한시키려는 시도와는 매우 다른 방향을 열게 된다. 우리는 이러한 중층적 구조를 한데 묶어 '삶의 형식'이라고 부를 수 있으며, 그것은 문화적 변이에 따라 다양한 방식으로 나타나게 될 것이다.

삶의 형식의 이러한 중층성은 전통적인 객관주의 아니면 허무주의적 상대주의라는 이분법적 대립 구도가 우리의 실제적인 경험의 구조를 해명하는 데 부적절한 견해라는 것을 말해 준다. 말하자면 우리 경험은 객관주의 아니면 상대주의라는 이분법적 모형에 부합하지 않으며, 사실상 '완화된 상대주의'(modified relativism)라고 부를 수 있는 시각에 의해 가장 적절하게 설명될 수 있다. 이러한 시각은 비트겐슈타인의 철학을 해명하는 데에도 여전히 중요하다. 이러한 시각에서 본다면 전통적 객관주의도 허무주의적 상대주의도 모두 우리의 극단적 이상화의 산물일 뿐이다.

여기에서 우리는 "생각하지 말고, 보라!"(『탐구』, 66)는 비트겐슈타인의 권고를 다시 한번 상기해 볼 수 있다. 그것은 '우리가 원하는 것'에 대한 관심으로부터 '우리의 것'에 대한 관심으로의 전환을 의미한다.[30] 비

---

30) 이 문제에 관한 좀 더 상세한 논의는 이 책 14장 「비트겐슈타인과 철학의 미래」, 특히 pp. 339, 344 참조.

트겐슈타인은 객관주의로 묶을 수 있는 과거의 철학적 이론들이 '철학적 열망'에 사로잡힌 것이며, 이 때문에 그것들이 우리에게 주어진 실제적 경험의 구조를 해명하는 데 부적절한 것임을 보이려고 한다. 이러한 관점에서 새롭게 이루어지는 관찰과 기술은 그 자체로 하나의 이론은 아니다. 그러나 그것은 과거의 이론들이 우리의 일상적 경험의 구조를 해명하는 데 부적절한 관점이라는 것을 보여 준다. 비트겐슈타인은 이러한 작업을 통해 삶의 구조에 관해 과거의 이론들이 불러왔던 혼동을 걷어 내려고 한다. 비트겐슈타인은 하나의 이론으로서 객관주의 또는 상대주의(나아가 허무주의)를 다루고 있는 것이 아니라 오히려 이러한 이론적 구도 자체를 거부하고 있다고 말할 수 있다. 후기 비트겐슈타인의 생각들을 '완화된 상대주의'라고 부르는 것은 또 하나의 새로운 이론을 가리키고 있는 것이 아니라 우리가 철학적 문제들에 접근하는 새로운 시각을 가리키고 있다.

5__ 완화된 상대주의의 길

비트겐슈타인은 과거의 철학에 대한 또 하나의 비판자가 아니라 강력한 해체론자다. 그의 철학 비판은 특정한 몇몇 이론을 향한 것이 아니라, 그것들의 바탕을 이루고 있는 철학적 가정에 대한 근원적 거부이기 때문이다. 이러한 측면에서 비트겐슈타인의 철학은 데리다(J. Derrida)의 해체론과 멀지 않다. 그럼에도 비트겐슈타인의 해체가 '철학적 무책임'[31]이라는 비판을 벗어나는 이유는 그의 해체가 궁극적으로 복귀해야 할 지점을 암시하고 있기 때문이다. 비트겐슈타인이 복귀하려고 애썼던 지점은 우리

---

31) 퍼트남, 『과학주의 철학을 넘어서』, p. 182 참조.

삶의 '일상성'이다. 말하자면 그는 파리통에 갇힌 파리를 해방시키려고
했으며 그 해방이란 조건 없는 해방이 아니라 파리통에 갇히기 전의 일상
적인 상태에로의 복귀 이상의 것이 아니다. 그는 철학적 물음에 빠진 철학
자들이 '언어에 의한 지성의 미혹'이라는 질병을 앓고 있는 것으로 보았
으며 그 질병을 치료함으로써 정상적인 삶으로 되돌아오기를 원했던 것이
다. 그의 해체는 공중누각을 무너뜨림으로써 그 터전을 좀 더 굳건히 다지
려는 시도다(『탐구』, 118).

그렇다면 허무주의적 상대주의의 위협은 어떠한가? '일상성'은 이 문
제에 대해서도 여전히 중요한 대안의 실마리를 제공한다. 말하자면 일상
성은 비트겐슈타인의 철학을 상대주의적 위협으로부터 막아 주는 방파제
역할을 한다. 앞서 논의했던 것처럼 비트겐슈타인의 일상성은 특정한 삶
의 형식 안에서의 일상성이다. 그리고 이러한 일상성의 바탕을 이루는 중
요한 부분으로 우리의 자연적 조건을 들 수 있으며, 그중 가장 기본적인
것은 생물학적 유기체로서 우리의 '신체화'(embodiment)다. 즉 몸은 우
리의 존재 가능성의 터전으로서 신체적 활동의 주체인 동시에 물리적 세
계와의 직접적 상호작용을 가능하게 해 주는 출발점이다. 이러한 신체성
은 물리적 세계만큼이나 경험의 '공공성'을 제공한다는 점에서 중요하다.

그러나 이러한 유형의 공공성이 '토대주의적'(foundationalist) 객관주
의자가 가정하는 인식의 토대는 물론 아니다. 이 문제에 대해 우리는 듀이
를 따라 이러한 신체성이 그것을 토대로 한 정신적 활동과 엄밀한 방식으
로 구분되지 않으며 지속적인 상호작용 관계에 있다는 '연속성의 원리'를
받아들일 수 있다. 이러한 해명은 우리의 삶에 객관주의적 이상화를 촉발
시키는 공공성이 존재한다는 것을 인정함과 동시에 상대적 변이를 허용하
는 중층적 구조를 드러내 준다. 후기 비트겐슈타인의 철학은 바로 우리 경
험의 이러한 중층성을 보여 주고 있으며, 이러한 구조는 전통적인 객관주

의에 의해서도, 허무주의적 상대주의에 의해서도 적절하게 해명될 수 없
다. 비트겐슈타인은 자신의 탐구를 통해 바로 이러한 사실을 우리에게 깨
우쳐 주고 있으며, 우리는 이 과정에서 드러나는 그의 철학적 시각 ─ 하
나의 이론으로서가 아니라 ─ 을 '완화된 상대주의'라고 부를 수 있을 것
이다.

제 14 장
비트겐슈타인과 철학의 미래[*]

1__ 머리말

철학사는 비트겐슈타인(L. Wittgenstein)과 함께 새로운 국면을 맞게 되었다. 그것은 철학사라는 커다란 흐름에서 하나의 단절을 의미한다. 이러한 단절은 비트겐슈타인의 전·후기 사상을 관통해서 드러나는 '철학의 기능과 역할'에 관한 독특한 철학관에서 비롯된다. 비트겐슈타인은 철학이 '이론화'라는 목표를 포기해야 하며, 대신에 우리의 그릇된 사고방식에 대한 자기비판으로서 전통적인 철학적 방법의 허구성을 드러내는 하나의 '활동'(activity)이 되어야 한다고 주장한다. 그는 철학적 이론들에 의한 혼동이 마치 질병처럼 과거의 철학자들을 사로잡고 있었으며, 이제 새

---

* 이 글의 초고는 한국철학회 학술발표회(1998 봄)에서 처음 발표되었다. 발표에 앞서서 이 글의 초고를 읽고 중요한 조언을 해 주신 안세권, 이승종 교수님과 나희경 교수님에게 감사드리며, 발표에 대해 논평해 주신 이영철 교수님에게도 감사를 표하고 싶다.

로운 철학자는 마치 의사처럼 언어에 의해 발생한 질병을 치유해야 한다고 말한다. 이러한 철학 개념을 우리는 흔히 '치유적 철학'(therapeutic philosophy)이라고 부른다.

전통 철학에 대한 비트겐슈타인의 강한 불신과 회의는 철학적 방법에 대한 20세기의 반성적 논의에 심중한 영향을 미쳤다. 그러나 철학이 더이상 이론화를 목표로 삼지 않아야 한다는 그의 주장은 분명히 급진적이며, 이러한 철학 개념을 받아들였을 때 철학적 탐구가 과연 어떤 방식으로지속될 수 있는지에 관해 심각한 물음이 제기된다. 필자는 이 글에서 비트겐슈타인의 '치유' 개념이 담고 있는 문제의식을 '이론의 크기'라는 맥락에서 해명하고, 나아가 철학적 탐구의 방향과 관련된 그의 제안을 검토할것이다. 이러한 논의를 바탕으로 비트겐슈타인이 철학의 '종언'(終焉)을선언하고 있는 것이 아니라 과거의 철학적 환상들을 제거함으로써 우리에게 새로운 철학적 '그림'을 제시하고 있음을 드러낼 것이다.

비트겐슈타인은 전통적 철학이 추구했던 환상들을 제거함으로써 그것에 의해 가려졌던 '일상성'이라는 우리의 지반을 다시 볼 수 있을 것이라고 말한다. 말하자면 그가 제안하는 전환의 요체는 우리의 일상적 삶의 지반으로부터 지나치게 멀리 나아간 철학을 다시 우리 곁으로 되돌려 놓으려는 것이다. 이러한 반성적 복귀는 자연스럽게 우리의 조건에 대한 진지한 탐구의 방향을 새롭게 제시해 줄 수 있을 것이다.

2── 철학적 환상과 치유

비트겐슈타인이 바라보는 철학의 역사는 '혼동'의 역사다. 그 혼동의내용과 방식은 그의 전기와 후기 사상에서 상이한 형태로 설명된다.『논리-철학 논고』[1]에서 이 혼동의 핵심은 언어의 논리에 대한 오해이지만, 후기의 『철학적 탐구』[2]에서는 오히려 『논고』가 제시하는 대안적 언어관을 포함한 '철학적 열망'이 혼동의 주된 원인으로 간주된다. 그러나 적어도 철학의 역할이 이러한 혼동의 치유를 위한 활동이어야 한다는 측면에서는 전기와 후기 사상은 구별되지 않는다.

　비트겐슈타인은 전통적으로 제기된 철학적 물음들이 언어적 오해의 산물이라고 본다. 따라서 그는 자신의 철학적 작업을 "언어 논리에 대한 오해"(『논고』, 「서문」)를 해소시키려는 노력이라고 규정한다. 『논고』의 중심적 주제의 하나인 의미/무의미 구분의 주된 목표는 바로 '말할 수 없는 것'이 '말할 수 있는 것'과 동일한 형태로 표현됨으로써 초래되는 오해를 제거하려는 것이다. 그는 이러한 언어적 표현에 의한 논리적 구조의 은폐를 본성적인 현상으로 보며, 이것을 마치 발성이 어떻게 해서 발생하는지를 모르면서도 우리가 일상적으로 발성하는 것에 비유한다. 따라서 그는 우리의 언어에 은폐된 논리적 구조를 직접적으로 드러내는 것이 인간에게 불가능하다고 본다(『논고』, 4.002). 철학자는 바로 이러한 숨겨진 언어의 본성을 드러내 보여 줌으로써 우리의 오해를 제거해 주어야 한다고 주장한다.

　　언어는 사고를 위장한다. 더욱이 그 복장의 외부적 형태로부터 그 옷 입혀진 사고의 형태를 추론할 수 없도록 그렇게 위장한다. 왜냐하면 복장의 외부적 형태는 신체의 형태를 인식시키는 것과는 전혀 다른 목적에 따라 형성되었기 때문이

---

1)　루트비히 비트겐슈타인, 『논리 철학 논고』, 이영철 역 (서울: 책세상, 2006). 이하 『논고』로 약함.
2)　비트겐슈타인, 『철학적 탐구』, 이영철 역 (서울: 책세상, 2006). 이하 『탐구』로 약하고, 1부에서의 인용은 절의 번호를, 2부에서의 인용은 쪽수를 표시한다.

다(『논고』, 4.002).

    일상언어의 문법 구조가 그 근저에 놓여 있는 논리적 구조를 적절하게 드러내지 못한다는 생각은 비트겐슈타인이 러셀(B. Russell)에게서 배운 것이다. 러셀은 "모든 철학적 문제는 필연적 분석과 정화를 거치면 전혀 참된 철학적 문제도 …… 논리적 문제도 아니라는 것이 드러난다"[3]고 말한다. 예를 들면 "연구실 한가운데 책상이 있다"와 "초월적 세계에 절대자가 있다"라는 두 문장은 '있다'라는 동일한 단어를 사용한다. 그러나 이 문장이 둘 다 참이라고 하더라도 과연 책상과 절대자가 동일한 방식으로 있는가? 그렇지 않다면 그 차이는 무엇인가? 비트겐슈타인은 자신의 철학적 과제가 이러한 물음에 명료하게 답하는 것이라고 생각했다.

    그러나 비트겐슈타인이 러셀과 함께 이러한 생각을 철학적 사유의 계기로 공유하고 있었던 것은 사실이지만 철학적 결론에서 이들은 방향을 달리 하게 된다. 러셀은 논리적 원자론자로서 여전히 자신의 철학적 작업이 세계의 기본 구조를 해명하는 체계적 작업의 하나라고 생각했지만, 비트겐슈타인은 그러한 체계를 거부하고 자신의 탐구를 하나의 '활동'으로 규정하는 것이다. 그래서 비트겐슈타인에게 유의미한 '철학적 명제'란 존재하지 않는다. 철학은 논리적 구조 또는 그 무엇에 관한 하나의 이론이 아니다. 철학이 추구해야 할 것은 체계 건설도 이론 구성도 지식 획득도 아니다. 철학은 다만 언어가 숨기고 있는 논리적 구조를 드러내는 '논리적 명료화'라는 활동일 뿐이다. 그 활동의 내용은 '언어 비판'(『논고』, 4.0031)이다.

---

3)   Bertrand Russell, *Our Knowledge of the External World*, reprinted with a new Introduction by John Slater (London: Routledge, 1993), p. 42.

『논고』와 함께 비트겐슈타인은 더 이상 해결해야 할 철학적 문제가 남아 있지 않다고 생각했고, 그래서 철학을 떠났다. 그는 『논고』를 통해 모든 철학적 문제들이 근원적으로 '해소'되었다고 생각했다. 그러나 그는 은둔기를 통해 『논고』에서의 자신을 포함한 철학자들의 문제들을 새롭게 다루어야 할 필요를 느꼈을 것이다. 그는 '해소'를 위해 그가 건설했던 것들이 또 하나의 철학적 환상의 산물이라는 것을 깨달았던 것이다. 그러나 이러한 시각 전환에도 불구하고 비트겐슈타인은 여전히 철학적 사색의 계기를 언어적 혼동에서 비롯되는 '당혹'(puzzlement)에서 찾는다. 그래서 그는 철학적 문제들을 일종의 질병에 비유한다(『탐구』, 255).

비트겐슈타인이 생각하는 언어의 본성은 무엇일까? 그는 언어를 우리의 삶의 중심적 도구로 간주한다. 언어는 언어의 사용자인 우리와 독립적으로 존재하는 '실체'가 아니며, 따라서 우리의 삶의 연관 속에서만 그 본성을 드러낸다. 이러한 맥락에서 비트겐슈타인이 강조하는 것은 언어의 '사용'이다(『탐구』, 43). 즉 언어는 우리의 일상적 삶의 다양한 맥락에서 구체적 용도를 가질 때 비로소 그 의미를 얻는다. 그것은 『논고』가 추구했던 것처럼 언어가 정교한 논리적 분석을 통해 해명될 수 있는 추상적 실재들의 구성물이 아니라 우리 삶의 현실적 도구이기 때문이다. 그래서 언어가 삶의 구체적 사실들의 지반을 떠나 헛돌고 있을 때 불필요한 철학적 문제들을 불러온다(『탐구』, 38, 132).

철학적 문제라는 질병의 징후는 당혹과 혼동이다. 비트겐슈타인은 이러한 질병의 원인으로 '일반성에 대한 열망'(craving for generality)[4]을 든다. 철학자들은 이러한 열망을 따라 세계, 존재, 선, 진리, 옳음 등의 철학

---

4) 비트겐슈타인, 『청색책·갈색책』, 이영철 역 (서울: 책세상, 2006), p. 40 ; 『탐구』, 104절 참조.

적 문제들을 하나의 기준에 의한 하나의 이론으로 설명하려고 한다. 그러나 중요한 것은 그 이론들이 단순히 '일반성'을 추구한다는 데 있는 것이 아니라 '열망'에 의해 구성된 이론을 낳는다는 점이다. 그리고 그 열망의 산물은 '이상들'(ideals)이다. 이상은 물론 그 자체로 유용성을 갖는다. 그것은 우리의 삶의 방향성을 제시할 뿐만 아니라 삶의 척도가 되기도 하지만, 그것이 그러한 본성을 넘어서서 우리에게 부과될 때 하나의 혼동을 초래한다. 이것은 '우리가 원하는 것'과 '우리의 것'의 혼동이다.

말하자면 우리의 '열망'을 표출하는 이론이 그 본성을 넘어서서 하나의 독단으로 자리 잡고, 나아가 그것이 우리 자신과 세계를 '기술'하는 이론을 자임하게 되면서부터 오히려 우리 자신을 왜곡하고 억압하게 된다는 것이다. 비트겐슈타인은 언어가 그 혼동의 구조를 제공하고 있다는 사실에 주목했다. 언어 사용이 우리에게 자연스러운 것처럼, 언어를 통한 우리 본성의 발현도 그만큼 자연스럽다. 비트겐슈타인은 이러한 자연스러움에 의해 가려진 혼동이라는 함정들을 보았으며, 그러한 함정들을 드러내는 것이 철학자의 작업이 되어야 한다고 보았다.

철학적 이론의 본성에 관한 비트겐슈타인의 이러한 진단은 분명히 진지하게 경청할 만한 중요한 메시지를 담고 있다. 그는 우리가 종종 철학적 문제들 앞에서 경험하는 답답하고 혼미한 '사유의 체증'의 소재를 드러내 주고 있기 때문이다. 그러나 우리를 곤혹스럽게 하는 것은 철학이 더 이상 이론화의 작업이 아니며, 또 그래야 할 이유도 없다는 그의 급진적 주장이다. 그것은 전통적으로 철학적 작업의 핵심적 줄기로 이해되어 왔던 '비판'과 '대안적 이론 건설'이라는 이중적 목표의 하나를 포기할 것을 요구한다. 이제 비트겐슈타인의 손에 철학의 미래는 박탈되었는가? 만약 그렇다면 우리는 비트겐슈타인에게서 무엇을 배울 수 있으며, 그렇지 않다면 그가 우리에게 남겨 둔 것은 무엇인가?

3__ 일상성과 이론의 크기

이제 비트겐슈타인을 따라 철학적 열망의 산물인 '이론들'은 제거되어
야 하는가? 우리는 이 물음에 대해 비트겐슈타인에게서 직접적인 답을 얻
어 낼 수는 없을 것이다. 대신에 우리는 이 물음과 관련해서 좀 더 신중하
게 비트겐슈타인의 생각들을 음미할 필요가 있다.

비트겐슈타인이 철학적 열망을 우리의 조건에서 비롯되는 본성의 하나
로 간주하는 한, 그것을 부정하는 것은 우리의 본성을 부정하는 것이 된
다. 따라서 우리가 거부해야 할 것은 이론화라는 본성이 아니라, 그 산물
인 철학적 이론들이 제시하는 '환영'들이다. 그래서 비트겐슈타인의 작업
은 "낱말들을 그것들의 형이상학적 사용으로부터 그것들의 일상적 사용
으로 다시 돌려보내는 것"(『탐구』, 116)이다. 즉 그는 철학적 이론화에 의
해 오염된 우리의 언어를 본래 고향인 언어게임으로 되돌리려는 것이다.
이러한 비트겐슈타인에게 '모든 이론화의 거부'라는 급진적 해석은 적절
하지 않다. 그가 '세계의 사실'이라는 영역에서 추방하려는 것은 우리를
넘어서는, 그래서 우리의 일상적 언어게임을 벗어난 초월적 이론들이다. 그래
서 『탐구』에로의 전환과 함께 철학은 우리와 전적으로 독립된 대상의 세
계를 추구하려는 철학의 '자기 유배'를 벗어나 우리 삶의 일상적 양상들
로 되돌아오게 된다.[5] 그렇다면 비트겐슈타인을 따라 우리가 복귀해야 할
'일상성'은 어디쯤이며, 그곳에서 우리의 철학적 작업은 어떤 것일까?

그리고 우리는 어떠한 이론도 세워서는 안 될 것이다. 우리의 고찰 속에는 어

---

5) David Pears, *The False Prison : A Study of the Development of Wittgenstein's Philoso-phy*, Vol. 1 (Oxford : Clarendon Press, 1987), p. 17.

떤 가설적인 것도 있어서는 안 된다. 모든 설명은 사라져야 하고, 오직 기술(記述)만이 그 자리에 들어서야 한다. 그리고 이 기술은 그것의 빛, 즉 그것의 목적을 철학적 문제들로부터 받는다. …… 그것들은 오히려 우리의 언어가 하는 작업에 대한 통찰에 의해서 풀리며, 게다가 그 작업을 오해하려는 충동에 대항하여 그 작업이 인식되도록 그렇게 풀린다. 이러한 문제들은 새로운 경험의 제시에 의해서가 아니라 오래전부터 우리에게 친숙한 것들을 나란히 놓음에 의해서 풀린다. 철학은 우리의 언어 수단에 의해 우리의 오성(悟性)에 걸린 마법에 대한 하나의 투쟁이다(『탐구』, 109, 고딕은 원문의 강조).

이처럼 비트겐슈타인에게 철학은 지적 작업의 근거를 마련하려는 선결적 활동이며, 그것은 새로운 지식을 확장하려는 것이 아니라 이미 주어진 것들을 기술하려는 것이다. 그는 "우리가 파괴하는 것은 공중누각들일 따름이며 …… 우리는 그것들이 서 있었던 언어의 토대를 청소하고 있는 것"(『탐구』, 118)이라고 말한다. 비트겐슈타인은 아마도 그릇된 허상의 건물들을 무너뜨림으로써 말끔하게 청소된 대지를 보여 주는 것이 철학자의 주된 임무라고 생각했을 것이다. 페어스(D. Pears)는 이러한 비트겐슈타인의 철학을 다음과 같이 서술한다.

새로운 철학은 새로운 메시지와 함께 사막으로부터 돌아왔다. 낯익은 것들을 바르게 기술하라. 그리하여 우리는 그것을 이해하게 될 것이다.[6]

이러한 철학은 더 이상 우리를 넘어선 불변의 진리를 추구하지 않는다. 철학의 목표는 단일한 '그림'을 완성하려는 것이 아니라 일상적인 것들을

---

6) 같은 책, p. 19.

우리에게 주어진 대로 기술하는 것이다. 이러한 기술은 아마도 체계적일
수 있으며, 이론의 형태를 가질 수도 있을 것이다. 그러나 그것이 과거의
이론들과 다른 점은 우리 앞에 놓인 것들을 우리를 넘어서는 방식으로 기
술하려고 하지 않는다는 점이다. 그래서 "철학은 모든 것을 있는 그대로
놓아 둔다"(『탐구』, 124). 비트겐슈타인이 제안하는 이러한 새로운 기술
은 듀이적인 의미에서 자연주의적이며, 동시에 메를로 퐁티적인 의미에서
현상학적이다. 여기에서는 이러한 비트겐슈타인의 제안을 '이론의 크기'[7]
라는 측면에서 고찰할 것이다.

1) 이론의 크기

'개념화'(conceptualization)의 크기는 무한히 다양한 방식으로 가능하
다. 그것은 마치 수박을 쪼개 나누는 방법만큼이나 다양하다. 그리고 개념
들의 크기는 곧 그 개념들을 포함하는 이론의 크기를 결정한다. 나는 내가
'책상'이라고 부르는 것과 '꽃병'이라고 부르는 것을 한데 묶어 '책병' 또
는 다른 어떤 이름으로 부를 수도 있다. 무등산이 보이는 찻집에 앉은 여자
의 코와 무등산을 한데 묶어 '무등코'라고 부를 수도 있다.[8] 이것은 우리
가 강과 산[江山]을 묶으며, 때로는 하늘과 땅만큼 차이가 있는 하늘과 땅

---

7) 이영철 교수는 이 글에서 필자가 제안하는 '이론의 크기'에 관한 논의가 평면적이라는
점을 들어 비트겐슈타인의 의도와 거리를 갖는다고 지적했다. 그것은 아마도 필자가
이 글에서 제시하는 사례들이 그러한 측면만을 부각시키고 있기 때문이라고 생각된
다. 필자는 '크기'라는 말을 통해 단순히 한 이론의 평면적 범위만을 의미하는 것이 아
니라 입체적 범위를 포괄하려는 의도로 사용했다. 따라서 그것은 개념의 지나친 확장
으로 인한 이론의 의미 산출 능력의 결여는 물론 사유의 지나친 확장으로 인한 '의미
의 근거'와의 부적절한 괴리를 동시에 문제시한다.

8) Hilary Putnam, *Realism with a Human Face*, ed. James Conant (Cambridge,
Mass.: Harvard University Press, 1990), pp. 98~99 참조.

[天地]을 함께 묶는 것과 다르지 않다. 그 반대로 일상적으로 하나의 대상으로 주어진 것을 더 작은 대상으로 나누는 것도 항상 가능하다. 우리가 몸의 부분들을 손톱, 손가락, 손마디, 손등, 손바닥, 손목 등으로 나누어 부르든 한꺼번에 묶어 '손'이라고 부르든 어느 쪽도 이론적으로 가능하다.

'책병'이나 '무등코'는 일상적이지는 않지만 이러한 개념화 방식 자체에 문제가 있는 것은 아니다. 사실상 우리의 모든 개념화는 이와 유사한 과정을 거쳐 이루어지기 때문이다. 그리고 새롭게 주어진 대상을 무엇이라고 부르든 그것은 중요하지 않다. 적어도 '명명식'(baptism) 단계에서 이름은 '자의적 기호'라는 것이 분명하기 때문이다. 중요한 것은 일상적으로 두 개 또는 그 이상의 대상이라고 생각되는 것을 하나로 '대상화'할 수 있다는 사실이다.

개념의 크기는 그것을 포함하는 이론의 크기를 결정한다. 앞서의 개념화 방식이 가능하다면 나는 아주 쉽게 세계에 관해 단일한 기술을 할 수 있다. 그러기 위해서는 이 세계 내의 모든 존재를 아우르는 단어가 필요하다. 그것을 '전물'(全物)이라고 부르기로 하자. 그리고 전물이 존재하는 모든 방식을 한데 묶어 '전재(全在)하다'라는 동사를 만들면 다음과 같은 문장이 가능하다.

① 전물이 전재한다.

이제 ①은 이 세계의 모든 것을 포괄하는 폭넓은 기술이 된다. "한국의 대통령은 표준말을 못 한다" "담배는 마약이다" "철학은 활동이다" 등 무수히 많은 문장의 주장 내용이 사실은 ①의 주장 내용의 부분 집합에 불과하다. 우리는 너무나 쉽게 이 세계 전부에 관해 기술한 것이다. 이러한 기술은 '일상적'이지 않다는 점을 제외하면 아무런 논리적 문제도 없어 보인다.

철학자들은 왜 일상성을 넘어서는 이론들을 추구하는 것일까? 비트겐슈타인은 그 의문을 '철학적 열망'에서 찾는다. 그러한 열망은 은밀하게 이 과도한 이론에 쉽사리 덧붙여질 수 있으며, 그리고 그것은 다시 그러한 열망을 은폐한 채, 그것이 마치 '세계의 사실'에 대한 기술인 것처럼 '우리'의 영역으로 잠입해 오는 것이다. 그것이 바로 비트겐슈타인이 지적하는 철학적 혼동의 원천이다.

그렇다면 이처럼 이론적으로 동등하게 열려 있는 개념화들 중에 실제 우리의 삶에서 어떤 개념화는 수용되는 반면 어떤 개념화는 거부되는 것일까?[9] 이 물음에 대한 답변을 위해서 우리는 이러한 선택에 논리적 분석을 넘어서는, 또는 논리적 분석을 거부하는 다양한 요소들이 개입된다는 사실에 주목할 필요가 있다. 예를 들어 비트겐슈타인이 말하는 '명료성'(clarity)을 살펴보자(『탐구』, p. 392). 즉 "신생아는 이가 없다" "거위는 이가 없다" "장미는 이가 없다"라는 문장은 모두 참이다. 마지막 문장은 사실상 앞의 어느 것보다도 더 명백한 참일 수 있지만 그 의미가 '명료'하지 않다. 이 모든 문장은 문법적으로든 경험적으로든 가능하다. 그러나 이 문장이 의미 있게 사용될 수 있는 구체적 상황이 어떤 것일지가 우리에게 분명하지 않은 것이다. 적어도 경험적 삶의 조건 안에서 장미는 이가 없으며, '이가 있는 장미'를 상상한다는 것이 익숙하지 않기 때문이다. 이것은 문장 자체보다는 그 문장 내용의 배경에 해당되는 부분이 우리의 의미 결정에 불가결한 역할을 한다는 것을 말해 준다.

---

9) 굿맨(N. Goodman)이 제기하는 '귀납추론의 새로운 수수께끼'는 근원적으로 이 문제와 관련되어 있는 것으로 보인다. 굿맨은 이 선택의 문제를 '투사'(projection)와 '고착'(entrenchment)의 문제라고 설명한다. Nelson Goodman, *Fact, Fiction, and Forecast*, 2nd ed. (Indianapolis: Bobbs-Merrill, 1965), 특히 3장 참조.

나아가 기술은 본성적으로 무엇인가를 '부각'(highlighting)시키며, 이러한 부각은 상대적으로 자연스럽게 '은폐'(hiding)되는 배경적인 요소들과 항상 밀접한 관련을 갖는다.[10] 어떤 기술의 의미는 지난 세기 분석철학자들이 가정했던 것처럼 '문장 자체'만으로 결정되지 않는다.[11] 언어 표현은 너무나 자연스럽게 배경적 요소들을 은폐하고 있으며, 이것이 언어의 본성의 하나이기도 하다. 철학적 문제는 바로 언어의 이러한 본성과 밀접하게 관련되어 있으며, 그것이 비트겐슈타인의 전 철학적 탐구를 사로잡은 문제이기도 했다. 비트겐슈타인은 이 문제를 '일상성 안에서의 구체적 사용'이라는 기준으로 대처한다. 말하자면 앞의 문장들은 일상적 사용을 벗어나는 것들이며, 따라서 그만큼 의미의 계기를 잃고 있다. 다이아몬드(C. Diamond)의 표현을 빌면 이러한 문장들은 '우리 자신과의 합치'(agreement with ourselves)를 벗어난 것들이다.[12]

아마도 앞의 문장 ①은 비트겐슈타인의 통찰을 따른다면 '철학적 열망'의 추동력에 의해 쉽사리 고양될 수도 있을 것이다. 그러나 철학적 열망에

---

10) G. 레이코프 · M. 존슨, 『삶으로서의 은유』, 수정판, 노양진 · 나익주 역 (서울: 박이정, 2006), 특히 pp. 274~75 참조.

11) 여기에서 '문장 자체'는 반드시 기호적 조합의 측면만을 말하는 것은 아니다. 예를 들어 의미에 관한 중요한 이론의 하나인 '지칭'(reference) 이론은 한 단어의 지칭체가 그 단어의 의미이거나, 적어도 의미 결정에 궁극적으로 중요한 역할을 한다고 본다. 이러한 입장에서 '문장 자체'는 '언어와 세계의 대응'이라는 관계를 자연스럽게 가정하게 된다. 아무튼 이러한 구도 안에서의 의미 이론은 언어 사용자의 상황을 포함한 복합적 요소들을 전적으로 배제하며, 그 귀결로 드러나는 것은 지극히 제한된 언어관이다. 이 문제에 관한 좀 더 상세한 논의는 이 책 1장 「지칭에서 의미로」 참조.

12) Cora Diamond, *The Realistic Spirit: Wittgenstein, Philosophy, and the Mind* (Cambridge, Mass.: MIT Press, 1991), p. 36 참조. 다이아몬드는 이 표현에 대비되는 것으로 프레게나 전기 비트겐슈타인의 언어가 '그 자체와의 합치'를 추구한다고 말한다.

따른 그러한 상승은 항상 우리의 일상성으로부터 그만큼의 '거리'를 의미
한다. 『논고』에서의 비트겐슈타인의 '사다리'의 비유(『논고』, 6.54)는 이
제 새로운 맥락에서 사용될 수 있을 것이다. 말하자면 그러한 상승을 시도
했던 철학자들은 자신들이 사용했던 사다리를 던져 버렸기 때문에 우리는
그 출발점을 찾는 데 어려움을 겪게 된다. 비트겐슈타인은 우리가 의미 있
게 선택할 수 있는 크기의 개념과 이론이 있다는 것을 말해 준다. 그리고
우리의 선택이 그러한 크기를 벗어났을 때 우리에게 되돌아오는 것은 '철
학적 혼동'이다. '우리가 원하는 것'과 '우리의 것' 사이에 존재하는 괴리
는 우리의 기본적 조건에 속하는 부분이다. 그러나 언어는 본성적으로 그
러한 괴리를 은폐하는 구조를 갖고 있으며, 그러한 언어의 무비판적 사용
은 우리를 혼동으로 이끌어 간다. 그리고 이것이 전통적 철학 이론들이 낳
은 질병들이다.

2) 인간의 조건

이론의 크기는 인간의 조건과 불가분의 관계에 있다. 따라서 크기의 문
제를 논의하는 데 인간의 조건에 대한 반성적 탐구는 불가결한 과정이다.
비트겐슈타인은 우리의 '원초적'(primitive) 조건들에 관심을 돌린다. 인
간은 분명히 신체적인 유기체다. 그리고 이러한 유기체의 존재 방식에는
필요충분조건은 아니라고 하더라도 '원초적'이라고 간주할 만한 요소들
이 있다.[13] 그리고 이러한 요소들은 그 자체로 '철학적'이 아니며, 매우
소박한 삶의 차원에서 이해될 수 있는 것들이다. 우리의 개념과 사고는 이

---

13) 안세권 교수의 지적처럼 여기에서 '원초적'이라는 말은 단순히 우리의 신체적·물리
    적 층위만을 가리키는 것이 아니라, 우리가 사고의 지반으로 간주할 수 있는 일상적 차
    원의 정신활동과 그 산물도 포함하는 것으로 해석되어야 할 것이다.

러한 지반 위에서 이해되고 해명되어야 한다. 그 지반을 떠나 버린 개념이
나 이론들은 마치 실이 끊긴 연처럼 아무런 제약도 없이 허공을 자유롭게
날 수는 있겠지만 그것은 더 이상 우리의 연이 아니다. 가장 높이 나는 화
려한 연이 우월한 연일 수 있지만, 그것은 여전히 가느다란 한 오라기라
할지라도 연실에 매달려 있기 때문에 '연'일 수 있다. 비트겐슈타인의 말
처럼 우리가 걷기 위해서는 마찰이 있는 거친 땅이 필요하다(『탐구』,
107).

아마도 이러한 지반을 염두에 둔다면 우리는 우리에게 필요한 '크기'에
관해 좀 더 실제적으로 이야기할 수 있을 것이다. 그리고 그 지반의 중요
한 부분은 우리 자신의 원초적 조건이다. 말하자면 시·공간적으로 제약
되어 있으며, 또 신체화되어(embodied) 있다는 사실 등이 그러한 조건에
속하며, 우리의 모든 개념과 사고는 이러한 지반 위에서만 그 '의미'를 얻
는다. 즉 우리 자신의 크기는 우리가 현재 주어진 대로의 조건으로 존재하
게 되었기 때문에 갖게 된 것이다. 말하자면 명확한 근거가 있는 것은 아
니지만 무당벌레나 지렁이 또는 망치머리 박쥐가 우리와 동일한 크기의
사물을 갖는다 — 즉 개념화한다 — 고 믿는 것은 어리석은 일처럼 보인
다. 그리고 그것이 어리석다고 생각하는 일차적인 근거는 그것들과 우리
가 지닌 원초적 조건의 차이다. 비트겐슈타인의 생각처럼 원초적 조건의
유사성이 전혀 낯선 언어를 동화하는 데 준거가 될 수 있다면(『탐구』,
206), 그것은 동시에 언어들의 상이성을 확인하는 데에도 준거가 되는 것
이다.

예를 들어 회의주의, 특히 '보편적 회의주의'(global scepticism)라고 불
리는 철학적 괴물은 성공적으로 논파되지는 않는다고 하더라도 이론의 크
기라는 관점에서 적절하게 대처될 수 있을 것이다. 특히 보편적 회의주의
자는 항상 '앎'의 기준인 확실성을 우리를 넘어선 지점에 설정하고 있으

며, 그것은 원천적으로 그 회의주의에 대한 우리의 답변의 가능성을 봉쇄하고 있다. 따라서 우리는 이러한 회의주의에 직접적으로 답하기보다는 오히려 회의주의자가 설정하는 기준을 거부함으로써 적절하게 대처할 수 있을 것이다. 그리고 그러한 대처에 핵심이 되는 것은 그 회의주의자의 기준이 '우리의 크기'를 넘어서고 있다는 점을 보여 주는 것이다.

퍼트남이 제기한 '통 속의 두뇌'(Brains in a Vat)라는 사고실험을 살펴보자. 통 속에 두뇌가 있고 이 두뇌는 통 밖의 슈퍼컴퓨터와 연결되어 있어서 그 컴퓨터에서 모든 자극을 공급받는다. 그래서 그 두뇌는 마치 자신이 실제 글을 쓰고 식사를 하는 것 같은 경험을 한다. 퍼트남의 이 사고실험은 물론 회의주의 문제를 다룰 목적으로 제시된 것은 아니지만 데카르트의 '사악한 사탄' 논증을 연상하게 한다.[14] 이제 물음을 바꾸어 그 두뇌가 갖는 '의미 있는 경험의 영역'이 어디까지인지를 묻기로 하자.

퍼트남의 사고실험의 전제 조건은 그 두뇌가 통 속에만 있어야 하며, 따라서 그 두뇌가 근원적으로 통 밖의 슈퍼컴퓨터의 존재를 알 수 없다는 조건 아래서만 가능하다. 그리고 만약 어떤 경로로든 그 두뇌가 슈퍼컴퓨터의 존재를 알 수 있게 된다면 그것은 이미 처음 출발했던 구도 안에서의 두뇌가 아니다. 회의주의의 문제에 직면해서 우리 인간의 위치가 마치 통 속의 두뇌와 같은 처지라면 우리는 우선 우리의 주어진 조건을 넘어서서 슈퍼컴퓨터의 세계를 알 수 없다. 즉 우리가 통 속의 두뇌라는 사실을 알기 위해서는 우리가 '슈퍼컴퓨터'와 '통'을 동시에 관찰할 수 있는 위치에 있어야 하지만, 우리에게는 그러한 관점이 주어지지 않는다. 그러한 관

---

14) 힐러리 퍼트남, 『이성, 진리, 역사』, 김효명 역 (서울: 민음사, 2002), 1장 참조. 퍼트남은 이 실험을 통해 통 속의 두뇌가 과연 통 속의 두뇌라는 사실을 의미 있게 말하거나 생각할 수 있는지의 물음을 제기한다. 퍼트남의 답은 부정적이다. 그는 인과적 지칭의 고리가 형성되지 않은 의미 관계가 가능하지 않다고 본다.

점을 설정한다는 자체가 이미 이 사고실험의 조건을 넘어서기 때문이다.

인간의 조건이 마치 통 속의 두뇌와 같은 것이라면 적어도 우리에게 '슈퍼컴퓨터와 연결된 통 속의 두뇌' 이야기는 '우리'의 조건을 넘어서는 이야기다. 그렇다면 우리가 도달할 수 없는 관점을 설정하고, 그것에 도달하지 못한다는 이유 때문에 회의주의자가 된다는 것이 과연 무엇을 의미할 수 있는가? 오히려 그러한 관점을 거부하고 우리의 세계 안에서 우리의 의미를 발견하는 것이 인간인 우리에게 온당한 일이 아닐까? 이러한 맥락에서 카벨(S. Cavell)은 회의주의에 대해 다음과 같이 말한다.

> 자신의 인간성(humanity)을 부인하려는, 또는 다른 것들을 포기하고서도 그것을 주장하려는 희망처럼 인간적인 것은 없다. 그러나 만약에 그것이 회의주의가 수반하는 것이라면 그것은 단순한 '논박'을 통해서는 대처될 수 없을 것이다.[15]

우리는 '인간' 모두에게 철학적 사유가 필요하다고 말하지만 갓난아이가 규범성의 근원에 대해 탐색할 수 있을 것으로 기대하지 않는다. 그 아기가 그처럼 고차원적 사고를 한다면 오히려 기이하게 여길 것이다. 더구나 붉은 점박이 무당벌레가 자신이 속한 세계의 '아르케'(arche)에 관심을 가져야 한다고 주장하려고 들지 않는다. 나아가 이러한 '신적 관점' (God's-Eye view)의 추구와 하찮은 딱정벌레의 관점의 추구는 과연 무슨 차이가 있는 것일까? 왜 철학자들은 신의 관점을 추구하면서도 딱정벌레의 관점을 추구하지 않으며, 딱정벌레의 관점이 우리에게 주어지지 않으리라는 것에 대해서 한 점의 의구심도 갖지 않을 많은 사람들이 신적 관점

---

15) Stanley Cavell, *The Claim of Reason : Wittgenstein, Skepticism, Morality, and Tragedy* (Oxford : Oxford University Press, 1979), p. 109.

은 주어질 수 있을 것이라고 가정하는 것일까? 아마도 이것은 이론적 설명보다도 우리 자신의 원초적 한계에서 비롯되는 근원적 욕구와 열망에 의해서만 가장 적절하게 설명될 수 있을 것이다. 그리고 이것은 우리의 한계와 조건에 관해 중요한 사실을 알려 준다. 즉 우리는 '제한된 존재'라는 것이다.

비트겐슈타인은 우리의 확실성이 우리의 근원적 조건을 넘어서서 설정될 수 없다고 본다. 그러한 조건은 "받아들여져야 하는 것, 주어진 것"(『탐구』, p. 399)으로서 '삶의 형식들'(forms of life)이다. 따라서 삶의 형식은 나의 논거들이 더 이상 거슬러 올라갈 수 없는 암반이다(『탐구』, 217). 삶의 형식은 우리 언어의 한계이며 동시에 의미의 한계다. 바꾸어 말하면 삶의 형식은 우리의 의미, 즉 의미 있는 언어게임을 가능하게 하는 포괄적 지반이며, 동시에 한계이기도 하다.[16] "사자가 말할 수 있다 하더

---

16) 필자는 비트겐슈타인이 말하는 '삶의 형식'이 자연적 층위의 조건뿐만 아니라 문화적 층위를 포괄하는 개념이라고 본다. 반면에 가버(N. Garver)와 이승종은 삶의 형식이 자연적 조건만을 포함한다고 해석한다. 이러한 해석은 비트겐슈타인을 전적인 '문화 상대주의자'로 간주하는 해석에 강력한 반론이 되며, 그러한 범위 내에서 매우 중요하며 또 옳은 것으로 보인다. 그러나 이러한 해석은 낯선 나라의 언어를 숙달한다 하더라도 공통 지반의 상이성으로 인해 타인을 끝내 이해하지 못할 수 있다(『탐구』, p. 395)는 비트겐슈타인의 주장을 해명하는 데 새로운 난점을 안게 될 것이다. Newton Garver, *This Complicated Form of Life : Essays on Wittgenstein* (Chicago, Ill. : Open Court, 1994), 특히 15장 참조.
　　한편 삶의 형식에 대한 이러한 해석을 바탕으로 이승종은 비트겐슈타인을 자연주의자로 간주한다. 그러나 이러한 견해는 문화적 요소를 단순히 이차적이고 파생적인 것으로 간주함으로써 비트겐슈타인을 맥도웰(J. McDowell)이 말하는 '과격한 자연주의자'(bold naturalist)로 몰아갈 우려가 있다. 또한 언어게임과 삶의 형식을 동전의 양면으로 비유하는 이승종으로서는 다양한 언어게임의 상이성을 해명해야 하는 새로운 과제를 안게 될 것이다. 이승종, 「비트겐슈타인과 로티: 자연주의와 해체주의」, 김동식 편, 『로티와 철학과 과학』(서울: 철학과 현실사, 1997).

라도, 우리는 그를 이해할 수 없을 것"(『탐구』, p. 395)이라는 비트겐슈타인의 말은, 삶의 형식이 공유되지 않는 우리와 사자 사이에는 동일한 기호의 의미가 적절하게 교환되지 않는다는 것을 말해 준다. 다시 말해서 사자가 말을 한다고 해도 그 말의 의미 지반인 삶의 조건이 적절히 공유되지 않았을 때 그 말의 사용은 사자에게 쓸모가 없거나, 아니면 우리에게 쓸모가 없다. 이러한 관점에서 '개념화의 크기'는 바로 이러한 삶의 형식 안에서의 쓸모라는 측면에서 적절하게 해명되어야 하며, 또 해명될 수 있을 것이다.

이것은 우리에게 적절한 크기의 이론들, 즉 우리에게 구체적인 의미 산출이 가능한 크기의 개념과 이론들이 존재한다는 것을 말한다. 그러나 그 크기는 단일한 방식으로 정해지지 않는다. 왜냐하면 그것은 '인간의 조건'에 대한 이해 방식에 따라 달라질 것이기 때문이다. 그리고 그 이해는 다시 특정한 관점에 의해 영향 받기 때문이다. 이러한 상황은 '순환성'이라는 난점을 초래하는 것으로 보인다. 왜냐하면 '적절한' 이해라는 말이 또 다른 해명을 요구하기 때문이다. 그리고 역설적이게도 이러한 극복할 수 없는 순환성이 우리 모두의 철학적 탐구의 계기를 이루고 있다.

이러한 순환성을 피하는 확고한 방법은 절대적 기준을 찾아내는 일이며, 그것을 위해 과거의 철학은 우리의 경험 영역을 넘어서는 길을 택했다. 그러나 이 순환성을 피하기 위해 우리를 넘어선 절대적 기준을 추구하기보다는 오히려 이러한 순환성과 공존하는 더 나은 방식을 탐색하는 것이 우리의 삶의 모습에 훨씬 부합할 것이다. 절대적 기준을 선택하기에는 우리가 치러야 할 대가가 너무 크기 때문이다. 그리고 그것이 '우리가 원하는 것'과 '우리의 것' 사이의 거리를 진지하게 되돌아보도록 권고하는 비트겐슈타인의 진의일 것이다.

4__ 해체에서 재건으로

비트겐슈타인은 전통 철학이 제기했던 일련의 문제들이 마치 '거짓 감옥' (false prison)처럼 철학자들을 사로잡고 있다고 보았다. 그는 전통적인 철학적 문제에 사로잡힌 사람들을 파리통에 갇힌 파리에 비유하고, 진정한 철학의 임무는 그들을 해방시키는 것이라고 주장했다. 그는 철학자들을 둘러싸고 있는 견고해 보이는 감옥이 사실상 '사상누각' 일 뿐이라는 점을 보여 줌으로써 스스로 그것을 벗어나게 하려고 한다. 비트겐슈타인은 거짓 감옥의 허상을 드러내 줄 뿐, 그 자리에 새로운 감옥을 건설하려고 하지 않는다. 그는 치유적 활동을 자신의 주된 작업으로 간주한다. 이러한 비트겐슈타인의 철학 개념은 오늘날 '포스트모던' 이라고 불리는 일단의 급진적 철학자들에 의해 극적인 형태로 수용되거나 확장되어 나타난다.[17]

실제로 비트겐슈타인의 철학 개념에는 분명히 해체론적 요소들이 있다. 그럼에도 불구하고 그를 급진적인 '해체론자들' 과 구분해 주는 것은 무엇일까? 그것은 비트겐슈타인이 자신의 치유를 통해 분명히 복귀해야 할 지반을 제시하고 있다는 점이다. 그러나 그 지반은 치유 이후에 새롭게 제시되는 대안적 구성물이 아니라 치유 이전부터 우리에게 엄존하는 우리의 기본적 조건이다. 비트겐슈타인은 이러한 조건을 '일상성' 이라고 생각했으며, 우리에게 이러한 지반으로 복귀할 것을 권고한다. 이러한 복귀에 요

---

17) 치유적 철학 개념을 가장 적극적이고 직접적인 방식으로 옹호하고 나서는 철학자는 로티(R. Rorty)일 것이다. 그러나 우리는 푸코(M. Foucault), 데리다(J. Derrida), 리오타르(J.-F. Lyotard)에게서도 이러한 철학적 태도를 쉽게 찾아 볼 수 있다. 이들은 공통적으로 전통적 사유를 비판하면서도 의도적으로 대안적 이론을 제시하지 않으며, 그 필요성도 거부한다.

구되는 것은 퍼트남이 말하는 '의도적 순수성'(deliberate naiveté)[18]일 것이다. 그 지반은 소박하고 거친 토양으로 구성되어 있지만 과도한 이론에 물들지 않은, 우리가 직접적으로 경험하고 소유하는 삶의 본래적 터전이다. 비트겐슈타인은 자신의 치유를 통해 우리로 하여금 스스로 그 지반을 보게 하려고 한다.

아마도 비트겐슈타인의 급진적인 철학 개념은 데리다(J. Derrida)의 '해체'라는 철학적 태도와 유사성을 찾을 수 있을 것이다. 데리다는 서구 지성사를 통해 굳건하게 자리 잡아 온 '존재' '진리' '옳음' 등이 사실상 '은유'(metaphor)를 통해 형성된 이성중심주의적 사유의 허구라고 본다. 철학적 은유는 감성적이고 물질적인 이 세계의 것을 넘어서 추상적이고 절대적인 세계로 이행해 감으로써 자신의 출생지조차도 망각한다. 그래서 데리다는 철학이 "스스로를 잃어버린 은유화의 과정"[19]이라고 말한다. 데리다의 해체는 완고한 철학적 개념들이 은유의 산물이라는 사실을 고발하는 방식으로 이루어진다.[20]

데리다의 은유 이론을 받아들이면 우리가 의미 있게 물을 수 있으며, 또 물어야 할 것은 이러한 은유를 가능하게 해 주는 인식의 구조다. 은유가 이론화될 수 없는, 다만 자의적이고 무법칙적인 자유로운 환상의 유영이라면 우리는 데리다와 함께 해체에서 만족할 수도 있다. 그러나 그가 해체의 이유로 삼았던 은유는 실제의 사고와 행위에서 너무나 중요한 역할

---

18) Putnam, *Words and Life*, ed. James Conant (Cambridge, Mass.: Harvard University Press, 1994), p. 284.

19) Jacques Derrida, *Margins of Philosophy*, trans. Alan Bass (Chicago: University of Chicago Press, 1982), p. 211.

20) 해체의 전략으로서 데리다의 은유론에 관한 탁월한 해명은 김상환, 『해체론 시대의 철학』(서울: 문학과 지성사, 1996), 특히 2부 4장 참조.

을 한다.[21] 그래서 데리다는 의도적이든 아니든 여기에서 중요한 두 가지 문제를 답하지 않은 채로 남겨 둔다. 즉 그 은유들이 왜 우리에게 불가피한지, 그리고 은유에 의해 건설된 그것들이 우리의 삶에서 어떤 방식으로 여전히 중요한 역할을 하는지의 물음이 그것이다.

직접적인 것은 아니라 하더라도 비트겐슈타인은 이 문제에 대해 훨씬 더 많은 논의의 가능성을 열어 두고 있다. 말하자면 되돌아와야 할 지점으로서 '일상성'은 허상처럼 벗겨지는 은유들의 출발점뿐만 아니라 그 출발점에 대한 탐구의 방향을 강력하게 제안한다. 데리다의 지적처럼 '형이상학'이 그 제약을 의도적으로 망각하거나 제거하려는 데에는 이유가 있다. 그렇게 함으로써 형이상학은 스스로의 위상을 고양시킬 수 있기 때문이다. '위주르'(usure)라는 단어의 분석이 비유적으로 보여 주는 것처럼 동전은 스스로의 출처를 마모시키고 지워 버림으로써 골동품이라는 중요성을 얻게 된다.[22] 형이상학은 마치 이러한 동전과 같은 본성을 갖는다. 나아가 데리다는 니체의 말을 빌려 모든 표면이 지워져 버린 동전은 한낱 쇠붙이에 불과한 것이 되고 말 것이라고 지적한다.[23] 형이상학은 그러한 위험성을 안고서도 이카로스의 날개처럼 우리를 이끌어 간다. 아마도 비트겐슈타인과 데리다는 철학적 이론의 이러한 본성을 함께 보았을 것이다. 그러나 그들은 유사한 통찰을 바탕으로 전혀 다른 철학적 방향을 암시하고 있다. 즉 의도적이든 아니든 데리다는 그의 해체 이후에 철학자가 되돌아가야 할 지점에 대해 아무런 제안도 하지 않는다.

데리다의 해체는 급진적이다. 그는 단순히 특정한 개념, 특정한 이론을

---

21) 레이코프 · 존슨, 『삶으로서의 은유』, 특히 p. 21 참조.
22) Derrida, *Margins of Philosophy*, pp. 211~12 참조.
23) 같은 책, p. 217.

비판하는 것이 아니라, 그 이론의 바탕을 이루고 있는 우리의 개념화 방식, 즉 사유의 지반 자체를 무너뜨린다. 그러나 사실상 그가 해체하는 것은 우리의 사고방식들일 뿐이다. 그의 해체가 아무리 급진적이라고 하더라도 결국 그는 우리의 개념들을 부수고 있는 것일 뿐이며, 우리의 자연적 세계와 그 안에 존재하는 신체화된 우리 자신을 해체하지는 못한다. 데리다의 해체가 깨뜨리는 것은 라일(G. Ryle)이 '기계 속의 유령'(ghost in the machine)이라고 불렀던 '데카르트적 인간' 뿐이다.[24]

그러나 우리는 '기계 속의 유령'이 아니라 몸을 통해 직접적으로 물리적 세계와 지속적으로 상호작용하는 유기체다. 비트겐슈타인은 해체에 의해 깨어지지 않는 삶의 원초적 지반의 중요성과 근원성에 우리의 탐구의 관심을 돌리려고 시도하는 반면, 데리다는 이 문제에 관해 아무런 중요한 제안도 하지 않는 것이다.[25] 이 때문에 퍼트남은 이러한 데리다의 해체가 허무주의로의 전향이라고 보며, 그의 난점을 이렇게 요약한다.

> 듀이와 비트겐슈타인은 어떻게 철저히 정직한 철학적 숙고가, 진리 자체를 혹은 세계 자체를 '해체하자'라는 번지르르한 주장 없이도, 우리의 편견과 우리가 애호하는 신념, 그리고 맹점을 들추어낼 수 있는가 하는 것을 가장 잘 보여 주었다. 만일 어떤 해체의 교훈이, 모든 것이 '해체'될 수 있다는 것이라면, 그 해체는 아무런 교훈도 지니지 못한다.[26]

---

24) 길버트 라일, 『마음의 개념』, 이한우 역 (서울: 문예출판사, 1994), 2장 참조.

25) 가버(N. Garver)와 이승종은 이러한 차이에 관해 비트겐슈타인과 데리다가 데카르트적 인식론의 거부라는 동일한 지점에서 출발하면서도 "비트겐슈타인은 실재를 재건하는 한편, 데리다는 그 [실재의] 가정된 작용을 해체한다"고 말한다. Newton Garver and Seung-Chong Lee, *Derrida and Wittgenstein* (Philadelphia: Temple University Press, 1994), p. ix.

여기에서 퍼트남은 비트겐슈타인이 듀이와 함께 '자연주의'를 공유함으로써 해체라는 딜레마의 극복 가능성을 제시한다고 본다.[27] 말하자면 우리는 우리를 넘어선 초월적 관점을 설정하지 않고서도 우리 자신과 세계에 관해 적절한 이론을 가질 수 있으며, 이것이 과거의 이론들과의 결별을 통해 도달될 수 있는 철학적 성과가 되어야 한다는 것이다. '일상성'에의 복귀라는 비트겐슈타인의 권고는 바로 우리를 넘어선 과도한 이론들이 초래했던 오해와 왜곡에 대한 거부로 이해될 수 있으며, 그것은 듀이의 '자연주의적 형이상학'(naturalistic metaphysics)과 합일점을 이루는 철학적 태도이기도 하다. 이러한 자연주의적 태도는 인간의 이상을 제시하는 것으로서 초월과 당위를 무너뜨림으로써 인간을 현실적 바탕으로 끌어내리는 것이 아니라, 오히려 초월과 당위의 근거를 인간 자신에게서 발견함으로써 인간성의 고양의 가능성을 우리 안에서 찾으려는 '인간주의적' 태도다.

아마도 자연주의에 대한 가장 악의적인 오해의 하나는 그것이 '과학주의'(scientism) 또는 '물리주의'(physicalism)와 다르지 않다는 생각일 것이다. 그러나 비트겐슈타인에게서 모든 것이 과학적 지식으로 환원되어야 한다는 메시지를 읽을 수 없다. 그는 오히려 과학과 구별되어야 할 철학적 사고의 영역이 존재한다고 말하며, 그 출발점이 되는 터전이 우리의 일상적 삶이라는 것을 알려 준다. 필자는 이것이 비트겐슈타인이 우리에게 권고하는 자연주의적 태도라고 본다. 비트겐슈타인이 "생각하지 말고, 보라!"(『탐구』, 66)고 당부했던 그것은 사실은 우리와 가장 가까운, 그 때문

---

26) 퍼트남, 『과학주의 철학을 넘어서』, 원만희 역 (서울: 철학과 현실사, 1998), p. 269. (고딕은 원문의 강조.)

27) 같은 책, p. 175.

에 우리의 관심을 벗어나 있었던 일상성의 세계다(『탐구』, 415). 비트겐
슈타인의 권고를 진지하게 받아들인다면 이제 우리의 철학적 탐구는 이
익숙한 세계에 대한 자연주의적 관심을 따라 지속될 수 있을 것이다.

5__ 맺는 말

비트겐슈타인의 철학 비판은 급진적이다. 역설적으로 그의 이러한 급
진성은 아마도 전통적인 철학적 문제와 방법에 의해 정향(定向)되지 않았
던 그의 특이한 지적 배경에서 비롯된 것인지도 모른다. 그는 '이론화'라
는 전통적 철학의 목표를 거부하고 언어에 의해 초래된 지적 질병의 치료
가 철학의 목적이 되어야 한다고 주장한다. 그는 철학의 본령이 자기비판
이라고 생각했으며, 이러한 비판은 체계적 이론 건설의 일부가 아니라 다
만 하나의 활동이라고 보았다.

비트겐슈타인은 우리에게 이미 주어진 것들을 재구성하는 것이 철학의
주된 과제라고 생각했다. 그러나 우리에게 이미 주어진 것은 무엇이며 그
것은 우리에게 어떻게 알려지는 것일까? 그는 이러한 철학적 활동의 출발
점과 회귀점을 '일상성'에서 찾는다. 그는 우리에게 원초적으로 주어진 삶
의 조건이 있다고 생각하며, 그의 철학 비판은 이러한 상태로의 복귀를 제
안하고 있다. 여기에서 우리는 비트겐슈타인의 해체론적 비판의 급진성에
도 불구하고 해체되지 않은 부분에 관한 새로운 이야기의 가능성을 찾을
수 있다. 그러나 그 이야기는 더 이상 과거의 철학자들이 건설하려고 했던
'이론들'이 아니다. 이제 비트겐슈타인을 따른다면 우리의 철학사는 '이
론들' 대신에 철학자들의 '활동의 증언록'이라는 관점에서 쓰일 것이다.

비트겐슈타인이 제시하는 '일상성'은 모든 철학적 여행의 출발점인 동

시에 회귀점이다. 그는 길을 잃은 수많은 여행자들에게 되돌아가야 할 길을 일러준다. 과거의 여행자들은 철학적 이론이라는 일정표를 버리고 돌아오는 것이 아니라 그것과 함께 자신의 출발지로 되돌아옴으로써 비로소 그 출발지를 새로운 시각에서 보게 될 것이다. 그리고 그것은 과거의 것을 넘어선 새롭고 풍성한 '기술'을 가능하게 해 줄 것이다. 그 출발지는 우리 자신과, 우리가 항상 서 있으며 또한 항상 대면하고 있는 바로 우리의 세계다. 비트겐슈타인과 함께 우리는 하나의 철학사적 단절을 겪는다. 그러나 그것은 철학적 탐구의 종결이 아니라 철학적 시각의 전환을 뜻한다.

【참고문헌】

거스리, W. K. C.『희랍 철학 입문: 탈레스에서 아리스토텔레스까지』. 서울: 서광사, 2000.

골드먼, 앨빈.『철학과 인지과학』. 석봉래 역. 서울: 서광사, 1998.

국순아.「로티의 역사주의적 실용주의」. 전남대학교 대학원 철학과 박사학위논문 (2005).

김기현.「분석철학의 현주소: 존 설과의 대담」.『철학과 현실』, 제48호 (2001 봄).

김동식.『로티의 신실용주의』. 서울: 철학과 현실사, 1994.

김동식 편.『로티와 철학과 과학』. 서울: 철학과 현실사, 1997.

김상환.『해체론 시대의 철학』. 서울: 문학과 지성사, 1996.

김성도.『현대 기호학 강의』. 서울: 민음사, 1998.

김여수.「진리와 실재론」. 한국분석철학회 편.『실재론과 관념론』. 서울: 철학과 현실사, 1993.

김영정.「감정의 합리성」. 한국분석철학회 편.『합리성의 철학적 이해』. 서울: 철학과 현실사, 1998.

김운찬.『현대기호학과 문화 분석』. 서울: 열린책들, 2005.

김재권.『수반과 심리철학』. 정대현 외 역. 서울: 철학과 현실사, 1995.

노양진.「다원성과 다원주의: 신체화된 경험과 다원주의의 제약」.『철학연구』, 제89집 (2004 봄): 153~74.

_____.『상대주의의 두 얼굴』. 파주: 서광사, 2007.

니체, 프리드리히.『차라투스트라는 이렇게 말했다』. 정동호 역. 서울: 책세상, 2000.

들뢰즈, 질.『의미의 논리』. 이정우 역. 서울: 한길사, 1999.

_____.『차이와 반복』. 김상환 역. 서울: 민음사, 2004.

들뢰즈, 질 · 펠릭스 가타리.『천 개의 고원: 자본주의와 분열증 2』. 김재인 역. 서울: 새물결, 2001.

라일, 길버트.『마음의 개념』. 이한우 역. 서울: 문예출판사, 1994.

래내커, 로널드.『인지문법의 토대 1~2』. 김종도 역. 서울: 박이정, 1999.

_____.『개념, 영상, 상징: 문법의 인지적 토대』. 나익주 역. 서울: 박이정, 2005.

레이코프, G · M. 존슨.『삶으로서의 은유』. 수정판. 노양진 · 나익주 역. 서울: 박이정, 2006.

_____.『몸의 철학: 신체화된 마음의 서구 사상에 대한 도전』. 임지룡 외 역. 서울: 박이정, 2002.

로티, 리처드.『실용주의의 결과』. 김동식 역. 서울: 민음사, 1996.

_____.『우연성, 아이러니, 연대성』. 김동식 · 이유선 역. 서울: 민음사, 1996.

_____.『철학 그리고 자연의 거울』. 박지수 역. 서울: 까치, 1998.

메를로 퐁티, 모리스.『지각의 현상학』. 류의근 역. 서울: 문학과 지성사, 2003.

민중서림.『민중 엣센스 국어사전』. 제4판. 1996.

바디우, 알랭.『들뢰즈: 존재의 함성』. 박정태 역. 서울: 이학사, 2001.

바렐라, 프란시스코 외.『인지과학의 철학적 이해』. 석봉래 역. 서울: 옥토, 1997.

박종현.『희랍 사상의 이해』. 서울: 종로서적, 1982.

번스타인, 리처드.『객관주의와 상대주의를 넘어서』. 정창호 외 역. 서울: 보광재, 1996.

비트겐슈타인, 루트비히.『논리-철학 논고』. 이영철 역. 서울: 책세상, 2006.

_____.『청색책 · 갈색책』. 이영철 역. 서울: 책세상, 2006.

_____.『철학적 탐구』. 이영철 역. 서울: 책세상, 2006.

_____.『확실성에 관하여』. 이영철 역. 서울: 책세상, 2006.

서동욱.『들뢰즈의 철학: 사상과 그 원천』. 서울: 민음사. 2002.

서정철.『기호에서 텍스트로: 언어학과 문학 기호학의 만남』. 서울: 민음사, 1998.

소쉬르, 페르디낭.『일반언어학 강의』. 최승언 역. 서울: 민음사, 1990.

소흥렬.「관념론과 유물론의 종합」. 한국분석철학회 편.『실재론과 관념론』. 서울: 철학과 현실사, 1993.

에코, 움베르토.『기호: 개념과 역사』. 김광현 역. 서울: 열린 책들, 2000.

오종환.「온건한 상대주의의 옹호」. 한국분석철학회 편.『실재론과 관념론』. 서울: 철학과 현실사, 1993.

윤평중.『푸코와 하버마스를 넘어서: 합리성과 사회비판』. 제2판. 서울: 교보문고,

1997.

이명현.「삶의 형식의 두 가지 국면」. 분석철학연구회 편.『비트겐슈타인의 이해』.
　　서울: 서광사, 1984.

이승종.「비트겐슈타인과 로티: 자연주의와 해체주의」. 김동식 편.『로티와 철학과
　　과학』. 서울: 철학과 현실사, 1997.

이승환.「심성과 천리: 합리성의 주자학적 의미와 그 한계」,『철학연구』, 제31집
　　(1992 가을): 122~48.

이영철.「이해와 합리성」. 한국분석철학회 편.『합리성의 철학적 이해』. 서울: 철학
　　과 현실사, 1998.

이정우.『시뮬라크르의 시대: 들뢰즈와 사건의 철학』. 서울: 거름, 1999.

_____.「들뢰즈의 사건의 존재론」. 질 들뢰즈.『의미의 논리』. 이정우 역. 서울:
　　한길사, 1999.

이진우.『이성은 죽었는가: 포스트모더니즘의 철학』. 서울: 문예출판사, 1998.

정대현.「실재론과 넓은 지칭」. 한국분석철학회 편.『실재론과 관념론』. 서울: 철학
　　과 현실사, 1993.

_____.「물음과 이성 규범의 내재적 이해」. 한국분석철학회 편.『합리성의 철학
　　적 이해』. 서울: 철학과 현실사, 1998.

존슨, 마크.『마음 속의 몸: 의미, 상상력, 이성의 신체적 근거』. 노양진 역. 서울:
　　철학과 현실사, 2000.

카울바하, F.『윤리학과 메타 윤리학』. 하영석 · 이남원 역. 서울: 서광사, 1995.

칸트, 임마누엘.『순수이성비판』. 전원배 역. 서울: 삼성출판사, 1990.

쿤, 토머스 S.『과학혁명의 구조』. 조형 역. 2판. 서울: 이화여대 출판부, 1994.

크립키, S.『이름과 필연』. 정대현 · 김영주 역. 서울: 서광사, 1986.

테일러, J.『인지언어학이란 무엇인가?: 언어학과 원형 이론』. 조명원 · 나익주 역.
　　서울: 한국문화사, 1997.

판, K. T.『비트겐슈타인의 철학이란 무엇인가?』. 황경식 · 이운형 역. 서울: 서광
　　사, 1989.

퍼스, 찰스 샌더스.『퍼스의 기호 사상』. 김성도 편역. 서울: 민음사, 2006.

퍼트남, 힐러리.『이성, 진리, 역사』. 김효명 역. 서울: 민음사, 2002.

플라톤.『국가 · 政體』. 박종현 역주. 서울: 서광사, 1997.

핏처, 죠지.『비트겐슈타인의 철학:『논고』와『탐구』에 대한 이해와 해설』. 박영식

역. 서울: 서광사, 1987.

하버마스, 위르겐. 『현대성의 철학적 담론』. 이진우 역. 서울: 문예출판사, 1994.

한국분석철학회 편. 『실재론과 관념론』. 서울: 철학과 현실사, 1993.

_____. 『철학적 자연주의』. 서울: 철학과 현실사, 1995.

_____. 『합리성의 철학적 이해』. 서울: 철학과 현실사, 1998.

Aristotle. *Poetics: The Works of Aristotle*. Vol. 11. Trans. Ingram Bywater. Oxford: Clarendon Press, 1946.

Barnes, Barry and David Bloor. "Relativişm, Rationalism and the Sociology of Knowledge." In Martin Hollis and Steven Lukes, eds. *Rationality and Relativism*. Cambridge, Mass.: MIT Press, 1982.

Bearne, Gordon. "The Horizon of Reason." In Michael Krausz, ed. *Relativism: Interpretation and Confrontation*. Notre Dame, Ind.: University of Notre Dame Press, 1989.

Berlin, B., D. Breedlove, and P. Raven. *Principles of Tzeltal Plant Classification*. New York: Academic Press, 1974.

Bogue, Ronald. *Deleuze and Guattari*. London: Routledge, 1989.

Carnap, Rudolf. *Meaning and Necessity*. Chicago: University of Chicago Press, 1947.

Cavell, Stanley. *The Claim of Reason: Wittgenstein, Skepticism, Morality, and Tragedy*. Oxford: Oxford University Press, 1979.

Davidson, Donald. "The Very Idea of a Conceptual Scheme." In his *Inquiries into Truth and Interpretation*. Oxford: Clarendon Press, 1984.

_____. "What Metaphors Mean." In his *Inquiries into Truth and Interpretation*. Oxford: Clarendon Press, 1984.

_____. "A Nice Derangement of Epitaphs." In Ernest LePore, ed. *Truth and Interpretation: Perspectives on the Philosophy of Donald Davidson*. Oxford: Basil Blackwell, 1986.

Derrida, Jacques. *Margins of Philosophy*. Trans. Alan Bass. Chicago: University of Chicago Press, 1982.

de Sousa, Ronald. *The Rationality of Emotion*. Cambridge, Mass.: MIT Press,

1981.

Devitt, Michael. *Realism and Truth.* 2nd ed. Oxford: Blackwell, 1991.

Devitt, Michael and Kim Sterelny. *Language and Reality: An Introduction to the Philosophy of Language.* Cambridge, Mass.: MIT Press, 1987.

Dewey, John. *Experience and Nature: The Later Works, 1925~1953.* Volume 1. Ed. Jo Ann Boydston. Carbondale: Southern Illinois University Press, 1988.

————. *The Quest for Certainty: The Later Works, 1925~1953.* Vol. 4. Ed. Jo Ann Boydston. Carbondale, Ill.: Southern Illinois University Press, 1988.

————. *Logic: The Theory of Inquiry: The Later Works, 1925~1953.* Vol. 12. Ed. Jo Ann Boydston. Carbondale, Ill.: Southern Illinois University Press, 1991.

Diamond, Cora. *The Realistic Spirit: Wittgenstein, Philosophy, and the Mind.* Cambridge, Mass.: MIT Press, 1991.

Dummett, Michael. *Truth and Other Enigmas.* Cambridge, Mass.: Harvard University Press, 1978.

————. *The Interpretation of Frege's Philosophy.* Cambridge, Mass.: Harvard University Press, 1981.

Foucault, Michel. "Theatrum Philosophicum." In his *Language, Counter-Memory, Practice.* Trans. Donald F. Bouchard and Sherry Simon. Ithaca, N.Y.: Cornell University Press, 1980.

Frede, Michael and Gisela Striker, eds. *Rationality in Greek Thought.* Oxford: Clarendon Press, 1996.

Frege, Gottlob. "Logik." In *Posthumous Writings.* Trans. P. Long and R. White. Chicago: University of Chicago Press, 1979.

————. "Function and Concept." In Peter Geach and Max Black, eds. *Translations from the Philosophical Writings of Gottlob Frege.* 3rd ed. Oxford: Blackwell, 1980.

————. "On Sense and Meaning." In Peter Geach and Max Black, eds. *Translations from the Philosophical Writings of Gottlob Frege.* 3rd ed. Oxford:

Blackwell, 1980.

_____. "Letter to Jourdain." In A. W. Moore, ed. *Meaning and Reference*. Oxford: Oxford University Press, 1993.

Gadamer, Hans-Georg. *Truth and Method*. Trans. William Glen-Doepel. 2nd ed. London: Sheed and Ward, 1979.

Garver, Newton. *This Complicated Form of Life: Essays on Wittgenstein*. Chicago, Ill: Open Court, 1994.

Garver, Newton and Seung-Chong Lee. *Derrida and Wittgenstein*. Philadelphia: Temple University Press, 1994.

Geach, Peter and Max Black, eds. *Translations from the Philosophical Writings of Gottlob Frege*. 3rd ed. Oxford: Blackwell, 1980.

Giddens, Anthony. "Reason without Revolution?: Habermas's *Theorie des kommunikativen Handelns*." In Richard Bernstein, ed. *Habermas and Modernity*. Cambridge, Mass.: MIT Press, 1985.

Goodman, Nelson. *Fact, Fiction, and Forecast*. 2nd ed. Indianapolis: Bobbs-Merrill, 1965.

_____. *Ways of Worldmaking*. Indianapolis: Hackett, 1978.

_____. "On Starmaking." In Peter J. McCormick, ed. *Starmaking: Realism, Anti-Realism, and Irrealism*. Cambridge, Mass.: MIT Press, 1996.

Guignon, Charles and David Hiley, eds. *Richard Rorty*. Cambridge: Cambridge University Press, 2003.

Habermas, Jürgen. *Communication and the Evolution of Society*. Trans. Thomas McCarthy. Boston: Beacon Press, 1979.

_____. *The Theory of Communicative Action, Vol. 1: Reason and the Rationalization of Society*. Boston: Beacon Press, 1984.

_____. *Postmetaphysical Thinking: Philosophical Essays*. Trans. William M. Hohengarten. Cambridge: Polity Press, 1992.

Hacking, Ian. "Language, Truth and Reason." In Martin Hollis and Steven Lukes, eds. *Rationality and Relativism*. Cambridge, Mass.: MIT Press, 1982.

Hollis, Martin and Steven Lukes, eds. *Rationality and Relativism*. Cambridge,

Mass.: MIT Press, 1982.

Hook, Sidney. "Introduction." In John Dewey. *Experience and Nature: The Later Works, 1925~1953.* Vol. 1. Ed. Jo Ann Boydston. Carbondale, Ill.: Southern Illinois University Press, 1981.

Johnson, Mark. "Good Rorty, Bad Rorty: Toward a Richer Conception of Philosophical Inquiry." Unpublished typescript. Dept. of Philosophy, Southern Illinois University at Carbondale, 1989.

Johnson, Mark, ed. *Philosophical Perspectives on Metaphor.* Minneapolis: University of Minnesota Press, 1981.

Kirk, Robert. *Translation Determined.* Oxford: Clarendon Press, 1986.

Krausz, Michael, ed. *Relativism: Interpretation and Confrontation.* Notre Dame, Ind.: University of Notre Dame Press, 1989.

Kripke, Saul. "Identity and Necessity." In Stephen Schwartz, ed. *Naming, Necessity, and Natural Kinds.* Ithaca, N. Y.: Cornell University Press, 1977.

Lakoff, George. *Women, Fire, and Dangerous Things: What Categories Reveal about the Mind.* Chicago: University of Chicago Press, 1987.

————. "The Contemporary Theory of Metaphor." In Andrew Ortony, ed. *Metaphor and Thought.* 2nd ed. Cambridge: Cambridge University Press, 1993.

Leder, Drew. *The Absent Body.* Chicago: University of Chicago Press, 1990.

LePore, Ernest, ed. *Truth and Interpretation: Perspectives on the Philosophy of Donald Davidson.* Oxford: Basil Blackwell, 1986.

Lyotard, Jean-François. *The Differend: Phrases in Dispute.* Trans. Georges Van Den Abbeele. Minneapolis: University of Minnesota Press, 1988.

Margolis, Joseph. *The Truth about Relativism.* London: Basil Blackwell, 1991.

Martinich, A. P., ed. *The Philosophy of Language.* 2nd ed. Oxford: Oxford University Press, 1990.

McCarthy, Thomas. *The Critical Theory of Jürgen Habermas.* Cambridge, Mass.: MIT Press, 1978.

McCormick, Peter J., ed. *Starmaking: Realism, Anti-Realism, and Irrealism.*

Cambridge, Mass.: MIT Press, 1996.

McGowan, John. *Postmodernism and Its Critics*. Ithaca: Cornell University Press, 1991.

Merleau-Ponty, Maurice. *The Primacy of Perception*. Ed. James Edie. Evanston, Ill.: Northwestern University Press, 1964.

Mervis, C. and E. Rosch. "Categorization and Natural Objects." *Annual Review of Psychology* 32 (1981): 89~115.

Moore, A. W., ed. *Meaning and Reference*. Oxford: Oxford University Press, 1993.

Ortony, Andrew, ed. *Metaphor and Thought*. 2nd ed. Cambridge: Cambridge University Press, 1993.

Pears, David. *The False Prison: A Study of the Development of Wittgenstein's Philosophy*. Vol. 1. Oxford: Clarendon Press, 1987.

Peirce, Charles S. *Collected Papers of Charles Sanders Peirce*. Vols. 1~2. Eds. Charles Hartshorne and Paul Weiss. Cambridge, Mass.: Harvard University Press, 1960.

Putnam, Hilary. "The Meaning of Meaning." In *Mind, Language and Reality*. Cambridge: Cambridge University Press, 1975.

_____. "Reference and Truth." In *Realism and Reason*. Cambridge: Cambridge University Press, 1983.

_____. *Realism with a Human Face*. Ed. James Conant. Cambridge, Mass.: Harvard University Press, 1990.

_____. *Words and Life*. Ed. James Conant. Cambridge, Mass.: Harvard University Press, 1994.

Quine, W. V. O. *Word and Object*. Cambridge, Mass.: MIT Press, 1960.

_____. *Ontological Relativity and Other Essays*. New York: Columbia University Press, 1969.

Reddy, Michael. "Conduit Metaphor: A Case of Frame Conflict in Our Language about Language." In Andrew Ortony, ed. *Metaphor and Thought*. 2nd ed. Cambridge: Cambridge University Press, 1993.

Russell, Bertrand. *Introduction to Mathematical Philosophy*. London: Allen &

Unwin, 1919.

———. *The Problems of Philosophy*. New York: Oxford University Press, 1959.

———. "On Denoting." In A. P. Martinich, ed. *The Philosophy of Language*. 2nd ed. Oxford: Oxford University Press, 1990.

———. *Our Knowledge of the External World*. Reprinted with a new Introduction by John Slater. London: Routledge, 1993.

Schwartz, Stephen, ed. *Naming, Necessity, and Natural Kinds*. Ithaca, N. Y.: Cornell University Press, 1977.

Searle, John. *Speech Acts: An Essay in the Philosophy of Language*. Cambridge: Cambridge University Press, 1969.

———. *Intentionality: An Essay in the Philosophy of Mind*. Cambridge: Cambridge University Press, 1983.

———. *The Rediscovery of the Mind*. Cambridge, Mass.: MIT Press, 1992.

———. *The Construction of Social Reality*. New York: Free Press, 1995.

———. *Mind, Language and Society: Philosophy in the Real World*. New York: Basic Books, 1998.

Strawson, P. F. "On Referring." In A. P. Martinich, ed. *The Philosophy of Language*. 2nd ed. Oxford: Oxford University Press, 1990.

Tugendhat, Ernst. *Probleme der Ethik*. Stuttgart: Reclam, 1984.

Turner, Mark. *Reading Minds: The Study of English in the Age of Cognitive Science*. Princeton, N.J.: Princeton University Press, 1991.

Wittgenstein, Ludwig. *Zettel*. Ed. G. E. M. Anscombe and G. H. von Wright. Trans. G. E. M. Anscombe. Berkeley, Cal.: University of California Press, 1970.

———. *Remarks on the Philosophy of Psychology*. Vol. 2. Ed. G. H. von Wright and Heikki Nyman. Trans. C. G. Luckhardt and M. A. E. Aue. Oxford: Basil Blackwell, 1980.